生活与制度：中国社会史的新探索

常建华　闫爱民　主编

科学出版社
北　京

内 容 简 介

2018年9月，南开大学中国社会史研究中心举办“生活与制度：中国社会史的新探索”国际研讨会。为了集中展示这次会议的学术成果，本书以会议论文为主共收文13篇。依据文章的内容及所论的历史时期大致分为四组：第一组侧重唐宋时期衣食住行物质文化生活的探讨；第二组主要从礼法制度实践与民间生活的角度开展研究，时段为宋以后特别是明清时期；第三组论文从多元角度讨论生活与制度的关系，问题集中在清代；第四组讨论近现代城市中的生活与制度问题。全书旨在讨论中国历史上日常生活与国家制度的关系，对生活史与制度史的连接、国家与社会研究框架的突破、小历史与大历史的关联等议题展开讨论。

本书适合对中国古代社会史、制度史感兴趣的读者阅读。

图书在版编目（CIP）数据

生活与制度 : 中国社会史的新探索 / 常建华, 闫爱民主编. -- 北京 : 科学出版社, 2024. 11. -- ISBN 978-7-03-079271-6

Ⅰ. K20

中国国家版本馆 CIP 数据核字第 2024K1F472 号

责任编辑：李春伶　李秉乾 / 责任校对：张亚丹
责任印制：肖　兴 / 封面设计：润一文化

科学出版社出版
北京东黄城根北街16号
邮政编码：100717
http://www.sciencep.com
北京中石油彩色印刷有限责任公司印刷
科学出版社发行　各地新华书店经销
*
2024年11月第　一　版　开本：720×1000　1/16
2024年11月第一次印刷　印张：21
字数：306 000

定价：120.00 元

（如有印装质量问题，我社负责调换）

前　言

南开大学中国社会史研究中心于2018年9月10—13日在天津举办“生活与制度：中国社会史的新探索”国际研讨会。我们在会议通知写下了这样的邀请词：

> 此次研讨会以“生活与制度：中国社会史的新探索”为主题，旨在讨论中国历史上日常生活与国家制度的关系，将就生活史与制度史的连接、国家与社会研究框架的突破、小历史与大历史的关联等议题展开讨论。既欢迎有关中国日常生活史研究方法论的论文，也欢迎就中国日常生活史具体内容的研究，对于中国日常生活史变迁的探讨也是必不可少的。总之，我们选取“生活与制度”的研究视角，以推动中国社会史研究的进展。

会议圆满举行，收到41篇论文。为了集中展示这次会议的学术成果，本书从中选择了10篇论文，余新忠教授、卞利教授、郭玉峰教授则以另外的论文替换会议论文收入本书，共计13篇。此外，为了更好地使读者把握会议主旨，本书还收录了常建华教授所作的会议开幕词作为附录。

收录本书的论文依据文章的内容以及所论的历史时期大致分为四组。第一组侧重衣食住行物质文化生活方面，力求兼顾“生活与制度”，讨论的时段主要是唐宋时期。其中，许哲娜的《五德服色符号与改易服色制度的日常实践和社会认同》以五德服色这一象征符号为切入点，通过其在物质文化、日常生活习惯中的运用以及对大众政治意识的形塑，试析改易服色制度的具体实践过程以及社会认同机制。李志生的《唐虢国夫人衣食住行研究》从虢国夫人这一女性视角，考察她丰富的衣食住行生活；而使用诗歌、图像资料是该文的又一特色。饮食方面有周尚兵的《P. 3644 店铺徕客叫卖词与唐五代宋初敦煌日常饮食生活》一文，作者认为，“徕客叫卖词”较充分地显露了敦煌地区百姓衣食生活的供给侧细节，由此揭示了唐五代宋初敦煌人的日常饮食生活状况以及相关的生活理念。铁爱花的《随亲宦游：一种宋代女性行旅的制度与实践考察》是出行方面的，作者聚焦于女性闺闱之外的移动空间，从制度与生活层面对宋代女性随亲宦游的行旅活动进行考察，以期从一个特定角度丰富我们对宋代女性生活、官吏游宦生涯及相关制度文化的认识。

第二组主要是从礼法制度实践与民间生活的角度开展研究的，时段是宋以后特别是明清时期。其中，日本学者山本英史的《溺女与法制》从时间的动态变化中，对中国史上的溺女问题重新定位，考察了宋元明清时期对溺女的法律规制及其实践效果，并深入分析了其原因与构造。陈宝良的《礼教秩序与明代社会生活变迁——兼论礼制、观念与生活之关系》指出，礼是道德规范，是对人们生活、习俗的约束。礼制是一种“生活法则”，它与社会生活密不可分。礼制约束了生活，而生活的变迁实与礼制的盛衰休戚相关。明初朱元璋创设的一代礼制，从衣、食、住、行以及社交礼仪诸方面，确立了一代生活准则。自明代中期以后，以城市化、商业化为先导，儒家知识精英开始对礼、礼制加以重新的认知。以“家礼”为典型的民间礼制也随之发生变革。伴随礼观与礼教秩序的变化，明朝人的生活观念开始出现转向，社会生活因之发生巨大的变迁。张艺曦的《明及清初地方小读书人的社集活动：以江西金溪为例》将族谱资料应用于思想文化史领域，重构、复原江西金溪小读书人的言行事为，以呈现明末至清初江西思想文化史的整体面貌，探讨地方社会的思想史，聚焦小人物的社集生活，与以往只关注大人物的思想研究迥然有别。卞利的《明清时期的赌博之风及其官民禁赌互动研究——以徽州为中心》认为，尽管历经明清两朝国家禁赌律例的不断调整且日趋严苛、地方官员的屡屡申饬严禁，并得到徽州当地基层社会组织乡约、保甲、宗族和会社以种种形式的支持与配合，但就整体而言却收效甚微。诸如乡村文化娱乐活动匮乏、巨大利益诱惑，特别是官府和官员的禁赌不力甚至从中渔利是其主要原因。

第三组论文从多元角度讨论生活与制度的关系，问题集中在清代。其中，常建华的《生活与制度：清中叶东北奉天地区的移民与日常生活》一文，首先利用中国第一历史档案馆所藏军机处录副奏折及上谕档的清宫档案，考察了嘉庆八年（1803）民人出入山海关章程的制定与嘉庆初出关人口状况。接着又以35件嘉庆朝刑科题本为基本资料，探讨了清中叶奉天府地区43位关内移民的生计、社会关系与日常生活。认为清中叶东北奉天地区的移民生计与日常生活也往往是规避、利用甚至违反有关制度的产物，如偷挖人参、违规租佃旗人土地，或违规开垦土地，生活中违规造酒、贩酒，但是由于东北地旷人稀，官府治理地方能力有限，也往往视而不见，因此流寓迁移之民在所谓封禁之地开发，转移了18、19世纪内地沉重的人口压力，生活在东北的移民也是关东文化的创造者。余新忠的《盛清扬州"名医"李炳的医疗生涯及其历史记忆——兼论清代医生医名的获取与流传》勾勒了盛清时期扬州医生李炳的医疗人生，从时人的观念和心理出发，探讨李炳之所以不能为当时主流社会所认可是缘于他不合于时的性情。同时探明他能被后人记住的原因以及当时医生医名获取及其流传的社会文化机制。郭玉峰的《"活"的人口史：从曾氏家族看19世纪中国官宦之家的婚姻、生育行为》认为，只有将人口行为置于历史的生活场域中进行考察，才会还原人口行为背后的发生机制及动态过程，他将这样一种研究思路称为"活"的人口史研究。他发现曾国藩及亲人的家书、日记等文献中包含不少在19世纪中国具体生活情境中所发生的人口行为的细节资料，这为"活"的人口行为研究提供了非常珍贵的文本。董乾坤的《晚清教育改革与乡村塾师的家庭生活——以祁门县胡廷卿为例》以清末民初"胡廷卿账簿"为核心，重点探讨了国家变革之际，对乡村塾师及其家庭产生了哪些影响。为维持生计，他们又采取了哪些生存策略加以应对。

第四组讨论近现代城市中的生活与制度问题。邓丽兰的《饮食政治：抗战胜利后的上海酒菜业治理》以抗战胜利后上海酒菜业为个案，考察社会运动过程中酒菜业职工与馆商各自的运动方式、利益诉求，以及上海市政府在劳资调解、征税管理、经济管制过程中的作用，从侧面揭示了上海经济领域之多元利益博弈下运动式治理、制度化治理两种方式之间的纠缠。

感谢上述论文作者慨然相允玉成本书，这对于我们探讨如何将日常生活史与制度史的结合，提供了探索性的文本。然而，限于篇幅与主题所需，本书未能收入更多的论文，不无遗珠之憾。有兴趣者可以根据会议综述[①]，按图索骥。

本书的编辑未能尽善，欢迎读者批评指正。

编　者

2024 年 1 月 22 日

① 请参看王嘉乐：《小历史与大历史勾连——“生活与制度：中国社会史的新探索”国际学术研讨会综述》，见常建华主编：《中国社会历史评论》第 21 卷，天津：天津古籍出版社，2018 年。

目　录

五德服色符号与改易服色制度的日常实践和社会认同

许哲娜*

在元代以前，历代王朝在建国之初都会把“改正朔，易服色”列为头等大事。前辈学者已经从政治制度史、思想文化史等视角，对改易服色制度的内涵、功能、实践及影响等问题进行了较为充分的研究。①近年来，政治人类学研究视角的引入给改易服色制度研究以诸多新的启发，象征、物质文化、日常生活习惯等制度和权力之外的社会文化因素，成为阐释政治制度实践和认同过程的重要切入点。本文以五德服色这一象征符号为切入点，通过其在物质文化、日常生活习惯中的运用以及对大众政治意识的形塑，试析改易服色制度的具体实践过程以及社会认同机制。

一、改易服色制度的思想内涵与五德服色符号的形成

改易服色制度其实质就是对服色符号的诠释和运用。作为当朝“改正朔，

* 许哲娜，苏州科技大学社会发展与公共管理学院副教授。

① 汪高鑫：《论刘歆的新五德终始历史学说》，《中国文化研究》2002年第2期；蒋重跃：《五德终始说与历史正统观》，《南京大学学报（哲学·人文科学·社会科学）》2004年第2期；吴凡明、杨健康：《五德嬗代与儒术独尊》，《船山学刊》2006年第2期；刘浦江：《“五德终始”说之终结——兼论宋代以降传统政治文化的嬗变》，《中国社会科学》2006年第2期；陈鹏：《汉初服色“外黑内赤”考》，《史学月刊》2015年第4期。

易服色”历史依据和理论依据的主要话语资源，三代服色的确立依据是服色符号诠释过程中的焦点。在历史上出现过三种比较重要的说法。第一种说法认为三代是依据所建之月的物候之色来确立服色的；第二种说法认为三代是依据为王朝受命时所降符瑞之色来确立服色的；第三种说法为五德终始理论。其中，五德终始说的影响最为广泛和深远，并在此基础上形成了五德服色符号。

这是因为五德终始说是“天命-革命”思想发展演变的一个重要产物，在传统政治哲学框架中最能够为改易服色制度提供具有终极意义也因此最具备说服力的理论依据。“天命”是传统政治生活的最高依据和准则。“天命-革命”论是传统政治哲学最基本的理论预设。张分田指出，所谓“天命论”核心内容，就是以“天命”作为“君权获得与更替的依据”，而所谓“革命”就是“符合天命、道义的改朝换代”。[①]古人普遍认为，虽然君主制度具有绝对性、永恒性，一家一姓王朝却是相对的、暂存的。每个朝代的历年都有天定的期限。王朝更替被视为天道必然。因此，通过掌握天道规律来维系王朝天命不坠，也就成为绝大多数统治者孜孜以求的政治理想。五德终始说的贡献之一就在于对在古人眼中幽微难测的“天命”转移规律进行了揭示，为政治变迁的预测提供了理论依据。在改朝换代之际，五德终始说为“犯上作乱”提供了“革命”的合法性依据。在王朝中期，五德终始说又为政权的巩固提供了“天命”的庇护。

一般认为五德终始说是齐国人、阴阳家著名代表人物邹衍在五行学说的基础上创立的。不过事实上，在《孔子家语》中已经对帝王取法五行更迭而终始更生的思想进行了论述。《孔子家语》曾被认为是伪书，但是近年来随着简帛文书的出土，发现河北定州、安徽阜阳的汉简与《孔子家语》存在密切关系，确认了《孔子家语》的真实性。因此越来越多的专家学者认为书中的内容可以视为对早期儒家思想的较为可靠的记录，在孔子研究中的价值和地位也在逐步获得重新认识。

据《孔子家语》记载，季康子向孔子请教五帝的实质内涵，孔子就把从老子那里听来的关于五帝的说法告诉了他。如果这种说法可靠的话，那也就是说

① 张分田：《中国帝王观念——社会普遍意识中的“尊君—罪君”文化范式》，北京：中国人民大学出版社，2004年，第356—357页。

帝王取法五行更迭的思想实际上是老子提出的，经由孔子得到了进一步传播。按照老子的说法，所谓五帝就是金、木、水、火、土五行的神格化，具有“分时化育、以成万物”的能力。而五行是古代帝王易代改号的依据。由于木行代表东方万物之初，因此五行用事是从木行开始的，古代帝王取法于此，首先以木德王天下，此后则以所生之行相转承接。①

此后，邹衍对这一思想进行了进一步的发挥和完善。不过，与《孔子家语》中五行相生说不同的是，他选取了五行相胜说作为阐释历史的依据，形成了五德终始的历史观：黄帝、夏禹、商汤、周文王按照土、木、金、火相胜相克的关系依次承继正统。因此，周以后的王朝也要按照这样的顺序依次更迭。邹衍的五德相胜说在当时是一门流行于诸侯之间的“显学”，曾经被吕不韦编入《吕氏春秋》，得以进一步推广，后来成为秦汉皇帝制度法定意识形态的重要组成部分。②

到了西汉末年，在统治危机日益深化，禅让之说此起彼伏的历史背景下，刘向、刘歆父子③对五德终始说进行了一次比较重要的改造，以“木火土金水”的五行相生代替“土木金火水”五行相胜的次序。与邹衍以土德王天下的黄帝为历史开端不同的是，刘歆以木德王天下的包羲氏（即伏羲太昊氏）为帝系开端，其理论依据是《易传》中“帝出乎震”的说法。震在时间上象征万物始发的春天，为木气流行之时，因此刘歆认为“包羲氏始受木德”。他构建了一个全新的五德循环系统——太昊伏羲氏为木德，炎帝神农氏为火德，黄帝轩辕氏为土德，少昊金天氏为金德，颛顼高阳氏为水德；帝喾高辛氏为木德，帝尧陶唐氏为火德，帝舜有虞氏为土德，伯禹夏后氏为金德，成汤为水德；周武王为木德，汉朝为火德。这个古史系统大大扩充了邹衍创造的帝王世系，并为刘歆的新五德终始说提供了历史依据。王莽新朝以后，刘歆的新五德终始说基

① （魏）王肃注：《孔子家语·五帝》，上海：上海古籍出版社，1990年，第65页。

② 张分田：《秦始皇传》，北京：人民出版社，2003年，第255页。

③ 蒋重跃认为，东汉以来普遍承认新五德终始说为刘向父子创立，但是从目前见到的文献来看，可以确定“系统地阐述过五行相生的五德终始说，有遗文可稽”的是刘歆（蒋重跃：《五德终始说与历史正统观》，《南京大学学报（哲学·人文科学·社会科学）》2004年第2期）。汪高鑫认为新五德终始说的发明权完全属于刘歆一个人，而他的父亲刘向虽然发表过一些禅让言论，但“作为一位具有强烈的维护刘氏正统的忧患意识的思想家，他当然不希望看到刘氏政权出现禅让这种结局，故而他没有倡导五行相生之五德终始说的思想根基”（汪高鑫：《论刘歆的新五德终始历史学说》，《中国文化研究》2002年第2期）。

本取代了邹衍的五德终始说，成为此后历代王朝改易服色的主要依据。

所谓五德服色符号，是在五色与“五德”匹配规则支配下形成的政治文化编码产物，即乘木德的王朝尚青，乘火德的王朝尚赤，乘土德的王朝尚黄，乘金德的王朝尚白，乘水德的王朝尚黑。据《吕氏春秋》之《有始览·应同》篇所载：

> 凡帝王者之将兴也，天必先见祥乎下民。黄帝之时，天先见大螾大蝼，黄帝曰“土气胜”，土气胜，故其色尚黄，其事则土。及禹之时，天先见草木秋冬不杀，禹曰“木气胜”，木气胜，故其色尚青，其事则木。及汤之时，天先见金刃生于水，汤曰“金气胜”，金气胜，故其色尚白，其事则金。及文王之时，天先见火，赤乌衔丹书集于周社，文王曰“火气胜”，火气胜，故其色尚赤，其事则火。代火者必将水，天且先见水气胜，水气胜，故其色尚黑，其事则水。①

在王朝更替之际，当一种德运即将兴起的时候，上天会降下相应的符瑞，昭示一德已衰，一德将兴。五德的实质是与五行之德相应的五种政治模式。每一王朝都受特定的德支配，这种德的属性决定着最适宜该王朝的政治模式。其基本规律是“五德转移，治各有宜，而符应若兹”②。因此，人间帝王要设立相应的服色以顺应天意，标榜自己建立的政权为天命所系。《礼纬·斗威仪》称，当君王治理国家卓有成效的时候，自然界还会出现与本朝德运之色相应的治平之征：“人君乘土而王，其政太平，则日五色无主……君乘木而王，其政升平，则日黄而青晕……君乘火而王，其政颂平，则日黄中而赤晕……君乘金而王，其政象平，则日黄中而白晕……君乘水而王，其政和平，则日黄中而黑晕。”③由于土行在五行中的特殊地位，土德王朝所获符瑞也比较特别，“日五色无主”指的是太阳呈现五色均匀的景象，任何一色都不占主导地位。其他四种德运的王朝所获符瑞则是日光以黄色为主，而日晕之色与各自德运相符。符瑞之说被纳入了五德终始说的理论体系，为服色符号蒙上了一层神秘色彩，使之披上了“君权天授”的合法化外衣。

---

① 陈奇猷校释：《吕氏春秋校释·有始览·应同》，上海：学林出版社，1984年，第677页。

② 《史记》卷74《孟子荀卿列传》，北京：中华书局，1959年，第2344页。

③ （明）孙瑴编：《古微书》引《礼纬·斗威仪》，丛书集成本，第363页。

五德终始说原本是论证改朝换代不可避免性的典型学说。这套理论实际上承认，天人合一、阴阳配合、五行生克等注定君主政治有五种依自然顺序发生的类型。一代政治皆有其优点和缺陷，这种政治模式发展到一定程度就会不可避免地面临改易更革。①由革命论又引出了“天下为公”思想，即把君位视作天下公器，从而否定了一家一姓永享天命、永居君位的可能性。但是在现实政治生活中，五德终始说往往被统治集团改造和利用，成为巩固君主统治的理论工具。在五德终始说基础上形成的五德服色符号凭借符号所特有的对思维的诱导性和渗透性，在认同机制中发挥了独到的作用。五德被视为标志和论证王朝政权合法性的一种象征符号，而作为五德的色彩表达式，五种服色实际上也可以被视为象征王朝政权的五种符号。建立在五德的基础之上的改易服色制度作为朝廷主导的一种国家行为，在反复操练的过程中强化了五色与五德的固定匹配关系，反过来服色的五德符号化又凭借其特有的对思维的支配性和渗透性，确保了社会大众对改易服色制度的思想内涵的自觉认同。特别是德运色彩符号中包含的神秘寓意有助于强调政权“天授”的合法性，从而起到强化政治权威认同感的作用。

《孔子家语》中还记载了五德服色符号的另一种形式，即“修其母，兼其子”，具体而言就是以本朝德运所生之德相应的颜色为服色，比如，木生火，火色为赤，因此木德的王朝尚赤。②不过，这一理论只能用于解说传说时代和三代服色的象征意义，在现实政治生活中并没有得到实践。这可能是这种服色的设定方式无法激发人们对德运产生直接的联想，从而使其符号化程度大打折扣，也就无法发挥符号对民众思维的支配作用。这也说明，恰当的编码方式才能使符号得到最广泛的社会认同并发挥支配社会大众思维的作用。

二、五德服色符号的政治功能及其具体实践

宣告旧政权的覆灭、张扬新政权的肇基，是德运服色符号的基本政治功能。《礼记·大传》云：“圣人南面而治天下，必自人道始矣。立权度量，考文

① 张分田：《中国帝王观念——社会普遍意识中的“尊君—罪君”文化范式》，第370页。

② （魏）王肃注：《孔子家语·五帝》，第65页。

章，改正朔，易服色，殊徽号，异器械，别衣服，此其所得与民变革者也。”[①]服色、徽号以直接、明快的视觉形象，向天下臣民强烈地表明了新王朝除旧布新的承诺和决心，以此来获得臣民对新政权的信任，从而形成民心稳定、同心协力的新局面。无为并非道家的专利。对尧舜“垂衣裳而治天下”最高政治境界的推崇和追求是儒家无为政治思想的集中体现。作为后世统治者效法尧舜“垂衣裳而治”的实践形式，易服色制度是统治手段中不可或缺的文化策略，具有重要的政治功能。具体表现在以下三个方面。

第一，新的服色符号有助于新王朝向民众展现一个全新的政治面貌。历代学者常常以改服色理论来阐发《周易》“革”卦、“鼎”卦中的革命论思想。“革”卦包含深厚的革命论思想。革卦是“离”“兑”的组合。离代表火，兑代表水，而水火具有“相息而更用事”的特性。因此，郑玄认为“革”的含义就是“王者受命，改正朔，易服色”[②]。《革卦》中还有一个很重要的概念“虎变”。《周易·革卦》云：“九五，大人虎变。”孔颖达疏：“尊以大人之德，为革之主，损益前王，创制立法，有文章之美，焕然可观，有似虎变，其文彪炳。”孔颖达认为“虎变”譬喻新建政权在法令制度等方面的改弦更张。[③]唐儒史徵认为“虎变”实际上特指改服色。他指出，“虎变者，谓改正、朔，易服色，取其文章炳焕”[④]。意思是说，新王朝确立了服色之后，礼乐完备，文章炳焕，就好像老虎把干涩枯燥的旧毛换成了润泽鲜好的新毛，身上的花纹熠熠生辉。

“鼎”在古汉语中同样有革命的意思。《周易·序卦》云：“革物者莫若鼎。”[⑤]鼎在古代政治文化中具有特殊的象征意义，这可能与熟食在人类文明进化过程中具有举足轻重的意义有关。鼎作为一种可以“变生为熟”的炊具，自然也就成为文明的象征。进餐时排列的鼎的数量是等级身份的象征，显贵的家族被称作“钟鸣鼎食”之家。九鼎更是统治天下的最高权力的象征。传说夏禹铸九鼎，象征天下九州。在三代，九鼎被视作传国之宝，鼎之迁移被视为权力

---

① （清）阮元校刻：《十三经注疏·礼记正义》，北京：中华书局，1980年，第1506页。

② （清）李道平撰，潘雨廷点校：《周易集解纂疏》卷6，北京：中华书局，1994年，第435页。

③ （清）阮元校刻：《十三经注疏·周易正义》，第61页。

④ （唐）史徵撰：《周易口诀义》卷5《下经二》，《景印文渊阁四库全书》经部，第8册，台北：台湾商务印书馆，1986年，第77页。

⑤ （清）阮元校刻：《十三经注疏·周易正义》，第96页。

的兴替，如商汤革命后将鼎迁往商邑，周武伐纣后将鼎迁往洛邑，因此后人以“鼎祚”“鼎命”指称国运。胡瑗认为，革故取新是“鼎”卦的核心内涵，圣贤之人要革除天下弊乱，就必须改正朔，易服色，殊徽号，“以新天下之视听”。①

第二，新的服色符号有助于民众忘却旧王朝给他们留下的伤痛，并对新政权产生信任感。傅奕在给唐高祖的上书中充分阐述了这种功能和意义。针对“国制草具，多仍隋旧”的情况，傅奕指出，“乱世之后，当有变更”。他认为，隋朝君主违背天命，残害百姓，专峻刑法，杀戮贤俊，给天下臣民的心灵留下了久久难以愈合的伤痕和挥之不去的阴影，被滚沸的汤羹烫伤过的人即使是冷齑也要吹几口气才敢入口，被弓箭伤害过的鸟儿看到曲木都会受到惊吓，新建的王朝如果不拨乱反正，继续沿用旧王朝的制度，将不利于抚平民众的心理伤痕，很难取得他们的信任。因此傅奕认为，唐高祖应该立即“改正朔，易服色，变律令，革官名，功极作乐，治终制礼，使民知盛德之隆”。②

宋代经学家在阐释“革”卦和“鼎”卦内涵的时候，也指出易服色的意义在于消除饱受旧政之苦的人们对新政权怀有的疑虑和猜忌。“蹇难初解，民心尚疑，犹恐未脱于难而又入于蹇。故君子当行其教化，革其残暴之政，易服色，改正朔，以新天下之耳目，使民心无所疑矣。”③在阐释“革”卦内涵的时候，胡瑗以井经久败坏必须淘治秽滓来譬喻王朝的更迭，认为天下暴乱，人民涂炭的时候必然会有大圣人崛起，拯治天下于水火，革掉旧王朝的命，使天下皆得安宁，可是愚昧的百姓因为久陷于涂炭，无法了解圣人的所作所为，仍然担心会重新陷入灾难，所以圣人不但要“丁宁诰戒，使民审知”，还要改正朔，易服色，殊徽号，制作礼乐，通过“一新民之耳目”的方式“使天下之人皆出乎信于上”。④

第三，依据受命之符确立的服色符号能够强化民众对新政权合法性的认同。古人认为，王朝鼎革必须在天命的限定下进行，他们把天或者上帝视作创造并支配宇宙间一切的主宰者，把天命视作绝对权威。旧王朝暴君的天命是上

---

① （宋）胡瑗撰：《周易口义》卷8《下经·鼎卦》，《景印文渊阁四库全书》经部，第8册，台北：台湾商务印书馆，1986年，第388页。

② 《新唐书》卷107《傅奕传》，北京：中华书局，1975年，第4059—4060页。

③ （宋）胡瑗撰：《周易口义》卷7《下经·解卦》，第349页。

④ （宋）胡瑗撰：《周易口义》卷8《下经·革卦》，第384页。

天剥夺的，新王朝君主的权力同样也是上天赋予的。易代之际，上天往往会降下某些征兆，预示天命的转移。在五德终始说的影响下，人们认为这些征兆所具有的颜色往往是德运之色的象征，包含着一德已衰、一德将兴的政治寓意。这些学说对论证新王朝的合法性有着重要的意义。新王朝大多是在讨伐旧王朝以及群雄纷争的动荡局面中艰难诞生的，在天下初定的情况下，民众的政治倾向常常是暧昧不明的。有的依附于不同政治势力，伺机而动；有的则依旧沉湎在对旧王朝的缅怀中，对新王朝充满了抵制的情绪；有的对新王朝是否能够带来更多的福利充满了疑虑。在民心涣散、不知所归的情况下，天命作为最绝对的权威，是确立王朝合法性最有效的文化依据。以德运之色或者受命之符的颜色为政权标志，是宣扬天命所在的主要形式之一。因此，古人才会把易服色视作确立政权合法性、取得民众政治认同感的头等大事。董仲舒反复论述，表明王朝顺应天命的合法性是改正朔、易服色的主要政治功能。"改正朔，易服色，所以应天也。""改正朔，易服色，以顺天命而已。"①

此后的儒生和统治者也多持这种观点。汉武帝元封七年（前104），司马迁等上书建议改正朔。汉武帝召见深明经术的御史大夫兒宽，向他询问改正朔、易服色之事。"宽与博士赐等议，皆曰：'帝王必改正朔，易服色，所以明受命于天也。'"②三国魏明帝即位以后有改正朔之意，经过朝廷激烈讨论之后，终于颁发了改历服色的诏书。明帝在诏书中说："黄初以来，诸儒共论正朔，或以改之为宜，或以不改为是，意取驳异，于今未决。朕在东宫时闻之，意常以为夫子作《春秋》，通三统，为后王法。正朔各从色，不同因袭。自五帝、三王以下，或父子相继，同体异德；或纳大麓，受终文祖；或寻干戈，从天行诛。虽遭遇异时，步骤不同，然未有不改正朔，用服色，表明文物，以章受命之符也。"③

即使在清朝，乾隆皇帝在彻底否定五德终始说的存在价值的情况下，却依然保留了服色制度。他主张，"服御所尚自当以黄为正，余非所宜"。他非常赞许"元明制度尚黄，不侈陈五德之王"，认为"其义甚正"，表示本朝因袭这种

① 《汉书》卷56《董仲舒传》，北京：中华书局，1962年，第2510、2518页。

② 《汉书》卷21上《律历志第一上》，第975页。

③ 《宋书》卷14《礼志一》，北京：中华书局，1974年，第328—329页。

服色制度，“足破汉魏以后之陋说”。[①]作为国家政权的象征符号，服色符号有着比五德终始说更加顽强的生命力。五德终始说在清代彻底消亡之后，曾经受其支配的易服色制度却得以留存。清人纳兰性德虽然不再以五德终始说解读三代服色，但仍然承认服色凝聚民心、确立权威的作用：“随时损益，以新天下之耳目，一天下之心志。”[②]

历代政权正是认识到服色符号凝聚人心的政治功能，才在推行改易服色制度、建构王朝正统性过程中，对五德服色符号进行了充分的运用。

第一，附会各种符合德运色彩符号的自然现象和文化现象，作为受命之符，为改易服色提供有力依据，为政权正统性制造舆论。

在历史上，每当即将改朝换代之时，往往会有人将一些色彩现象与下一个王朝的德运联系起来，以此作为新政权获得天命的依据。根据刘歆的新五德终始说，汉为火德，继承汉统的新政权应受土德，因此西汉末年和东汉末年一而再，再而三地出现黄色谶语，这便为乘土德的新政权的确立提供了合法性依据。在西汉末年成帝的时候一度流传着预示王莽篡汉的黄雀谣：“邪径败良田，谗口乱善人。桂树华不实，黄雀巢其颠。故为人所羡，今为人所怜。”古人认为，桂为赤色，乃“汉火德之象”；“华不实”说的是汉成帝没有继嗣；而黄雀指外家王氏。其后王莽篡位，自称土德，正是应了黄谶。[③]到了东汉末期，再次出现天降黄色符瑞的谣言。汉灵帝中平二年（185），洛阳城内流言虎贲寺出现“黄人”，每日前往观瞻的人数以万计，以至于道路断绝。曹丕接受汉帝禅让，燔柴告天时，据说有黄鸟衔丹书集于尚书台，因此改元“黄初”。《宋书》认为这些都是魏国在为自己受土德以代汉之火德制造舆论：“此魏氏依刘向自云土德之符也。”[④]

晋为金德，色尚白。魏明帝青龙年间出现的白色符瑞被视为晋受金德而代魏土德的征兆。张掖郡柳谷中有一块黑色的巨石，广一丈，高三尺。黑为水行

① 《御题大金德运图说》有序，《景印文渊阁四库全书》史部，第648册，台北：台湾商务印书馆，1986年，第309页。

② （清）纳兰性德撰：《陈氏礼记集说补正》卷3《檀弓》，影印通志堂经解本，扬州：江苏广陵古籍刻印社，1996年，第278页。

③ （元）刘履编：《风雅翼》卷10《黄雀童谣》，《景印文渊阁四库全书》集部，第1370册，台北：台湾商务印书馆，1986年，第179页。

④ 《宋书》卷27《符瑞志上》，第779页。

之色，因此传说这块石头是水星之精坠落以后变化而成的。到了东汉末年，这块神奇的石头渐渐显现出文彩，不过还不是很分明。魏明帝青龙年间，忽然发出了雷鸣般的震动声，“闻声百余里”，黑色巨石竟然自己立了起来，并且由黑色变成了白色，还出现了牛马、仙人以及玉环、玉玦等图像和文字。这块由黑变白的石头据说是预示司马氏代魏的符瑞。①此外，在晋受禅那一年，北阙下出现了一只白色的燕子。众所周知，燕子一般都是黑色的，白色燕子实为罕见，因此被视为“神物”，关在金子打造的笼子里，放在宫中。十来天过后，人们却惊奇地发现白燕子不知道到哪儿去了。这只神秘的白燕子也被当作晋朝金德之瑞。②

南朝刘宋政权受水德，因此以黑色事物为符瑞。据说在东晋义熙八年（412）的时候就已经出现了水德将兴的征兆：“太社生薰树于坛侧。薰于文尚黑，宋水德将王之符也。”③

第二，为了证明赵氏受火德的合法性，有宋一代，关于赤色符瑞的记载和传说不绝如缕。据说，宋太祖出生时“赤光绕室，异香经宿不散，体有金色，三日不变”④。真宗出生时，“赤光照室”⑤。仁宗的母亲梦见羽衣仙人从空中下降，仁宗出生时，“宫中火光烛天”⑥。英宗出生时，“赤光满室，或见黄龙游光中”⑦。赤色是宋朝的德运服色，黄色是君权的象征，无不预兆着英宗注定成为九五之尊。孝宗的母亲梦见府君抱着一只赤羊，孝宗在秀州出生的时候，“红光满室，如日正中”⑧。

在以火德符瑞神化帝王这种观念的影响下，当时的画家武宗元在为西京上清宫绘三十六天帝神像的时候，以宋太宗为赤明和阳天帝的原型，“以宋火德王，故以赤明配焉”。后来，宋真宗巡幸上清宫的时候从天帝神像中辨认出太宗的容貌，大吃一惊地说：“此真先帝也。”立刻命人焚香再拜，叹其精妙，伫

① （宋）李昉等编：《太平广记》卷135引《录异志》，北京：中华书局，1961年，第965页。
② （晋）王嘉撰，（梁）萧绮录，齐治平校注：《拾遗记》卷7《魏》，北京：中华书局，1981年，第170页。
③ 《宋书》卷32《五行志三》，第941页。
④ 《宋史》卷1《太祖本纪一》，北京：中华书局，1977年，第2页。
⑤ 《宋史》卷6《真宗本纪一》，第103页。
⑥ （明）徐应秋撰：《玉芝堂谈荟》卷1《帝王诞生瑞征》，《景印文渊阁四库全书》子部，第883册，台北：台湾商务印书馆，1986年，第4页。
⑦ 《宋史》卷13《英宗本纪》，第253页。
⑧ 《宋史》卷33《孝宗本纪一》，第615页。

立良久。[①]

徽宗政和年间，“天下争言瑞应，廷臣辄笺表贺”[②]。其中有很多都是论证宋朝火德的赤色符瑞。朱草是典型的祥瑞植物，历来备受珍爱。朱草也被称为“福草”，一说为一种可供染绛色的植物，一说为生长在长离山上的仙草。长离山是传说中的“天之南岳”，位于南海之中。在这座山上，一切事物都是朱赤色的，有“朱宫绛阙、赤室丹房”等朱赤色建筑，也有“朱草红芝”等朱赤色植物，由赤帝天君赤熛怒镇守。这种想象和建构显然受到了朱赤之色与南方匹配观念的影响。仲长统曾经在《昌言》中说：“今人主不思甘露、醴泉涌而患枇杷、荔支之腐，亦鄙矣。”[③]在他看来，君主应该将昭示太平盛世的朱草，而非那些只能满足口腹之欲的枇杷、荔枝作为政治生活中关注的焦点，可见朱草对政治生活意义之重大。

而在宋代，朱草更是因为与当朝德运之色相符，而被增添了应验火德符命的含义，得到加倍的重视。通过对宋以前载有朱草的文献，如纬书中对朱草寓意的解说、文学作品中使用朱草意象的语境、史书中对朱草出现情境的记录等，进行梳理可以发现朱草主要蕴含了以下几方面含义：一是“圣人之德无所不至”的征兆。《鹖冠子》对这种普遍性进行了更为详尽的解说：“唯圣人能正其音，调其声，故其德上及太清，下及泰宁，中及万灵。……朱草生。”[④]二是上天授意君主进行禅让的征兆。禅让，指的是天子让位于贤者。在传统政治观念中，禅让是一种具有至高道德境界的政治行为，无论是禅让者还是受禅者都是品行至善的圣人。在传统政治思想系谱中逐渐累积形成了尧舜禹禅让的美好传说，成为后世政治生活的最高榜样。在中古以前，有多次政权更迭都是通过禅让完成的。然而，在实际运作过程中往往充满了杀戮、胁迫和政治讹诈，禅让的说法不过是对弱肉强食、尔虞我诈的政治斗争的美化。为了掩盖受禅者实际上是夺权者的事实，往往需要通过美化其政治形象来强化其政治合法性，其中最为常见的一种途径就是搜罗各种奇异的自然事物和自然现象，将受禅者塑

① 《宣和画谱》卷4《武宗元》，《景印文渊阁四库全书》子部，第813册，台北：台湾商务印书馆，1986年，第93页。

② 《宋史》卷352《王安中列传》，第11124页。

③ （宋）李昉等撰：《太平御览》卷九七一引《昌言》，北京：中华书局，1960年，第4304页。

④ （宋）陆佃解：《鹖冠子》卷中《度万第八》，《景印文渊阁四库全书》子部，第848册，台北：台湾商务印书馆，1986年，第218页。

造成为受命于天的合法继任者。朱草被视为“受禅”的征兆之一。据史书记载，在魏文帝接受汉朝皇帝禅让之际，就出现了“朱草生于文昌殿侧”的异象。而在颁布的《梁禅陈诏》中也将朱草的出现作为禅让的依据之一。三是上天对君主孝行的嘉许。绛纱袍是中古时期的主要祭服之一，具有重要的政教意义。可以用来染绛的朱草因此备受重视。因此在宗庙这样举行重要祭祀典礼的场所中长出朱草，被古人看作“君人孝”的符应。

由此可见，在宋以前，朱草与“火德”并未形成相对固定的匹配关系，根据《礼·斗威仪》的解读，反而是与“木德”存在着较为密切的关系：“君乘木而王，其政升平，则福草生庙中。”①朱草作为“火德”符应的形象是到了宋代才频繁出现的。文彦博在《德号继明颂并序》中追溯了真宗以前宋朝历代皇帝的功绩。在称颂开国皇帝宋太祖时，为强调宋王朝肇基的政治合法性，文彦博将“朱草”与“丹鱼”并列为印证宋朝政权膺受天命的祥瑞之物，从而赋予了朱草以“协火德之景光，表炎灵之丕运”的文化内涵。②宋徽宗政和五年（1115）三月，南安军进献朱草，“正类珊瑚，分枝共干，体柔色朱”。善于逢迎的太师蔡京称其为“实火德政平之应”，上奏徽宗请求允许他“率百僚拜表称贺”。③王安中的《贺朱草表》可能就是其中的一篇，在文中他也将朱草视为自然界对宋朝乘火德的符应：“火德自然之应，瑞草时生。”④

赤乌也是火德朝代最热衷的符瑞之一。这是因为，赤乌与历史上最富有传奇性、作为政治典范的渊源、对后世政治生活具有垂范功能和价值的朝代——西周有着密切的关系。赤乌被视为西周肇基的预告者。自春秋以来，儒、法、墨、阴阳等诸派经典中，都提到了西周将兴之际的赤乌符瑞。《吕氏春秋》在阐述五德终始思想，详细解释自然界出现的各种异象所预示的德运时，把赤乌与火德联系在了一起，认为这是西周乘火德的征兆：“赤乌衔丹书集于周社。文王曰：‘火气胜！’火气胜，故其色尚赤，故其事则火。”⑤由此可见这一传说

① （宋）李昉等撰：《太平御览》卷八七三《福草》，第3873页。

② （宋）文彦博撰：《潞公文集》卷二《德号继明颂并序》，《景印文渊阁四库全书》集部，第1100册，台北：台湾商务印书馆，1986年，第587—588页。

③ 刘琳等校点：《宋会要辑稿》5，上海：上海古籍出版社，2014年，第2604页。

④ （宋）王安中撰：《初寮集》卷5《贺朱草表》，《景印文渊阁四库全书》集部，第1127册，台北：台湾商务印书馆，1986年，第97页。

⑤ 转引自王玉德等编：《中华神秘文化》，长沙：湖南出版社，1993年，第83页。

影响力之广泛。

赤乌传说成为塑造圣君形象、宣扬君权天授以印证政权合法性的重要资源。凡是以火德立朝的朝代在讲述本朝渊源时都免不了与赤乌产生千丝万缕的联系。如在汉朝开国太上皇刘太公的出生传说中，赤乌就扮演了重要角色。据说他的母亲“梦赤乌若龙，戏已而生执嘉”①。

此外，赤乌实际上也就是传说中的朱雀。朱雀与青龙、白虎、玄武并称四灵，与五行中的火行相匹配，代表夏季和南方。朱雀还常被用来指代传统文化中非常重要的崇拜对象之一——太阳（日精），因此常常与白兔（玉兔）相连，譬喻太阳和月亮。如白居易的诗中就以“白兔赤乌相趁走”譬喻光阴在日月此升彼落之际不断流逝。

宋朝至道元年（995），知通利军钱昭序献上的正是赤乌、白兔这样一对祥瑞组合。只不过，他借用阴阳学说、五德终始思想以及五色时空观念对这一符瑞组合的寓意进行了改造。首先，赤乌和白兔分别代表了阳和阴中的符瑞：“乌禀阳精，兔昭阴瑞。”其次，更重要的是，与火德相契合的赤乌是以火德立朝的宋代繁荣昌盛的吉兆：“报火德蕃昌之兆。”最后，同样是非常重要的一点，这对符瑞组合出现的地点也非常具有特殊意义，通利军位于北宋对辽的大名府防线上，战略地位较为重要。白兔之白，与五行中的金、五方中的西方匹配，白兔被狩，在钱昭序看来恰好预示了西方夷狄的降服：“示金方驯服之祥。”②

不过，宋朝宋太宗或者说史官似乎把注意力都集中在了与宋朝德运相关的颜色——赤色上了。在和侍臣谈论此事时，宋太宗只提到了赤乌，也可能是史官只留意记下了宋太宗对赤乌的评价：“乌赤正如渥丹，信火德之应也。”③

在热衷德运符瑞之风的推动下，除了传统的祥瑞符号朱草、赤乌等之外，还有一些红色事物也被纳入了宋朝火运符应体系。如政和年间山西解州出现了红盐。王安中、慕容彦达、赵承之等纷纷上表祝贺。由红盐奇观联想到宋朝德运，是这三篇贺表的共同之处。如王安中一再称颂红盐符瑞的出现是上天以

① （唐）欧阳询撰，汪绍楹校：《艺文类聚》卷99《祥瑞部下·乌》引《帝王世纪》，北京：中华书局，1965年，第1711页。

② 刘琳等校点：《宋会要辑稿》5，第2592页。

③ 刘琳等校点：《宋会要辑稿》5，第2592页。

“自然之应”的方式来昭示当朝的火德，是“炎运之隆”的表现。①慕容彦达将“方拟凝雪之姿”的盐田“忽示激丹之彩”的意外景观视为徽宗“德协炎灵”的符应。②赵承之盛赞红盐是“赫然之瑞”“不世之符”，体现了“炎精协序”，验证了当朝的火德。③

这三篇贺表还从不同角度诠释了红盐奇观所反映的天人关系。王安中强调了天意的客观性，红盐奇观的出现是“天授之，非人力”，从而肯定了徽宗“孝奉神明，功昭祖考”的美德毋庸置疑。④慕容彦达强调了人事与天命的相关性，认为正是由于徽宗足以“功昭烈祖”的政治作为和德行与宋朝所乘的火运完全契合，因而不但实现了解州盐池这个“宝源”的恢复，保证了国储的丰足，更重要的是保障了宋朝祚命的永远延续。

历史上的红盐主要产于高昌、于阗等西域国家，作为珍稀之物进贡给中原王朝。因此，红盐也称为“戎盐”。政和元年（1111）和六年（1116），解池两次出现红盐，实为罕见。再加上，在此之前，解池刚刚解决了“至期而败”⑤的难题，重新恢复了盐课，这对宋朝而言具有非同一般的意义。解州池盐对宋朝具有重要的战略意义。据记载，古代中国的南方地区主要仰赖海盐，北方地区主要仰赖解州的池盐。而海盐的产出主要依靠人力，池盐的产出却必须仰仗天气条件的助力。因为到了宋代，池盐的生产方式是通过在盐池周边挖掘畦垄，引入盐池里含有盐分的水，然后在夏秋之际，利用南风进行干燥，结晶成盐。如果南风没有如期而至，就无法干燥结晶。如果生产场地围护不严，混入其他水流，就会阻断盐脉。徽宗初年，就是因为雨水过多，外水漫入解池，导致盐水变质，无法结晶成盐。朝廷不得不大兴徭役，车出外水，才恢复了解池的盐课。所以有“解池之盐，全资于天”⑥的说法。解州池盐生产的恢复，对

---

① （宋）王安中撰：《初寮集》卷5《贺红盐表》，第99页。

② （宋）慕容彦达撰：《摛文堂集》卷11《贺红盐表》，《景印文渊阁四库全书》集部，第1123册，台北：台湾商务印书馆，1986年，第425页。

③ （宋）赵承之：《贺红盐表》，（宋）魏齐贤、叶棻同辑：《五百家播芳大全文粹》卷2上，《景印文渊阁四库全书》集部，第1352册，台北：台湾商务印书馆，1986年，第72页。

④ （宋）王安中撰：《初寮集》卷5《贺红盐表》，第99页。

⑤ （明）王世贞：《关将军四事图序》，万历《承天府志》卷14，《日本藏中国罕见地方志丛刊》，北京：书目文献出版社，1992年，第258页。

⑥ （清）应㧑谦辑：《教养全书》卷40《历代盐法考》，《四库全书存目丛书》，济南：齐鲁书社，1995年，第585页。

宋朝廷而言，无异于上天对宋朝政权的一种眷顾，继而红盐奇观的出现，又再次肯定了宋乘火运的正统性。这是红盐之瑞引起如此强烈反响的重要原因。

除了利用符瑞现象论证王朝政权合法性外，有些统治者还有意识地采取一些措施，以迎合符瑞、谶语。例如，隋唐时期，一度流传与白色有关的符谶。隋文帝开皇初年，太原流行这样一首童谣："法律存，道德在，白旗天子出东海。"于是，隋朝皇帝"恒服白衣"，以表明本朝政权具有符合天命的合法性。①

第一，五德服色符号常常成为化解认同危机的策略性工具。闽国的开创者王审知以巩固境内政权为要务，对在中原地区建立的任何政权一贯秉持拥戴奉行的态度。朱温篡唐后，自称以金德继唐朝的土德，崇尚白色。王审知最先向朱温进献了白鹦鹉，以迎合他"引瑞物为受命之符"的心理需求，巧妙地表达了效忠于后梁政权最大程度的诚意。随后，诸多州郡也相继进献了"白乌、白兔洎白莲之合蒂者"②，共同促成了天下人对后梁政权"金行应运之兆"的认知。朱温利用这个机会，将内殿定名为金祥殿。朱温一生之中多次变换政治立场，先是参加王仙芝、黄巢的起义军，后来又归附唐朝，与李克用等联合镇压起义军，立下军功，被唐僖宗赐名"全忠"，以旌表其忠心，然而他最终还是背叛了唐朝，凭借曾经拱卫唐朝的武力控制了朝政，逼迫唐昭宗迁往洛阳后又将其杀死，立其子为哀帝后又逼迫唐哀帝禅位。这种接连不断大逆不道的行为势必为天下人所诟病。王审知带头通过进献符瑞之物的方式，证明朱温篡唐行为具有受天之命的合法性，这对朱温面临的舆论危机起到了一定的缓解作用，同时有力地推动了其他地方首领对朱温政权的认同。王审知因此得到了丰厚的回报，于后梁太祖开平三年（909）被封为闽王，闽国的存在及地位得以正式确认。

当王朝统治遭遇严重危机的时候，朝廷更加注重利用与服色相符的颜色符瑞，来强化民众对本朝政权的忠诚度。南迁以后的宋室对赤色符瑞的态度就是一个典型例证。遭受"靖康之变"的奇耻大辱之后，赵氏王朝的政权合法性受到了严峻挑战。正在此时，济州出现了"红光属天如赤鸟翔翥"的符瑞，朝野上下重新燃起了对宋室的信心和希望，被他们视作火德宋朝再次振兴的吉兆。

---

① （唐）温大雅撰，李季平、李锡厚点校：《大唐创业起居注》卷1，上海：上海古籍出版社，1983年，第11页。

② 《旧五代史》卷3《太祖本纪三》，北京：中华书局，1976年，第50页。

这次符瑞也为徽宗的第九个儿子赵构登上帝位制造了符命依据。“初济阴夜有红光烛天，如赤乌翔翥状，识者以为宋火德之符。于是济之父老军民以万计，诣大元帅府乞王即位于济。”①杨惟忠、张俊等从这次红光事件联想到了周武王时候出现的赤色符瑞，联想到了汉光武帝重振汉室的光辉历史，因此也上书请求赵构尽快即位，成为带领他们重新振兴宋朝的领袖和支柱：“济州之瑞则红光见而火德符天命，彰彰著闻，周之武王，汉之光武，何以过此，大王其可久稽天命乎！其可弗顺人情乎！古人有言曰：‘违天不祥。’愿大王亟即帝位，上留天心，下塞人望。”②

耿南仲等臣僚会集在麟嘉堂讨论康王即位之事的时候，诸将及官吏也纷纷议论红光事件。有的说是在济州，有的说是在南京（应天府，即今天河南商丘），“四邻郡邑初夜望济州红光属天如赤乌翔翥，皆谓是火光达旦。村人入城，乃知非火。识者谓火光乃宋火德之符，亦如周武王赤乌之瑞也。济州父老军人无虑万计，以祥光所发，乃诣麾下，乞王即宝位”③。由此可见，红光事件已经成为时人关注的焦点，给予他们光复宋室极大的信心，也为他们拥立赵构填补空缺的帝位提供了充分的依据。

第二，强化用色行为与德运的配合，最重要的举措莫过于五德服色符号在政治礼仪以及君主日常生活中的推广运用，使其构成君主日常形象的物质元素之一，从而赋予君主及其代表的政权以“天命”的神秘色彩。

所谓服色包含哪些具体内容，历代经学家的解释大同小异。《礼记·大传》以“改正朔，易服色”为圣人南面而治天下必须履行的职责。郑玄和孔颖达都认为，服色指的是车马之色，但没有具体指出是何种用途的车马。④还有学者认为“服”与“色”应该分别解释，“服”指的是服牛乘马之服的颜色，并指出这里所说的车马主要指的是“戎事所乘”，比如夏乘骊马、殷乘翰、周乘骠；“色”指的是祭祀所用牲之色，比如夏用玄牡、殷用白牡、周用骍犅。⑤不过从历代的实践来看，服色并不仅仅限于车马、祭牲的颜色，还涵盖服饰、

① 《宗泽集·附录·遗事》，杭州：浙江古籍出版社，1984年，第97页。
② （宋）徐梦莘撰：《三朝北盟会编》卷90，上海：上海古籍出版社，1987年，第669页。
③ （宋）徐梦莘撰：《三朝北盟会编》卷92，第682页。
④ （清）阮元校刻：《十三经注疏·礼记正义》，第1506页。
⑤ （清）孙希旦撰：《礼记集解》卷34《大传》，北京：中华书局，1989年，第907页。

旌旗、建筑、事物名号等许多方面。

第一，祭祀服饰。在古代社会，祭祀被视为君主与上天沟通的重要方式。因此，君主在一些重要的祭祀活动中有时会选择与德运契合的服色，以表明自己是天命的膺受者。如汉文帝郊见五帝祠时，“衣皆上赤”①，正是为了顺应汉初“赤帝子之符”②。

第二，军队服饰或仪仗旗物。据《汉官仪》记载，秦汉司空骑吏以下的服色就是按照德运服色设计的：“司空骑吏以下皂裤，因秦水德，今汉家火德，宜着绛裤。”③

唐玄宗时期仪仗颜色的改换也是出于符合德运的需要。天宝十载（751），唐玄宗颁布了一道《诸卫队仗绯色幡改赤黄色诏》，一方面提出了具体的改易方案，一是下令所司做出黄色样品，立即开展生产；二是下令诸军职掌有使用火焰绯幡的地方要送付诸道进行改换，先前的赤色一律停用。另一方面对改换颜色的缘由和必要性加以特别详述。首先，继承了“三王继统质文互于相袭”的传统，有一定的历史依据；其次，遵循“五德承运，服色遵于必正，旗常改制，骍翰异宜”的原则；再次，旗幡的颜色有“表军国之容，合声明之度”的特殊作用和意义，事关重大，不可因循，而应该根据德运之说加以调整；又次，指出改易德运服色是彰显国家“惟新”、发挥政治垂范作用的必要方式；最后，指出改易德运服色的根本目的正在于通过顺应天道以获得上天的眷顾，即“得天人致和，风雨时若”。④这份诏书透露出德运思想在物质文化发展过程中留下的深刻烙印。

德运服色观念对深受华夏政治文化影响的周边少数民族政权也产生了影响，为其所采用。在魏晋南北朝时期，就有拓跋氏自称土德，服色用黄。到了宋辽金对峙时期，金人则自称水德，因此以黑色作为出征旗帜的主色：“凡用师行征伐，旗帜尚黑，虽五方皆具，必以黑为主。”⑤

“国之大事，在祀与戎。”祭祀与军队是巩固王权的重要基础，因此也是德

① 《汉书》卷25上《郊祀志上》，第1213页。

② （宋）徐天麟：《西汉会要》卷14《祭服》，上海：上海古籍出版社，2006年，第145页。

③ （汉）应劭撰，（元）陶宗仪辑，周天游点校：《汉官六种·汉官仪》，北京：中华书局，1990年，第116页。

④ （宋）宋敏求编：《唐大诏令集》卷99，北京：中华书局，2008年，第502页。

⑤ （宋）徐梦莘撰：《三朝北盟会编》卷244，第1752页。

运服色使用的重点领域。但是随着君主集权的进一步强化，出于凸显“君权天授”形象的需要，在设色方面，越来越注重利用和发挥德运服色符号对社会普遍政治意识的渗透作用，从而导致德运服色符号使用范围的不断扩大延伸。

如车驾设色。从宋太祖开始，就对符合宋朝德运之朱色的运用表现出了异乎寻常的重视。在车舆的设计过程中，除了参考前朝的规制，也做了一些调整，其中一个较为重要的就是将某些车舆的颜色改为赤色，如“进贤车，古安车也。太祖乾德元年改赤质”；崇德车，“太祖乾德元年，改赤质”。①

又如君主的日常服饰。隋唐以来，黄袍已经成为大多数人认同的君主常服，甚至成为君权的象征符号。②不过，宋代皇帝除了黄袍之外，还常以红袍为常服，应该是与德运服色制度有关。《宋史·舆服志三》记载，除了“赭黄、淡黄袍衫”之外，红袍也是宋代皇帝常服之一。此外，宋代舆服制度还规定，皇帝参加后殿早讲时应该穿着红袍：“后殿早讲，皇帝服帽子，红袍，玉束带。”③据《东京梦华录》讲述，正月十六，万姓齐聚门下瞻仰天表，看到的正是一副“小帽、红袍”的形象。④宋朝遗老方回在《续古今考》中回忆，皇帝常朝时一般穿着常服，即幞头、红袍、玉带。⑤

因此，在描绘宋代宫廷生活的诗词中，“红袍”是皇帝的经典形象之一。宋白的《宫词一百首》中就有一首记录了一次宫廷宴会的场景，宴会结束后皇

---

① 《宋史》卷149《舆服志一》，第3490、3495页。

② 参见拙文《黄色成为君权符号的文化动因》（与张分田师合作），《天津师范大学学报（社会科学版）》2006年第5期。经过历代思想家对其象征意义的层层累加，黄色被抽象为一个以人种肤色、地理环境为自然基础，以原始崇拜（土地崇拜、方位崇拜）为心理基础，吸收了尚中贵和、无为之道等哲学思想和王权圣化的政治思维所形成的政治文化符号。从汉代开始，黄色与王道逐步建立其象征关系。《汉书·律志》云：“黄者，中之色，君之服也。”（《汉书》卷21上《律历志第一上》，第959页）从隋朝开始，黄袍与皇权逐渐发生密切联系。隋唐天子“常服赤黄、浅黄袍衫”，并为后世君主所认同并继承。黄色在皇室中的大面积使用，必然对天下万民产生强烈的视觉冲击，影响着他们对君主和君权的直观印象和理性认识，使他们对一切黄色都会条件反射地联想到君主。黄袍作为皇权的象征符号，成为帝王生活记录和帝王故事叙述中的重要道具。黄袍的穿和脱意味着皇权的得与失。从隋王改服纱帽黄袍并受册玺，到唐玄宗被迫为把握实权的儿子唐肃宗披上黄袍，再到陈桥兵变中赵匡胤黄袍加身，这些都象征着对皇权的占有。而唐玄宗释黄袍，着紫袍，后晋皇帝在契丹主的逼迫下脱黄袍服素纱，则意味着权力的丧失。

③ 《宋史》卷151《舆服志三》，第3530—3531页。

④ （宋）孟元老撰，邓之诚注：《东京梦华录注》卷6《正月》，北京：中华书局，1982年，第172页。

⑤ （元）方回续：《古今考》卷27《天子治朝之位》，《景印文渊阁四库全书》子部，第853册，台北：台湾商务印书馆，1986年，第476页。

帝更换了一件“赭红袍”①。王珪撰写的宫词中，更是多次着墨于皇帝的“红袍”。皇帝在赏牡丹时所穿的一身红色御袍，与“露苞初拆”的牡丹相映成趣：“压晓看花传驾入，露苞初拆御袍红。”②轻薄的春罗已经洇染上了鲜艳的红色。在透帘三丈日华高的明媚光线里，宫人正在交替使用金针、玉尺、龙剪等各种制衣工具，将之裁制成崭新的御袍。

再如建筑。宋朝从开国之初，宫中殿宇就都用赤土刷染，饰以桐油，“盖以国家尚火德故也”。后来多用朱红漆。宋室南迁，在杭州重建政权之后，仍然延续了这种设色方式。只不过，高宗认为赤土桐油易于更修，而朱红漆所费不赀，且难以修整，因此决定沿袭祖宗惯例，复用赤土桐油。③

此外还有日常生活器物。唐玄宗天宝七载（748）正月二十八日，太常卿韦韬向唐玄宗建议“御案樽床帐，望去紫用赤黄”，得到了玄宗的许可。④德运服色的使用范围开始从政教活动和仪仗卫队延伸到了日常生活领域。昭德皇后去世以后，为她建的昭德庙刚开始用的座褥之所以是赤黄色的，就因为是从宫禁中沿用而来的，直到贞元九年（793）九月才下令改用紫色。⑤

而宋代着力钻研改进朱红器物的制造工艺，也是出于对火德之色的重视。各地进献的贡物，有很多成为宫廷制造大量朱红器物的原材料。蔡京曾在奏议中说：“陛下自即位以来，符瑞之应，靡有虚日。”其中堪造器物的“红色丝文”多达“一百二匣，计三千四百余斤”。⑥唐代开始发展起来的雕漆在宋代达到了成熟。其中剔红漆器被视为宋代最具代表性的工艺美术，高濂盛赞“宋人雕红漆器”：“如宫中用盒，多以金银为胎，以朱漆厚堆至数十层，始刻人物楼台花草等像，刀法之工，雕镂之巧，俨若画图。”⑦宋人对红漆工艺的钟爱与精进，应该也是与宋代视朱红为符命之色有着密切的关系的。

---

① （宋）陈思编，（元）陈世隆补：《两宋名贤小集》卷5《广平别集・宫词一百首》，《景印文渊阁四库全书》集部，第1362册，台北：台湾商务印书馆，1986年，第408页。

② （宋）王珪：《宫词》，见（明）毛晋辑：《三家宫词》卷下，《丛书集成初编》，北京：中华书局，1985年，第63页。

③ （宋）李心传撰：《建炎以来系年要录》卷148，《景印文渊阁四库全书》史部，第327册，台北：台湾商务印书馆，1986年，第75页。

④ （宋）王溥撰：《唐会要》卷32《乘车杂记》，北京：中华书局，1955年，第585页。

⑤ （宋）王溥撰：《唐会要》卷18《缘庙裁制下》，第361页。

⑥ 刘琳等校点：《宋会要辑稿》5，第2605页。

⑦ （明）高濂著，王大淳点校：《遵生八笺》卷14，杭州：浙江古籍出版社，2016年，第568页。

这一色彩风尚导致宋代朝廷对朱漆产生了超出常量的巨额需求。因此宋朝从建国伊始就非常重视朱漆的生产，宋太宗太平兴国三年（978）设置了“烧朱所”，由僧人德愚、德隆负责，主要职责就是“掌烧变朱红，以供丹漆作绘之用”。①

宋徽宗时，蔡京在修复明堂的设计方案中，对明堂的设色提出了诸多建议。这些建议除了吸收常见的五色与五方五时匹配的原则之外，还特别纳入了德运服色元素。他建议“堂、室、柱、门、栏、楯并饰以朱，则远以合三代之制，近以协所尚之色”，正是为了服从“国朝以火德王，所尚者赤也，当以赤为本”的原则。②由此可见，对德运服色的迷信有时候甚至可以压倒一切。而这一切显然都是出于对维系王朝“天命”、强化政治认同的强烈心理需求。

三、五德服色符号与改易服色制度思想内涵的社会认同

五德服色符号的运用，使改易服色制度的思想内涵，包括“天命-革命”、五德终始等，不但对主流意识形态与统治阶层生活风尚产生了深刻影响，也对民间政治意识起到了一定的形塑作用。

（一）从谶纬民谣的五色隐喻看“天命”思想的社会认同

政治异动是古人非常关注的社会话题之一。因此，在古代政治生活中充斥了大量的谶纬之说和民间歌谣，或是预测政治走向，或是解读政治传闻，或是传播政治谣言。在这些谶语和民谣中，常常运用大量的隐喻来对“天命”进行暗示，这可能是为了增加神秘色彩，也可能是出于隐讳的需要。五色符号以其丰富的政治文化内涵，成为最常见的喻体之一。

与本朝服色相符的符瑞被视为国运振兴的一种征兆。例如，在唐朝军队与吐蕃对峙的关头，正是一个与土德黄色有关的梦兆增强了军民的信心。当时，吐蕃进犯便桥，唐朝军队处于不利境地。代宗在巡幸时还看到了一些不祥的征兆，因此忧心忡忡。当天晚上，他梦见穿着黄色衣服的童子在帐前唱了一首

① 刘琳等校点：《宋会要辑稿》7，第3928页。

② 刘琳等校点：《宋会要辑稿》2，第1181页。

歌："中五之德方峨峨，胡呼胡呼可奈何。"代宗把梦详细地复述了一遍。侍臣以黄色为土德之兆，"（咸称）土德当王、吐蕃破灭之兆也"。[①]

与本朝服色发生冲突的色彩现象则往往被视为国运即将出现危机的不祥征兆。例如，干宝认为，"自明帝，终魏世，青龙、黄龙见者，皆其主兴废之应也"。青为木德之色，魏受土德，不胜木，因此青龙出现对魏而言并非什么好的征兆。更何况青龙出现在井中，刘向曾说："龙贵象而困井中，诸侯将有幽执之祸也。"而曹魏时期的龙瑞皆出现于井中，这似乎都是"居上者逼制之应"。[②]还有一个典型事例是，太兴年间士兵流行以绛囊缠束发髻，被视作对尚白的晋朝政权的严重威胁。发髻在头顶上，属于人的最顶部。有人根据《周易》的说法，认为乾为首，为君道，囊为坤，为臣道。晋主金德，士兵却用象征火行、与金德相克的绛色囊缠束发髻，是臣道上侵皇权之象。[③]古人把这件事和晋元帝永昌元年（322）的王敦之乱联系起来。当时，王敦、王导兄弟权倾朝野，对君道威严构成了严重挑战。元帝以征讨胡族的名义，重用刘隗、戴渊等都督司、兖、青、徐等州诸军事，对王敦加以防备。王敦感觉受到威胁，遂于永昌元年起兵，攻陷都城建康，一举清除了与自己敌对的政治势力。谋事不成的元帝在忧愤中死去。

如果出现了与本朝服色相符的眚祥，古人就会认为国运将有不测。例如，晋怀帝永嘉元年（307）二月，"洛阳东北步广里地陷，有苍白二色鹅出，苍者飞翔冲天，白者止焉"[④]。有人认为，步广乃是周朝时狄泉盟会的地方，白鹅暗指晋朝，苍鹅暗指胡族，白鹅止步、苍鹅冲天的景象，预示着后来发生的匈奴刘渊、羯族石勒等胡族"相继乱华"而西晋怀、愍二帝沦灭非所等一系列政治事件。

一些包含该王朝服色颜色词的图谶、谣言也被视为对国运的预示。例如，汉朝尚赤，因此包含"赤"字的图谶成为预言汉朝国运重振的依据。西汉末年，南阳人延岑据汉中，自称武安王，其护军邓仲况拥兵南阳阴县为寇。刘歆的侄子刘龚（一说为刘向的曾孙）是他的谋士。苏竟善图谶。在写给刘龚的书

① （唐）苏鹗撰：《杜阳杂编》卷上，北京：中华书局，1985年，第1页。

② 《晋书》卷29《五行志下》，北京：中华书局，1974年，第902页。

③ 《晋书》卷27《五行志上》，第825页。

④ 《晋书》卷28《五行志中》，第864页。

信中，他以汉为火德说为依据分析了汉室的政治命运："孔丘秘经，为汉赤制，玄包幽室，文隐事明。且火德承尧，虽昧必亮。"[①]当时人们普遍非常相信图谶之说，因此刘龚和邓仲况接受了苏竟的劝说，最终投降。可见，汉为赤制的说法深得人心，为双方所共同接受。

晋朝自认为乘金德而兴，服色尚白，因此在当时流行的谣言中常以白色词汇隐喻晋朝政权。流传于晋愍帝建兴年间的一首包含白色词汇的江南歌谣则预示了西晋灭亡、东晋偏安的政治命运。"訇如白坑破，合集持作甒。扬州破换败，吴兴覆瓿甊。"[②]坑是一种瓦瓮，质地刚硬，属于金类，因此和白色一样都是以金德王天下的晋朝政权的隐喻。"訇如白坑破"暗喻西晋的灭亡。八王之乱后，西晋政权逐渐衰落。趁着各地流民起义、西晋王朝疲于应付之机，内迁少数民族多次起兵，造成永嘉之乱。晋怀帝被俘，洛阳城遭到洗劫。西晋大臣虽然夺回了长安，并拥立司马邺为帝，是为晋愍帝，然而，苦苦支撑不到五年时间，就又遭到匈奴侵袭，长安陷落，西晋最终难逃灭亡的命运。

又如晋惠帝元康年间，京城洛阳地区流传着这样一首童谣："南风起，吹白沙，遥望鲁国何嵯峨，千岁髑髅生齿牙。"这首童谣预言了贾后与外戚贾谧合谋陷害太子之事。童谣中提到的"南风"是贾后的名讳。"白沙"暗指太子，因为白色是晋朝服色，愍怀太子小名叫作沙门。"南风起，吹白沙"暗示了太子的命运。鲁国是外戚贾谧的封地。[③]据《晋书》记载，惠帝司马衷是个白痴，他的皇后贾氏凶狠暴戾、嫉妒成性，司马衷"畏而惑之"。外戚贾谧仗着贾后的尊贵地位，恃宠骄纵，甚至连太子也不放在眼里。他屡次与太子产生矛盾，并向贾后报告"太子广买田业，多畜私财以结小人"等不端行为。贾后本来就因为太子并非己出而怀有戒心，在贾谧等的煽动下更是担心将来太子继位会有废后之忧，最终他们以谋逆的罪名废掉了太子，并将其迫害致死。[④]

流传于晋海西公太和年间的民间歌谣"青青御路杨，白马紫游缰。汝非皇太子，那得甘露浆"中的白马暗喻司马奕和他的三个儿子，因为白色是晋朝的服色，马象征皇族，紫色暗示司马奕的即位不符合正统，"游缰"预言了他和

① 《后汉书》卷30上《苏竟列传》，北京：中华书局，1965年，第1043页。

② 《晋书》卷28《五行志中》，第845页。

③ 《晋书》卷28《五行志中》，第844页。

④ 《晋书》卷53《愍怀太子传》，第1457—1463页。

三个儿子被马缰缢死的下场。东晋建立以后，由于统治集团内部争权夺利，同样是内乱频繁。哀帝驾崩后，没有后嗣，司马奕以母弟身份继承大统，后被桓温所废。在司马奕和他的三个儿子死后第二天，南方进献甘露，可是他们已经享受不到了，古人认为这是应验了“汝非皇太子，那得甘露浆”的预言。据《宋书·五行志二》记载，在司马奕被废前夕，还曾经流传过另外一首歌谣：“犁牛耕御路，白门种小麦。”白门指的是司马奕的住宅。据说，司马奕被废以后，吴地的农人在他家门前耕种小麦，和歌谣预言的一模一样。①

（二）从五德服色的号召力看“天命”思想对社会舆情的导向作用

作为王朝政权获得天命的重要依据，与服色相关的事件、传言具有双重的政治功能。对当政者而言，与本朝服色相关的符瑞有助于政权合法性的确立。而对在野者而言，与新服色符号相关的符瑞常常为他们伺机而动、揭竿而起提供舆论铺垫。

在古代社会，起事者之所以常常将服色符号作为号召民众的重要标识，是因为服色符号并不是单纯的号召和动员标识，往往还是起事者政治纲领的集中概括和形象表达，因此才会对民众产生巨大的凝聚力和向心力。例如，汉高祖九世孙刘秀就是通过恢复汉的国号，沿用西汉服色，来重新唤起人们对刘姓王朝昔日荣光的记忆。“建社稷于洛阳，立郊兆于城南，始正火德，色尚赤。”②后来，在西晋时期的一次起义中，领袖张昌的做法如出一辙，他“以汉祚复兴，有凤凰之瑞，圣人当世”煽动百姓，“从军者皆绛抹头，以彰火德之祥。百姓波荡，从乱如归”。③

宋朝尚赤，因此宋室南迁之后，红巾成为号召勤王的标识。在金朝统治下的河东之民“心怀本朝”，“所在结为红巾，出攻城邑，皆用建炎年号”。史称，红巾军“略无所惧。是年，于泽、潞之间，劫左副元帅尼雅满寨几复之”。因此，金朝“捕红巾甚急”，可是主管此事的官吏总是抓不到真的红巾军，就捉拿平民来搪塞朝廷，有的甚至将全村杀害，这就导致更多壮丁投奔红

① 《宋书》卷31《五行志二》，第917页。
② 《后汉书》卷1上《光武帝纪第一上》，第27页。
③ （晋）干宝撰：《搜神记》卷7，北京：中华书局，1979年，第101页。

巾军，“而红巾愈盛矣”。[①]

服色在政治变乱中扮演的重要角色，使人们对那些与服色有关的事件和传言总是表现出异乎寻常的敏感。尤其是在政局暧昧不明的时候，舆服、徽号的变动往往会引起民情骚动。宋朝靖康年间，天气非常严寒，钦宗听信王俊民“借春以召和气”的建议，下令城中张挂青色旗帜以顺应木德，首先从辛永宗管辖的东壁开始。当时辛永宗正在整顿军纪，有些苦不堪言的士兵趁机传出了“永宗反矣，不然何以易旗帜”的谣言。在金兵进逼、民心狐疑的混乱局势下，民众对旗帜颜色的更改本来就非常敏感，再加上谣言煽动，不免群情激愤，聚集到宣德门，引起了一场骚乱。结果无辜的辛永宗及其数十名部将被不明真相的群众杀死。[②]由此可见，服色符号化观念对民众心态、社会舆论的影响之大。

正是由于服色符号对社会舆情有着如此重要的影响，以至于有些君主对与五色相关的传闻和谣言的反应几乎到了神经过敏的地步。声势浩大、后果严重的周武灭佛运动起因之一就是周武帝对“有黑相当得天下”这一谶语的忌讳。南北朝时，僧人多穿黑色的缁衣。缁衣、缁流成为沙门的别称。“识真者咸共叹息，白黑送者数千人。”[③]“白黑门徒，万有余众。”[④]“缁素”“白黑”喻指僧人与俗众。周叔迦认为僧人服缁可能来自道家，释道皆服缁衣，以冠、巾区分，黄冠成为道士专称，缁衣则为沙门别号。[⑤]沙门净土，不承想因为黑衣惹来了麻烦。北齐时流传“有黑人次膺天位”的谣言[⑥]，又有人称稠禅师“黑衣天子也”[⑦]。文宣皇帝高洋“惶怖”，想要杀死稠禅师。稠禅师问明原因以后，予以驳斥：“斯浪言也。黑无过漆。漆可作邪。”[⑧]这才免除一死。但是这一谶

---

① （宋）熊克著，顾吉辰、郭群一点校：《中兴小纪》卷 2，福州：福建人民出版社，1985 年，第 27—28 页。

② （宋）徐梦莘撰：《三朝北盟会编》卷 64，第 483—484 页。

③ （唐）释智升撰：《开元释教录》卷 3，《景印文渊阁四库全书》子部，第 1051 册，台北：台湾商务印书馆，1986 年，第 77 页。

④ （唐）释智升撰：《开元释教录》卷 6，第 155 页。

⑤ 周叔迦：《佛教基本知识》（第 2 版），北京：中华书局，2005 年，第 137 页。

⑥ （唐）释道宣撰：《广弘明集》卷 6《叙列代王臣滞惑解》，《景印文渊阁四库全书》子部，第 1048 册，台北：台湾商务印书馆，1986 年，第 295 页。

⑦ （唐）释道宣撰：《广弘明集》卷 8《叙周武帝集道俗议灭佛法事》，第 320 页。

⑧ （唐）释道宣撰：《广弘明集》卷 6《叙列代王臣滞惑解》，第 295 页。

语的影响并未消除，北周太祖宇文泰在关中建立西魏政权的时候，“衣物旗帜并变为黑，用期讹谶之言”。周武帝也很忌讳黑衣僧人，因此下令沙门并着黄衣，“为禁黑故”。后来更因为道士张宾“以黑释为国忌，以黄老为国祥”的进言，周武帝从此“信道轻佛，亲受符箓，躬服衣冠”。①当然，周武灭佛根本的还是由于经济原因，当时的北朝寺院占有太多的田产和劳动力，对政府财政收入和兵源产生了严重影响，势必引起周武帝的极度不满。经过前后两次灭佛之后，寺庙成为王公宅第，僧人复为编户，一度“民役稍希，租调年增，兵师日盛”②。只不过，黑衣人得天下的谶语为周武灭佛提供了更加强有力的依据。

总而言之，五德终始说对社会大众认识和解读五色产生了举足轻重的影响，甚至在统治者自身都放弃了五德终始说之后，五德终始思想仍在民间有着某种残余。南宋以后，改服色制度发生了重大变化，不复以五德终始说作为理论依据。元朝是少数民族建立的王朝，对汉人的五德终始说无甚好感。然而，元末的红巾军起义仍是利用服色的号召作用。反元势力纷纷打出复宋旗帜号召天下百姓，因此以宋所尚的火德之色——赤色为标识。韩山童自称宋徽宗八世孙，当主中国。邹普胜、刘福通等起义时都“以红巾为号”③。朱元璋曾经以“巾衣皆绛，赤帜蔽野”形容红巾军气势之盛④。《皇明启运录》记载的一个传说，也依稀能够看到五德终始说的残余影响。据说，明太祖朱元璋的母亲陈太后曾经梦见一个穿红色衣服的神仙送给她一个“奕奕有光的药丸”。陈太后吞下药丸，醒来后，“异香袭体，遂娠焉”。当朱元璋在盱眙红庙出生的时候，“远近见火光烛天，邻近二郎庙夜徙一百二十步水次，红苔如线，泛水如练，丹彩可挹，异香经宿不散”。⑤这显然是在“太祖以火德王”谶言影响下编造出来的神话故事。由此可见五德终始说在民间影响之深远，从而为民众认同君主政治权威奠定了坚实的社会心理基础。

---

① （唐）释道宣撰：《广弘明集》卷 8《叙周武帝集道俗议灭佛法事》，第 320 页。

② （唐）释道宣撰：《广弘明集》卷 10《叙任道林辨周武帝除佛法诏》，第 361 页。

③ 《元史》卷 42《顺帝本纪五》，北京：中华书局，1976 年，第 891 页。

④ （明）姚士观等编校：《明太祖文集》卷 14《纪梦》，《景印文渊阁四库全书》集部，第 1223 册，台北：台湾商务印书馆，1986 年，第 144 页。

⑤ 转引自（明）徐应秋撰：《玉芝堂谈荟》卷 1《帝王诞生瑞征》，第 5 页。

四、小　结

五德服色符号在改易服色制度推行过程中的独到贡献，有力地印证了日常性与形象性在政治制度实践过程中具有举足轻重的作用和意义。日常性的反复实践能够对政治制度的社会认同广度和深度起到重要的助推作用，为一种政治制度的有效实施提供基本条件。形象性的内容转化能够对政治制度的思想内涵起到有效的阐释和传递作用，是一项政治制度是否能够达成设计目的的重要保障。改易服色制度以“天命”为理论内核，根本目的是为巩固君主统治服务。在实施过程中，抽象的“天命”借助五德服色符号的直观性和形象性得到了体现和落实，并通过服色符号的日常性反复实践，帮助建构了完美无缺的君主形象，特别是建构君主“受命于天”的非凡形象，不断强化民众对君主的崇拜，从而确保了民众对君主“正统性”地位的认同。

唐虢国夫人衣食住行研究

李志生*

虢国夫人（不详—756），杨贵妃姊，“（贵妃）有姊三人，皆有才貌，玄宗并封国夫人之号：长曰大姨，封韩国；三姨，封虢国；八姨，封秦国”①。她是杨氏外戚的重要成员，死后，被指为大唐由盛转衰的祸首之一，“禄山反幽陵……咸言国忠、虢国、贵妃三罪”②。今人在谈论虢国夫人时，多与玄宗天宝时期的腐化、怠政结合在一起，对她的奢靡生活颇多批评。③而围绕虢国夫人的日常生活，特别是衣食住行，唐宋人为我们留下了相对丰富的史料，从而使这一主题的研究，能够成为难得的唐代妇女个案之一，尽管这一个案有相对特殊之处。另外，以唐玄宗时期的政治和其个人生活附论虢国夫人，其自是男性视角，而社会性别理论④强调关注妇女的主体性、能动性，侧重她们的自我感受。本文以虢国夫人为论述的主角，就是希望透过女性视角，来考察她丰富的衣食住行生活。

在本文使用的材料中，唐诗是一个重要门类，而其中最重要的是杜甫的

---

* 李志生，北京大学历史学系副教授。

① 《旧唐书》卷51《后妃传上·玄宗杨贵妃》，北京：中华书局，1975年，第2178页。

② （宋）乐史：《杨太真外传》，见丁如明辑校：《开元天宝遗事十种》，上海：上海古籍出版社，1985年，第146页。

③ 如阎守诚、吴宗国：《唐玄宗》，西安：三秦出版社，1989年，第187—188页；许道勋、赵克尧：《唐玄宗传》，北京：人民出版社，1993年，第353—354页；乌廷玉：《唐玄宗皇帝传》，长春：吉林文史出版社，1995年，第308页。

④ 参见〔美〕琼·W. 斯科特：《性别：历史分析中一个有效范畴》，见李银河主编：《妇女：最漫长的革命：当代西方女权主义理论精选》，北京：生活·读书·新知三联书店，1997年，第151—175页。

《丽人行》一诗。《丽人行》作于天宝末期（753年或754年）①，杜甫其时正在京城为官，“天宝末，献《三大礼赋》，玄宗奇之，召试文章，授京兆府兵曹参军”②，因此，他对杨氏姐妹的生活当有所了解。当然，诗非信史，杜甫作《丽人行》的旨归，也在鞭挞统治者的荒淫腐朽。所以，本文对此诗的运用，主要在说明其符号性描述背后的意涵。

本文使用的另一类材料是图像资料，主要包括绘画、墓室壁画、出土实物等。而其中最重要的是《虢国夫人游春图》，其藏于辽宁省博物馆，唐张萱绘，宋人摹，“为流传有绪的唐宋名迹中稀有瑰宝之一”③，但学界对画中人物，特别是虢国夫人的指认，则颇存争议。④所以本文在使用此画时，并非特指其为虢国夫人的衣、行，仅据以指出妇女服、骑的时代特征。

一、虢国夫人的衣生活

唐朝贵妇的服饰一般分为常服和礼服两大类，常服为日常所着，礼服则为礼仪场合所穿。虢国夫人的衣生活，既循着女装的大分类，也在常服上显示着她的豪贵。

（一）常服

唐代妇女的常服一般由裙、衫、帔（或加半臂）构成，虢国夫人的常服也如此。如在她强夺韦嗣立宅时，就穿戴着衫帔，“韦氏诸子方偃息于堂庑间。

① （清）钱谦益《少陵先生年谱》系于天宝十三载（754），（唐）杜甫著，（清）钱谦益笺注：《钱注杜诗》下，上海：上海古籍出版社，2009年，第725页；唐代杜甫著、清代仇兆鳌注的《杜诗详注》（典藏本）系于天宝十二载（753），北京：中华书局，2015年，第136页；萧涤非主编《杜甫全集校注》折中为天宝十二载或十三载春，北京：人民文学出版社，2013年，第342页。

② 《旧唐书》卷190下《文苑下》，第5054页。唐时京兆府廨位于长安城西的光德坊东南隅。参见（清）徐松撰，（清）张穆校补，方严点校：《唐两京城坊考》卷4，北京：中华书局，1985年，第107页。

③ 金维诺主编：《中国美术全集·绘画编》2《隋唐五代绘画》，北京：人民美术出版社，1984年，第11页。

④ 对此画中虢国夫人的指认，学界主要存在三种看法：杨仁恺先生认为，并辔同行二人中目光向前者；张安治先生认为，最后一排拥幼女者；陈育丞认为，第一骑着男装者。参见朱萍：《试析〈虢国夫人游春图〉中的主体人物》，《美术大观》2011年第2期。

忽见妇人衣黄罗帔衫，降自步辇”①。这种常服的构成，也见于《虢国夫人游春图》。

虢国夫人帔衫的颜色——黄色，是当时的流行色。杨贵妃因曾入道而“好服黄裙”②，在她的带动下，天宝女装掀起了一股黄色潮，其流波甚至远及益州（今四川成都），如益州士曹柳某妻李氏，在赴节帅章仇兼琼夫人宴时，穿的就是黄罗银泥裙。③

虢国夫人的常服也多以罗为面料，除上引的“黄罗帔衫”外，《丽人行》中也有“绣罗衣裳照暮春”的说法，这也是她的身份和财力的体现。罗在唐代丝织品中，属于精贵之品、奢侈之物，这从唐人对纺织品的排序就可看到，“锦、罗、纱、縠、绫、䌷、絁、绢、布”④，罗高居前列。因此，罗也成为五品以上官员的服装面料，“三品已上，大科䌷绫及罗”，“五品已上，小科䌷绫及罗”。⑤同时，唐令规定，“妇人宴服，准令各依夫色，上得兼下，下不得僭上”，也即五品以上官夫人的常服，也可以罗为面料。至于像虢国夫人这样非依夫而来的命妇，唐令对她们的礼服规定是：“外命妇五品已上，皆准夫、子，即非因夫、子别加邑号者，亦准品。”对其常服等级的规定，或也与此原则相同，即依本人的命妇品级而确定等级。如此，身为一品国夫人并极得皇宠的虢国夫人，以罗为面料，其当属制度之内和情理之中。另外，开天时期的社会，奢靡之风盛行，妇女违制衣罗也不鲜见，“妇人……既不在公庭，而风俗奢靡，不依格令，绮罗锦绣，随所好尚。上自宫掖，下至匹庶，递相仿效，贵贱无别”。⑥正如上面所说的益州士曹妻赴宴时，就穿着罗裙，而此士曹参军的职事品，仅为正七品下。⑦

缘于如上原因，虢国夫人的服罗，并未引起关注。但其实，作为奢侈品的罗，其价自然不菲。关于罗的价格，因主要供皇族、百官服用，进入商品流通

① （唐）郑处诲撰，田廷柱点校：《明皇杂录》卷下，北京：中华书局，1994年，第29页。

② 《新唐书》卷34《五行志一》，北京：中华书局，1975年，第879页。

③ （宋）李昉等编：《太平广记》卷31《许老翁》，北京：中华书局，1961年，第197—198页。

④ 《新唐书》卷48《百官志三》，第1271页。

⑤ 《旧唐书》卷45《舆服志》，第1952页。

⑥ 《旧唐书》卷45《舆服志》，第1957页。

⑦ 参见（唐）李林甫等：《大唐六典》卷30，“大都督府”条，广池千九郎训点，内田智雄补订，柏市：广池学园事业部，1973年，第518页。

领域者不会太多[①]，故对之记载鲜少，《朝野佥载》有一条珍贵的材料，其记为距开天时期较近的罗价："唐汴州刺史王志愔……令买单丝罗，匹至三千。"[②]按，王志愔任汴州刺史在景云二年（711）至太极元年（712）。[③]本文暂依据此价，来计算一下一匹罗于天宝时期的购买力。

在吐鲁番出土的文书中，有一件《唐天宝二年交河郡市估案》，它是反映盛唐时期物价的珍贵资料[④]，其所载皆为民间流通之物。在此市估案所载的丝织品中，细绵绸的价格最高，其一尺的次估价（中价）为45文。[⑤]另按唐令，"布帛皆阔尺八寸、（帛）长四丈为匹，布五丈为端"[⑥]，也即一匹细绵绸的价格为1800文。如此，罗的价格就远高于细绵绸。

再以衣食的价格来看，在《唐天宝二年交河郡市估案》中，一件价格较低的帛高布衫和一双绁鞋（棉布[⑦]鞋）的次估价（中价），分别为900文和27文。[⑧]依此，一匹罗的价格3000文，即可购约3.5件帛高布衫，或111双绁鞋。而食，史载，开元十三年（725）以后，"两京米斗不至二十文，面三十二文"[⑨]。以此计算，一匹罗可在两京可购买约160斗的米或94斗面。以唐代成丁男子年食量为7.2石（72斗）计[⑩]，1匹罗可一年养活1—2位丁男。

除精贵的面料，虢国夫人常服的刺绣也当极奢华，对此，《丽人行》记为"蹙金孔雀银麒麟"。穿着精致绣衣，首先是唐代妇德所反对的，唐时众多妇女

---

① 胡如雷：《〈唐天宝二年交河郡市估案〉中的物价史料》，《隋唐五代社会经济史论稿》，北京：中国社会科学出版社，1996年，第164页。

② 赵守俨点校：《朝野佥载》卷3，北京：中华书局，1979年，第76—77页。

③ 《旧唐书》卷100《王志愔传》，第3123页。

④ 〔日〕池田温：《中国古代物价初探——关于天宝二年交河郡市估案断片》，《唐研究论文选集》，孙晓林等译，北京：中国社会科学出版社，1999年，第123页。

⑤ 〔日〕池田温：《中国古代籍帐研究》，龚泽铣译，北京：中华书局，2007年，第305页。

⑥ （唐）杜佑撰，王文锦、王永兴、刘俊文，等点校：《通典》卷6《食货典・赋税下》，北京：中华书局，1988年，第107—108页。

⑦ 参见王仲荦：《唐代西州的緤（绁）布》，《文物》1976年第1期。

⑧ 〔日〕池田温：《中国古代籍帐研究》，第306页。

⑨ （唐）杜佑撰，王文锦、王永兴、刘俊文，等点校：《通典》卷7《食货典・历代盛衰户口》，第152页。

⑩ 唐令规定，官户丁口"日给二升"（（唐）李林甫等：《大唐六典》卷6，"尚书刑部都官郎中员外郎之职"条，第151页），年计7.2石。

深明，“纂组文彩，害女工也”，故“不衣锦绣”。[①]但虢国夫人的常服不但有刺绣，而且是极“害女工”的蹙金绣。按，蹙金绣的华奢，主要表现在原材料的昂贵和费工费时上。其金线的制作，须先将金银捶打成金箔，再以金箔制成捻金线。[②]

另外，以孔雀、麒麟为图案，也颇涉浮华。代宗即位后，就对包括孔雀、麒麟在内的“异彩奇文”，予以了禁断：“其绫锦花文，所织盘龙、对凤、麒麟、狮子、天马、辟邪、孔雀、仙鹤、芝草、万字、双胜及诸织造差样文字，亦宜禁断。”[③]按，麒麟为古时的圣灵、瑞应之兽，“麟凤龟龙，谓之四灵”[④]，“麒麟，兽之圣者也”，故常与圣王、太平联系在一起，“凤皇麒麟，太平之瑞也”。[⑤]孔雀虽非灵兽，但因出南方僻远之地，且毛、尾光翠夺目，故唐人也视为珍禽，入于其时的土贡名录。[⑥]

此外，《丽人行》还言，虢国夫人等的服饰上，还缀有周身的珠宝。关于头饰，“头上何所有？翠为㔩叶垂鬓唇”。按，“翠为㔩叶，则翡翠为布于㔩彩之叶”；㔩彩，花钿。关于衣饰，“背后何所见？珠压腰衱稳称身”。按，腰衱，裙腰，“以珠缀之，故言珠压腰衱”。[⑦]综“头上何所有”“背后何所见”两句，“盖举头与腰之饰，而一身之服备矣”[⑧]。而《丽人行》的这一描述，也可由《旧唐书》的记载得到印证。每年十月杨氏诸姊随玄宗幸华清宫，其时，她们也是“遗钿坠舄，瑟瑟珠翠，璨瓓芳馥于路”[⑨]。

① 周绍良主编：《唐代墓志汇编》景龙〇〇三《唐故许州扶沟县主簿荥阳郑道妻李夫人墓志文》，上海：上海古籍出版社，1992年，第1079页。

② 参见黄能馥主编：《中国美术全集·工艺美术编》7《印染织绣（下）》，北京：文物出版社，1987年，第2—3页；黄能馥主编：《中国美术全集·工艺美术编》6《印染织绣（上）》，北京：文物出版社，1985年，第9—10页。另据杨军昌、张静、姜捷《法门寺地宫出土唐代捻金线的制作工艺》一文，法门寺出土丝织品中的捻金线，直径为125—550微米，制作金线所用的“金”为金银合金（《考古》2013年第2期）。

③ （宋）宋敏求编，洪丕谟、张伯元、沈敖大点校：《唐大诏令集》卷109《政事·禁约下·禁大花绫锦等敕》，北京：学林出版社，1992年，第519页。

④ （清）阮元校刻：《十三经注疏·礼记正义》，北京：中华书局，1980年，第1425页。

⑤ （汉）王充：《论衡·讲瑞篇》，《诸子集成》7，上海：上海书店出版社，1986年，第163、165页。

⑥ 开元二十五年（737），淮南、岭南二道都贡有孔雀（见（唐）李林甫等：《大唐六典》卷3，“尚书户部郎中员外郎之职”条，第60、63页）。

⑦ （唐）杜甫著，（清）钱谦益笺注：《钱注杜诗》卷1《丽人行》，第25页。

⑧ 《杜诗引得》第二册《九家集注杜诗》卷二，北平：哈佛燕京学社，1940年，第25页。

⑨ 《旧唐书》卷51《后妃传上·玄宗杨贵妃》，第2179页。

虢国夫人这一身珠宝的价值几何？我们可依唐人的一首诗《富贵曲》，来忖度一下："美人梳洗时，满头间珠翠。岂知两片云，戴却数乡税。"[①]虢国夫人的一身珠翠，当远不止数乡税了。

（二）礼服

在正式礼仪场合，唐代命妇须穿着礼服。按《旧唐书·舆服志》，五品以上外命妇所着礼服有两种，即花衩翟衣和钿钗礼衣：

> 内外命妇服花钗，施两博鬓，宝钿饰也。翟衣青质，罗为之，绣为雉，编次于衣及裳，重为九等而下。第一品花钿九树，宝钿准花数，以下准此也。翟九等。第二品花钿八树，翟八等。……并素纱中单，黼领，朱褾、襈……蔽膝……大带……青衣，革带，青袜、舄，珮，绶。……其外命妇嫁及受册、从蚕、大朝会亦准此。钿钗礼衣，通用杂色，制与上同，唯无雉及珮绶。去舄，加履。第一品九钿，第二品八钿……外命妇朝参辞见及礼会则服之。[②]

由此，唐代命妇的礼服等差，主要表现在花钿、宝钿及翟饰的数量上。而具体实例，可见敦煌壁画《都督夫人与女眷盛装》（又名《乐廷瓌夫人行香图》）。[③]

公主、王妃等与其他内外命妇的礼服，在珮绶上也存在差别："诸公主、王妃珮绶同，诸王县主、内命妇准品。外命妇五品已上，皆准夫、子，即非因夫、子别加邑号者，亦准品。"[④]

唐代外命妇穿着礼服的场合，包括从蚕、朝会、朝参、出嫁、受册、辞见和礼会等。从蚕，是为内外命妇于季春吉巳日，跟随皇后享先蚕及亲桑。朝会和朝参，均为朝贺参拜之仪，但朝会还包括朝讫之后的宴会。朝会一般于元正、冬至或纳后、临轩册后、册皇太子时举行；朝参则于朔望或固定时间举

---

① （唐）杜光庭（一作郑遨）：《富贵曲》，见《全唐诗》卷854、卷855，北京：中华书局，1960年，第9666、9671页。

② 《旧唐书》卷45《舆服志》，第1956页。

③ 谭蝉雪主编：《敦煌石窟全集》24《服饰画卷》图103，香港：香港商务印书馆，2005年，第122—123页。

④ 《旧唐书》卷45《舆服志》，第1956—1957页。

行，如每月的二十六日及元正、冬至、寒食、五月五日。外命妇出嫁、行六礼时，穿着花衩翟衣；受册为外命妇时，也穿着一等礼服花衩翟衣。辞见，属“因事得入宫殿者”①。礼会，是为亲王、公主和百官婚礼中的一种仪式，仅限女子参加。

由此可知，唐代命妇穿着礼服的场合其实并不多，在目前的史料中，并未见虢国夫人有僭礼越制的行为。

（三）千贯脂粉钱

关于杨氏三姊的受宠，玄宗每年所给的千贯脂粉钱，是一个重要表现，“韩、虢、秦三夫人岁给钱千贯，为脂粉之资”②。

所谓脂粉钱，在汉唐时期，约略相当于官员的俸料钱③，是依命妇的地位、品级，而给授的“衣服铅粉之费”。皇帝的内官明确有此类常规收入，“古制，天子六宫，皆有品秩高下，其俸物因有等差。唐法沿于周、隋，妃嫔宫官，位有尊卑，亦随其品而给授，以供衣服铅粉之费，以奉于宸极”。④有学者据开元二十四年（736）朝官的俸禄钱收入推测，盛唐时期的正一品惠妃、丽妃、华妃，俸钱待遇为每月 31 贯，即每年 372 贯。⑤而东宫内命妇、公主王妃等外命妇，也当有据品级高下而给授的脂粉钱。其他外命妇是否有此项收入，暂无所知，但特殊的优宠给授，还是可以看到。如玄宗时，突厥毗伽可汗妻骨咄禄婆匐可敦率众归降，“岁给粉直二十万”⑥。所以，优宠杨氏三姊而给授脂粉钱，其也当非违制；但千贯之数，却远超了三妃之资，这就涉嫌僭制了。

开天时期的千贯钱购买力如何？下面本文就以开天时期的一些重要物价，与之换算（表 1）。

① （唐）长孙无忌等撰，刘俊文点校：《唐律疏议》卷7《卫禁律》“因事入宫辄宿”条疏议，北京：中华书局，1983年，第154页。

② 《旧唐书》卷51《后妃传上·玄宗杨贵妃》，第2179页。

③ 朱子彦对秦汉时期后妃等级与俸钱收入的研究，见朱子彦：《秦汉后宫制度述论》，《学术月刊》2000年第6期。

④ 《旧唐书》卷105《王鉷传》，第3229页。

⑤ 参见李晶莹：《唐代后妃与公主经济生活初探》，首都师范大学硕士学位论文，2007年。

⑥ 《新唐书》卷215下《突厥传下》，第6055页。

表 1 开元、天宝时期千贯钱的购买力

时间	对比值	千贯钱的购买力
开元十九至二十年（731—732）	西州婢价为大练 40 匹[1]，1 匹大练中价为 460 文[2]；1 婢之价为 18.4 贯	可购买 54 位婢
开元十三年（725）以后	“两京米斗不至二十文，面三十二文”[3]，千贯可购 5000 余石米、3215 石面；唐代成丁男子年均食量约 7.2 石[4]	以米为食，约超过 694 位丁男的年口粮；以面为食，约为 434 位丁男的年口粮
开元二十四年（736）	一品官月俸为 31 贯[5]	约当 32 位一品官的月俸
开元之际	小生产者日产绢三尺，折钱 15 文[6]	约合 66 667 位小生产者的日产绢值总和
天宝二年（743）	交河郡每斗白面中价 37 文[7]，千贯可购约 2703 石面；唐代成丁男子年均食量约 7.2 石	约合 375 位交河郡丁男的年口粮
天宝三载（744）	每丁调绢 2 匹，计钱 400 文；1 匹绢 200 文[8]；千贯可购 5000 匹绢	约为 2500 位丁男的调绢

说明：[1]参见中国文物研究所、新疆维吾尔自治区博物馆、武汉大学历史系编：《吐鲁番出土文书》〔肆〕，北京：文物出版社，1996年，第264、266页。[2]〔日〕池田温：《中国古代籍帐研究·唐天宝二年交河郡市估案》，第304页。[3]（唐）杜佑撰，王文锦、王永兴、刘俊文，等点校：《通典》卷7《食货典·历代盛衰户口》，第152页。[4]关于唐人的食量，学者一般认为在6—8石。参见黄正建：《敦煌文书与唐五代北方地区的饮食生活（主食部分）》，见武汉大学历史系魏晋南北朝隋唐史研究室编：《魏晋南北朝隋唐史资料——唐长孺教授八十大寿纪念专辑》第11期，武汉：武汉大学出版社，1998年，第271页；毛汉光：《敦煌吐鲁番居民生存权之个案研究》，见项楚、郑阿财主编：《新世纪敦煌学论集》，成都：巴蜀书社，2003年，第318页；张国刚：《唐代家庭与社会》，北京：中华书局，2014年，第102—103页。本文以7.2石为标准，主要的依据是唐令：“凡反逆相坐，没其家为官奴婢”，“其粮：丁口日给二升”；“给公粮者”，“丁男日给米二升”，参见（唐）李林甫等：《大唐六典》卷6，“尚书刑部都官郎中员外郎之职”条，第151页；（唐）李林甫等：《大唐六典》卷19，“司农寺太仓署令之职”条，第375页，年计7.2斛。李锦绣对唐开元年间给粮标准的研究显示，其也为丁男日给粮2升，据李锦绣：《唐开元二十五年〈仓库令〉所载给粮标准考——兼论唐代的年龄划分》，见上海社会科学院《传统中国研究集刊》编辑委员会编：《传统中国研究集刊》第4辑，上海：上海人民出版社，2008年，第304—313页。[5]参见黄惠贤、陈锋主编：《中国俸禄制度史》，武汉：武汉大学出版社，1996年，第187页。[6]参见李埏：《略论唐代的“钱帛兼行”》，《中国封建经济史论集》，昆明：云南教育出版社，1987年，第226—227页。[7]〔日〕池田温：《中国古代籍帐研究·唐天宝二年交河郡市估案》，第3037页。[8]《新唐书》卷51《食货志一》，第1346页

注：表中单位换算为钱=文，1000 钱=1 贯，10 斗=1 石

二、虢国夫人的食生活

“紫驼之峰出翠釜，水精之盘行素鳞。犀箸厌饫久未下，鸾刀缕切空纷纶。黄门飞鞚不动尘，御厨络绎送八珍。”这是《丽人行》对杨家外戚游春时饮馔的描述。杜甫以几种典型珍馔——紫驼之峰、素麟、八珍，几种华奢食器——翠釜、水精盘、犀箸，暗喻了杨家外戚食生活的奢靡。这些珍馔、华器的具体内容如何？目前尚无全面、深入的探讨。

（一）珍馔——紫驼之峰、素鳞、八珍

1. 紫驼之峰

顾名思义，此道珍馔的食材为驼峰。驼肉进入中国人餐馔的时间并不早，其在南北朝之后。唐时，驼峰入馔开始见诸史料，《丽人行》中的紫驼之峰，是对此较早的记载。晚唐时，驼峰炙已成为“衣冠家名食”，并有“将军曲良翰，能为……驼峰炙”。①

紫驼之峰或是驼峰炙，此馔的烹饪方法并不复杂，就是以火烧烤带毛的驼峰。它珍贵的原因主要在食材的稀有和菜肴的美味。唐时，骆驼是重要的驭畜②，被视为沙漠中的圣物，主要来源是西部边疆及其他政权的礼赠和贡献，故在内陆的长安，骆驼稀有。也因此，“炖驼肉或烧驼肉可能并不是中国北方烹饪中常见的一种菜肴”③，驼峰炙也仅能在“衣冠家”流行。驼峰是驼肉中的精华，骆驼体积大，肉质纤维粗且疏松、色暗、少脂肪、膻味重，而驼峰则不同，它由胶质脂肪构成，少杂质，质地柔嫩腴润，是为烹饪原料中的珍品。所以至宋代时，驼峰就从唐衣冠家流行的名食，而跻身为了顶级的美馔，“驼峰之隽，列于八珍”④。

2. 素鳞

素鳞，有学者认其食材为白鳞鱼⑤，而笔者更倾向于白鱼。白麟鱼生长于沿海地区，在历史上从未被视为珍馔。但白鱼不同，虽自南朝以来，它并未被视为顶级美味，但也绝非普通食材，这从“侈于味”的何胤的食馔，就可看到。史载，何胤“食必方丈，后稍欲去其甚者，犹食白鱼、䱇脯，糖蟹，以为非见生物”⑥。隋时，白鱼则进入了太湖地区的土贡行列，“白鱼，出太湖者为

① （唐）段成式撰，许逸民校笺：《酉阳杂俎校笺》卷7《酒食》，北京：中华书局，2015年，第607页。《酉阳杂俎》约成书于武宗会昌末至宣宗大中九年（约845—855），对此成书时间的讨论，参见周勋初：《周勋初文集》5《唐人笔记小说考索》，南京：江苏古籍出版社，2000年，第257—264页；郑暋暻：《段成式的〈酉阳杂俎〉研究》，中国社会科学院研究生院博士学位论文，2002年。

② 参见〔美〕谢弗：《唐代的外来文明》，吴玉贵译，北京：中国社会科学出版社，1995年，第153—156页。

③ 〔美〕谢弗：《唐代的外来文明》，第156页。

④ （宋）周密撰，吴企明点校：《癸辛杂识》续集上，北京：中华书局，1988年，第160页。

⑤ 参见萧涤非选注：《杜甫诗选注》，上海：上海古籍出版社，1983年，第20页。

⑥ 《南史》卷30《何尚之传附何胤》，北京：中华书局，1975年，第793页。

胜。……民得采之，随时贡入洛阳”[①]，并且被引入了洛阳禁中，“白鱼种子。隋大业六年，吴郡贡入洛京，敕付西苑内海中”[②]。其后直至今日，包括白鱼在内的太湖三白，一直都被视为食中珍品。

3. 八珍

历史上，八珍出现很早，《周礼·天官·膳夫》就称“珍用八物”。但八物的内容，其书缺载，汉人郑玄注曰：“珍谓淳熬、淳母、炮豚、炮牂、捣珍、渍、熬肝膋也。”[③]另一部经典《礼记·内则》，则详载了八珍[④]的食材和烹饪、食用方法。依此可知，八珍的主要食材有米、猪、牛、羊、鹿、麋、狗肝等，这也是早期农牧业发展水平的反映；而其主要烹制、食用方法，则有烤、炸、炖、捶、浇、蘸酱汁等。

社会发展到唐代，农牧业水平已有很大提高，比如米，虽其时的水稻种植还不能与粟、麦相敌，市场上稻米的价格一般也会高于粟米和面粉若干成，但社会上层或富裕人家以米为食，已非难事。同时，猪牛羊等肉类，特别是羊肉[⑤]，也已成为上层或富裕人家的常见食物，如唐制即规定，五品以上官员，每天都供给羊肉，亲王更是“月给羊二十口、猪肉六十斤”[⑥]。所以，对唐人来说，周时的八珍也仅可称为美食但绝非珍馔了。

那么，唐代的八珍是由哪些珍馔构成的呢？对此，史书无载，然与周八珍发生重大变化，自在情理之中。唐之后的辽、元两代也有八珍，且其构成都被史书记载下来，下面本文就借助元八珍，来探讨一下唐代的珍馔。

元八珍的构成，见于元人所撰《馔史》，其为“龙肝，凤髓，豹胎，鲤尾，鹗（鸮）炙，猩唇，熊掌，酥酪蝉（羊脂为之）”[⑦]。而在唐代，也颇有与

① （宋）范成大撰，陆振岳点校：《吴郡志》卷29《土物》，南京：江苏古籍出版社，1999年，第436页。

② （宋）范成大撰，陆振岳点校：《吴郡志》卷30《土物下》，第441页。

③ （清）阮元校刻：《十三经注疏·周礼注疏》，第659页。

④ 《礼记·内则》所记八珍与《周礼》略有不同，其不含炮牂而有糁。参见（清）阮元校刻：《十三经注疏·礼记正义》，第1468页。

⑤ 关于羊在中国中古时期肉畜中的绝对支配地位，参见王利华：《中古华北饮食文化的变迁》，北京：中国社会科学出版社，2000年，第112—114页。

⑥ （唐）李林甫等：《大唐六典》卷4，“膳部郎中员外郎之职”条，第107页。20口羊约产羊肉260斤（唐制430余斤）。参见王利华：《中古华北饮食文化的变迁》，第113页。

⑦ （元）佚名：《馔史》，见（清）曹溶辑，陶樾增订：《学海类编》集余七《保摄》，第9册，扬州：广陵书社，2007年，第5393页。

此八珍相似的珍馔。

龙肝：汉晋时期的龙肝，或以狗肝、鸟肝为之。[①]而在唐人张鷟的著作中，其食材则为肉或水产。在《游仙窟》主人的宴席上，“肉则龙肝凤髓，酒则玉醴琼浆”[②]，龙肝是以肉为食材；而在《朝野佥载》中，则有蜀令妻患疾食水中龙肝事，“正谏大夫明崇俨诊之，曰须得生龙肝，食之必愈。静以为不可得，俨乃画符，乘风放之上天。须臾有龙下，入瓮水中，剔取食之而差”[③]。画符降龙自不可信，但施法者于水中取龙肝，其自当为水产。

凤髓：其食材、烹制方法均无可考，唐人也未见食之。而在唐代珍馔中，以“凤”相称者，另有凤脯、凤腊。凤脯，其为传说中神仙享用的食物，“西王母曰：‘仙之上药有九色凤脑，次药有蒙山白凤之脯’”[④]。它也出现在《游仙窟》女主人的酒菜中，“东海鲻条，西山凤脯”[⑤]。凤腊也为唐代稀有珍羞之一，“豹胎龙胁，凤腊猩唇”[⑥]。凤脯、凤腊的食材或为孔雀肉[⑦]，唐人视孔雀为珍禽，已在上文述及。

豹胎：至迟在战国末年以前，人们已视其为珍馔，《韩非子》中就有“象箸玉杯，必不羹菽藿，则必旄象豹胎”[⑧]的说法。唐代也有此珍馔，《游仙窟》女主人的美食中，就有“麟脯豹胎”[⑨]；杜牧的诗中也称宫人杜秋娘“归来煮豹胎，餍饫不能饴”[⑩]。

鲤尾：鲤与李唐国姓同音，故玄宗于开元三年（715）、开元十九年

---

① 参见庄申：《从“八珍”的演变看中国饮食文化的演变》，《“中央研究院”历史语言研究所集刊》第61本，第2分，1990年，第469—470页。

② （唐）张文成撰，李时人、詹绪左校注：《游仙窟校注》，北京：中华书局，2010年，第17页。张文成名鷟，字文成。

③ 赵守俨点校：《朝野佥载》卷3，第65页。

④ （宋）李昉等撰：《太平御览》卷九一五《羽族部·凤》引《汉武内传》，北京：中华书局，1960年，第4057页。

⑤ （唐）张文成撰，李时人、詹绪左校注：《游仙窟校注》，第14页。

⑥ （唐）张鷟著，田涛、郭成伟校注：《〈龙筋凤髓判〉校注》，北京：中国政法大学出版社，1996年，第168页。

⑦ 冯玉涛对凤凰为孔雀进行了论证，参见冯玉涛：《凤凰崇拜之谜》，《人文杂志》1991年第5期。

⑧ 《韩非子集解》卷7《喻老》，《诸子集成》5，上海：上海书店出版社，1986年，第119页。

⑨ （唐）张文成撰，李时人、詹绪左校注：《游仙窟校注》，第17页。

⑩ （唐）杜牧著，陈允吉校点：《樊川文集》卷1《杜秋娘》，上海：上海古籍出版社，1978年，第5页。

（731），两次下诏禁断天下采捕鲤鱼。[①]如此，在开天时期上层的食馔中，当无以鲤为食材的菜品。但唐人是有食鲤传统的，他们多以鲤鱼制成生鱼片，以为美味之用。如唐朝初年，有人向太子建成进食新鲜鲤鱼，建成“将召饔人作鲙。时唐俭、赵元楷在座，各自赞能为鲙”[②]；肃宗时的蜀州，一些小官也为食鲙，而向渔人赵干求巨鲤[③]。

鸮炙：鸮为猫头鹰的俗称，这一食法早见于春秋后期。唐时，人们以之为不入流的另类美食，如段成式在《酉阳杂俎序》中，以各类食物、调味品，来喻比各类书籍：“《诗》《书》之味大羹，史为折俎，子为醯醢也。炙鸮羞鳖，岂容下箸乎？固役而不耻者，抑志怪小说之书也。”[④]他以炙鸮和小鳖，来比喻其所著之志怪小说。

猩唇：此食至迟在战国末年，也已被视为了美食，《吕氏春秋》中有“肉之美者，猩猩之唇”[⑤]之说，但猩猩属灵长目人科，与人类十分相近，故唐时有人强调禁食猩肉，如杜佑即以猩猩灵异，而倡言“不可容易而为庖膳也”[⑥]。但这或也反证了唐人是食猩肉或猩唇的。

熊掌：春秋中期，人们已知食熊掌，《孟子》中就有著名的鱼和熊掌之说：“鱼，我所欲也；熊掌，亦我所欲也，二者不可得兼，舍鱼而取熊掌者也。”[⑦]至唐时，人们仍视熊掌为珍品，如陆龟蒙言“熊掌称珍”[⑧]，白居易也说“陆珍熊掌烂”[⑨]。以白居易的诗句推断，唐时熊掌的制作，当以蒸熟或软炖为主。

酥酪蝉：有学者推测，此馔当是以奶酥或奶酪制成的蝉形食品。唐时，也有一种雕刻了花纹的奶制品，称“玉露团”或“雕酥”，它是新任重官向天子

---

① 《旧唐书》卷8《玄宗本纪上》，第175、196页。

② 《旧唐书》卷62《李纲传》，第2376页。

③ （宋）李昉等编：《太平广记》卷471《薛伟》，第3881—3883页。

④ 《酉阳杂俎序》，见（唐）段成式撰，许逸民校笺：《酉阳杂俎校笺》，第1页。

⑤ （汉）高诱注：《吕氏春秋》卷14《本味》，上海：上海书店出版社，1986年，第141页。

⑥ （唐）杜佑撰，王文锦、王永兴、刘俊文，等点校：《通典》卷187《边防典·南蛮上·哀牢》，第5062页。

⑦ （清）阮元校刻：《十三经注疏·孟子注疏》，第2752页。

⑧ 宋景昌、王立群点校：《甫里先生文集》卷14《中酒》，开封：河南大学出版社，1996年，第210页。

⑨ （唐）白居易著，朱金城笺校：《白居易集笺校》卷24《奉和汴州令狐相公二十二韵》，上海：上海古籍出版社，1988年，第1613页。

贡献的食物。“玉露团”或就是元代酥酪蝉的前身。①

综此，我们看到，元八珍的构成，已从周时的以稻米、畜产为主要食材，转变为了以珍禽异味为主要原材料。而通过元八珍与唐史所载珍馔的对比，我们也看到，元八珍中的龙肝、凤髓、豹胎、猩唇、熊掌和酥酪蝉（玉露团），在唐朝也被视为食中珍品，以此推测，这些美馔在唐朝，或也是八珍的重要构成，也即唐八珍或开启了元八珍的先河。

八珍的稀有、珍贵，也可从盛唐前的食用人群看到。玄宗之前，八珍一般仅与皇帝和太子联系在一起。②玄宗即位后，也开始赐臣下八珍，并将其视为一种礼遇。玄宗赐李林甫八珍，李林甫感戴皇恩：“伏以九天之使，频过衡门；八珍之羞，屡沾御膳。”③玄宗也赐杨家外戚八珍：“黄门飞鞚不动尘，御厨络绎送八珍。”④玄宗之后，帝王赏赐八珍、宰相和其他官员食用八珍的情况，都有所增加。

唐时八珍的价格又如何呢？据《明皇杂录》：“天宝中，诸公主相效进食……水陆珍羞数千，一盘之贵，盖中人十家之产。”⑤如此，一种八珍的价格，当绝不低于“中人十家之产”。

（二）食器——翠釜、水精盘、犀箸

虢国夫人等杨氏外戚的食馔珍稀昂贵，而盛放这些珍馔的食器，也同样稀有奢华。

1. 翠釜

翠，清人钱大昕认为，“鲜新为鲜翠”⑥，翠釜即为色泽金黄鲜艳的铜釜。

---

① 参见庄申：《从“八珍”的演变看中国饮食文化的演变》，第476页。

② 皇帝与八珍，如陈子昂《为武奉御谢表》称，武奉御之职为“玉食礼尊，实总八珍之贵”，参见（唐）陈子昂撰，徐鹏校点：《陈子昂集》卷4《为武奉御谢官表》，上海：上海古籍出版社，2013年，第88页；太子与八珍，如永隆二年（681），太子于崇文馆举行宴会，“八珍方馔，寒温取适于四时”，参见（唐）杨炯：《崇文馆宴集诗序》，见祝尚书撰：《杨炯集笺注》卷3，北京：中华书局，2016年，第320页。

③ （唐）苑咸：《为李林甫谢赐鱼状》，见（清）董诰等编：《全唐文》卷333，上海：上海古籍出版社，1990年，第1491页。

④ 萧涤非主编：《杜甫全集校注》卷二《丽人行》，第342页。

⑤ （唐）郑处诲撰，田廷柱点校：《明皇杂录·补遗》，第47页。

⑥ （清）钱大昕撰：《十驾斋养新录》卷19，上海：上海书店出版社，1983年，第442页。对翠釜一词的考证，见夏松凉：《杜诗杂考》，《宁波职业技术学院学报》2002年第4期。

依此，翠釜的材质并非稀有，但色泽鲜翠的食器，衬托的是“紫驼之峰”的精美与食主人的身份。

2. 水精盘

水精，是为无色的自然硅石，其高端制品主要来自域外，故珍贵稀有。[①]所以，在唐人的眼中，水精制品更适合出现在仙境。如《柳归舜》描写的仙境里，有水精床[②]；《邵敬伯》中的河伯，也坐在水精床上[③]；《柳毅》中的洞庭龙宫里，也有水精帘[④]。

3. 犀箸

犀箸，或称犀头箸，在玄宗赐予安禄山的品目中，也有“金平脱犀头匙箸”[⑤]。其主要原材料是犀角，而犀角在唐代是较为稀有的。

“我国古代是产犀牛的。不仅产，而且相当多；不仅华南产，而且在华北大平原上成群结队地出现。”[⑥]但汉代以后，野生犀牛数量剧减；盛唐时期，犀牛更是从一些地方消失，如江南道的卢溪郡（辰州），开元时期的土贡中有犀角[⑦]，但天宝时期就已不见[⑧]。这种变化从一个侧面反映了犀角这一原材料的渐趋短缺。为弥补这一短缺，唐时从域外进口了大量犀角。[⑨]

因犀角珍稀，故在唐代中后期时，使用犀饰之物是被视为奢侈的。如许夫人墓志褒扬其德性时，就称赞她“金璧犀象，不视于目”[⑩]；再如，懿宗朝宰相杨收“爱奢侈”，其表现之一，就是女儿嫁妆中的卧鱼犀，“杨相女适裴坦长子，嫁资丰厚……一日，（裴坦）与国号及儿女辈到新妇院，台上用碟盛果实，坦欣然，视碟子内，乃卧鱼犀。坦盛怒，遽推倒茶台，拂袖而出，乃曰：

---

① 参见〔美〕谢弗：《唐代的外来文明》，第494—495页。

② （宋）李昉等编：《太平广记》卷18《柳归舜》，第123页。

③ （宋）李昉等编：《太平广记》卷295《邵敬伯》，第2352页。

④ （宋）李昉等编：《太平广记》卷419《柳毅》，第3411页。

⑤ （唐）段成式撰，许逸民校笺：《酉阳杂俎校笺》卷1《忠志》，第31页。

⑥ 孙机：《古文物中所见之犀牛》，《文物》1982年第8期。

⑦ （唐）李吉甫撰，贺次君点校：《元和郡县图志》卷30《江南道六・辰州》，第747页。

⑧ （唐）杜佑撰，王文锦、王永兴、刘俊文，等点校：《通典》卷6《食货典・赋税下》，第128页。

⑨ 参见〔美〕谢弗：《唐代的外来文明》，第516页。

⑩ 周绍良主编：《唐代墓志汇编》开元一六三《唐故广州都督府长史吴郡朱公妻颍川郡君许氏墓志铭》，第1269页。

‘破我家也’”。[①]

除原材料犀角的珍稀，虢国夫人等使用的犀箸，或也像玄宗赐安禄山的犀头匙箸一样，使用了金银平脱技术。金银平脱是唐代流行的一种工艺，它是运用厚度不超过0.5毫米的金银纹片，镶嵌于胎底上，髹漆打磨后，表面依旧平齐的漆器工艺。[②]因这一工艺费工费时，故肃宗即位后，“禁珠玉、宝钿、平脱、金泥、刺绣”[③]。

（三）虢国夫人的其他精美饮馔

除享用珍馔外，虢国夫人的日常饮食也十分讲究，这从如下三事可以看出。

1. 透花糍

这是虢国夫人府内的一种知名糕点，由其厨吏邓连发明。这一糕点的做法，是将熟豆泥中的豆皮滤掉，制成豆沙，美名“灵沙臛”。再将上好的吴兴糯米蒸熟，捣打成糍糕，夹入灵沙臛做馅。糍糕的糕体呈半透明状，豆沙的花形隐现于外，故美其名为“透花糍”。[④]

2. 洞天瓶

此为一种饮酒方法，“虢国夫人就屋梁上悬鹿肠于半空，筵宴则使人从屋上注酒于肠中，结其端，欲饮则解开，注于杯中，号‘洞天圣酒将军’，又号‘洞天瓶’”[⑤]。唐时，鹿类动物最多，鹿肠并不稀缺[⑥]，这一方法主要是提高了饮酒的方便度。

3. 芝草

“杨贵妃遗（虢国）夫人芝草”[⑦]，虢国夫人的食生活或也讲究延年益寿，

---

① （五代）孙光宪撰，贾二强点校：《北梦琐言》卷9，北京：中华书局，2002年，第202页。

② 参见高志强：《唐代平脱工艺考略》，《中国生漆》2013年第32卷第4期。

③ 《新唐书》卷6《肃宗本纪》，第159页。

④ （后唐）冯贽编，张力伟点校：《云仙散录》，北京：中华书局，2008年，第13页。

⑤ （后唐）冯贽编，张力伟点校：《云仙散录》，第71页。

⑥ 参见王利华：《中古华北饮食文化的变迁》，第133—137页；王赛时：《唐代饮食》，济南：齐鲁书社，2003年，第66页。

⑦ （宋）李昉等编：《太平广记》卷368《虢国夫人》，第2932页。

这从杨贵妃的这一赠物可做推测。“芝，神草也”①，古时道家服以成仙、长生之物，故又称灵芝、神芝、仙草、还魂草②。唐时，慕道人也常以此为食，如“萧复亲弟，少慕道不仕，服食芝桂”③。杨贵妃曾入道为女冠，服食道教仙物，是她入宫后的日常生活内容之一，如“平生服杏丹”④，赠予诸姊道家仙物、诸姊服食以求延年，也自在情理之中。

三、虢国夫人的住生活

在中国古代，住宅除基本的居住功能外，还是权力、财富、地位的象征，也是统治者创建伦理秩序的重要物化形态，更是那些不惜僭越社会等级而达到奢侈享受之人追逐的目标，如唐代“武后已后，王侯妃主京城第宅日加崇丽”⑤。玄宗时，节将权臣外戚更是大建豪宅，其中杨家外戚的宅邸就十分豪奢，“姊妹昆仲五家，甲第洞开，僭拟宫掖”⑥。

“僭拟宫掖”，直斥的是杨家外戚对制度的僭越。在唐代，居住等级明确、完善，“凡宫室之制，自天子至于士庶，各有等差”⑦。而这种等差，在《营缮令》中有具体规定：

> 王公已下，舍屋不得施重拱藻井。三品已上堂舍，不得过五间九架，厅厦两头门屋，不得过五间五架。五品已上堂舍，不得过五间七架，厅厦两头门屋，不得过三间两架，仍通作乌头大门。勋官各依本品。六品、七品已下堂舍，不得过三间五架，门屋不得过一间两架。非常参官，不得造

---

① （汉）许慎撰：《说文解字》1下，北京：中华书局，1963年，第15页。
② 参见温鲁：《灵芝的历史文化与现代研究》，《时珍国医国药》2005年第16卷第8期；严择湘、严清波、刘建先编著：《灵芝与茯苓》，贵阳：贵州科技出版社，2002年，第1—5页。
③ （宋）李昉等编：《太平广记》卷305《萧复弟》，第2417页。
④ （唐）刘禹锡著，瞿蜕园笺证：《刘禹锡集笺证》卷26《马嵬行》，上海：上海古籍出版社，1989年，第798页。
⑤ （宋）王谠撰，周勋初校证：《唐语林校证》卷5《补遗》，北京：中华书局，1987年，第498页。
⑥ 《旧唐书》卷51《后妃传上·玄宗杨贵妃》，第2179页。
⑦ （唐）李林甫等：《大唐六典》卷23，“将作监左校令之职”条，第423页。

轴心舍，及施悬鱼对凤瓦兽通袱乳梁装饰。①

依此，唐制对官员住宅等级的规定，主要表现在中堂和门屋的间/架数、房屋的装饰、大门的类型等几个方面。而违制建宅，则要予以惩处，“诸营造舍宅……于令有违者，杖一百”②。

至于虢国夫人的住生活，史载她“恩宠一时，大治宅第。栋宇之华盛，举无与比”③。那么她“大治”的宅第有几所？其“举无与比”的宅第是否“僭拟宫掖”，超越了如上制度？

（一）长安城的住宅

在长安城，目前可知的虢国宅有三所，一所位于宣阳坊，其地处东北部的政治中心；一所位于宣义坊，此宅地处风景优美的城南；最后一所的具体位置和规模，都暂无所知。

1. 宣阳坊宅

唐长安城的布局原从隋大兴城而来，它以位于正北中央的宫城为核心，以朱雀大街为中轴。但至玄宗时，由于他将理政、居住之处，由宫城的太极殿迁到了兴庆宫，故长安城的政治核心区也发生了变化，其由正北移到了东北。随着这一变化，官员宅第位置的选择，也转向了长安城东北。唐时，大臣上朝的时间颇早，黎明时分宫门开启后即要进行。为了便于上朝理事，靠近宫城和官衙的地理位置，就成了高级官员的首选。④

宣阳坊就是靠近兴庆宫的诸坊之一。它位于朱雀门街东第三街，北向南第六坊，皇城南横街南第二坊，地处三宫之间、东市附近，并居于高地之上⑤，最重要的是毗邻其时的政治中心——兴庆宫，政治、地理位置都极佳。所以开

① （宋）王溥撰：《唐会要》卷31《舆服上·杂录》，北京：中华书局，1955年，第575页。

② （唐）长孙无忌等撰，刘俊文点校：《唐律疏议》卷26《杂律》，第488页。

③ （唐）郑处诲撰，田廷柱点校：《明皇杂录》卷下，第29页。

④ 如姚崇宅位于兴宁坊，宋璟宅位于安兴坊，李林甫宅位于平康坊，杨国忠宅位于宣阳坊。

⑤ 唐长安城中，宫城、皇城以东及东市附近，是九二、九三、九四、九五高地通过之处，在这里营建私第的地形十分有利，它不但可使其宅超越一般居民的住宅，显得高大雄伟，且避免了凹地居住的潮湿、积涝、闷热。据马正林：《唐长安城总体布局的地理特征》，见中国地理学会历史地理专业委员会《历史地理》编辑委员会编：《历史地理》第3辑，上海：上海人民出版社，1983年，第72页。

天年间，官员多在此坊建宅，目前可考的有15所，在长安城各坊中，此居官宦宅第数量第一。①

虢国夫人在宣阳坊的宅第②与杨国忠宅相毗邻，“虢国居宣阳坊左，国忠在其南”③。官员选择宣阳坊置宅，是因靠近皇帝与上朝近便；而虢国夫人以此为居，也同样方便了她的入宫，“虢国夫人承主恩，平明骑马入宫门”④，因距其时的宫城较近，故在黎明时，她已进到宫中。

虢国夫人的这所宅第，是否为强买的韦嗣立旧宅，暂无定论⑤，但此事，则是她臭名昭著的劣迹之一。对此，《资治通鉴》载：“虢国尤为豪荡，一旦，帅工徒突入韦嗣立宅，即撤去旧屋，自为新第，但授韦氏以隙地十亩而已。”⑥韦嗣立，武周、中宗时期的重臣，官至宰相，并奉诏附入韦后属籍。虢国夫人强夺此宅，看中的并非旧宅本身，这从她当场开拆旧宅就可看出⑦，她相中的应是此宅的地理位置，而这一地理位置或就是绝佳的宣阳坊。

虢国夫人在此宅中，建造了一座超豪华的中堂——合欢堂，“虢国创一堂，价费万金”⑧。中堂在唐人的生活中至为重要，它是宅邸的中心，宴请待客均行于此，故权贵都讲究中堂的建造，杨家外戚也如此，“姊妹昆仲五家……每构一堂，费逾千万计”⑨。但虢国夫人合欢堂的造价，又远超了杨家的一般奢华水准。

---

① 据〔日〕妹尾达彦：《韦述的〈两京新记〉与八世纪前叶的长安》图3“开元、天宝年间长安城的居住动态”、表1“《两京新记》卷三残卷与《长安志》有布局区划的建筑物一览”，见荣新江主编：《唐研究》第9卷，北京：北京大学出版社，2003年，第31—51页（特别是35—36页）。据妹尾统计所做的分析，见袁婧：《关于唐代住宅的几个问题》，首都师范大学硕士学位论文，2007年。

② （清）徐松撰，（清）张穆校补，方严点校：《唐两京城坊考》卷3《西京》，“宣阳坊”条，第58—59页。

③ 《新唐书》卷206《外戚传·杨国忠》，第5848页。

④ （唐）张祜：《集灵台二首》，见《全唐诗》卷511，第5843页。

⑤ （清）徐松撰，（清）张穆校补，方严点校：《唐两京城坊考》卷3《西京》“宣阳坊”条记有两说，“奉慈寺”，“本开元中虢国夫人杨氏宅。……其地本中书令马周宅。……又《明皇杂录》曰……所居本韦嗣立旧宅”（第58页）。

⑥ 《资治通鉴》卷216，“玄宗天宝七载十一月”条，北京：中华书局，1956年，第6892页。

⑦ （唐）郑处诲撰，田廷柱点校的《明皇杂录》载，虢国夫人突入韦宅，与韦氏诸子接谈，“语未毕，有工数百人，登东西厢，撤其瓦木”（第29页）。

⑧ （唐）郑嵎：《津阳门诗并序》，见《全唐诗》卷567，第6562页。

⑨ 《旧唐书》卷51《后妃传上·玄宗杨贵妃》，第2179页。

关于“万金”的购买力，按，安史之乱前后，1 斤金价约合 100 贯[①]，万金则高达百万贯，其远超了其后僭制典型的马璘中堂[②]。我们再以唐时的房价来与 100 万贯的合欢堂做一对比。史载，“元和十二年，上都永平里西南隅，有一小宅……大历年，安太清始用二百千买得……有日者寇鄘……因送四十千与（卖家）寺家，寺家极喜……有堂屋三间，甚庳，东西厢共五间，地约三亩”[③]。永平里位于朱雀门街西第三街第九坊，相对偏僻。这所小宅最初的价格是 200 贯，后因频繁丧主成为凶宅后，跌至 40 贯。再有，德宗初年，“崇贤里有小宅出卖，直二百千文”[④]。崇贤里位于朱雀门街西第二街第八坊，不算太偏僻。中唐前后的物价多有浮动，但在长安城中，一所小宅的房价大致在 200 贯。如此，虢国夫人建造合欢堂的万金，就可购买 5000 所此类小宅。

除了造价，合欢堂的内部涂饰同样豪奢，“中堂既成，召工圬墁，约钱二百万；复求赏技，虢国以绛罗五百段赏之”[⑤]。付给圬墁工匠的 200 万钱，依天宝时的粮价——“两京米斗不至二十文，面三十二文”[⑥]，可购买 1 万余石米或 6250 石面；而赏技的 500 段（匹）绛罗，我们就暂以单丝罗的每匹 3000 文计，500 匹的罗价合计 150 万钱，天宝时，可购买 7500 余石米或 4687.5 石面。

另外，关于虢国夫人的“赏技”，另有史书记为“复以金盏瑟瑟三斗为赏”[⑦]，这是在以珍稀物品为赏。瑟瑟，是为“绿色透明的玻璃”，“都是外来之物”。[⑧]唐时，因其珍稀而价格昂贵。

① 《夏侯阳算经》载：“今有金一斤，值钱一百贯。”（钱宝琮校点：《算经十书》，北京：中华书局，1963 年，第 590 页）关于唐代的金价，并请参见王仲荦遗著，郑宜秀整理：《金泥玉屑丛考》，北京：中华书局，1996 年，第 121—122 页；彭信威：《中国货币史》，上海：上海人民出版社，1958 年，第 197—198 页。

② 《旧唐书》卷 152《马璘传》载：“璘之第，经始中堂，费钱二十万贯……及璘卒于军，子弟护丧归京师，士庶观其中堂，或假称故吏，争往赴吊者数十百人。德宗在东宫，宿闻其事，及践祚……仍诏毁璘中堂。”（第 4067 页）

③ （宋）李昉等编：《太平广记》卷 344《寇鄘》，第 2725 页。

④ （宋）李昉等编：《太平广记》卷 243《窦乂》，第 1877 页。

⑤ 《资治通鉴》卷 216，“玄宗天宝七载十一月”条，第 6892 页。

⑥ （唐）杜佑撰，王文锦、王永兴、刘俊文，等点校：《通典》卷 7《食货典·历代盛衰户口》，第 152 页。

⑦ （唐）郑处诲撰，田廷柱点校：《明皇杂录》卷下，第 29 页。

⑧ 刘隆凯整理：《陈寅恪〈元白诗证史〉讲席侧记》，武汉：湖北教育出版社，2005 年，第 23 页。

2. 宣义坊宅

虢国夫人在长安城的另一处宅邸位于宣义坊，此宅也与杨国忠宅相邻，“贵妃姊虢国夫人，国忠与之私，于宣义里构连甲第，土木被绨绣，栋宇之盛，两都莫比”①，这也是一处豪宅。

与长安城北，特别是东北地区形成对照，长安城南部是地广人稀，“自兴善寺以南四坊，东西尽郭，率无第宅。虽时有居者，烟火不接，耕垦种植，阡陌相连”②。兴善寺位于靖善坊③，靖善坊则位于朱雀门街东第一街，北向南第五坊，此坊的东、西、南都是人烟稀少，但环境绝佳。虢国夫人别墅所在的宣义坊，地处靖善坊西南，其近有湖泊泉池——宣义坊池，远可眺览南山幽翠，诗人曾赞其美景：“暮色绕柯亭，南山幽竹青。夜深斜舫月，风定一池星。岛屿无人迹，菰蒲有鹤翎。此中足吟眺，何用泛沧溟。”④

玄宗时的另一些权臣如张说、安禄山，也在此坊有别宅。⑤虢国夫人和杨国忠选此地建别墅，或也有与安禄山为邻的考虑。

3. 玄宗赐宅

天宝四载（745）八月，杨太真被册为贵妃，因此推恩，“贵妃三姊，皆赐第京师”⑥。但关于这一处住宅的位置、规模等，都暂无所知。

（二）华清宫东西两山庄

随着玄宗在华清宫驻跸次数和天数的增加，作为离宫的华清宫，就兼具了游幸与政治副都的性质，天宝六载（747）更名华清宫，“治汤井为池，环山列宫室，又筑罗城，置百司及十宅”⑦。随驾的宗室外戚、文武百官，也纷纷于

---

① 《旧唐书》卷106《杨国忠传》，第3245页。

② （清）徐松撰，（清）张穆校补，方严点校：《唐两京城坊考》卷2《西京·外郭城》，“开明坊”条，第39页。

③ （清）徐松撰，（清）张穆校补，方严点校：《唐两京城坊考》卷2《西京·外郭城》，“靖善坊”条，第38页。

④ （唐）刘得仁：《宿宣义池亭》，见《全唐诗》卷544，第6289页。刘禹锡描述王郎中的宣义里新居，也称：“门前巷陌三条近，墙内池亭万境闲。”参见（唐）刘禹锡著，瞿蜕园笺证：《刘禹锡集笺证》卷24《题王郎中宣义里新居》，第742页。

⑤ （清）徐松撰，（清）张穆校补，方严点校：《唐两京城坊考》卷4《西京》，“宣义坊”条，第101页。

⑥ 《资治通鉴》卷215，“玄宗天宝四载八月”条，第6866页。

⑦ （清）顾炎武：《历代宅京记》卷6《关中四》，北京：中华书局，1984年，第108页。

华清宫周边置宅，虢国夫人也在华清宫的东、西两侧，各有一座山第。

1. 华清宫东侧山第

虢国夫人的这处山第，是与杨氏诸家比邻而建，“国忠山第在（华清）宫东门之南，与虢国相对，韩国、秦国甍栋相接，天子幸其第，必过五家”①。玄宗曾欲私幸虢国夫人此第，但被禁军首领陈玄礼制止，“天宝中，玄宗在华清宫，乘马出宫门，欲幸虢国夫人宅，玄礼曰：‘未宣敕报臣，天子不可轻去就。’玄宗为之回辔”②。这里所记的虢国宅，就当是此东侧山第，因它距华清宫非常近便。

2. 华清宫西侧山第

虢国夫人的这处山宅，位于华清宫的西门望京门西南，具体位置见宋人游师雄的《唐骊山宫图》。③20世纪90年代，还发现了疑似此庄的遗址。④

从《唐骊山宫图》看，此宅南靠华清宫山城，地处凤凰原上，近有饮济泉、石驼岭，远可眺韦嗣立的逍遥庄。关于逍遥庄，史载，“神龙景龙之间，故人中书令韦公嗣立有别业在骊山之下，云松泉石，奇胜幽绝，中宗皇帝尝亲幸焉”⑤。由逍遥庄的情形及附近的泉岭推测，虢国夫人的这处山宅，也当是风景绝佳。

四、虢国夫人的行生活

关于虢国夫人的出行，《明皇杂录》有如下记载：“上将幸华清宫，贵妃姊妹竞车服，为一犊车，饰以金翠，间以珠玉，一车之费，不下数十万贯。既而重甚，牛不能引，因复上闻，请各乘马。于是竞购名马，以黄金为衔韉，组绣

① 《旧唐书》卷106《杨国忠传》，第3245页。
② 《旧唐书》卷106《王毛仲传》，第3255页。
③ （宋）宋敏求撰，（清）毕沅校正：《长安志》附（元）李好文《长安志图》卷上，《中国方志丛书·华北地方》，第290号，台北：成文出版社有限公司，1970年，第550、555页。
④ 赵康民：《唐华清宫调查记》，《考古与文物》1983年第1期。
⑤ （唐）武少仪：《王处士凿山引瀑记》，见（宋）李昉等编：《文苑英华》卷828，北京：中华书局，1966年，第4371页。

为障泥。”[①]此条材料点明了虢国夫人出行的两种重要方式，即乘犊车和骑马，而这两种出行方式，也是其时中上层妇女出行的主要方式。

（一）乘车

唐代中前期的中上层妇女出行，一般以乘车为主，所乘之车为牛拉、车厢严密的辎軿车。依用车的职能，其有命妇的礼仪用车和一般的日常用车。

关于命妇的礼仪用车，玄宗开元二十五年（737）令规定，一品外命妇乘“厌翟车，驾二马，驭人八”，“非公主、王妃，即乘白铜饰犊车，驾牛，驭人四”。[②]此类用车使用的场合不多，一般仅限于命妇的出嫁、受册、从蚕、大朝会、朝参、辞见、礼会等。而玄宗时命妇随帝妃的游幸华清宫，也当属随行伴驾的正式场合，故《长恨歌传》有如此的描述：“时每岁十月，驾幸华清宫，内外命妇，熠耀景从。”[③]此时外命妇所乘车，也当属礼仪用车。

依开元二十五年（737）的命妇车制，身为一品外命妇的虢国夫人，当以白铜为饰、驭驾四人的犊车为乘，但上引《明皇杂录》载其犊车“饰以金翠”，显然超越出了车制要求。同时，所乘犊车的价格也超高，“一车之费，不下数十万贯”。依如上所引的米面价格、房价等衡量，虢国夫人一辆犊车的花费数额惊人。

（二）骑马

玄宗时，骑马是妇女出行的一种时尚方式，虢国夫人是时尚的积极追随者，所以她在随幸、出游，甚至入宫时，都常骑马。她的骑马出游，可见《虢国夫人游春图》；而入宫，则见如下记载：“虢国每入禁中，常乘骢马，使小黄门御。紫骢之俊健，黄门之端秀，皆冠绝一时。”[④]

虽然此时的上层妇女骑马出行并不鲜见，但骑马入宫就暗含殊遇了。按唐制，外命妇入宫，一般是参加正式的礼仪活动，如朝参皇后或皇太后等，故需

① （唐）郑处诲撰，田廷柱点校：《明皇杂录》卷下，第29页。

② 〔日〕仁井田陞：《唐令拾遗·卤簿令第十九·外命妇卤簿》，栗劲、霍存福、王占通，等编译，长春：长春出版社，1989年，第456页。

③ （唐）陈鸿撰：《长恨歌传》，见（唐）白居易著，朱金城笺校：《白居易集笺校》卷12，第656页。

④ （唐）郑处诲撰，田廷柱点校：《明皇杂录》卷下，第29—30页。

以厌翟车为乘。虢国夫人的随时骑马入宫——“平明上马入金门”“每入禁中，常乘骢马”，都显示了她在玄宗宫中得到的特殊待遇。

虢国夫人的骑马出行，也显示出了她的经济实力。唐时，马属较高级的出行工具，价格昂贵，虢国夫人所骑的俊健紫骢，价格当更高。按，天宝时期，一匹突厥良马的价格不低于40余匹绢。[①]依如上所引天宝物价，“绢一匹二百一十二文”，40匹绢计8.48贯。再看名马的价格，史载，“宁王方集宾客宴话之际，鬻马牙人麴神奴者，请呈二马焉。……宁王顾问神奴曰：‘其价几何？’牙人先指曰：‘此一千缗。’次指曰：‘此五百缗。’宁王忻然谓左右曰：‘如言付钱，马送上厩’”[②]。宁王所购的两匹马价高达1000贯和500贯，以杨家外戚“竞购名马”推测，虢国夫人的坐骑价格，当不会低于宁王所购的马价。

除价格昂贵的名马，虢国夫人的马具也极奢华，“以黄金为衔韀（笼），组绣为障泥”。衔笼，即络头，由络头、衔、鑣等组合而成。[③]虢国夫人使用金制络头，其实也并不违制，因为在文宗太和六年（832）前，唐朝并未出台过马具的制度规定。[④]天宝时的一些中级品官，就有使用金衔笼者，如官居四、五品折冲都尉[⑤]的蔡希鲁，就是“马头金匼匝”[⑥]。

障泥为鞍具之一，用以遮挡尘泥。唐代中上层使用的障泥，多以锦为材料，此可见于如下诗句：“绿地障泥锦”[⑦]、“早送锦障泥”[⑧]。唐时，锦也属高档丝绸面料，它的纺织工艺是“织彩为文”[⑨]，即使用色织工艺，依靠多彩的

---

① 参见岑仲勉：《隋唐史·唐之马政》，石家庄：河北教育出版社，2000年，第294—295页；马俊民：《唐与回纥的绢马贸易——唐代马价绢新探》，《中国史研究》1984年第1期。

② （唐）薛用弱撰：《集异记》卷2，北京：中华书局，1980年，第15页。

③ 参见孙机：《唐代的马具与马饰》，《中国古舆服论丛》（增订本），北京：文物出版社，2001年，第98—99页。

④ 唐文宗太和六年（832）的相关规定，见（宋）王溥撰：《唐会要》卷31《舆服上·杂录》，第573—574页。

⑤ 按，《唐六典》卷25，“诸府折冲都尉之职”条：“诸府折冲都尉各一人”，“上府正四品上，中府从四品上，下府正五品下”（第457页）。

⑥ 匼匝，指“周绕貌，此金络马头，其状密匝也”。见（唐）杜甫著，（清）仇兆鳌注：《杜诗详注》卷3《送蔡希鲁都尉还陇右因寄高三十五书记》，第204—205页。

⑦ （清）王琦注：《李太白全集》卷6《白鼻騧》，北京：中华书局，1977年，第342页。

⑧ （唐）刘复：《春雨》，见《全唐诗》卷305，第3470页。

⑨ （汉）史游撰：《急就篇》卷2，长沙：岳麓书社，1989年，第116页。

经丝表里换层而显花[①]。虢国夫人的障泥也有以锦为之的，其见《虢国夫人游春图》。画中诸人所乘马上，都覆有“锦绣障泥”[②]。而“锦绣”的绣法，则是组绣。组绣，即精致的刺绣，唐后期时，也被视为劳民伤财之举，文宗、懿宗都曾做过禁断。文宗“及即位，励精求治，去奢从俭。……先宣索组绣、雕镂之物，悉罢之”[③]；懿宗也规定，“歌舞衣服，绮缯组绣，雕镂珠玑，颇害女工，实妨农事……其诸道不得进奉纹绣、宫锦、雕镂、轻靡、彩章之物”[④]。

（三）虢国夫人出行的“不施障幕”

唐时的礼教要求，妇女出门，须遮蔽包括面部在内的身体，“（女子）出门必掩蔽其面”[⑤]，其沿袭的是儒家男女有别的性别理论[⑥]。

礼教要求虽如此，但初唐至中唐，妇女出行的障蔽程度，还是在逐渐下降，“掩蔽其面”逐渐式微。初唐，妇女头戴的是遮蔽严密的幂离；高宗以后，“渐为浅露”的帷帽开始流行，并在武周时风行天下；玄宗开元年间，胡帽又开始流行，“开元初，从驾宫人骑马者，皆著胡帽，靓妆露面，无复障蔽。士庶之家，又相仿效，帷帽之制，绝不行用”；到天宝时，全无障蔽的妇女出行也出现了，“俄（天宝中）又露髻驰骋……而尊卑内外，斯一贯矣”。[⑦]

除了身体的遮蔽，唐代上层妇女的出行，还要以帷幕区隔内外。如武则天随高宗封禅行礼时，为区隔外臣，宫官要先行设帷，“高宗乾封初，封禅岱宗，行初献之礼毕，执事者趋下，而宫官执帷。天后率六宫升坛行礼”[⑧]；公主出行，也以幕围所到之处：“近代有士人应举之京，途次关西，宿于逆旅，

---

① 参见赵丰：《唐代丝绸与丝绸之路》，西安：三秦出版社，1992年，第100—107页。

② 参见沈从文编著：《中国古代服饰研究》，上海：上海书店出版社，2005年，第322页。

③ 《资治通鉴》卷243，“敬宗宝历二年”条，第7853页。

④ （宋）宋敏求编，洪丕谟、张伯元、沈敖大点校：《唐大诏令集》卷86《政事·恩宥·光启三年七月德音》，第449页。

⑤ （唐）郑氏撰：《女孝经·广要道章》，北京：中华书局，1991年，第15页。

⑥ 《礼记·内则》言：“女子出门，必拥蔽其面。”见（清）阮元校刻：《十三经注疏·礼记正义》，第1462页。

⑦ 《旧唐书》卷45《舆服志》，第1957页。“天宝中”据（唐）刘肃撰，许德楠、李鼎霞点校：《大唐新语》卷10《厘革》补，北京：中华书局，1984年，第151页。

⑧ （唐）刘肃撰，许德楠、李鼎霞点校：《大唐新语》卷13《郊禅》，第197页。

舍小房中。俄有贵人奴仆数人，云：‘公主来宿。’以幕围店及他店四五所。……须臾，公主车声大至。”[①]公主与国夫人同为一品外命妇，以此度之，虢国夫人出行的障蔽方法，或当与公主类似。

而虢国夫人的出行，则是既不“掩蔽其面”，也“不施障幕”，“杨国忠与虢国夫人居第相邻，昼夜往来，无复期度，或并辔走马入朝，不施障幕，道路为之掩目”[②]。依“露髻驰骋”的天宝潮流看，虢国夫人的做法也并非为过；但是，他与杨国忠光天化日下的男女无别——“并辔走马入朝”，就涉嫌违礼了。

我们知道，男女有别是儒家性别理论的两大支柱之一，它除要求“女子出门，必拥蔽其面”外，还要求“（男女）非祭非丧，不相授器”[③]、“男女不杂坐”[④]。唐代女教也强调，“内外各处，男女异群”[⑤]。所以，虢国夫人与杨国忠公开的男女无别，挑战的是礼教的底线。

五、结语：“车服邸第与大长公主侔”

唐人陈鸿在《长恨歌传》中言道，杨氏三姊“车服邸第与大长公主侔矣”[⑥]。此意在强调杨氏诸姊因缘椒戚，而获得了几与大长公主相同的等级特权。

关于大长公主与国夫人的命妇等差，其见唐朝外命妇之制：“皇姑封大长公主，皇姊妹封长公主，皇女封公主，皆视正一品；皇太子之女封郡主，视从一品；王之女封县主，视正二品。……王母妻为妃；一品及国公母妻为国夫人。”[⑦]国夫人居皇宗亲和异姓亲之后。

---

① （唐）戴孚撰，方诗铭辑校：《广异记·华岳神女》，北京：中华书局，1992年，第60页。

② 《资治通鉴》卷216，“玄宗天宝十二载”条，第6919页。

③ （清）阮元校刻：《十三经注疏·礼记正义·内则》，第1462页。

④ （清）阮元校刻：《十三经注疏·礼记正义·曲礼上》，第1240页。

⑤ （唐）宋尚宫：《女论语》，见（明）陶宗仪等编：《说郛三种》，上海：上海古籍出版社，1988年，第3291页。

⑥ （唐）陈鸿撰：《长恨歌传》，见（唐）白居易著，朱金城笺校：《白居易集笺校》卷12，第657页。

⑦ 《大唐六典》卷2，“尚书吏部司封郎中员外郎之职”条，第41页。

而在皇宗亲和异姓亲中，大长公主又为其首，这也贯穿在唐礼中。如元正、冬至，外命妇朝贺皇后，朝会前，“司赞设外命妇版位于殿庭：大长公主以下在东，太夫人以下在西”，“皇宗亲在东，异姓亲在西”。[①]朝贺皇后的两列外命妇，分别由大长公主和王母居首，而皇宗亲的大长公主，又优于异姓亲的太夫人。再如皇后的先蚕礼，其中陈设前有享三日的程序，“守宫设外命妇次，大长公主、长公主、公主以下于南壝之外道西，三公夫人以下在其南，俱重行，每等异位，东向北上”[②]。三公主的位子先于三公夫人——从夫当受一品命妇。

以长公主为首的三公主与一品命妇的等差，还贯穿于其他的制度、如车服制度中。如礼服的珮绶，“诸公主、王妃珮绶同，诸王县主、内命妇准品。外命妇五品已上，皆准夫、子，即非因夫、子别加邑号者，亦准品”[③]；再如礼仪用车的装饰和驾员人数，一品外命妇乘“厌翟车，驾二马，驭人八”，“非公主、王妃，即乘白铜饰犊车，驾牛，驭人四”。[④]虢国夫人饰以金翠的犊车，确实突破了“乘白铜饰犊车”的等级规定，而比肩于了三公主之车。

当然，相较于僭制，在虢国夫人的衣食住行中，超越常态的奢靡消费，表现更为突出。衣生活上，其常服的面料、刺绣、周身的珠宝，都奢华异常，“绣罗衣裳照暮春，蹙金孔雀银麒麟”；“头上何所有？翠为匐叶垂鬓唇。背后何所见？珠压腰衱稳称身”。食生活上，其所达到的水准，颇令人惊叹，“紫驼之峰出翠釜，水精之盘行素鳞。犀箸厌饫久未下，鸾刀缕切空纷纶。黄门飞鞚不动尘，御厨络绎送八珍”。住生活上，其超豪华的合欢堂，“价费万金”，更为一朝所罕见。行生活上，所乘犊车之费“不下数十万贯”，又“竞购名马，以黄金为衔韃（笼），组绣为障泥”，确实显示了她的“富埒王室”。[⑤]

虢国夫人等获得的甚或超过大长公主的特权，使她及诸姊背上了“势倾天下”[⑥]的恶名，但如众所知，这只不过是玄宗晚年“穷天下之欲不足为其乐”[⑦]

---

① （唐）中敕撰：《大唐开元礼》卷98《嘉礼》，北京：民族出版社，2000年，第458页。

② （唐）杜佑撰，王文锦、王永兴、刘俊文，等点校：《通典》卷115《礼典·吉礼》，第2947页。

③ 《旧唐书》卷45《舆服志》，第1956—1957页。

④ 〔日〕仁井田陞：《唐令拾遗·卤簿令第十九·外命妇卤簿》，第456页。

⑤ （唐）陈鸿撰：《长恨歌传》，见（唐）白居易著，朱金城笺校：《白居易集笺校》卷12，第657页。

⑥ 《旧唐书》卷51《后妃传上·玄宗杨贵妃》，第2178页。

⑦ 《新唐书》卷5《玄宗本纪·赞》，第154页。

的衍生物，而本文所分析的虢国夫人奢靡的衣食住行，又将这一问题进一步深化和具体化：千贯脂粉钱是玄宗超标给授杨氏三姊的；杨家食八珍、购名马以随驾华清宫，也都为皇帝御批；对虢国夫人等杨氏外戚超豪的宅第，玄宗也心知肚明，这从玄宗巡幸华清宫东侧杨氏五家山宅——“天子幸其第，必过五家”，就可推知。

P. 3644店铺俫客叫卖词与唐五代宋初敦煌日常饮食生活

周尚兵*

P. 3644后唐时期敦煌店铺“俫客叫卖词”中的30件物品，李正宇将其分为药材、食物及果品、调味品、衣物四类。①刘再聪和赵玉平又将其中的“白矾皂矾，紫草苏芳”四种商品再次析出，将它们视作敦煌地区染紫用的“染料”，探讨了晚唐以来敦煌地区普遍穿用紫色服装，进而突破隋唐时期紫服穿用制度的问题。②苏芳即苏芳木，又称苏木，游丽云探讨了苏木在敦煌用作染料和仕女妆容材料的话题。③大多数论者则是径据李正宇的录文直接立论，或据以论述唐五代敦煌的药店南药、北药品种齐全④；或据以论述商业广告文学⑤；或据以讨论

---

* 周尚兵，山东师范大学历史文化学院教授。

① 李正宇：《叫卖市声之祖——敦煌遗书中的店铺叫卖口号》，《寻根》1997年第4期；李正宇：《叫卖文学之祖——敦煌遗书两首店铺叫卖口号》，《丝绸之路》2012年第16期。

② 刘再聪、赵玉平：《唐宋敦煌染料与紫服制度的被突破——以P. 3644为中心》，《南京师大学报（社会科学版）》2010年第5期。

③ 游丽云：《唐代仕女妆容文化探微》，新北：稻乡出版社，2015年，第240—243页。

④ 赵琪、赵珺、李应存，等：《以敦煌医学文献考察唐代敦煌的医学教育和医疗状况》，《中医药导报》2017年第23卷第8期；赵琪、陈晟、赵珺，等：《以敦煌遗书考证道地药材的形成和发展》，《中医药导报》2017年第23卷第3期。

⑤ 王文宝：《中国民俗研究史》，哈尔滨：黑龙江人民出版社，2003年，第22页；崔银河、崔燕：《中国文化与广告》，北京：中国传媒大学出版社，2012年，第63页；颜廷亮：《西陲文学遗珍：敦煌文学通俗谈》，兰州：甘肃人民出版社，2000年，第16页；艾绍强著，孙志军摄影：《永远的敦煌》，北京：中国工人出版社，2008年，第176页；朱凤玉：《敦煌文献中的广告文学》，见郑炳林、郑阿财主编：《港台敦煌学文库》，第14册，兰州：甘肃人民出版社，2014年，第271—291页。

唐宋时期敦煌贸易繁荣情状[①]；或据以说明敦煌地区的水果和调味品种类[②]；等等。

从现有的研究来看，除了上述苏方、紫草等四种物品在敦煌如何使用得到初步研究外，叫卖词中的其他物品，尤其是调味品等饮食类物品在敦煌地区如何使用，几近于空白，"徕客叫卖词"商品供给侧背后潜藏的敦煌百姓饮食及其生活理念没有得到应有的彰显。

自古至今，中药铺经营都是一种专业性质极强的行业。中药铺在收药、售药、坐堂问诊、代客煎药之外，极少还有兼业经营的，以药铺而兼业服装、食品经营就更属罕见。即如今日，饮食调料店里售卖的中药类调味香料多达四五十种，而今人却绝不会将其视为药铺。所以，敦煌使用"徕客叫卖词"叫卖服装、调料等类产品的店铺不可视为药铺，只能是日用杂货铺。

自初唐时期孙思邈撰《千金食治》，提出有病当先"洞晓病源，知其所犯，以食治之，食疗不愈，然后命药"[③]的疗病策略之后，食疗方法深入人心，一部分药材就具有了"食、医"两用的用途。而随着这部分药材"食"用途的日渐广泛，它们就逐渐演变成人们日常饮食生活中的调味料，《千金食治》首列的"槟榔"即其显例。敦煌日用杂货铺里用来徕客的"药材"类商品，固然有其药材的医疗作用，然而它在日用杂货铺里出现的本来面目，对百姓而言，主要是用作日常生活中的调味料。

可以说，"徕客叫卖词"较充分地显露了敦煌地区百姓衣食生活的供给侧细节，由此揭示出唐五代宋初敦煌人的日常饮食生活状况以及相关的生活理念。

一、关于 P. 3644 徕客叫卖词的释录问题

自李正宇首先释录 P. 3644 中的"店铺徕客叫卖词"以来，学界均是据其

① 李鑫：《唐五代宋初的敦煌城市》，南京师范大学硕士学位论文，2008 年；杨秀清编著：《华戎交会的都市：敦煌与丝绸之路》，兰州：甘肃人民出版社，2000 年，第 50—51 页；李正宇、李树辉：《丝绸之路与敦煌》，见纪忠元、纪永元主编：《敦煌阳关玉门关论文选萃》，兰州：甘肃人民出版社，2003 年，第 73 页；谭蝉雪：《敦煌民俗：丝路明珠传风情》，兰州：甘肃教育出版社，2006 年，第 20 页。

② 马燕云：《唐五代宋初敦煌社会消费问题研究》，西北师范大学硕士学位论文，2007 年。

③ （唐）孙思邈撰，吴受琚注释：《千金食治》，北京：中国商业出版社，1985 年，第 13 页。

录文展开后续研究。复检 P. 3644 图版，发现李正宇的释录璧有微瑕，笔者遂此重新校录如下：

某乙铺上且有：橘皮胡桃瓤，栀子高良姜，陆（六）路诃黎勒，大腹及槟榔。亦有莳萝荜拨，芜荑大黄，油麻椒祘（蒜），阿昔（锡）藕弗（覆），香甜干枣，醋齿石榴。绢帽子，罗幞头。白矾皂矾，紫草苏芳。粆糖吃时牙齿美，饧糖咬时舌头甜。市上买取新袄子，街头易得紫绫衫。阔口裤，斩（崭）新鞋，大跨腰带拾叁事。

陆路诃黎勒，李正宇释作“陆路通”和“诃黎勒”两种物事，或有疏误。按，中古时期六、陆二字同音。《康熙字典》总结说：“陆，《唐韵》《广韵》《集韵》《类篇》《韵会》并力竹切。音六。”①故“陆路诃黎勒”读同“六路诃黎勒”，因音同，唐五代时医家就将“六路诃黎勒”写作“陆路诃黎勒”。六路，又作六棱，六路诃黎勒是诃黎勒中品质最佳者，多于或少于六路，称为“杂路勒”。《南方草木状》云：“诃梨勒，树似木梡，花白，子形如橄榄，六路，皮肉相著，可作饮，变白髭发令黑。出九真。”②《海药本草》云：“方家使陆路诃梨勒，即六棱是也。”③《本草图经》载诃黎勒在七八月“实熟时采，六路者佳。《岭南异物志》云：广州法性寺佛殿前，有四五十株，子极小，而味不涩，皆是六路”④。诃黎勒味本酸、涩，而其味不涩的六路诃黎勒在药用、染发之外，还被广泛用作日常生活的食材，用于泡酒、作饮、煲粥，详见下文。

“阿昔（锡）藕弗（覆），香甜干枣”，李正宇释录为“河（荷）藕弗（佛）香，甜干枣”，将“昔”字视为衍文，“略而弗录”。⑤张涌泉则释录作“阿苗藕弗香，甜干枣”⑥。按，写本中“昔”“苗”二字常常形近而误，如 P. 2331V《斋文抄》“社文”中的“应莲花劫，续息千苗”；S. 5561《斋仪》“社

① 汉语大词典编纂处整理：《康熙字典》（标点整理本），上海：汉语大词典出版社，2005 年，第 1343 页。
② （晋）嵇含撰：《南方草木状》，《景印文渊阁四库全书》史部，第 589 册，台北：台湾商务印书馆，1986 年，第 7 页。
③ （五代）李珣撰，尚志钧辑校：《海药本草》（辑校本），北京：人民卫生出版社，1997 年，第 63 页。
④ （宋）苏颂撰，尚志钧辑校：《本草图经》，合肥：安徽科学技术出版社，1994 年，第 416 页。
⑤ 李正宇 2018 年 7 月 23 日的交流邮件。
⑥ 张涌泉主编：《敦煌经部文献合集》，第 8 册，北京：中华书局，2008 年，第 4285 页。

斋文”中作“应莲花劫，续息千昔”。故 P. 3644 中的“昔”字，即便录作“苗”，也应当校作“昔”。“阿昔”，当校录作“阿昔（锡）”，“昔”为“锡”或“緆”的音借字。阿锡，乃先秦以来著名的细布，司马相如《子虚赋》云：“于是郑女曼姬，被阿锡，揄纻缟。”[①]藕弗，当校录作“藕覆”，“弗”为“覆”的音借字。藕覆，乃膝裤、袜裤的别称。“阿锡藕覆”，反映了敦煌地区“衣”生活中的一些细节，拟另文讨论，此不衍伸。

“饧糖咬时舌头甜”的“咬”，李正宇校作“嚼”。按，不校亦可。饧糖即麦芽糖，又别称“绞绞糖”，是因为麦芽糖在稀释作调料外，日常食用最常见的方法是用两根筷子不断地互相绞绕，待胶固于筷子上成为半凝固体后，用舌头舔食或咬食，故此有“饧糖咬时舌头甜”的说法。

大腹及槟榔，即大腹槟榔的壳与果实。唐代只有槟榔入药，到五代时，大腹皮又单独入药[②]，才需要分别指称槟榔的壳与果实，于是有“大腹及槟榔”，其实是一件物事。则店铺“俫客叫卖词”总计有 30 件物品。

二、中古时期敦煌地区的调料清单

P. 3644 叫卖词中除服装以外的 21 件物品：橘皮、胡桃、栀子、高良姜、诃黎勒、槟榔、莳萝、荜拨、芜荑、大黄、油麻、椒、蒜、干枣、石榴、白矾、皂矾、紫草、苏芳、砂糖、饧糖等，在日常生活中都有作调料的用途，厨中或用于调味，或用于提色，或用于增香，或制作浆粥饮，一直沿用至今。只有白矾稍有例外，白矾即明矾，其主要化学成分为硫酸铝钾或者硫酸铝铵，其中的铝元素在人体内不能吸收和排出，会在人体内形成铝富积，进而影响人体对铁、钙等成分的吸收，导致骨质疏松、贫血，甚至影响神经细胞的发育而导致痴呆，因此国家明令限制白矾的使用量和应用领域，并推荐相应的无铝产品来替代明矾，尤其面食生产领域。

高启安据敦煌寺院入破历等文书考察了中古时期敦煌地区使用的盐、醋、

① 《史记》卷 117，北京：中华书局，1959 年，第 3011 页。
② （五代）日华子集，尚志钧辑释：《日华子本草》（辑释本），合肥：安徽科学技术出版社，2005 年，第 134 页。

酱与酱清、浆水、花椒、生姜、豆豉、草豉、阿魏、胡椒、荜拨、桂皮、胡桐泪等调料。[①]朱凤玉列举了《俗务要名林》“饮食部”中的几种调料：酱、酢、盐、豉、油、糖、饧。[②]余欣讨论了《俗务要名林》《杂集时用要字》中的荜拨、胡芹子、马芹子等调味料。[③]

茱萸自先秦以来就是古人厨中必用的辣味调料，又别称“藙”“榄”。东汉张衡《南都赋》论“厨膳”之事云：“苏藙紫姜，拂彻膻腥。”西晋周处《风土记》云：“三香椒榄姜。”[④]S. 6208“姜笋部”提到了“紫姜”，即鲜生姜。敦煌写本《开蒙要训》中的“葱蒜韭薤，茱萸椒姜”[⑤]，正是厨中著名的辛辣三香。

S. 6208《杂集时用要字》“干味部”提到了石髓、鹿腊等干货调味品：“砂磄（糖）、石蜜、胡椒、荜拨、胡搢子、马芹子、橘皮、石髓、乳腐、条脯、干酪、鹿腊、獐腊。”[⑥]

敦煌产红曲，唐《初学记》引东汉王粲《七释》云：“瓜州红曲，参糅相半，软滑膏润，入口流散。”[⑦]如果徐坚所引不误，则敦煌自汉末以来就已使用红曲，并非唐人的始创。红曲是一种天然红色素，既可酿酒，又可充食用色素。[⑧]

将上述物料按其使用性质分类，就得到了中古敦煌地区日常饮食生活较为完整的厨中调料清单。

（1）酱腌菜保鲜保脆：石髓。

（2）酱腌菜提色媒染：白矾、皂矾。

（3）食品增色：栀子、石榴、紫草、苏芳木、红曲、酱清、饧糖。

（4）菜品提鲜增香：槟榔、茱萸、胡椒、椒、荜拨、桂皮、胡榗子、马芹子、生姜、橘皮、莳萝、高良姜、葱、胡荽、阿魏、草豉。

（5）食物调味：油、油麻、盐、酱、醋、浆水、豆豉、乳腐、条脯、干

① 高启安：《唐五代敦煌饮食文化研究》，北京：民族出版社，2004年，第48—51页。

② 朱凤玉：《从敦煌写本字书看唐代民间的饮食生活》，见郑炳林、郑阿财主编：《港台敦煌学文库》，第14册，兰州：甘肃人民出版社，2014年，第105页。

③ 余欣：《敦煌的博物学世界》，兰州：甘肃教育出版社，2010年，第342—346、364页。

④ （宋）李昉等撰：《太平御览》卷九五八，北京：中华书局，1960年，第4253页。

⑤ 张涌泉主编：《敦煌经部文献合集》，第8册，第4043页。

⑥ 张涌泉主编：《敦煌经部文献合集》，第8册，第4153页。

⑦ （唐）徐坚等：《初学记》卷26，北京：中华书局，1962年，第637页。

⑧ 王子辉：《隋唐五代烹饪史纲》，西安：陕西科学技术出版社，1991年，第46页。

酪、鹿腊、獐腊、石蜜、砂糖、饧糖、芜荑、大黄、葱、蒜、韭、薤。

（6）保健浆粥饮品：高良姜、诃黎勒、胡桃瓤、干枣。

（7）面食品改良：胡桐泪、白矾。

上述的分类或有不恰当之处，但突出它们最常见的日常生活用途业已足够。根据这份调料清单，它们在菜品、食品中的搭配使用，构建出中古时期敦煌百姓丰富多彩的饮食生活。

三、中古敦煌日常生活饮食中的色彩

日常生活中食品的色彩，来源于食物原料的本色以及烹调制作时的增色与调色。唐人已非常讲究食品的色、香、味、形，如崔安潜“镇西川三年，唯多蔬食。宴诸司，以面及蒟蒻之类染作颜色，用象豚肩、羊臑、脍炙之属，皆逼真也”①。

1. 敦煌红豉的红色

中古敦煌百姓重视食品的调色。高启安已指出S. 4685中的“红豉”是豆豉。②无论原料用黄豆还是黑豆，经发酵、晒制后，都只能制作出黑色的豆豉。要成为红豉，就必须有红色增色工艺。

中古厨中增红的方法大致有三种。一种是用叫卖词中的“白矾皂矾，紫草苏芳”来增红。葛洪“治作赤盐法”云：“用寒盐一斤，又作寒水石一斤，又作寒羽涅一斤，又作白矾一斤，合内铁器中，以炭火火之，皆消而色赤，乃出之可用也。”③《四时纂要》中的“红雪”，由苏方木与朱砂共同染成。④宋人给豆子增红的工艺：“先将盐霜梅一个安在锅底下，淘净大粒青豆、盖梅。又将豆中作一窝，下盐在内，用苏木煎水，入白矾些少，沿锅四边浇下，平豆为度。用火烧干，豆熟，盐又不泛而红。”⑤苏芳木在其中的作用就是给豆子染

① （五代）孙光宪撰，贾二强点校：《北梦琐言》卷3，北京：中华书局，2002年，第57页。

② 高启安：《唐五代敦煌饮食文化研究》，第50页。

③ 王明：《抱朴子内篇校释（增订本）》卷16，北京：中华书局，1985年，第289—290页。

④ （唐）韩鄂原编，缪启愉校释：《四时纂要校释》，北京：农业出版社，1981年，第250页。

⑤ （宋）浦江吴氏撰，孙世增、唐艮注释：《吴氏中馈录》，北京：中国商业出版社，1987年，第27页。

红，孙世增和唐艮解释说："苏木：豆科木本植物，其心材质脆，投入热水中，水呈桃红色，加醋，变黄色，再加碱，又变为红色。这里作染色剂用。"[①]用苏木作染色剂，必须借助明矾、皂矾等媒染剂，色素才能比较稳定地附着在被染物体上。S. 4685 中的"红豉"，或许就是采用了上述的增色工艺。现今民间喜事所用的红蛋，即用苏木直接开水烫染成桃红色。

敦煌的红豉也有可能采用瓜州闻名于世的红曲来增红，而且唐五代也确实用红曲来给食物增色。如"孟蜀尚食，掌《食典》一百卷，有赐绯羊，其法：以红𫇴煮肉，紧卷石镇，深入酒骨淹透，切如纸薄，乃进。注云：酒骨，糟也"[②]。红曲加入肉制品中，能增加其色、香、味，尤其颜色红亮诱人。S. 6208"饮食部"中列有"肉绣肠"和"灌肠"两种产品，二者间的区别，应该就是"肉绣肠"在灌制过程中加了红曲增色，类似今日之红肠。

敦煌的红豉也可能是将油豉增红而成。油豉的做法，"豉三合，油一升，酢五升，姜、橘皮、葱、胡芹、盐，合和，蒸。蒸熟，更以油五升，就气上洒之。讫，即合甑覆泻瓮中"[③]。将油豉所用的油用紫草作增红处理，就得到了红油豆豉。今天的红油，由辣椒、紫草、油三种原料煎熬而成，古代厨中有类似的红油。《礼记》论调和饮食之宜云："脂用葱，膏用薤，三牲用藙。"郑玄注"藙"为"煎茱萸也"，唐人孔颖达疏云："今蜀郡作之，九月九日取茱萸，折其枝，连其实，广长四五寸，一升实，可和十升膏，名之藙。"[④]茱萸香味浓郁，味道辛辣，"藙"就是油煎茱萸而成的香辣油，用以给各类食品尤其是肉类增色、增味，相当于今日之油泼辣子。藙中若再加入紫草增强红色，其色、味就与今日的香辣红油无甚差别。敦煌红豉如果采用紫草煎藙来染红，其口感、色味有如今日的香辣油豆豉。

使用上述红色增色工艺，分别得到红色的盐干豆豉、汁水豆豉、红油豆豉三种产品，这就要看敦煌百姓各自的喜好来采用相应的工艺了。从供给侧而言，三种增红工艺所使用的各种材料都能很方便地从店铺里买到。

---

① （宋）浦江吴氏撰，孙世增、唐艮注释：《吴氏中馈录》，第 27 页。

② （宋）陶谷撰，李益民、王明德、王子辉注释：《清异录（饮食部分）》，北京：中国商业出版社，1985 年，第 31—32 页。

③ （北魏）贾思勰原著，缪启愉校释：《齐民要术校释》（第二版），北京：中国农业出版社，1998 年，第 652 页。

④ （清）阮元校刻：《十三经注疏・礼记正义》，北京：中华书局，1980 年，第1466—1467页。

2. 酱腌菜的黄、赤色

S. 6208“姜笋部”中提到了“酱瓜”，高启安讨论过敦煌的“菹”菜，酱瓜、菹菜即今天的酱腌菜系列。自古至今，酱腌菜的口感都追求“爽脆”，这就要在腌制过程中恰当地使用保脆剂，“碳酸钙、氯化钙、硫酸钙、硫酸铝钾”是酱腌菜中最常用的保脆剂，使用量是菜重的0.05%就可以达到保脆效果①，这是今日酱腌菜制作中不可或缺的“浸灰工艺”。石髓，即石钟乳，其主要成分是碳酸钙，与石灰的成分相同，而“石髓”被中古敦煌人列入“干味部”用以调味，其唯一的应用领域就是给酱菜、腌菜保鲜保脆，使酱腌菜品爽脆可口。

敦煌原产道地石膏，孙思邈论药出州土：“沙州：石膏。”②沙州开元贡有“野马皮，石膏，棋子石，牸羊角”③。石膏的主要成分是硫酸钙，日常生活中用作豆腐的成型剂，也是作酱腌菜的常用保脆剂。但石膏并未列入味部，不能断定石膏在敦煌是否也被当作保脆剂使用。

白矾作为抗氧化剂使用，对瓜蔬的保色效果比较显著，五代宋初僧人赞宁云：“菱煮过，以矾汤焯之，红绿如生。”④在酱腌菜时，既要保色又要保脆，石髓（碳酸钙）和白矾（硫酸铝钾）往往会配伍使用，如作蒜黄瓜、冬瓜、茄子：“秋间小黄瓜一斤，石灰、白矾汤焯过，控干。盐半两腌一宿。又盐半两，剥大蒜瓣三两，捣为泥，与瓜拌匀，倾入腌下水中，熬好酒、醋浸着，凉处顿放，冬瓜、茄子同法。”⑤虽然没有材料说明敦煌会将石髓与白矾同用，但“矾汤”在酱腌菜品制作中能保色保脆，在赞宁生活的五代宋初应该已成为生活常识，才会被赞宁总结并记入《物类相感志》中。况且石髓加入敦煌日常生活之干味部，冬藏菜的“浸灰工艺”成为孩童生活的常识，已然颠覆了我们对古人食品添加剂应用上的认识。

---

① 苏青海、苏纯营：《酱腌菜的脆性变化及保脆措施》，《四川食品工业科技》1995年第3期。

② （唐）孙思邈：《千金翼方》卷1，北京：人民卫生出版社，1955年，第6页。

③ （唐）李吉甫撰，贺次君点校：《元和郡县图志》卷40，北京：中华书局，1983年，第1026页。

④ 引见（宋）赞宁撰：《物类相感志》，北京：中华书局，1985年，第21页。按，释赞宁撰《物类相感志》十卷，现存一卷本为十卷本之节略改编本，十八卷本为十卷本之扩编本。详参宋军朋：《〈物类相感志〉与〈格物粗谈〉内容之比较研究》，华东师范大学硕士学位论文，2004年；赵美杰：《赞宁〈物类相感志〉研究》，华东师范大学硕士学位论文，2008年。

⑤ （宋）浦江吴氏撰，孙世增、唐艮注释：《吴氏中馈录》，第15页。

王艳明讨论了吐鲁番地区生产的蔬菜有葱、蒜、韭、芥、芜菁、荠、萝卜、胡瓜（黄瓜）、兰香、荏、白菜等多种。[①]高启安讨论了敦煌的萝卜、生菜、豇豆、荠菜、芜菁、葱、韭菜、葫芦、苜蓿等蔬菜。[②]再结合写本《俗务要名林》《杂集时用要字》等文献，从供给侧来看，敦煌酱瓜的原料来自本地所产的各种瓜，而适合腌制的冬藏菜蔬则有豇豆、萝卜、芜菁、菘菜（白菜）、蒜、薤、芥、黄瓜等。腌菜原料或许还有甘蓝，其时也称为蓝菜。孙思邈云蓝菜“久食大益肾，填髓脑，利五脏，调六腑。胡居士云：‘河东陇西羌胡多种食之，汉地鲜有。’其叶：长大厚，煮食甘美，经冬不死，春亦有英。其花黄，生角结子”[③]。唐《本草拾遗》云蓝菜“作菹，经宿渍色黄”[④]。

酱腌菜讲究色泽鲜亮，从而增加菜品的可接受性。“比丘尼梵正，庖制精巧。用鲊、鲈脍、脯、盐酱瓜蔬，黄赤杂色，斗成景物。若坐及二十人，则人装一景，合成辋川图小样。”[⑤]盐酱瓜蔬，即酱腌菜。要使酱腌菜黄、赤颜色鲜亮，可通过酱色、瓜蔬原色和加料染色来达到。从敦煌当时的供给侧来看，使用石榴、栀子、红曲、酱清、饧糖等都可以给酱腌菜增色。通常而言，豇豆、萝卜、芜菁、蓝菜等酱菜会用石榴皮、栀子作增黄处理，而菘菜、薤等会用红曲作增红处理，酱瓜会用酱清、饧糖作酱赤色处理。

石榴有酸、甜两种。叫卖词中的醋齿石榴，即酸石榴，既是水果，又是药材，还是厨中调味品。西北地区作羊肉胡羹，“葱头一斤，胡荽一两，安石榴汁数合，口调其味”[⑥]。人们在食用鲜石榴时，剥皮会将手指甲染黄，散落在衣服上的石榴皮汁液会染成黄色斑点，这样的生活常识使人们认识到石榴皮可以染黄，其所染黄色即是著名的秋香色，民间又戏称为咸菜色。若再加上明矾等媒染剂，秋香黄的颜色会更加亮丽，固色效果也更好。要给酱腌菜增黄，在敦煌，人们会自然而然地想到醋齿石榴皮带来的秋香黄，“该色素适宜做饮料及食品的着色剂”[⑦]。百姓家中冬季腌菜染黄所需的少量石榴皮，可以从杂货

---

① 王艳明：《从出土文书看中古时期吐鲁番地区的蔬菜种植》，《敦煌研究》2001 年第 2 期。

② 高启安：《唐五代敦煌饮食文化研究》，第 34—38 页。

③ （唐）孙思邈撰，吴受琚注释：《千金食治》，第 57 页。

④ （唐）陈藏器撰，尚志钧辑释：《〈本草拾遗〉辑释》，合肥：安徽科学技术出版社，2003 年，第 296 页。

⑤ （宋）陶谷撰，李益民、王明德、王子辉注释：《清异录（饮食部分）》，第 4—5 页。

⑥ （北魏）贾思勰原著，缪启愉校释：《齐民要术校释》（第二版），第 584 页。

⑦ 阿布来提·阿布都热西提：《甜石榴皮和酸石榴皮中天然黄色素的提取及其稳定性比较分析》，《食品科学》2009 年第 30 卷第 15 期。

店铺买鲜石榴或者从药铺买干石榴皮，据 P. 3596 等文献，石榴、石榴皮、石榴花、石榴籽、石榴根在敦煌均入于药方。①

栀子染黄自汉以来就已成为大众生活常识。太史公曰：“若千亩卮茜，千畦姜韭：此其人皆与千户侯等。”注云：“卮音支，鲜支也。”②鲜支即西汉时栀子之别称。栀子“果实入中药或作调味品”，富含黄酮类栀子素、果胶、鞣质、藏红花酸、藏红花素、栀子甙、熊果酸等成分③，是一种营养性着色剂，也是养生常品。除了给酱腌菜等食品着色外，栀子作为调料的最主要用途还是制作卤汤。黄卤与红卤都要用到栀子，只是在用量上有所差别。黄、红卤汤用以煮制豆类、肉类食品，尤其是三牲下货及蹄爪，S. 2472《辛巳年十月三日勘算州司仓公廨斛斗前后主持者交过分付状》载，“羊肠壹副破面叁升”④。S. 6208 中提到敦煌的食材有“头、蹄、肝、肚”⑤。古代西北地区冬季缺少新鲜蔬菜，以栀子为调料，能有效补充维生素 B 和维生素 A，于冬季日常生活中尤为必需品，故日用杂货铺徕客物品中有栀子。

白菜等腌菜时加红曲，食用时再以麻油煎茱萸调拌，颜色红鲜诱人，香辣脆爽，其口感绝不亚于今日的辣白菜。薤，又称藠头，是唐代著名的越冬蔬菜，在唐朝人的食物中，薤菜始终占据显眼的位置。⑥藠头本身洁白，用红曲增红后，茱萸辣油拌食，成为香辣藠头。时至今日，藠头腌制品仍不出白、红两种吃法。白的酸甜，红的香辣。

四、中古敦煌日常生活饮食的香与味

朱凤玉据《俗务要名林》说明了敦煌烹调食物产生的味道有酸、咸、辛、

① 牟海霞：《唐五代敦煌药材资源——以敦煌汉文医药文献为中心探究》，西北师范大学硕士学位论文，2015 年。

② 《史记》卷 129，第 3272—3273 页。

③ （元）忽思慧著，李春方译注：《饮膳正要》，北京：中国商业出版社，1988 年，第 463 页。

④ 唐耕耦、陆宏基编：《敦煌社会经济文献真迹释录》第 3 辑，北京：全国图书馆文献缩微复制中心，1990 年，第 287 页。

⑤ 张涌泉主编：《敦煌经部文献合集》，第 8 册，第 4153 页。

⑥ 王赛时：《唐代饮食》，济南：齐鲁书社，2003 年，第 40 页。

辣、苦、甘、甜、淡等数种。[①]甜、淡是指烹调中的不加盐状态，在北方称甜，在南方称淡。[②]这种不加盐或少加盐烹调所呈现出来的味道，即食物本身的味道，古称本味，今称原味。由此知中古时期敦煌人在酸、甘、咸、辛、苦五味调和之外，还讲究食物本身的味道。而追求食物的本味，一直是古今烹饪中的重要目标之一，“凡食物不能废咸，但少加使淡，淡则物之真味、真性俱得”[③]。

隋唐时期已相当注重食品的增香。隋代谢讽《食经》中有“十二香点臛”[④]，即制作肉羹时加入了十二香增香调味，但具体是哪十二香，史籍已失载。唐代韦巨源著名的“烧尾宴”食单中有 “天花饆饠（九练香）”“赐绯含香粽子（蜜淋）”“丁子香淋脍（腊别）”等。[⑤]天花饆饠的馅料用天花蕈和精练过的九练香调制。赐绯含香粽子是经过增红、加香处理的粽子，食用时再浇淋蜜汁。丁子香淋脍的做法，先腊别，即用调料腌拌好鱼肉脍片，再浇淋丁香油食用。

中古敦煌的食谱虽已不存，但从《俗务要名林》《杂集时用要字》等文献中的烹调方法和食物原料，还是可以窥知一些敦煌食品的香与味。

1. 槟榔、大腹皮作香辛调味料

日常生活中人们嚼食槟榔，“饮啖设为口实”[⑥]。作为食治的材料，孙思邈首列槟榔，以其“消谷逐水；除淡澼；杀三虫，去伏尸；治寸白”[⑦]。在煮制、烹调肉类时，加入槟榔作香辛料，可以使各种调料的味道均匀渗透到肉类深层肌理，不仅食物入味充分，而且在食物冷却后仍然能保留浓郁如初的香味，还可以起到杀虫防腐的功用，食物保持新鲜不变质的时间更长。在大块煮肉还很流行的唐代，槟榔作为调料——其去腥、回香、入味、杀虫保鲜的好处显而易见。晚唐的段成式在谈论酒食美味时，就记录了用槟榔煮肉的方法，

① 朱凤玉：《从敦煌写本字书看唐代民间的饮食生活》，第 105 页。
② 参见（北魏）贾思勰原著，缪启愉校释：《齐民要术校释》（第二版），第 582 页。
③ （清）曹庭栋撰，王振国等整理：《老老恒言》，北京：人民卫生出版社，2006 年，第 9 页。
④ （宋）陶谷撰，李益民、王明德、王子辉注释：《清异录（饮食部分）》，第 14 页。
⑤ （宋）陶谷撰，李益民、王明德、王子辉注释：《清异录（饮食部分）》，第 9—10 页。
⑥ （北魏）贾思勰原著，缪启愉校释：《齐民要术校释》（第二版），第 738 页。
⑦ （唐）孙思邈撰，吴受琚注释：《千金食治》，第 20 页。

“乳煮羊胯利法：槟榔詹阔一寸，长一寸半，胡饭皮”①。

如今槟榔、大腹主要用作入味剂，制作各种卤菜，尤其是卤鸭，武汉周黑鸭即其代表产品，百姓日常生活中主要是制作酱香槟榔鸭。

2. 橘皮与敦煌的条脯、鹿腊、獐腊及腊汁味

P. 3284《新集吉凶书仪》云敦煌聘礼曰：“次猪羊，次须面，次野味，次果子，次苏（酥）油盐，次酱醋，次椒姜葱蒜。”②抄自中原《吉凶书仪》的P. 3442、S. 6537等写卷并没有上引内容，高启安因此判定是“抄写者根据敦煌当地婚俗中送礼的实际情况所加”③。这份聘礼单显示出敦煌地区在汉地传统聘礼物色之外，增加了敦煌的地域特色，或者是当地的土产，如酥油；或者是本地所缺之物，如生姜；或者是本地日常生活中之必需品，如酱醋和椒姜葱蒜，河西地区的饮食，每顿不离酸、辣之味。聘礼中的野味，与婚姻奠雁之礼有关，在无雁时，野雉、野鹜等可代之。④敦煌有传统的猎场，据P. 2005《沙州都督府图经》，沙州东南峡谷水曲之处，“多野马、犛（牦）牛”“□狼虫豹，窟穴其［中］”⑤。敦煌市场上的各种野味，由网鹰人、猎户等提供⑥，敦研001号文书有猎户向官方纳“黄羊儿”的记录，敦煌的土贡中有“野马皮”。直到近代，敦煌的野马、野猪、野羊、野鸡、豹、虎、熊、狼、兔等野味仍然存在。⑦

黄羊、鹿、犛牛、獐子、野猪、熊等形体较大的野味，多是“腊而食之”，于是就有了S. 6208干味部中的条脯、鹿腊、獐腊。野味膻腥味大，多以香辛料腌制，方才腊味醇美，进而形成腊汁味系列食品。其时通行的脯腊之法，当属贾思勰记载的五味脯腊。其原料用牛、羊、獐、鹿、野猪、家猪的精肉，其具体方法是：先用牛羊骨制作骨汁高汤，“掠去浮沫”，入豆豉使汤“色足味调”，再加盐、葱白、花椒、生姜、橘皮等五味于汤中，将肉浸入汤中腌

① （唐）段成式撰，方南生点校：《酉阳杂俎》卷7，北京：中华书局，1981年，第71页。

② 上海古籍出版社、法国国家图书馆编：《法藏敦煌西域文献》，第23册，上海：上海古籍出版社，2002年，第48页。

③ 高启安：《唐五代敦煌饮食文化研究》，第156页。

④ 谭蝉雪：《敦煌民俗：丝路明珠传风情》，第195页。

⑤ 李正宇：《古本敦煌乡土志八种笺证》，兰州：甘肃人民出版社，2007年，第45页。

⑥ 参见高启安：《唐五代敦煌饮食文化研究》，第47页。

⑦ （清）苏履吉、曾诚撰：道光《敦煌县志》，台北：成文出版社有限公司，1970年，第372—373页。

制，“味彻乃出”，于北风处阴干收藏。[①]

作五味脯腊时，不加盐，同时将肉料劈为薄片，阴干后“脆如凌雪”，贾思勰称其为“甜脆脯”[②]、韩鄂则称为“淡脯”[③]。制作脆脯时若另加红曲增红，食用时再用“煠”法过油轻炸，就得到了唐代著名的“赤明香”：“赤明香，世传仇士良家脯名也。轻薄、甘香、殷红、浮脆，后世莫及。”[④]其中橘皮乃是五味脯腊中“甘香”的关键。橘皮，又称陈皮、红皮、贵老等，虽是苦味调料之冠，却只能充当调味的配角，单一的陈皮味是不能构成菜肴口味的，只有和花椒、草果、生姜等结合在一起，才能产生一种带有独特风格特色的菜肴味型。[⑤]

贾思勰的五味脯腊既已“味彻”，唐人又在“味彻”之后，再“以葱、椒、盐汤中猛火煮之，令熟后，挂著阴处。经暑不败。远行即致麨”。[⑥]再次充分入味的肉脯经腊月的风熏积淀下岁月的味道，煮熟后，香味浓郁醇厚，除直接食用外，还切成肉粒或磨成粉末，和其汤汁，成为饼、菜、饭、麨诸种食物制作中的调味品[⑦]，今则称为腊汁味。腊汁味系列食品在唐代颇受欢迎，成为日常生活食物储备的代名词，此唐人所谓“脯腊膎腆以供滋膳，参术芝桂以防痾疾”[⑧]者。王梵志笔下的穷汉，即使再赤贫，也还是有“鹿脯三四条，石盐五六课”[⑨]来待客的。“秦烹惟羊羹，陇馔有熊腊”[⑩]，包括敦煌在内的西北脯腊味传名天下。

3. 敦煌的瓜瓠与炰式烹调

据《俗务要名林》，敦煌的烹调技法有“炰”法。朱凤玉释云：“类似今天燥煮的一种烹饪法。”[⑪]缪启愉释云：“炰：用少量的水缓火油焖。”[⑫]

---

① （北魏）贾思勰原著，缪启愉校释：《齐民要术校释》（第二版），第579页。

② （北魏）贾思勰原著，缪启愉校释：《齐民要术校释》（第二版），第579页。

③ （唐）韩鄂原编，缪启愉校释：《四时纂要校释》，第245页。

④ （宋）陶谷撰，李益民、王明德、王子辉注释：《清异录（饮食部分）》，第3页。

⑤ 李俊杰、郭小雯编：《百种调料调美味配单方》，长沙：湖南科学技术出版社，2005年，第263页。

⑥ （唐）韩鄂原编，缪启愉校释：《四时纂要校释》，第245页。

⑦ 王赛时：《唐代饮食》，第71—72页。

⑧ 《旧唐书》卷102，北京：中华书局，1975年，第3177页。

⑨ （唐）王梵志著，项楚校注：《王梵志诗校注》，上海：上海古籍出版社，1991年，第431页。

⑩ （清）王文诰辑注，孔凡礼点校：《苏轼诗集》，北京：中华书局，1982年，第120页。

⑪ 朱凤玉：《敦煌通俗字书所呈现之唐五代社会文化研究刍议——以敦煌写本〈俗务要名林·饮食部〉为例》，见饶宗颐主编：《敦煌吐鲁番研究》第14卷，上海：上海古籍出版社，2014年，第508页。

⑫ （北魏）贾思勰原著，缪启愉校释：《齐民要术校释》（第二版），第656页。

按，缹式烹调法即今日干锅菜式烹调法。其原材料中必须有肥肉，方能在缓火加热中均匀出油而达到油焖菜的效果，所以贾思勰说缹法“偏宜猪肉，肥羊肉亦佳”。其具体的做法是：用豉、盐、姜、椒等组配好调料，肉切块，葱擗开，于铜铛中布一层肉就布一层葱，葱上撒调料，再布第二层、第三层，下少水缹之，此为肉缹。若将葱换作瓜瓠、菌蕈之类，即成素缹。“缹瓜瓠、菌，虽有肉、素两法，然此物多充素食，故附素条中。”①高启安讨论过中古敦煌的瓜瓠与发菜、菌菇等食材②，敦煌又有上好的河西肥羊，正是缹式烹调中最适用的原料。

“葛花消酒毒，萸蒂发羹香”③，缹式烹调中加入茱萸、胡椒等香辛调料，百味馨香，这才是古人真正的香辣干锅菜式。

4. 大黄的菜用与调味

河西是大黄的道地产地之一，《新修本草》载大黄“调中化食，安和五脏”，“生河西山谷及陇西。二月、八月采根”，以其根茎纹理如理石而被称为“河西锦纹”。④现今敦煌野生药材中有“土大黄”⑤，又称“羊蹄大黄”“牛舌大黄”，“九月采根，破之亦有锦文。日干之，亦呼为土大黄”。⑥唐五代P. 3644 叫卖词中的大黄虽不知是哪一种大黄。

大黄根茎在唐代家庭日常生活中的用途是作屠苏酒、备急丸和茵陈丸。唐人于元日“进屠苏酒”“又上椒酒、五辛盘于家长以献寿”⑦。宋人庞元英云：“唐岁时节物，元日则有屠苏酒、五辛盘、咬牙饧。”⑧据 S. 6531，敦煌“岁日赏屠苏酒、五辛盘、假花果、狡（胶）牙饧”⑨，与中原稍有差异。屠苏酒的配方有多种，但都离不了大黄，韩鄂记录了唐五代最常见的屠苏酒配方：“大黄、蜀椒、桔梗、桂心、防风各半两，白术、虎杖各一两，乌头半分。右八

① （北魏）贾思勰原著，缪启愉校释：《齐民要术校释》（第二版），第 655 页。
② 参见高启安：《唐五代敦煌饮食文化研究》，第 35、41 页。
③ 《全唐诗》卷 37，北京：中华书局，1960 年，第 485 页。
④ （唐）苏敬等撰，尚志钧辑校：《新修本草》（辑复本第二版），合肥：安徽科学技术出版社，2004 年，第 141 页。
⑤ 敦煌市志编纂委员会编：《敦煌市志》，北京：新华出版社，1994 年，第 707 页。
⑥ （宋）苏颂撰，尚志钧辑校：《本草图经》，第 244 页。
⑦ （唐）韩鄂原编，缪启愉校释：《四时纂要校释》，第 11 页。
⑧ （宋）庞元英撰：《文昌杂录》，北京：中华书局，1985 年，第 21 页。
⑨ 周一良、赵和平：《唐五代书仪研究》，北京：中国社会科学出版社，1995 年，第 157 页。

味，铿，以绛囊贮。岁除日薄晚，挂井中，令至泥。正旦出之，和囊浸于酒中，东向饮之，从少起至大，逐人各饮少许，则一家无病。”[①]备急丸和茵陈丸也都要用到大黄，这两种丸药是唐五代时居家旅行的常备药，大多家中自制，韩鄂记录了这两种丸药的配方和制作方法。[②]敦煌亦流传有这两种丸药的配方。[③]

河西锦纹大黄还可以蔬用，“其茎味酸，堪生啖”[④]。土大黄以其叶形，又称羊蹄，而中药中称“羊蹄”者凡两种，一种是《诗经》所云的“蓄”，“又一种极相似而味酸，呼为酸模”[⑤]。唐《本草拾遗》云：“（酸模）叶似羊蹄，是山大黄，一名当药。”山大黄，即土大黄的又一别称，“羊蹄根”正是蓼科酸模属的土大黄，“味酸可食”。[⑥]据 S. 3836V《杂集时用要字》，这种可作菜食的羊蹄，是学童日常生活的基本常识。

大黄的叶极酸，而其叶柄秆茎却如同富士苹果一样具有自然的酸甜，所以生啖、蔬用的部位其实是叶柄茎。叶柄茎带来的自然酸甜常常用开水煮出，滤其汁作调味剂使用，制作泡菜、调馅、烹菜，更用以“溲”面，制作糕点、脆饼等各种馃食。

敦煌的糕糜，用黄米或小米发酵蒸制[⑦]，蒸熟后切成菱形、方形或三角，其切面状如蜂窝，透着酥软。糕糜有原味、枣汁、酸甜等各种口味，其中的酸甜口味，现代厨中也用大黄的叶柄茎来调制。

5. 敦煌的乳腐、干酪调味及其酪浆、浆水面

S. 6208 中的“乳腐”并非豆制品的“腐乳”，其原料是牛乳，加热，以醋为成型剂，用压豆腐的方法挤去水分，故称“乳腐”[⑧]，今民间称之为“奶豆腐”。与贾思勰所记的酸甜味的“熟酪”方法相比，大同小异。[⑨]熟酪是用上次

---

① （唐）韩鄂原编，缪启愉校释：《四时纂要校释》，第 262—263 页。

② （唐）韩鄂原编，缪启愉校释：《四时纂要校释》，第 252—253 页。

③ 参见丛春雨编著：《敦煌中医药精萃发微》，北京：中医古籍出版社，2000 年，第 196、202 页。

④ （唐）苏敬等撰，尚志钧辑校：《新修本草》（辑复本第二版），第 141 页。

⑤ （唐）苏敬等撰，尚志钧辑校：《新修本草》（辑复本第二版），第 159 页。

⑥ （唐）陈藏器撰，尚志钧辑释：《〈本草拾遗〉辑释》，第 366 页。

⑦ 高启安：《唐五代敦煌饮食文化研究》，第 160 页。

⑧ （唐）韩鄂原编，缪启愉校释：《四时纂要校释》，第 61 页。

⑨ （北魏）贾思勰原著，缪启愉校释：《齐民要术校释》（第二版），第 432—433、435—436 页。

的甜酪发酵，如同用老面发面，时间长而难以控制发酵的程度，而乳腐则立等可成，“乳腐”可视作“熟酪”的速成版本。熟酪干制后称为“干酪”，乳腐干制后称为“乳饼”。

鲜乳腐散发着清新的奶香与淡淡的酸甜味，用以腌拌食物，别具风味。唐人作山药粉，即以乳腐调拌。《方山厨录》云：“去皮，于篣篱中磨涎，投百沸汤中，当成一块。取出，批为炙脔，杂乳腐为罨炙。素食尤珍。入臛用亦得。”①油炸的山药粉块以外，用乳腐拌食其他可以生啖的大黄叶柄、生菜、瓜果等，就得到了与今日果蔬沙拉极其相似的系列美食，此所谓“素食尤珍”者。

乳饼可入药和日常食用。日常食用的方法是作乳饼面：“乳饼一个，切作豆子样”“用面拌煮熟。空腹食之。”②唐人则是作浆水面：乳饼“细切如豆，面拌，醋浆水煮二十余沸”③。

S. 6208 中提到的“酪浆”用干酪或乳饼制成。干酪与乳饼其实只是干燥方法上略有差异，味道上无差别，都可以入臛用，主要作浆、粥的调味剂：“作粥、作浆时，细削，著水中，煮沸，便有酪味。”④酪味，即今日的奶香味。如上法做出酪浆之后，入冬瓜等菜同煮，即得到著名的“奶香冬瓜汤”，更通俗的叫法是“奶汤冬瓜”。敦煌出产冬瓜。

6. 栀子、槟榔、红曲、高良姜、荜拨、茱萸、阿魏、胡椒、花椒、桂皮、胡榗子、马芹子、生姜、橘皮、莳萝、豆豉与煮肉

《俗务要名林》的烹调技法有“煮”法，是将食物放入水或汤的锅里加热烹熟的一种烹饪方法。⑤高启安已指出 S. 3278 等提到的“熟肉”是“煮肉”⑥。煮肉无非是不加佐料的白水煮和加了佐料的汤水煮。野马皮是敦煌的贡品，野马肉是敦煌著名的野味食品。《食医心镜》中的野马肉吃法，既用汤水煮，又推崇白水煮：“细切，于豉汁中煮，著五味、葱白调和，作腌腊食

① （唐）韩鄂原编，缪启愉校释：《四时纂要校释》，第 55 页。

② （元）忽思慧著，李春方译注：《饮膳正要》，第 186 页。

③ 尚志钧辑校：《食疗本草》，合肥：安徽科学技术出版社，2003 年，第 104 页。

④ （北魏）贾思勰原著，缪启愉校释：《齐民要术校释》（第二版），第 433 页。

⑤ 朱凤玉：《敦煌通俗字书所呈现之唐五代社会文化研究刍议——以敦煌写本〈俗务要名林·饮食部〉为例》，第 507 页。

⑥ 高启安：《唐五代敦煌饮食文化研究》，第 167 页。

之。作羹粥及白煮吃，妙。”[①]

“白煮吃”之所以称妙，乃在于食物本身的味道。前文已述中古时期敦煌人讲究食物本身的味道，而肉类食物最本色的味道，莫过于不加任何调料的白水煮，贾思勰称之为“白肉”。[②]白肉煮好后，切成脍片做凉盘，再配以蒜齑、椒盐等多种调味汁食用；又或切成片、丁、末、脔块，另加佐料、配菜入锅烹炒或煮作羹臛，如唐人的“白煮猪肉”。“煮令熟，细切，作脍，和酱、醋食之。或作羹粥，炒，任性食之”是为唐人日常生活中的回锅肉系列。[③]

加佐料的汤水煮。上所列出的栀子、槟榔、红曲、高良姜、荜拨、茱萸、阿魏、胡椒、花椒、桂皮、胡榴子、马芹子、生姜、橘皮、莳萝、豆豉等佐料可以单味或多味组合加入到汤水中，再与肉同煮，既不失食物本味，又可以去腥增香、解腻增鲜，这种煮法发展出今日红烧、卤煮两大菜品系列，只不过中古时期的叫法有多种，如贾思勰称为脏、腤、煎、消、菹绿等。其实只是对料物进行煎、炒、炸、滑油、焯烫、水浸、腌腊等预处理方法上的区别。在对料物预处理之后，无非是用盐豉葱姜等与肉类同煮。[④]对料物的预处理，《食医心镜》中称“治如食法”，在其后的加料煮中，强调于“豉汁中煮”，举凡狐肉、野马肉、驴肉、熊肉、猪肚、羊肺、水牛肉、猪肉莫不如此。[⑤]强调于“豉汁中煮”，在味道之外，就是给肉品作酱色处理，煮出的肉品红亮诱人。

汤水煮的肉料有大有小，小块的肉料煮到收汁就成了红烧肉，如贾思勰所记的“绿肉”，其做法是：将猪、鸡、鸭等肉料切成小方块，先白煮，换水后下盐、豉汁煮，再入葱、姜、橘、胡芹、小蒜等调味煮，收汁起锅时加醋。缪启愉认为这道菜其实该叫“醋溜红烧肉”。[⑥]小块肉加料汤煮，成为红烧菜；大块肉加入多味佐料后煮熟煮透，就成了卤煮肉。

7. 高良姜、诃黎勒、胡桃瓤、干枣与敦煌的保健浆粥饮

水之外，唐代日常生活饮料分为酒、浆、茶三大系列，各具功能。陆羽

---

① 尚志钧辑校：《食医心镜》（重辑本），合肥：安徽科学技术出版社，2003年，第226页。
② （北魏）贾思勰原著，缪启愉校释：《齐民要术校释》（第二版），第606、609页。
③ 尚志钧辑校：《食医心镜》（重辑本），第227页。
④ （北魏）贾思勰原著，缪启愉校释：《齐民要术校释》（第二版），第608页。
⑤ 尚志钧辑校：《食医心镜》（重辑本），第225—226、228、230、245、247、249页。
⑥ （北魏）贾思勰原著，缪启愉校释：《齐民要术校释》（第二版），第610、613页。

曰：“至若救渴，饮之以浆；蠲忧忿，饮之以酒；荡昏寐，饮之以茶。”[①]作饮的“浆”，自先秦以来就是“米汁酿过略有酸味的浆汁”[②]，中古时期敦煌人用以佐餐、作饮的“浆水”“米浆”正是这种酸浆汁。[③]浆水是百姓日常生活饮品，唐人谓“贫居之易辨”[④]。此处“辨”作“治”解。

浆水发展到了唐代，已有了果浆、蔬浆及乳浆等品种，又有发酵与不发酵的区分，制作中还会加入合适的药材以增强浆水的食补保健功效，杜若浆、三勒浆即是唐代行用较广的保健浆水。

P. 2282 所载的“高良姜三味饮”，虽以“饮”为名，其实是治疗“湿霍”的药汤[⑤]，并不是日常生活中的保健浆水。用高良姜制作的保健浆水，唐人称“杜若浆”，如王绩《食后》诗云：“始暴松皮脯，新添杜若浆。”[⑥]沈括考证云：“杜若即今之高良姜，后人不识，又别出高良姜条，如赤箭再出天麻条、天名精再出地菘条、灯笼草再出苦耽条，如此之类极多。”[⑦]高良姜还是作药粥的主料，用高良姜六分，“以水二升煎高良姜，取一升半，去滓，投米煮粥食之”[⑧]。

唐人广泛应用诃黎勒。作为果药，其入药、泡酒，陈明、僧海霞、李应存等据敦煌文献述之已明[⑨]。诃黎勒作为果食可直接嚼食，“若能每日嚼一颗咽汁，亦终身无病”[⑩]。在吐鲁番市场上，诃黎勒每颗价格“上直钱贰文五分、次贰文、下一文五分”，敦煌不可能与邻近的吐鲁番有上百倍的价差，故 P. 2689 所述的“诃梨勒价六斗八升”并不是一颗的价格，而应该是 126 颗诃黎勒的价格，即敦煌市场上诃黎勒每颗均价亦是 2 文，“日嚼一颗”也是可能的。[⑪]在不算高的价格下，诃黎勒的应用普遍，日常生活中多是作浆、作饮、

① 吴觉农主编：《茶经述评》（第 2 版），北京：中国农业出版社，2005 年，第 164 页。
② 苏诺：《古代保健“茶汤”的医学史研究》，中国中医科学院博士学位论文，2009 年。
③ 高启安：《唐五代敦煌饮食文化研究》，第 148—149 页。
④ （唐）谷神子撰：《博异志》，北京：中华书局，1980 年，第 41 页。
⑤ 丛春雨编著：《敦煌中医药精萃发微》，第 220 页。
⑥ 《全唐诗》卷 37，第 485 页。
⑦ （宋）沈括撰，胡道静校注：《新校正梦溪笔谈》，北京：中华书局，1957 年，第 333 页。
⑧ 尚志钧辑校：《食医心镜》（重辑本），第 243 页。
⑨ 陈明：《印度梵文医典〈医理精华〉研究》，北京：商务印书馆，2014 年，第 55—61、122—123、193—195 页；僧海霞：《唐宋时期“药中王”诃梨勒医方探析——基于敦煌医药文献考察》，《敦煌研究》2016 年第 2 期；李应存：《浅谈敦煌医学卷子中的诃梨勒组方》，《中医药通报》2005 年第 3 期。
⑩ （唐）义净原著，王邦维校注：《南海寄归内法传校注》，北京：中华书局，1995 年，第 160 页。
⑪ 王进玉：《敦煌学和科技史》，兰州：甘肃教育出版社，2010 年，第 344 页。

煮粥。作浆，须发酵，“候发定，即止。但密封。此月一日合，满三十日即成。味至甘美，饮之醉人，消食、下气。须是八月合即成，非此月不佳矣”①。作饮，“诃梨勒一枚，打碎为末”“以水一升，煎三两沸，后下诃梨勒，更煎三五沸，候如曲尘色，著少盐，服”。②《南部新书》云：“用新诃子五颗、甘草一寸，并拍破，即汲树下水煎之，色若新茶，味如绿乳，服之消食疏气，诸汤难以比也。”③

叫卖词中的胡桃瓤，即今核桃仁，“食之令人肥健，润肤，黑发”④，但在唐宋时期的认知中，胡桃却又是不可多食之物。孙思邈云胡桃“不可多食，动痰饮，令人恶心，吐水、吐食”⑤。《本草图经》云：“性热不可多食。”⑥《开宝本草》曰：“多食动风，脱人眉。同酒食，多令人咯血。”⑦直到《本草纲目》中，李时珍才纠正其非。但唐人在“不可多食”的认知下，对胡桃的日用量不大，且周期极长，如《食疗本草》云：“凡服胡桃不得并食，须渐渐食之。初日服一颗，每五日加一颗，至二十颗止，周而复始。”⑧《海上集验方》的胡桃粥，用量也不大，“去皮研膏，水搅滤汁，米熟后加入，多煮生油气”⑨。“胡桃煮肉肉不臭”⑩，自五代以后，厨中用胡桃去除肉类的腥味，尤其与羊肉同煮时效果极佳，“先将羊肉放在锅内，用胡桃二三个带壳煮，三四滚，去胡桃，再放三四个，竟煮熟，然后开锅，毫无膻气”⑪。作羊肉粥，“杏仁同煮则易糜，胡桃同煮则不臊”⑫。

枣，补中益气，孙思邈云：“久服轻身，长年不饥，神仙。”⑬但大枣不宜

① （唐）韩鄂原编，缪启愉校释：《四时纂要校释》，第 195 页。
② 尚志钧辑校：《食医心镜》（重辑本），第 238 页。
③ （宋）钱易撰，黄寿成点校：《南部新书》庚，北京：中华书局，2002 年，第 107 页。
④ （唐）陈藏器撰，尚志钧辑释：《〈本草拾遗〉辑释》，第 277 页。
⑤ （唐）孙思邈撰，吴受琚注释：《千金食治》，第 32 页。
⑥ （宋）苏颂撰，尚志钧辑校：《本草图经》，第 560 页。
⑦ （明）李时珍撰，刘衡如、刘山永校注：《本草纲目》（第三版）新校注本，北京：华夏出版社，2008 年，第 1210 页。
⑧ （明）李时珍撰，刘衡如、刘山永校注：《本草纲目》（第三版）新校注本，第 1211 页。
⑨ （清）曹庭栋撰，王振国等整理：《老老恒言》，第 81 页。
⑩ （宋）赞宁撰：《物类相感志》，第 1 页。
⑪ （宋）苏轼：《格物粗谈》卷下，北京：中华书局，1985 年，第 22 页。
⑫ （清）曹庭栋撰，王振国等整理：《老老恒言》，第 96 页。
⑬ （唐）孙思邈撰，吴受琚注释：《千金食治》，第 22—23 页。

生食，“生者食之过多，令人腹胀。蒸煮食之，补肠胃，肥中益气”[①]。大枣蒸、煮食以外的日常用法，贾思勰已总结为枣脯、干枣、枣油以及酸枣麨四种，其中的酸枣麨，其实就是今日的干枣粉，与其他材料配合，做糕点和做浆水，“以方寸匕投一碗水中，酸甜味足，即为好浆”[②]。亦可“煮枣取汁”[③]溲面、作糕。用枣之法大抵如斯，至今如此，敦煌亦莫能例外。

8. 胡桐泪、白矾与面食品改良

贾思勰云做各种饼食，当用“饼酵”，即用酸浆或粥中加酒等方法来发酵面团，“面当令起”“面起可作”。[④]高启安讨论敦煌的饼食时说：“蒸饼技术的关键是发面，需要酵母。”[⑤]中古时期并没有今天所用的微生物酵母，贾思勰的饼酵方法又稍显麻烦，故民间大都是留一小块老面以备下次再发面。然而老面中的酵母菌含量极少，起面时间长，夏天一般要四五个小时以上，冬天甚至要一到两天，更为麻烦的是，稍不留意，面团就会发酸。而且在需要大量用面的时候，用老面发面的方法无能为力，古人用加碱剂或白矾的方法来快速起面并改良面团品质。

敦煌文书中的梧桐饼，就是以胡桐泪为改良剂制作出的食品。胡桐泪是一种天然碱剂，能软一切物，用其和面，有中和酸及酥化面的作用，故做出来的饼味道相当好，而且起面的速度快，至今仍有用者。

净土寺在七月十五日“麸伍斗，卖（买）白樊（矾）用”（P. 2032V）、在十月十四日“油贰升，买矾用”（S. 6452）。[⑥]敦煌僧人极其重视七月十五的盂兰盆节和十月十五的下元节，这两个节日中寺庙需要制作大量的面食，谭蝉雪指出：在下元节以丰盛的供品献佛，超过了七月十五日盂兰盆节二硕三斗造佛盆面，可见寺院对下元节还是相当重视的。[⑦]据高启安的统计，盂兰盆节和下元节各寺院所用的面油数量不相同，而像净土寺这样的寺院则一次需要 3—4

① 尚志钧辑校：《食疗本草》，第 66 页。

② （北魏）贾思勰原著，缪启愉校释：《齐民要术校释》（第二版），第 264 页。

③ （北魏）贾思勰原著，缪启愉校释：《齐民要术校释》（第二版），第 634 页。

④ （北魏）贾思勰原著，缪启愉校释：《齐民要术校释》（第二版），第 632 页。

⑤ 高启安：《唐五代敦煌饮食文化研究》，第 107 页。

⑥ 录文参唐耕耦、陆宏基编：《敦煌社会经济文献真迹释录》第 3 辑，第 222、481 页。

⑦ 谭蝉雪：《敦煌民俗：丝路明珠传风情》，第 116 页。

石五斗面，有些更多，达到了40多石。[①]一硕即一石，一次性要发三四百斤甚至上千斤面，用老面及贾思勰的发面方法不仅费工费时，也不可能及时完成节日中庞大的造食工作，只能使用改良剂来快速发面，白矾正具有这种作用。白矾是国家明令禁止前发面用“泡打粉”的主要成分，用其发面立等可用，且制作出来的面食又白又暄，净土寺恰在要大量发面的中元节、下元节有买矾的记录，绝非偶然。

五、敦煌调料性味功能所显示的唐人日常生活理念

直到元人忽思慧撰《饮膳正要》，始有专章讨论厨中调料的性味功能，此前皆散见于时人笔记及本草著作中，中古敦煌所用调料的性味功能目前只见于本草。

作为调料，其首先的功能是“滋食味”，以制作出美味的食品。如胡椒“调食用之，味甚辛美，而芳香不及蜀椒”[②]；莳萝“消食，温胃，善滋食味。多食无损，即不可与阿魏同合，夺其味尔”[③]；葱“和美众味，若药剂必用甘草也”[④]；芜荑“作酱食之，甚香美。其功尤胜于榆人，惟陈久者更良”[⑤]；大蒜“俗人作齑以啖脍肉……此物煮为羹臛极美，熏气亦微。下气，消谷，除风，破冷，足为馔中之俊”[⑥]。荜拨“味辛烈于蒟酱”[⑦]，“胡人将来此，调食用之”[⑧]，善“滋食味”[⑨]。

P. 3810中有“神仙粥”，寄托着敦煌人“神仙长年”的梦想。P. 3644中列举的厨房用料也大都兼有“轻身长年”“好颜色”的美容保健功能，如高良姜

① 高启安：《唐五代敦煌饮食文化研究》，第384页。
② （唐）苏敬等撰，尚志钧辑校：《新修本草》（辑复本第二版），第205页。
③ 尚志钧辑校：《海药本草》（辑校本），第30页。
④ （宋）陶谷撰，李益民、王明德、王子辉注释：《清异录（饮食部分）》，第39页。
⑤ 尚志钧辑校：《食疗本草》，第74页。
⑥ （唐）苏敬等撰，尚志钧辑校：《新修本草》（辑复本第二版），第275页。
⑦ （唐）苏敬等撰，尚志钧辑校：《新修本草》（辑复本第二版），第138页。
⑧ （唐）陈藏器撰，尚志钧辑校：《〈本草拾遗〉辑释》，第357页。
⑨ （五代）李珣撰，尚志钧辑校：《海药本草》（辑校本），第24页。

“下气，益声，好颜色”①；橘皮“久服去臭，下气通神，轻身长年”②；栀子“主五内邪气，胃中热气，面赤酒疱皻鼻，白癞、赤癞，疮疡。疗目热赤痛”③；胡麻“久服轻身不老，明耳目，耐饥渴，延年”④；花椒“久服之头不白，轻身增年。开腠理，通血脉，坚齿发，调关节，耐寒暑”⑤；大枣“久服轻身长季，不饥神仙”⑥。烧尾宴食单中有“长生粥”，虽不明其用料，但唐人“长年”的饮食理念已暴露无遗。

唐人认为鱼、肉、蔬菜、谷米等食物或多或少具有毒性或者寄生虫。鱼、肉有细菌寄生虫，比如线虫，古人称为“寸白”⑦；黍“性寒，有少毒。不堪久服，昏五脏，令人好睡”⑧；小麦“作面有热毒，多是陈裛之色”⑨。既然食材中含有毒性，则以各种方法去解毒。如面毒，古人以为“原汤化原食”，直到宋代还是如此，“世人食面已，往往继进面汤，云能解面毒”。⑩而最常用的解面毒方法是在面料中加入胡桐泪，因胡桐泪杀火毒及面毒。⑪

唐五代人认为合理使用调料，可以起到去虫、杀毒、解毒的功效。如胡椒“杀一切鱼、肉、鳖、蕈毒”⑫；大枣“和百药毒，通九窍”⑬；莳萝“杀鱼、肉毒。补水藏，及壮筋骨，治肾气”⑭；高良姜“解酒毒，消宿食”⑮；大蒜“除风邪，杀毒气”⑯；小蒜“温中，除邪痹毒气”⑰；芜荑“散皮肤骨节中淫

① （唐）陈藏器撰，尚志钧辑释：《〈本草拾遗〉辑释》，第353页。
② （唐）苏敬等撰，尚志钧辑校：《新修本草》（辑复本第二版），第184页。
③ （唐）苏敬等撰，尚志钧辑校：《新修本草》（辑复本第二版），第188页。
④ （唐）苏敬等撰，尚志钧辑校：《新修本草》（辑复本第二版），第277页。
⑤ （唐）苏敬等撰，尚志钧辑校：《新修本草》（辑复本第二版），第197页。
⑥ （唐）苏敬等撰，尚志钧辑校：《新修本草》（辑复本第二版），第254页。
⑦ （唐）孙思邈撰，吴受琚注释：《千金食治》，第20页。
⑧ 尚志钧辑校：《食疗本草》，第11页。
⑨ 尚志钧辑校：《食疗本草》，第8页。
⑩ （宋）方勺撰，许沛藻、杨立扬点校：《泊宅编》卷八，北京：中华书局，1983年，第46页。
⑪ （五代）日华子集，尚志钧辑释：《日华子本草》（辑释本），第27页。
⑫ （五代）日华子集，尚志钧辑释：《日华子本草》（辑释本），第145页。
⑬ 尚志钧辑校：《食疗本草》，第66页。
⑭ （五代）日华子集，尚志钧辑释：《日华子本草》（辑释本），第85页。
⑮ （五代）日华子集，尚志钧辑释：《日华子本草》（辑释本），第76页。
⑯ （唐）苏敬等撰，尚志钧辑校：《新修本草》（辑复本第二版），第275页。
⑰ （唐）苏敬等撰，尚志钧辑校：《新修本草》（辑复本第二版），第275页。

淫行毒，去三虫，化食，逐寸白”①；阿魏“主杀诸小虫”②、“御一切蕈、菜毒”③；葱根“杀一切鱼、肉毒”；大黄“杀一切虫。……杀胡夷鱼、鲑鱼、檀胡鱼毒”④；酒“杀一切蔬菜毒”、酱“杀一切蔬菜、蕈毒”、醋“杀一切鱼、肉、菜毒”⑤；油麻“杀一切虫”⑥。

以上对 P. 3644、S. 6208 等文献所载录的调料及其使用的讨论，复原了中古敦煌人民如何修治食物的色、香、味，进而反映出唐五代人们日常生活中的一些基本理念：一是通过各种调料的使用，追求食物的“色、香、味”，以提高饮食生活的舒适度；二是在调料的选择上，调料多具有“长年”“养颜”的作用，寄托着古人通过饮食“长寿”的理想；三是调料的合理使用可以杀虫、去毒，保持身体的康健。

① （唐）苏敬等撰，尚志钧辑校：《新修本草》（辑复本第二版），第 190—191 页。
② （唐）苏敬等撰，尚志钧辑校：《新修本草》（辑复本第二版），第 139 页。
③ （五代）日华子集，尚志钧辑释：《日华子本草》（辑释本），第 81 页。
④ （五代）日华子集，尚志钧辑释：《日华子本草》（辑释本），第 100 页。
⑤ （五代）日华子集，尚志钧辑释：《日华子本草》（辑释本），第 3 页。
⑥ 尚志钧辑校：《食疗本草》，第 3 页。

随亲宦游：一种宋代女性行旅的制度与实践考察

铁爱花*

在传统文化发展成熟的宋代，晁补之曾说："生男自有四方志，女子那知出门事。"①陆游称："士生始堕地，弧矢志四方，岂若彼妇女，龊龊藏闺房。"②都感慨女性囿于闺闱的生活状态。长期以来，学界亦从不同角度对宋代女性在"家内"或"闺闱之内"的生活进行了深入探讨③，而对宋代女性在家外空间的活动关注不足。事实上诚如学者所论，"空间"与"家"是人类经验的两极，表征动与静、游与息、未知的将来与具体的目前种种两极，二者同为人生不可或缺的要素。④诸多文献记载亦显示，宋代各阶层女性走出闺闱，投

* 铁爱花，苏州大学社会学院教授，博士生导师。

① （宋）晁补之：《芳仪怨》，见北京大学古文献研究所编：《全宋诗》，第19册，北京：北京大学出版社，1995年，第12805页。

② 钱仲联校注：《剑南诗稿校注》卷11《鹅湖夜坐书怀》，上海：上海古籍出版社，1985年，第916页。

③ 相关研究成果，如柳立言：《浅谈宋代妇女的守节与再嫁》，《新史学》1991年第2卷第4期；刘静贞：《女无外事？——墓志碑铭中所见之北宋士大夫社会秩序理念》，见《宋史研究集》第25辑，台北："国立"编译馆，1995年，第95—141页；〔日〕柳田节子：《宋代妇女的离婚、再嫁与义绝》，见田余庆主编：《庆祝邓广铭教授九十华诞论文集》，石家庄：河北教育出版社，1997年；陶晋生：《北宋士族：家族·婚姻·生活》，台北："中央研究院"历史语言研究所，2001年；张邦炜：《宋代婚姻家族史论》，北京：人民出版社，2003年；邓小南：《"内外"之际与"秩序"格局：兼谈宋代士大夫对于〈周易·家人〉的阐发》，见邓小南主编：《唐宋女性与社会》，上海：上海辞书出版社，2003年，第97—124页；〔美〕伊沛霞：《内闱——宋代的婚姻和妇女生活》，胡志宏译，南京：江苏人民出版社，2004年；铁爱花：《宋代士人阶层女性研究》，北京：人民出版社，2011年，等等。

④ 高彦颐：《"空间"与"家"——论明末清初妇女的生活空间》，《近代中国妇女史研究》1995年第3期。

身家外空间的行旅活动很普遍。[①]其中，宋代女性随亲宦游的行旅活动即是一种较突出的社会现象，不仅关系女性自身及其家庭生活，也是官吏仕宦生涯中不可忽视的部分，从而受到国家重视，出现种种制度上的约束与规范，成为一个涉及宋人家庭、社会乃至国家层面的问题，值得深入发掘和讨论。[②]因此，本文拟聚焦于女性闺闱之外的移动空间，从制度与生活层面对宋代女性随亲宦游的行旅活动进行考察，以期从一个特定角度丰富我们对宋代女性生活、官吏游宦生涯及相关制度文化的认识。

一、宋代国家对官吏游宦行旅携带家属问题的管控

从唐到宋，伴随科举取士制度的发展，官吏本籍回避政策的日趋严格[③]，因科举、仕宦、谪贬等因素离开家乡、游宦行旅成为官吏生活中的重要内容。在重视孝道和敦亲睦族伦理的宋代社会，一般而言，官吏游宦携带父母、妻子等家属，乃是正常之举，国家也有在此方面对官吏进行约束管控的诏令和举措。王称《东都事略》记载，北宋太宗朝同知枢密院事刘昌言，留置母妻于乡里，十年不迎侍，太宗闻之惊叹，诏令迎归京师。[④]泉州人陈靖为秘书丞，留母妻在别墅，“闻太宗令（刘）昌言迎侍，靖遽告归。其母恋乡里，爱他子，不肯随，靖但迎妻子而已。太宗讶之，因下诏告谕文武官父母在远地，并令迎

① 铁爱花、曾维刚著《旅者与精魅：宋人行旅中情色精魅故事论析——以〈夷坚志〉为中心的探讨》（《中国史研究》2012年第1期），铁爱花著《宋人行旅中情色诈骗问题探析》（《社会科学战线》2013年第7期）、《宋代女性行旅风险问题探析——以女性行旅遇劫为中心》（《浙江学刊》2015年第1期）、《宋代女性行旅风险问题续探》（《浙江学刊》2016年第4期）、《生计流动：一种宋代女性行旅活动的历史考察》（《苏州大学学报（哲学社会科学版）》2018年第3期）等文，曾探讨宋人行旅中可能遇到的情色问题以及宋代女性的行旅风险、生计流动等问题，发现宋代社会流动性大，女性是行旅活动中不容忽视的社会群体，从一定角度反映出宋代女性行旅活动的广泛性与普遍性。

② 甘怀真著《唐代官人的宦游生活——以经济生活为中心》（《第二届唐代文化研讨会论文集》，台北：台湾学生书局，1995年，第36—60页）、胡云薇著《千里宦游成底事，每年风景是他乡——试论唐代的宦游与家庭》（《台大历史学报》2008年第41期）从社会经济与家庭生活等角度考察了唐代官员的宦游生活及其与家庭的关系。而以女性为主体，考察女性随亲宦游行旅活动的研究尚不多见。

③ 参见苗书梅：《宋代官员选任和管理制度》，开封：河南大学出版社，1996年，第320—327页。

④ （宋）王称撰：《东都事略》卷36，《景印文渊阁四库全书》史部，第382册，台北：台湾商务印书馆，1986年，第240页。

侍就养”[①]。《续资治通鉴长编》记载，太宗至道元年（995）诏“御史台告谕内外文武群官，应父母在川峡、漳泉、福建、岭南等处，并令迎侍就养”[②]。太宗朝诏令官员迎侍父母，在一定意义上为宋代官吏游宦中侍养父母、携带家属树立了祖宗法度。

宋代对某些不能迎侍父母亲属的官吏，有时会予以制裁。仁宗庆历八年（1048）十一月“虞部郎中、知涟水军逢冲责授安化副使，不签书事”，原因即在于“冲母老，不肯去乡里，而冲辄迎妻母之官，为御史所弹”。[③]神宗元丰三年（1080）“诏太常博士王伯虎放令侍养。以御史何正臣言伯虎委亲闽南已八九年，独与妻孥游宦京师，伏望永弃田里，以戒天下之为子者”[④]。王伯虎遭到弹劾罢职，同样是因未能奉母赴官。南宋高宗绍兴三十二年（1162）正月亦下诏，“应百官有亲年已高而不迎侍及归养者，令在外监司按劾，在内令台谏纠弹”[⑤]。

按照宋朝惯例，“守臣无得越境”，地方郡守自然也不能越境省亲，但在孝宗时“有为湖、广总领者，以母老，请用季春至湖州迎侍。上亦许焉”。[⑥]在某些情况下，有些官吏甚至宁可弃官，也要奉养父母。如《吴郡志》记载，范世京为皇祐五年（1053）进士，历和州历阳令，其父范师道守明州，“世京弃官侍养，曰：‘人子事亲之日少，事君之日多，宁可旷时失定省？’父丧，扶护归乡，垢面跣足，昼夜哀号，行路为陨涕”[⑦]。如上法令和事例，都反映出宋代强调孝道伦常、重视家庭观念的事实，这也成为宋代官吏游宦中携带家属的内在动因。

不过，在长达300多年的宋代历史上，由于特定时代及地域等因素，国家

---

① （宋）王称撰：《东都事略》卷36，第240页。

② （宋）李焘撰，上海师范大学古籍整理研究所、华东师范大学古籍研究所点校：《续资治通鉴长编》卷37，“太宗至道元年夏四月庚寅”条，北京：中华书局，1995年，第812页。

③ （宋）李焘撰，上海师范大学古籍整理研究所、华东师范大学古籍研究所点校：《续资治通鉴长编》卷165，“仁宗庆历八年十一月壬戌”条，第3975页。

④ （宋）李焘撰，上海师范大学古籍整理研究所、华东师范大学古籍研究所点校：《续资治通鉴长编》卷309，“神宗元丰三年闰九月丁酉”条，第7494页。

⑤ （清）徐松辑：《宋会要辑稿》，第105册，北京：中华书局，1957年，第4146页。

⑥ （宋）李心传撰，徐规点校：《建炎以来朝野杂记》甲集卷8《郡守越境省亲》，北京：中华书局，2000年，第165页。

⑦ （宋）范成大纂修，（宋）汪泰亨等增订：《吴郡志》卷26，见中华书局编辑部编：《宋元方志丛刊》，第1册，北京：中华书局，1990年，第890页。

在官吏游宦携带家属问题上的政策并非一成不变，而是因时、因事、因地制宜，存在一些值得注意的制度性变化。如宋代在特定时期，像蜀中、广南、河东等缘边地区，朝廷针对官吏游宦携带家属常有某些禁令，不许家属随从官吏行旅。叶梦得记载，“国初，西蜀初定，成都帅例不许将家行。蜀土轻剽易为乱，中朝士大夫尤以险远不测为惮。张乖崖出守还，王元之以诗赠云：‘先皇忧蜀辍枢臣，独冒干戈出剑门。万里辞家堪下泪，四年归阙似还魂。弟兄齿序元投分，儿女亲情又结婚。且喜相逢开口笑，甘陈功业不须论。’自庆历以来，天下乂安，成都雄富，既甲诸帅府，复得与家俱行，无复曩时之患”①。魏泰也记载，“自王均、李顺之乱后，凡官于蜀者，多不挈家以行”②。可见，在北宋初期，由于蜀中刚刚平定战乱，社会局势在短期内还难以安定，所以官吏往往不愿意宦游蜀中，朝廷则为稳定局势，规定官吏赴任成都守帅之际不许携带家属。《宋史》记载，“川峡、闽、广，阻远险恶，中州之人，多不愿仕其地。初，铨格稍限以法，凡州县、幕职，每一任近，即一任远。川峡、广南及沿边，不许挈家者为远，余悉为近”③。据此，在宋初，除了川峡之外，在广南及其他沿边地区，也有不许官吏携带家属游宦赴任的禁令，当然，仍以蜀中最为突出。

对某些违禁携带家属赴任边地的官吏，一旦朝廷觉察，往往会有严厉处分。如太宗时期，荣州司理判官郑蛟“冒禁携妻之任”，适逢蜀中李顺起兵，其部下田子宣攻陷城邑，而郑蛟捕得之，“知梓州张雍奏其事，上命戮蛟”，并申诏：“剑南州县官，不得以族行。敢有妄称妻为女奴，携以之官，除名。”④林天蔚研究宋代四川特殊化问题时，亦注意到这一现象，认为宋政府不许任职四川者挈家随行，盖因其特殊的地理格局，距首都距离远，物产丰富，易形成半独立割据状态，若官吏在四川有不法行为，犹可监禁其眷属。⑤这种状况，基本持续到真宗朝蜀中安定繁华之后才开始解禁，发生较大改变。真宗景德元年（1004）正月，

① （宋）叶梦得撰，（宋）宇文绍奕考异，侯忠义点校：《石林燕语》卷7，北京：中华书局，1984年，第100—101页。

② （宋）魏泰撰，李裕民点校：《东轩笔录》卷10，北京：中华书局，1983年，第110页。

③ 《宋史》卷159《选举志五》，北京：中华书局，1977年，第3721页。

④ 《宋史》卷159《选举志五》，第3722页。

⑤ 参见林天蔚：《宋代史事质疑》，台北：台湾商务印书馆，1987年，第178—181页。

朝廷大赦，诏“川、峡、广西路官自今听携家之任”①。真宗大中祥符八年（1015）正月上封者言，“自今文武官受川峡任，其家属有所依而辄携赴者，请不许首罪”，朝廷从之。②仁宗景祐元年（1034）二月诏，“川峡路转运使副、提点刑狱听泊家邻路而岁一过之，毋得过十日”③。神宗元丰五年（1082）十二月诏，“川峡四路不得将家属赴任法，其除之”④。宋朝历代法令显示，自真宗、仁宗朝以降，宋代官吏赴蜀中游宦之际携带家属已不再是违禁之事。

值得注意的是，也正是自真宗朝开始，随着宋辽发生战事，与辽接壤的重要地区河东路又成为军事敏感地带，因此宋代国家禁止官吏游宦中携带家属的政策重点转向了河东路。真宗天禧三年（1019）七月诏，“河东路不许携家赴任，州军有官员挈家在彼者，并令遣离本任”⑤。这也正说明了宋代国家对官吏游宦携带家属问题的管控，是随历史时代及地缘政治等因素变化而发生动态变化的。

除了宋代对官吏游宦携带家属问题管控的地域性差异与时代差别外，宋代对某些特定类别官吏的相关管控政策也值得关注。如太宗朝规定，“监军不许挈家至任所”，太平兴国初有亳州监军王宾，“妻妒悍，宾不能制”，其妻犯禁，擅至王宾任所亳州，王宾“具白上。太宗召其妻，俾卫士捽之，杖百”，其妻因此致死。⑥可见，太宗朝对擅自至监军任所的家属，处罚是非常严厉的。哲宗元祐四年（1089）十一月诏，“今后将、副、押队差往别路权驻扎者，家属不得与兵将同行，须候将、副、押队押兵已起离本处半月后，方得搬家前去。回日准此”⑦。南宋《庆元条法事类》也规定，“诸巡检不得辄勾保户

① （宋）李焘撰，上海师范大学古籍整理研究所、华东师范大学古籍研究所点校：《续资治通鉴长编》卷56，“真宗景德元年春正月丙戌朔”条，第1224页。

② （宋）李焘撰，上海师范大学古籍整理研究所、华东师范大学古籍研究所点校：《续资治通鉴长编》卷84，“真宗大中祥符八年春正月戊戌”条，第1914页。

③ （宋）李焘撰，上海师范大学古籍整理研究所、华东师范大学古籍研究所点校：《续资治通鉴长编》卷114，“仁宗景祐元年二月甲寅”条，第2669页。

④ （宋）李焘撰，上海师范大学古籍整理研究所、华东师范大学古籍研究所点校：《续资治通鉴长编》卷331，“神宗元丰五年十二月庚申”条，第7985页。

⑤ （清）徐松辑：《宋会要辑稿》，第165册，第6502页。

⑥ 《宋史》卷276《王宾传》，第9409—9410页。

⑦ （宋）李焘撰，上海师范大学古籍整理研究所、华东师范大学古籍研究所点校：《续资治通鉴长编》卷435，“哲宗元祐四年十一月辛卯”条，第10489页。

及以捕巡为名迎送。即因巡捕，不得以家属自随”[①]。总体来看，与宋代某些时期对游宦沿边州军官吏携带家属问题管控严格相一致，宋代对军官行旅携带家属问题的管控较一般官吏更加严格，这当与朝廷防范武人割据叛乱及其关涉国家安全稳定等密切相关。

宋代官吏游宦携带家属，国家在帮助搬取官吏家属行李等待遇问题上也有相关规定，体现出较明显的阶层差异性。一般来说，官吏出行赴任，国家会派遣吏卒帮助搬取家属行李。《庆元条法事类》规定，“诸职事官初到职，家属在外，家属谓本家人合随已者，许差厢军般取”[②]。又规定，“诸之官愿留接人于到任后取家属或行李者，听。仍先具人数报应差人处。”“诸在外任，许差人取送家属或行李，一任累差不得过乘船接送人之半，通引官及茶酒司之类不差，乘船不应差人者，不得过接送六分之一。再任者别差，仍依接送人法。应差禁军为马军者，差厢军”。[③]可见，无论官吏与家属是一同出行还是家属延后出发，也无论官吏是新任还是再任，国家均规定可有相应人员帮助官吏搬取家属行李。当然，不同职务级别的官吏，国家帮助搬取其家属行李的相关待遇是有区别的。《庆元条法事类》规定，“诸宰相执政官般取家属行李及前宰相执政官应给座船者，并不拘只数”[④]。又规定，“给船：在京见任官取送家属，大学士以上，座船贰只；待制以上，座船壹只”[⑤]。在帮助官吏搬取家属的吏卒分配上，也根据官吏级别的不同而有人数的差异。《庆元条法事类》规定，“职事官般取家属人，部辖在内，权六曹侍郎以上，伍拾人；左右司郎中以上，肆拾人；侍御史以上，叁拾人；监察御史以上，贰拾人；职事官般取家属应差人而乘船者，叁分之壹”[⑥]。显然，国家在分配搬取官吏家属行李的座船以及吏卒数额上，都存在明显等级差别。

宋代国家对官吏游宦中丧亡，其遗留家属如何处置的问题也有相应规范。一般来说，宋代官吏游宦过程中死亡，国家会派遣公人护送其家属还乡。在宋代各种文献中，保存有不少这方面的诏敕法令。兹列表示例如下（表1）。

① 《庆元条法事类》卷7《职制令》，台北：新文丰出版股份有限公司，1976年，第93页。
② 《庆元条法事类》卷10《吏卒令》，第119页。
③ 《庆元条法事类》卷10《吏卒令》，第119页。
④ 《庆元条法事类》卷11《辇运令》，第140页。
⑤ 《庆元条法事类》卷10《辇运格》，第120页。
⑥ 《庆元条法事类》卷10《吏卒格》，第120页。

表 1　宋代国家遣公人护送游宦中丧亡官吏遗留家属问题示例表

时间	相关诏敕法令	资料来源
真宗咸平六年（1003）	诏命官迁谪岭南亡殁者，并许归葬，官给缗钱，如亲属年幼，差牙校部送至其家	（宋）王林撰，诚刚点校：《燕翼诒谋录》卷 5，北京：中华书局，1981 年，第 47 页
真宗天禧二年（1018）	诏命官、使臣任满及移徙后身亡，其家属无托，不能还乡里者，委所在官司令人护送，无令失所	（宋）李焘撰，上海师范大学古籍整理研究所、华东师范大学古籍研究所点校：《续资治通鉴长编》卷 91，“真宗天禧二年夏四月壬午”条，第 2109 页
仁宗天圣年间（1023—1032）	诸在任官身丧，听于公廨内棺敛，不得在厅事。其尸柩、家属，并给公人送还。其川峡、广南、福建等路死于任者，其家资物色官为检录，选本处人员护送还家。官赐钱十千，仍据口给仓券，到日停支。以理解替后身亡者，亦同	天一阁博物馆、中国社会科学院历史研究所天圣令整理课题组校证：《天一阁藏明钞本天圣令校证》丧葬令第 29，北京：中华书局，2006 年，第 358 页
仁宗嘉祐六年（1061）	诏：岭南官吏死于侬（智高）贼，而其家流落未能自归者，所在给食护送还乡	（宋）李焘撰，上海师范大学古籍整理研究所、华东师范大学古籍研究所点校：《续资治通鉴长编》卷 193，“仁宗嘉祐六年夏四月辛酉”条，第 4665 页
神宗熙宁九年（1076）	诏：“宣抚司所至访求死事文武官家属流寓无归者，指挥州县安存，愿还本贯者差人津遣。”	（宋）李焘撰，上海师范大学古籍整理研究所、华东师范大学古籍研究所点校：《续资治通鉴长编》卷 277，“神宗熙宁九年九月己卯”条，第 6786 页
神宗元丰五年（1082）	诏：“鄜延路没于王事，有家属见在本路，欲归其乡里者，给赙外，其大使臣以上更支行李钱百千，小使臣五十千，差使、殿侍三十千，其余比类支给。”	（宋）李焘撰，上海师范大学古籍整理研究所、华东师范大学古籍研究所点校：《续资治通鉴长编》卷 331，“神宗元丰五年十一月戊子”条，第 7971 页
宁宗庆元年间（1195—1200）	诸宗室任外官将，宗室行而身亡事故，有寡妇及孤遗无年二十以上子孙者，所在官司依接送法，差人津送赴大宗正司	《庆元条法事类》卷 10《吏卒令》，第 123 页
宁宗嘉泰三年（1203）	南郊赦文：“二广州县小官冒瘴而死者，家属扶护旅榇，不能归乡，实可矜悯。除广东已于广州置接济库，桩积钱米，遇有事故官员家属赴经略司投状，除结仓券外，更支给路费，以济其归。……所有家属愿出广者，仍令逐州津遣。其仕宦家属因而流落，不能出广，甚至子弟为奴仆，妻女为娼婢，深可怜悯。自今赦到日，许经所在州军自陈，日下释放，仍令本州津遣。”	（清）徐松辑：《宋会要辑稿》，第 149 册，第 5833 页

据表 1 可见，宋代官吏游宦中不幸丧亡，国家会遣公人护送其家属还乡，也会给予一定钱物资助其家属的生活。不仅制度如此规定，史籍中亦有相关事

实的记载。如真宗咸平五年（1002）二月右谏议大夫王子舆赴长春殿奏事，“疾暴作，仆地，命中使掖之，至第而卒。上甚悼焉，赙赠加等，以其子道宗方幼，诏三司判官朱台符检校其家。子舆止一子，而三女皆未笄。道宗寻卒，家属寓居楚州，子舆妻刘还父母家，子舆犹旅殡京畿。后五年，从弟上言愿借官船载柩还乡里，鬻京师居第，以钱寄楚州官库，备三女资送，上怜而许之”①。刘斧记载：“范文正公镇越，民曹孙居中死于官，其家大窘，遗二子幼妻，长子方三岁。公乃以俸钱百缗赒之，其他郡官从而遗之，若有倍公数。公为具舟，择一老吏将辖其舟，且诫其吏曰：‘过关防，汝以吾诗示之。’其诗曰：‘一叶轻帆泛巨川，来时暖热去凉天。关防若要知名姓，乃是孤儿寡妇船。’”②宋朝历代诏敕法令与相关史实显示，官吏游宦中丧亡，国家会遣公人护送其家属还乡，也会给予一定钱物资助其家属的生活，体现出国家对官吏及随亲宦游家属的优恤政策。

当然，此项制度在现实生活中的落实情况有时也并不理想，相关文献史料即显示，实际上宋代仍有不少官吏游宦中的遗留家属未能享有公人护送或国家资助的待遇，从而陷入困境，甚至流落失所。如苏轼记载，哲宗元祐中，知隰州刘季孙“卒于官所。家无甔石，妻子寒饿，行路伤嗟。今者寄食晋州，旅榇无归”，“死未半年，而妻子流落”③。又如雅州掾某卒于官，其妻女无资扶丧柩归葬，遂鬻女以助资装。④有士人张云卿，其父谪官，死于和州，“贫不能归，因寓其丧。云卿奉其母归洛，贫甚”⑤。孝宗淳熙五年（1178）广西经略安抚使周自强上奏指出，“入广官员殁于官所，孤遗扶榇以归，所至州县略不加恤”⑥。如上事例都显示，宋代国家虽然有护送资助官吏游宦中遗留家属的政策，但这项制度在现实生活中的落实情况有时并不到位。

---

① （宋）李焘撰，上海师范大学古籍整理研究所、华东师范大学古籍研究所点校：《续资治通鉴长编》卷51，“真宗咸平五年二月庚午”条，第1114页。

② （宋）刘斧撰辑：《青琐高议》前集卷4《名公诗话》，上海：上海古籍出版社，1983年，第48—49页。

③ 孔凡礼点校：《苏轼文集》卷35《乞赙赠刘季孙状》，北京：中华书局，1986年，第989页。

④ 刘斧：《青琐高议》后集卷2《时邦美乃父生子阴德报》，第126页。

⑤ （宋）邵伯温撰，李剑雄、刘德权点校：《邵氏闻见录》卷19，北京：中华书局，1983年，第209页。

⑥ （清）徐松辑：《宋会要辑稿》，第5册，第4755页。

二、宋代女性随亲宦游行旅的主要类别

从制度与法律层面来讲，宋代国家对官吏游宦携带家属的规范及相关举措内容丰富，为仕宦之家女性随亲宦游的行旅活动提供了一定制度保障与约束。从生活实践层面来看，在宋代，女性随亲宦游的行旅活动十分常见，情形亦较为多样，主要有女性随父、随夫、随子以及随同其他亲属宦游行旅等不同类别。

（一）随同父亲宦游行旅

在宋代，女儿随父宦游是仕宦之家女性行旅活动的一种常见方式。如《宋朝事实类苑》记载，仁宗天圣年间，“有女郎卢氏者，随父往汉州作县令，替归，题于驿舍之壁，其序略云：‘登山临水，不废于讴吟，易羽移商，聊缘于羁思，因成《凤栖梧》曲子一阕，聊书于壁。’”①《墨客挥犀》记载，“大庾岭上有佛祠，岭外往来题壁者鳞比。有妇人题云：‘妾幼年侍父任英州司寇，既代归，父以大庾本有梅岭之名，今荡然无一株，遂市三十本，植于岭之左右，因留诗于寺壁。’”②侍郎陈橐之女，为会稽石氏妇，生一男而石生病卒，“未几，其父帅广东，挈以俱往”③。楼钥记载其母汪氏，“幼而敏悟，五岁从外祖教授雄州，历历能道河朔所见，及边上风物骑射之详”④。孝宗淳熙中，“有官人赴利州路县宰，自房陵金州西上，到洋川界，地名石玉子。一女坠轿，堕于栈道崖中，知不复可救，举家拊膺顿足，恸哭而去”⑤。孝宗乾道末年，赵洪知绥阳县而死，“归资为盗所掠，其女流落行乞于蜀中”⑥。杨万里记载，范成大有爱女，“年十有七，绍熙壬子五月，从公泛舟，之官当涂。至公舍得疾，

① （宋）江少虞撰：《宋朝事实类苑》卷39《凤栖梧词》，上海：上海古籍出版社，1981年，第504页。
② （宋）彭乘撰，孔凡礼点校：《墨客挥犀》卷4《妇人题庾岭佛祠》，北京：中华书局，2002年，第323页。
③ （宋）洪迈撰，何卓点校：《夷坚志》甲志卷3《陈氏前夫》，北京：中华书局，1981年，第21页。
④ （宋）楼钥撰：《攻媿集》卷85《亡妣安康郡太夫人行状》，上海：商务印书馆，1935年，第1153页。
⑤ （宋）洪迈撰，何卓点校：《夷坚志》补卷21《利路知县女》，第1743页。
⑥ （宋）李心传撰，徐规点校：《建炎以来朝野杂记》乙集卷12《赵韩王六世小谱》，第687页。

旬日而逝”[①]。卫泾记述，其第二女安娘，自幼随之宦游，十岁时伏暑中风，宁宗嘉定初卫泾罢政而归，时值盛夏，安娘于“舟中再冒暑毒，还舍旬浃，疾作，遂殁，年止十二”[②]。此类事例，可见在随父宦游行旅的路途中，女性在获得亲情照顾的同时也能览胜观物，体验风俗，开阔视野，获取新知。但由于旅途莫测，宋代女性在随父宦游行旅的过程中也可能遭遇失足坠崖、流落行乞、患病身亡等风险。

（二）随同丈夫宦游行旅

宋代仕宦之家女性随同丈夫宦游行旅十分普遍。宋人李新说：“屠沽儿岂无杯盘，市道儿岂无衣食，相与至白首，懵然不知天下有佳事”，“但为书生妇，亦有快乐时”，李新所谓“快乐时”，便是指仕宦之家女性随同丈夫“游宦所及其美处”之乐。[③]宋代女性随同丈夫宦游行旅，为女性提供了远途行旅，了解异地风土人情的机会。如欧阳修妻薛氏“从公涉江湖，行万里”[④]。苏轼妻王弗“从轼官于凤翔”[⑤]。范纯仁以散官谪永州，其妻王氏“随至永州”[⑥]。王珪叔母狄氏随夫宦游，王珪称“叔父奔走小官，尝游江淮以戾于五岭之南，夫人衣敝衣，食粝食，积十余年，未尝以声利动于中”[⑦]。李之仪因贬谪南迁，其妻胡文柔“相迎于御史府……遂同涉阛阓，止旅邸……历深山大泽，夫妇形影相携”[⑧]。王十朋记载其妻贾氏随同自己“宦游于越，入仕于朝，出守饶、夔、湖、泉四州，贤而有助”[⑨]。陈亮叔父陈严起“晚得一官，将就食于

① （宋）杨万里撰：《诚斋集》卷45《范女哀辞》，四部丛刊初编本。

② （宋）卫泾撰：《后乐集》卷18《安娘圹铭》，《景印文渊阁四库全书》集部，第1169册，台北：台湾商务印书馆，1986年，第734页。

③ （宋）李新撰：《跨鳌集》卷29《郭孺人墓志铭》，《景印文渊阁四库全书》集部，第1124册，台北：台湾商务印书馆，1986年，第645页。

④ 陈宏天、高秀芳点校：《苏辙集》卷25《欧阳文忠公夫人薛氏墓志铭》，北京：中华书局，1990年，第418页。

⑤ 孔凡礼点校：《苏轼文集》卷15《亡妻王氏墓志铭》，第472页。

⑥ （宋）毕仲游撰：《西台集》卷14《魏国王夫人墓志铭》，上海：商务印书馆，1935年，第224页。

⑦ （宋）王珪撰：《华阳集》卷40《同安郡君狄氏墓志铭》，上海：商务印书馆，1935年，第563页。

⑧ （宋）李之仪：《姑溪居士全集·姑溪居士文集》卷50《姑溪居士妻胡氏文柔墓志铭》，上海：商务印书馆，1937年，第372页。

⑨ （宋）王十朋：《宋王忠文公文集》卷16《令人圹志》，《宋集珍本丛刊》，第44册，北京：线装书局，2004年，第89页。

广东部使者之麾下，冒寒挈妻子而行”①。文林郎李端修妻周氏从丈夫宦游，极“登临选胜”之乐。②黄由帅蜀，其妻胡氏同行，二人游黄州东坡雪堂，赋诗题壁，其乐融融。③楼钥为伯母冯氏撰祭文称，“季父游宦，十年秉麾。夫人从行，鱼轩生辉”④。舒岳祥记载其妻王氏“中年从予宦湖浙，稍有登览之胜，自谓得林下风致，逸乐不在多取也。晚归东浙，历诸名山，殆有神游之意”⑤。林延龄妻邵氏，“从官四方，览西湖、荆溪、秦淮之胜，及亲宾往还，随事赋长短句”⑥。

当然，由于古代行旅交通不便，也有一些女性在随夫宦游的过程中遭遇种种风险，甚至命丧他乡。如赵鼎臣记载其季妹赵氏嫁于张子义，“从其夫官州县”，“子义既宰贵溪，季妹暴得疾”，病故于张子义官所。⑦程颐母侯氏随夫“官岭外，偶迎凉露寝，遂中瘴疠。及北归，道中病革”⑧。朱彧记载，“广南食蛇，市中鬻蛇羹，东坡妾朝云随谪惠州，尝遣老兵买食之，意谓海鲜，问其名，乃蛇也，哇之，病数月，竟死”⑨。许景衡之妹，因丈夫辛某罢官，随夫归乡，舟船遇惊涛巨石，其妹葬身江水。⑩通判黄达如次女，南宋绍兴中从其夫祝生赴衡山尉，溺死于江。⑪蜀人费枢之女嫁于右宣教郎张珖，尝随夫自楚归蜀，上忠州独珠滩，舟触石，险至溺死。⑫侍读、枢密院编修官胡铨以论抗金忤秦

① （宋）陈亮著，邓广铭点校：《陈亮集》卷24《送岩起叔之官序》，北京：中华书局，1987年，第269页。

② （清）阮元：《两浙金石志》卷10《宋周夫人墓志铭》，见国家图书馆善本金石组编：《宋代石刻文献全编》，第2册，北京：北京图书馆出版社，2003年，第799页。

③ 张茂鹏点校：《游宦纪闻》卷1，北京：中华书局，1981年，第4页。

④ （宋）楼钥撰：《攻媿集》卷84《祭伯母冯恭人》，第1140页。

⑤ （宋）舒岳祥撰：《阆风集》卷12《故孺人王氏墓志铭》，《景印文渊阁四库全书》集部，第1187册，台北：台湾商务印书馆，1986年，第445页。

⑥ （宋）胡榘修，（宋）方万里、罗濬纂：《宝庆四明志》卷9，见中华书局编辑部编：《宋元方志丛刊》，第5册，北京：中华书局，1990年，第5107页。

⑦ （宋）赵鼎臣撰：《竹隐畸士集》卷19《季妹十六安人墓志铭》，《景印文渊阁四库全书》集部，第1124册，台北：台湾商务印书馆，1986年，第259页。

⑧ （宋）程颢、程颐著，王孝鱼点校：《二程集·河南程氏文集》卷12《上谷郡君家传》，北京：中华书局，1981年，第655页。

⑨ （宋）朱彧撰，李伟国点校：《萍洲可谈》卷2，北京：中华书局，2007年，第137页。

⑩ （宋）许景衡：《横塘集》卷1《白沙驿吊辛氏》，《宋集珍本丛刊》，第32册，北京：线装书局，2004年，第184页。

⑪ （宋）洪迈撰，何卓点校：《夷坚志》丁志卷6《和州毛人》，第582页。

⑫ （宋）陆游：《陆游集·渭南文集》卷32《费夫人墓志铭》，北京：中华书局，1976年，第2301页。

桧，遭贬岭南，其妻刘氏同行，“逾岭海，行万里，猝遭惊涛骇浪之恐，而蛟鳄鼋鼍之怪出没左右，夫人不为动色……侍读飘泊海峤十八年，全家北归，如不曾蛮风蜒雨也”①。刘克庄记载其妻林氏“为余妻十九年，余宦不遂，江湖岭海，行路万里，君不以远近必俱。尝覆舟嵩滩，十口从死获生”②。

（三）随同儿子宦游行旅

宋代官吏游宦携带妻子，通常在于夫妇之间的相互照应及生活之便，而偕同母亲前往仕宦之地，则往往基于孝道。前述宋代法律诏令也在一定程度上促使宋代官吏游宦携带父母随往，以行奉养之义。在传统孝道伦理和国家制度规范的作用下，宋代官吏仕宦异地，通常也会奉母前行。如欧阳修记载，蔡襄母卢氏晚年随子游宦杭州，“极东南富丽海陆之珍奇以为娱乐之奉”③。吕陶记载，夫人魏氏之子官河朔，魏氏“年逾七十，欢然愿行……在河朔七年而归，涉深登险，水陆仅万里，康宁喜乐”④。邹浩记载天台县令王无咎妻曾氏“随其子官于润州”⑤。葛胜仲为太安人王氏撰墓志记载，王氏教育三子成才，“大观初，三子复同榜以上舍入仕……太安人御安舆，从子之官，辙环数郡”⑥。汪藻记载，夫人吴氏之子崔耀卿“以文学知名，中进士科，为施州州学教授、广南东路提举学事司管勾文字，奉夫人以行”⑦。杨万里记载，蔡湍妻方氏“从其子游宦，逾岭涉湖，上汉沔，历江浙，几半天下，人皆荣之”⑧。司农少卿、总领淮西江东军马钱粮刘颖母董氏，“自少卿君（刘颖）入官中都，出使右辅江淮，迎侍板舆，几遍东南，居处膳服之奉，燕游登览之胜”⑨。叶适记

① （宋）王庭珪：《卢溪先生文集》卷42《故令人刘氏墓志铭》，《宋集珍本丛刊》，第34册，北京：线装书局，2004年，第704页。

② （宋）刘克庄撰：《后村先生大全集》卷148《墓志铭·亡室》，四部丛刊初编本。

③ （宋）欧阳修著，李逸安点校：《欧阳修全集》卷36《长安郡太君卢氏墓志铭》，北京：中华书局，2001年，第540页。

④ （宋）吕陶撰：《净德集》卷27《仁寿县太君魏氏墓志铭》，上海：商务印书馆，1935年，第292页。

⑤ （宋）邹浩：《道乡先生邹忠公文集》卷37《德兴县君曾氏墓志铭》，《宋集珍本丛刊》，第31册，北京：线装书局，2004年，第279页。

⑥ 葛胜仲：《丹阳集》卷14《张太安人王氏墓志铭》，《宋集珍本丛刊》，第32册，北京：线装书局，2004年，第637页。

⑦ （宋）汪藻撰：《浮溪集》卷28《吴夫人墓志铭》，四部丛刊初编本。

⑧ （宋）杨万里撰：《诚斋集》卷129《太令人方氏墓志铭》，四部丛刊初编本。

⑨ （宋）杨万里撰：《诚斋集》卷131《太恭人董氏墓志铭》，四部丛刊初编本。

载夫人虞氏“从其子守温州。明简静恕，能消弭大斗，使之轻微。郡人甚爱太守，且爱夫人”①。刘克庄记载，新安别驾方符游宦四方，必携母陈氏同往。②真德秀出守泉州，其母亦随行，由于夏日酷暑，真德秀入福建途中拜谒梨山庙，祈求神灵保佑其母安康，说：“维今此行，属当大夏，高堂有母，华发飒然，走陆浮川，冲暑履湿，人子之心，不无忧虞。伏惟圣灵，密赐拥佑，俾起居饮食，无异平时，寿禄康宁，益受多祉。”③

宋代还有女性随同其子去任官之地后，因喜欢该地风土人情而不愿离开的事例。如张孝祥记载，吏部侍郎高卫妻王氏在丈夫死后，随其子高子长前往荆州，“乐荆州之风土，子长因家焉。以太夫人之乐夫此也”④。总之，在宋代，女性随子宦游四方的现象比较普遍。在传统孝道伦理及宋代国家制度的影响下，士大夫奉母宦游四方，也常会赢得孝亲之誉，受到社会褒扬。

（四）随同其他亲属宦游行旅

宋代女性除了随同父、夫、子宦游行旅外，一些女性还可能随同女婿、兄长、叔父、舅父等其他亲属宦游行旅，情形较为多样。如前揭虞部郎中、知涟水军逢冲，“迎妻母之官”⑤。可知宋代有岳母随女婿宦游行旅者。费衮记载，“有陈氏女，其父寿隆，绍兴初为湖北提刑，卒于官。其子造之，挈妹至吴”⑥。则陈氏在父亲死后又随兄游历。又载，晏殊四世孙女晏氏，“其父孝广为邓州南阳县尉。女小字师姑，年十五，从叔孝纯官于广陵”⑦。洪迈记载，“明州王氏女百娘，少孤寡无依。其舅陈安行舍人每携以之官”⑧。厉鹗《宋诗

① 刘公纯、王孝鱼、李哲夫点校：《叶适集·水心文集》卷20《虞夫人墓志铭》，北京：中华书局，1961年，第392页。

② （宋）刘克庄撰：《后村先生大全集》卷149《墓志铭·陈太孺》，四部丛刊初编本。

③ （宋）真德秀：《梨山庙祝文》，见曾枣庄、刘琳主编：《全宋文》卷7198，第314册，上海：上海辞书出版社，合肥：安徽教育出版社，2006年，第224页。

④ （宋）张孝祥著，徐鹏校点：《于湖居士文集》卷29《高侍郎夫人墓志铭》，上海：上海古籍出版社，1980年，第288页。

⑤ （宋）李焘撰，上海师范大学古籍整理研究所、华东师范大学古籍研究所点校：《续资治通鉴长编》卷165，“仁宗庆历八年十一月壬戌”条，第3975页。

⑥ （宋）费衮撰，金圆校点：《梁溪漫志》卷8《烈女守节》，上海：上海古籍出版社，1985年，第91—92页。

⑦ （宋）费衮撰，金圆校点：《梁溪漫志》卷8《烈女守节》，第91页。

⑧ （宋）洪迈撰，何卓点校：《夷坚志》支丁卷1《王百娘》，第969页。

纪事》记载，宋有女子周仲美，“世居京师，父游宦，家于成都。既而适李氏子，侍舅姑宦泗上，从良人赴金陵幕。（其夫）偶因事弃官入华山，有长住之意，仲美即寄身合肥外祖家。方求归未得，会舅遽调任长沙，不免共载而南”①。这位周姓女子，即先后随从父亲、丈夫、舅父等，辗转游历成都、金陵、长沙等地。

总之，在宋代，仕宦之家的女性随亲宦游的行旅活动极为常见，在交通不便的古代，去异地的旅途自然有很多艰辛，但对女性而言，这无疑也是其走出家门，与外界沟通的大好时机，能为女性提供更为广阔的生活空间。因此，女性随亲宦游的行旅活动，也可以说是对儒家理想中“女子不出中门”②的秩序格局的超越。

三、结　语

宋代女性随亲宦游的行旅活动，是一个涉及仕宦之家女性生活、官吏游宦生涯以及国家制度文化等层面的问题。本文结合宋代国家对官吏游宦携带家属的管控以及宋代女性随亲宦游行旅的多种类别，可以得出如下认识。

第一，北宋前期朝廷已很注重官吏游宦携带侍养父母等家属的问题。某些不能迎侍父母亲属的官吏，往往会遭到弹劾，国家也会予以惩处。此类法令与举措，为宋代女性随亲宦游的行旅活动提供了一定制度保障，在一定程度上有利于稳定家庭内外的性别与社会秩序。

第二，宋代国家在官吏游宦携带家属问题上的政策往往因时、因事、因地制宜。在某些特殊时期，由于特定历史、时代及地域等因素，宋代国家出台了某些地区不许官吏游宦携带家属的禁令，说明宋代国家对官吏游宦携带家属问题的制度管控，是随历史时代及地缘政治等复杂因素的变化而发生动态变化的。与宋代某些时期对游宦沿边州军官吏携带家属问题管控严格相一致，宋代国家对军官行旅携带家属问题的管控较一般官吏更加严格，这当与朝廷防范武人割据叛乱及其关涉国家安全稳定等密切相关。

① （清）厉鹗辑撰：《宋诗纪事》卷87，上海：上海古籍出版社，1983年，第2095页。

② 司马光：《司马氏书仪》卷4《婚仪下》，上海：商务印书馆，1936年，第43页。

第三，宋代女性随亲宦游活动体现出某种阶层差异性与特殊性。宋代不同职务级别的官吏，国家在分配帮助搬取官吏家属行李的座船以及吏卒数额上，有较大区别，具有明显等级差异。宋代官吏游宦过程中死亡，其遗留家属的安置问题也受到国家重视，体现出国家对官吏及随亲宦游家属的特殊优恤政策，但这项制度在现实生活中的落实情况有时并不到位。

第四，在传统社会，女性的身份属性，往往是以“三从”的政治文化伦理为标准来确定的。[①]宋代女性随亲宦游的行旅活动，与这种“三从”的政治文化伦理即密切相关，在方式上具有随父、随夫、随子以及随同女婿、兄长、叔父、舅父等其他亲属宦游行旅等多种类别。在交通与技术条件并不发达的古代社会，女性随亲宦游的行旅活动往往有诸多艰辛，甚至可能遭遇各种不测，但对女性而言，这无疑也是拓展其生活空间，与外界沟通的大好时机，具有女性突破内外空间区隔的意义。

总之，宋代女性随亲宦游的行旅活动，既是一种女性自身及其家庭生活的实践，也与官吏仕宦、制度文化等密切相关，具有特定文化意涵与时代特征。

① 如《礼记·郊特牲》云：“妇人，从人者也：幼从父兄，嫁从夫，夫死从子。”参见（清）阮元校刻：《十三经注疏·礼记正义》，北京：中华书局，1980年，第1456页。《仪礼·丧服》亦云：“妇人有三从之义，无专用之道，故未嫁从父，既嫁从夫，夫死从子。”参见（清）阮元校刻：《十三经注疏·仪礼注疏》，第1106页。

溺女与法制

山本英史*

一、前　言

在中国的基层社会，民众自古以来所进行的日常习俗中，“不好的事物”往往被叫作“陋俗”或是“陋习”，对此，国家是如何禁止的呢？并且是否改变了这个习俗呢？这有助于我们理解中国历代王朝将其权力渗透至基层社会的情形，以及是否发挥行政力，得以实现了法律层面的统制等问题。

作为其中一例，本文将以蔓延于整个传统中国基层社会的一个习俗，也就是溺女（为了“减少扶养家属的人数”，故意将刚出生的婴儿丢进水里，予以杀害的行为）为主，考察历代王朝是透过何种认识，尝试对此行为进行法制层面的统制。并且分别检讨各个法令的成立过程、内容、实际状态，借此追溯溺女防范对策的时代变迁。

与溺女相关的研究已自各式各样的角度，累积了丰硕的成果，例如，聚焦在无法“近代化”（即“西洋化”）的中国特异习俗的战前日本研究①、透过人

---

* 山本英史，日本庆应义塾大学荣誉教授，南开大学历史学院讲座教授。

① 西山榮久：「支那民間の Infanticide について」，『東亜経済研究』第 13 卷第 1 号，1929 年；曾我部静雄：「溺女考」，『支那政治習俗論考』，東京：筑摩書房，1943 年；西山榮久：「殺児（Infanticide）殊に溺女の研究」，『支那の姓氏と家族制度』，東京：六興出版部，1944 年。最近的研究仅止于小川快之：「清代江西・福建における『溺女』習俗と法について－『厚嫁』『童養媳』等との関係をめぐって－」，见山本英史編：『中国近世の規範と秩序』，東京：公益財団法人東洋文庫、研文出版，2014 年。

权问题或是性别的视点来进行讨论的欧美研究[①]、将溺女视作20世纪80年代后半现代社会相关问题的中国研究[②]等。其间，也发现了包含历代士大夫的文集与地方志在内的诸多史料。

不过，多数研究多半将溺女问题理解为长期存在于传统中国的一个静态问题，并未在时间的动态变化中，积极对此问题进行定位。又，关于历代王朝对于溺女的法律规制，也仅仅停留在“毫无效果”的这个看法上面，并未深入考察其原因或是构造。

因此，本文将整理过去相关研究对于溺女的理解，针对这个问题，再次进行检讨。

二、传统中国的溺女问题

（一）何谓溺女问题？

首先，我们先看传统中国对于溺女的认识。所谓溺女，指的是父母或是负

① 主要列举如下：Lee B J. Female infanticide in China. *In* Guisso R W, Johannesen S. *Women in China: Current Directions in Historical Scholarship*. NewYork: Philo Press, 1981; Hom S K. Female infanticide in China: The Human Rights Specter and thoughts towards another vision. *Columbia Human Rights Law Review*, 1992, 23; Walter A. Infanticide and dowry in Ming and Early Qing China. *In* Kinney A B. *Chinese Views of Childhood*. Honolulu: University of Hawaii Press, 1995; Mungello D E. *Drowning Girls in China: Female Infanticide Since 1650*. Lanham: Rowman and Littlefield, 2008; King M T. *Between Birth and Death: Female Infanticide in Nineteenth-Century China*. California: Stanford University Press, 2014.

② 关于以宋代杀婴为主题的论考，主要列举如下：陈广胜：《宋代生子不育风俗的盛行及其原因》，《中国史研究》1989年第1期；臧健：《南宋农村“生子不举”现象之分析》，《中国史研究》1995年第4期；刘静贞：《不举子：宋人的生育问题》，台北：稻乡出版社，1998年。关于以明代溺女为主题的论考，主要列举如下：常建华：《明代溺婴问题初探》，《观念、史料与视野：中国社会史研究再探》，北京：北京大学出版社，2013年；林丽月：《风俗与罪愆：明代的溺女记叙及其文化意涵》，见游鉴明主编：《无声之声（II）：近代中国的妇女与社会（1600—1950）》，台北：“中央研究院”近代史研究所，2003年。关于以清代溺女为主题的论考，主要列举如下：徐永志：《近代溺女之风盛行探析》，《近代史研究》1992年第5期；赵建群：《清代“溺女之风”述论》，《福建师范大学学报（哲学社会科学版）》1993年第4期；张建民：《论清代溺婴问题》，《经济评论》1995年第2期；常建华：《清代溺婴问题新探》，见〔美〕李中清等主编：《婚姻家庭与人口行为》，北京：北京大学出版社，1999年；肖倩：《清代江西溺女风俗中的“奢嫁”问题》，《江南大学学报（人文社会科学版）》2005年第4期；王美英：《明清时期长江中游地区的溺女问题初探》，《武汉大学学报（人文科学版）》2006年第59卷第6期；柏桦、周囿杉：《明清溺毙子女现象分析》，《苏州大学学报（法学版）》2014年第2期。

责代办的产婆基于特定理由，杀害刚出生婴儿的行为。

溺女未必是将其溺死于池塘或是河川，而是泛指整个杀婴行为，另外，受到杀害的对象也未必仅限于女婴，而是因为受害对象多为女婴，这个名称才逐渐固定下来。①

在中国，溺女的习俗早已存在于战国时代，不过，将其视为严重问题的看法开始大量出现于文献，则是宋代以后的事情，其名称多为“不举子”或是“生不举子”。

依笔者浅见，作为史料用语的“溺女”这个名称大量出现于明代，特别是明代中期以后，整个明清时代都普遍可见这个名称。至于同样意指杀婴的“溺婴”这个名称则是相较于“溺女”，频频出现于清末的文献。

与世界各地相较的话，杀婴这个行为的流行，并非中国固有的传统，而是于前近代，早已普遍存在于基层社会的一种现象。又，如溺女这个名称所示，受到杀害的对象为女婴，可说是中国杀婴的最大特色。

据说在宋元时代，“东南数州之地……男多则杀其男，女多则杀其女”②，“吾乡之人多止育两子。过是不问男女，生辄投水盆中杀之”③，“或为男女数多，初生之时，遽行溺死”④，由此可知，受到杀害的婴儿包含男女在内。不过，如“岳鄂间，田野小人，例只养二男一女。过此辄杀之，尤讳养女，以故民间少女多鳏夫”⑤或是“闽人生子多者，至第四子则率皆不举。为其资产不足以赡也。若女则不待三”⑥所言，女婴相对遭受轻视的趋势亦存在于宋代。

进入明清时代后，由于人口增加以及农业生产的不平衡与停滞，农村的贫穷问题日益严重，甚至牺牲女婴的趋势越来越强烈，因此，“溺女”这个名称逐渐一般化。这是因为社会普遍认为女婴长大后，难以提供农业劳动力，也无法祭拜祖先，所以女婴往往遭受轻视。

这种溺女习俗一般来说，多见于南方诸省。早在北宋，溺女习俗就已经长

① 曾我部静雄：「溺女考」，第398頁。
② （清）徐松辑：《宋会要辑稿》，第165册，北京：中华书局，1957年，第6524页。
③ （宋）朱松撰：《韦斋集》卷10《戒杀子文》，四部丛刊本。
④ 《元典章》卷42《邢部四·杀卑幼·溺子依故杀子孙论罪》，元代坊刻本。
⑤ （宋）苏轼撰：《东坡全集》卷74《与朱鄂州书》，四库全书本。
⑥ （宋）王得臣撰，俞宗宪点校：《麈史》卷上，上海：上海古籍出版社，1986年，第19页。

期存在于南方，到了南宋，特别是福建、两浙、荆湖、江南各路更为严重。①

又，如明代溺婴习俗流行于浙江、江西、湖南、福建四省②，或是从方志的溺女记述来看，浙江、江西、福建、南直隶等南方省份是明代溺女最为盛行的地区③。这个趋势在明代亦无太大的改变，进入清代后，则共有12个省。从现有的资料看，江西、湖南、浙江、福建数省溺女风气最盛。④由此可知，进行溺女的范围逐渐地扩大，接着，如“起迄（讫）近代，溺女之风一直兴盛于南北各地”⑤所言，自清末到20世纪前半期，包含北方，溺女可说是兴盛于广泛地方。

（二）为何溺女？

溺女的主要理由多半和父母的状态有关，大致可以列举出两个要因：一是经济方面的要因，即根本性的生活资源不足、赋税的负担过重、未来资财的分配考量等；二是心理方面的要因，也就是重男轻女的观念，以及随之而来的“殷切期盼男婴诞生”之观念。⑥

关于经济要因，由于各个时代皆存在不堪养儿育女的贫困家庭，因此，可说是固定不变的要因。虽说“多子多福”乃是中国民众的愿望，但是这往往限于富裕的家庭，即使在宋代，一般家庭要抚养三个孩子，就已经勉勉强强了，再多出一个孩子的话，据说便会进行溺杀。⑦

这种状况到了清代，亦无变化。⑧18世纪，也就是清中期以后，尤其人口过剩的缘故，每人平均耕地面积亦随之减少。接着，清末的时候，在半殖民地半封建的处境下，社会生产力停滞不前，民众的生活也跟着恶化了。于是，这种环境导致溺女的盛行。⑨

---

① 臧健：《南宋农村“生子不举”现象之分析》，《中国史研究》1995年第4期。
② 常建华：《明代溺婴问题初探》，第265页。
③ 林丽月：《风俗与罪愆：明代的溺女记叙及其文化意涵》，第22页。
④ 常建华：《清代溺婴问题新探》，第200页。
⑤ 徐永志：《近代溺女之风盛行探析》，《近代史研究》1992年第5期。
⑥ 刘静贞：《不举子：宋人的生育问题》，第83—92页。
⑦ 曾我部静雄：「溺女考」，第393頁。
⑧ 常建华：《清代溺婴问题新探》，第205页。
⑨ 徐永志：《近代溺女之风盛行探析》，《近代史研究》1992年第5期。

“赋税的负担过重”乃是宋代的一个特征。关于宋代的身丁钱，据说身丁钱因为是向丁男征收的人头税，若无丁男的话，照理来说就可以免除课税，因此，杀婴在宋代特别盛行于南方。由于身丁钱仅向男性征收，这种状况下，相较于溺女，反倒是溺男的现象更为普遍。①由此可知，身丁钱的征收乃是宋代男婴遭到杀害的一个理由。

另外，到了明清时期，人头税在赋役制度里所占的比例逐渐减少。18世纪的地丁并征促使丁赋不再成为广大农民沉重的生活负担，“不举子”之风大为减弱，但溺女之习却依然如昔。②

关于这一点，赵建群认为，清代在废除了长达几千年的人头税后，社会上的溺女现象之所以愈演愈烈，其根本原因是人口增长与农业生产发展的非同步性。由此造成巨大的人口压力。溺女现象的盛行正是巨大的人口压力反作用于人口增长的结果。③

至于“未来资财的分配考量”的理由，其中可见继承的问题。在均分家产的惯例下，孩子生得越多，将来分家产的时候，一个人获得的份额就越少，因此，不在计划中，意外出生的孩子便成为被杀害对象。“既分割之后，继生嗣续，不及襁褓，一切杀溺。俚语之薅子，虑有更分家产”④正显示了这个背景与杀婴之间的关联。

这也说明了宋代遭到杀害的婴儿是不分男女的。关于宋代女性有无家产继承权，尚有诸多论争⑤，本文姑且假设女性有家产继承权，且将时代仅限于南宋，就当时的看法，这一点乃是女婴遭到杀害的重要理由。

“未来资财的分配考量”的理由中，还有一个更为重要的理由，即厚嫁（女婴长大后，必须负担一笔可观的婚礼费用）问题。关于这一点，早在宋代已有该现象，并且被认为是女婴成为杀害对象的一项强而有力的证据。而该现象到了明代中期，变得更加明显，成为明代进行溺女的主要理由。

林丽月认为明代婚嫁风尚，自成化、弘治以后侈靡日甚，在明清方志与文

① 曾我部静雄：『宋代財政史』，東京：生活社，1941年，第418—419頁。

② 徐永志：《近代溺女之风盛行探析》，《近代史研究》1992年第5期。

③ 赵建群：《清代“溺女之风”述论》，《福建师范大学学报（哲学社会科学版）》1993年第4期。

④ （清）徐松辑：《宋会要辑稿》，第165册，第6520页。

⑤ 关于这场论争的概要和参考文献，参见小川快之：「宋代女子财产权论争について」，『上智史学』第60号，2015年。

人笔记中屡有反映，并且指出，明代中叶以后，生女不育者并不限于贫穷之家，尤其在商品经济较为发达的江南，厚嫁与竞奢相为表里，对富人形成的社会压力并不亚于穷人。①常建华亦提到，大量资料记载，溺婴的原因是婚姻论财造成的妆奁昂贵②，很明显的，明代进行溺女的主要理由在于厚嫁。

明代的文献中，温州训导郑璟于明成化二十一年（1485）所进行的上奏最早提到了溺女与厚嫁之间的关系。其中提到："浙江温、台、处三府人民所产女子，虑日后婚嫁之费，往往溺死，残忍不仁，伤生坏俗，莫此为甚……此弊不独三府，延及宁、绍、金华并江西、福建、南直隶等处亦然。"③由此可知，15世纪末的时候，由于厚嫁所引起的溺女主要存在于浙江6府，甚至是江西、福建、南直隶等地。

明代中叶以后，商品生产的发展与货币经济的渗透给民众的生活模式带来了巨大的变化，消费成为一种流行，社会风俗日益奢侈。在这个过程中，花费大笔开销在婚礼或是嫁妆的风潮（即厚嫁）开始蔓延于南方地方，给明代中叶以后的溺女潮流带来了全新的趋势。④

到了清代，厚嫁的风潮仍未衰退。郭松义指出，清至民国时期，16省150多个州县厅的溺婴史料与婚姻论财相关，其中的67例乃是以妆奁为主因。⑤

进行溺女的另一个理由，还有重男轻女的观念。谈到溺女问题的时候，经常会引用《韩非子》中 "父母之于子也，产男则相贺，产女则杀之"⑥这段话。由此看来，重男轻女的观念可说是自先秦时代就已经存在了，不过，这个观念与溺女发生紧密的关联，乃是明代中期"溺女"一词成立以后的事情。

值得注意的是，明代中叶以后溺女的分布地域多半集中于中国东南部，这

---

① 林丽月：《风俗与罪愆：明代的溺女记叙及其文化意涵》，第5—6页。

② 常建华：《明代溺婴问题初探》，第265页。

③ 《明宪宗实录》卷264，"成化二十一年夏四月己未"条，台北："中央研究院"历史语言研究所校印本，1962年。

④ 常建华：《宗族与风俗：明代中后期社会变迁的缩影——以浙江余姚江南徐氏为例》，《观念、史料与视野：中国社会史研究再探》，北京：北京大学出版社，2013年，第303页；林丽月：《风俗与罪愆：明代的溺女记叙及其文化意涵》，第7页。

⑤ 郭松义：《伦理与生活——清代的婚姻关系》，北京：商务印书馆，2000年，第133页。

⑥ 转引自谢无量：《韩非子研究》，北京：北京理工大学出版社，2020年，第188页。

些地域皆以宗族组织的发达而广为人知。

针对绍兴府诸暨县的宗族进行研究的日本学者上田信指出，16世纪后半以后，由于水利或纠纷等社会问题变得难以在乡间解决，同时亦可见同族集团之间进行统合的动向，因此明代末期开始形成了以县为范围的同族统合。接着，他亦认为，在拥有如此地形的诸暨县，其地域宗族的形成过程可说是代表了中国东南部（具体来说，正是位于浙江省和安徽省南部、江西省和福建省全域、广东省北部的各县）的典范，强调了绍兴府诸暨县的广域性及普遍性。

若是如此的话，上述宗族统合的动向与溺女问题的发生是否存在关联性呢？作为宗族固有特征的祖先崇拜以及子孙自祖先继承“气”的观念，想必与此大有关联。对汉族而言，以骨头作为媒介，气会自父母流向子孙。又，这个骨头也被认为是继承自父亲的。因此，儿子也会将继承自父亲的气传承至自己的儿子，但是却无法流向女儿。于是，这种期盼男婴的愿望引发了迷信，即溺杀最先出生的女婴的话，就可以生男，反过来说，如果不肯溺杀，就会生不出儿子。①

在宗族观念强而有力的地域社会里，对于男婴的诞生赋予了特别的意义，同时间，也就对于女婴的诞生较为漠不关心，有的时候甚至认为女婴会妨碍男婴出生，给宗族的繁荣带来负面影响。所谓溺女这项溺杀女婴的风俗所形成的时期，与宗族统合动向出现的时期互相重叠，并且溺女盛行的地域同时也和宗族较为发达的地域互相重叠，由此可见，两者之间存在某种关联性也是极为自然的事情。基于重男轻女观念所引发的溺女问题，其源流同样可以回溯至明代中叶。

如上，溺女不只是名称，连内容或是背景，都存在时代的变化。而且随着时代的更迭，其分布地域也自东南地域逐渐扩大至更为广泛的范围。那么，对于这种溺女习俗，历代王朝是如何处理的呢？

---

① 常建华：《明代溺婴问题初探》，第267页。

三、历代王朝的溺女禁令

（一）宋朝

在宋代，中央政府最早意识到溺女问题且发布禁令，乃是北宋徽宗大观三年（1109）五月的时候。①不过，其内容仅止于有待福建路的报告“立法禁止”而已，详细内容不明。

接着，政和二年（1112）四月，臣僚上言建议设立特定法令，对此，刑部称：“福建路溺子，已有增立新法外，所有江南东西、荆湖南北路溺子，虽有大观四年四月敕生子而杀刑名告赏，今乞于逐项条内‘生子’字下各添入‘孙’字一字。”由此可知，当时已有针对溺女所增立的新法，不只是福建，亦对江苏、江西、湖北、湖南发布了禁令，并且，刑部还要求将其适用对象自“溺子”扩大至“溺孙”。②

南宋中央政府所发布的禁令开始于绍兴三年（1133）十一月，适用地域中，多了浙江。绍兴五年（1135）闰二月，其范围扩大至广东、广西，也就是说，除了四川，南宋的整个版图几乎都实施了禁令。③

于南宋孝宗的时代担任湖南桂阳知事的陈傅良在其文集里提道：“敕。诸生子孙而弃之者，徒二年。杀者，徒三年。收生人共犯，虽为从，杀者与同罪。弃者，徒二年半。并许人告，若地分及邻保知而不告，杀者，徒一年，弃者，减一等。”④也就是说，当时已有针对溺女的具体罚则规定。

不过，同样身处孝宗时代的郑兴裔则是在自身要求禁止不举子的文章中提道：“本朝律例，故杀子孙，徒二年所。”⑤由此可知，郑兴裔要求援用《故杀子孙律》（也就是《故意杀害卑属律》）来处罚溺女行为。⑥《唐律》记载：“若

① （清）徐松辑：《宋会要辑稿》，第165册，第6520页。
② （清）徐松辑：《宋会要辑稿》，第165册，第6524页。
③ （清）徐松辑：《宋会要辑稿》，第166册，第6569页。
④ （宋）陈傅良：《止斋先生集》卷44《杂著·桂阳军告谕百姓榜文》，四部丛刊本，第3页。
⑤ （宋）郑兴裔：《郑忠肃奏议遗集》卷上《请禁民不举子状》，四库全书本，第206页。
⑥ 曾我部静雄：「溺女考」，第407頁。

子孙违犯教令，而祖父母、父母殴杀者徒一年半，以刃杀者徒二年，故杀者，各加一等。”①《宋刑统》亦有同样的文章，若是故杀的话，各加一等，即为徒二年，因此，郑兴裔念及本文，才会提到“故杀子孙，徒二年”。②

如上，各个文献所提到的罚则内容有着些许差异③，不过，到了南宋，总算设立了具体的罚则规定，并且援用《故杀子孙律》来处罚溺女行为。

然而，如“福建地狭人稠，岁一不登，民便艰食。贫家得子多弃不举。法令有不能禁”④所言，设立罚则规定后，仍无法彻底透过法制来统制溺女行为。

（二）元朝

《元史》刑法志记载：“诸生女溺死者，没其家财之半以劳军。首者为奴，即以为良。有司失举者，罪之。”⑤也就是说，元代设立了全新的罚则，并且是相较于宋代，更为严格的刑罚。⑥

《通制条格》提到了至元十三年（1276）七月二日的一则“圣旨”，即“今已后女孩儿根底，水里撇的人每，一半家财没官与军每者。首告的人每若是躯奴呵，做百姓者。咱这般说来。这圣旨宣谕了呵，女孩儿根底水里撇的人，面情看觑着，违奉圣旨，管民官每有罪过者。”⑦由此可知，《元史》刑法志所提到的罚则或许是以这则圣旨作为依据。

另外，《元史》刑法志亦记载：“诸嫂溺死其小姑者，以故杀论。”⑧也就是说，当时和宋代一样，也有援用《故杀子孙律》来处罚溺女行为的例子。

---

① （唐）长孙无忌等撰，刘俊文点校：《唐律疏议》卷22《斗讼·殴詈祖父母父母》，北京：中华书局，1983年，第414页。

② （宋）窦仪等撰，吴翊如点校：《宋刑统》卷22《斗讼律·夫妻妾媵相欧并杀》，北京：中华书局，1984年，第349页。

③ 曾我部静雄认为，郑兴裔误解为徒二年。参见曾我部静雄：「溺女考」，第407—408頁。

④ （清）徐松辑：《宋会要辑稿》，第153册，第5973页。

⑤ 《元史》卷103《刑法志·户婚》，北京：中华书局，1976年，第2640页。

⑥ 前引曾我部静雄：「溺女考」，第408頁。

⑦ 方龄贵校注：《通制条格校注》卷4《女多渰死》，北京：中华书局，2011年，第203页。

⑧ 《元史》卷105《刑法志·杀伤》，第2677页。曾我部静雄将“小姑”解释为“丈夫的妹妹”（曾我部静雄：「溺女考」，第408頁），不过，由于梅原郁则是将“诸嫂溺死其小姑者”视为溺女习俗（梅原郁：『译注中国近世刑法志』，東京：創文社，2003年，第262頁），因此 “小姑”也有女婴的意思。

《元典章》中《溺子依故杀子孙论罪》记录了两件对于溺女的应对方法。一件乃是至元二十九年（1292）六月孝悌里张次十的状告。至元二十七年（1290）十月十三日，张次十控告族人张烨夫妻溺杀男孙婴儿，对此，官府作出以下判决，即："今后若有将所生男女不行举养者，许诸人告发到官，以故杀子孙论罪，邻佑、社长、里正人等失觉察者，亦行治罪。"①

另一件则是至元三十一年（1294）正月的记录，福建行省于前年出榜禁约，针对日后犯下溺女的人，命令官府要"依故杀子孙论罪"，并且基于前福州路闽清县尉张宁的上呈，即："切缘此风在在有之，今来若不言告，省府无凭禁治，殊负圣朝好生之大德。乞赐遍行合属，多出文榜，一体禁治。非惟丁口增添，抑且敦美风化，实非小补。呈乞施行。"于是，作出如下判断："今据所言，诚为允当。合下，仰照验，多出文榜，遍行合属严加禁治。如有似前溺子之人，诸人首告到官，取问是实，依理断罪，主首、社长、邻佑有失觉察，亦行治罪。"②

由此可知，元朝对于溺女，亦无设立特别的法令，至元十三年（1276）的时候，虽以没收财产来处理，但是，到了至元二十七年（1290）以后，则是转为援用《故杀子孙律》。

（三）明朝

明朝政府尝试禁止溺女的首次记录乃是开始于成化二十一年（1485）四月，浙江温州训导郑璟的申请作为一个契机，因而制定了相关法令，即："后娶嫁房奁等物，务在称［己］有无，不许过奢。其所生女子，俱要收养，不许渰死。敢有故违，许里老邻佑人等赴官举首。鞫问明白，发边远充军。里老邻佑人等不行举首，一体治罪。"③

接着，弘治三年（1490），都察院右都御史等将杀死儿子且进行图赖的封云"发边卫充军"，对于溺女，要求以同样方式定罪，于是，制定了全新的法令，即："今后生产男女，不分多寡，俱要存留养育，不许溜亵弊风，故行渰

① 《元典章》卷42《刑部四·杀卑幼·溺子依故杀子孙论罪》，元代坊刻本，第16页。
② 《元典章》卷42《刑部四·杀卑幼·溺子依故杀子孙论罪》，元代坊刻本，第17页。
③ 《皇明条法事类纂》卷13《户部类》，东京大学附属图书馆藏抄本。

死。如违，许亲邻人等首发，问罪如律，产妇并收生妇照常例发落，男子俱〔照〕前项故杀子孙图赖人事例各发遣充军，应奏者奏请者奏施行。若亲邻人等知而不首，事发一体治罪。”①

《明实录》则是记载：都察院审议郑璟的要求之际，曾说“以其事旧尝禁约”②，因此，常建华认为“可知此前已有禁止溺女规定”，主张在此以前已有溺女的相关禁令。③

《明律》的“故杀子孙”记载：“其子孙违犯教令，而祖父母父母非理殴杀者，杖一百，故杀者，杖六十徒一年。”④《杀子孙及奴婢图赖人》则是“凡祖父母父母故杀子孙及家长故杀奴婢图赖人者，杖七十徒一年半”⑤，后者由于“此以其图赖人，故加一等”⑥的缘故，除了故杀子孙以外，尚有图赖的罪状，因此，将故杀子孙的刑罚（杖六十徒一年）罪加一等，是为杖七十徒一年半。

“旧尝禁约”的具体内容仍然不明，不过，成化二十一年（1485）的法令规定将违令者“发边远充军”，弘治三年（1490）的法令则是“问罪如律，产妇并收生妇照常例发落，男子俱［照］前项故杀子孙图赖人事例各发遣充军”。这项法令其实援用了《明律》的条例，也就是《问刑条例》里的“故杀妾及弟、妹、子、孙、侄、侄孙与子孙之妇，图赖人者，俱问罪。属军卫者，发边卫：属有司者，发附近，各充军”。⑦

清末的法学者薛允升针对这一个条例，有以下看法，即：“此则由徒罪改为充军矣。问罪者，问拟徒罪也。充军者，加重改军也。明例如此者甚多”，认为明例过于严苛。⑧

这里可知，就算是并无图赖他人，仅溺女的话，仍然援用这一个条例，这与以往处理溺女的方式有了明显的差异。常建华认为“由此可见，成化令对溺女者实行充军的处罚也是以大明律的这条规定为基础的。我猜测成化令以前的

① 《皇明条法事类纂》卷36《刑部类》，东京大学附属图书馆藏抄本。
② 《明宪宗实录》卷264，“成化二十一年夏四月己未”条。
③ 常建华：《明代溺婴问题初探》，第274页。
④ 《大明律集解附例》卷20《刑律·斗殴·殴祖父母父母》，万历十三年刻本。
⑤ 《大明律集解附例》卷19《刑律·人命·杀子孙及奴婢图赖人》，万历十三年刻本。
⑥ 《大明律集解附例》卷19《刑律·人命·杀子孙及奴婢图赖人》，万历十三年刻本。
⑦ 《问刑条例》刑律2《人命·杀子孙及奴婢图赖人条附》，万历十三年刻本。
⑧ 《读例存疑》卷34《刑律·人命三·杀子孙及奴婢图赖人》，清光绪刊本。

‘旧有禁约’，或许就是指‘故杀子女之律’”[①]。不过，我们也可以这么说：明朝政府为了对抗厚嫁习俗不断蔓延的趋势，因而实施了较《故杀子女之律》更为严苛的处罚。

林丽月认为由上述成化以来的禁例来看，朝廷对立法禁革溺女可谓多所措意。但晚明士大夫多认为溺女问题的主要根源是婚嫁过奢，政府依律问罪，只能治标。[②]笔者认为这个看法是妥当的。

此后，透过法制来规制溺女的议论暂时消失了，不过，嘉靖五年（1526），江西巡抚认为蔓延于江西的溺女习俗乃是引发诉讼事件的原因，要求加重《故杀子女之律》，而这个要求也获得了认可。[③]此后，在溺女的相关内容中，提到《故杀子女之律》的文章便不时出现于16、17世纪士大夫的文集或是地方志中。[④]

由此可知，虽然明朝政府最初针对溺婴制定了具体处罚，但是之后便以《故杀子女之律》作为取缔溺婴的基本原则。

（四）清朝

顺治十六年（1659），都察院左都御史魏裔介奏请，提到溺女现象在福建、江南、江西都极为普遍，对此，顺治帝下旨：“溺女恶俗殊可痛恨，著严行禁革”，这一个禁止溺女风习的敕令，乃是清朝最早的应对。[⑤]

接着，康熙三十六年（1697）的题准记载“溺女相习成风，著令禁止。违者照律治罪”[⑥]。针对清代的溺女，这里的“律”指的是《清律》的《殴祖父母父母律》，也就是“其子孙违犯教令，而祖父母父母［小注：不依法决罚而

---

① 常建华：《明代溺婴问题初探》，第275页。

② 林丽月：《风俗与罪愆：明代的溺女记叙及其文化意涵》，第8页。

③ 《明世宗实录》卷63，“嘉靖五年四月壬戌”条。

④ 例如，万历二十五年（1597）担任浙江省绍兴府诸暨县知县的刘光复在县内颁布的一则禁之溺女的示谕当中，表明了如下见解：“查得大明律一款，凡祖父母父母无故杀子孙者，杖六十徒一年。夫故杀诚罪犹或争斗、忤逆、忿激、错误而然。今怀妊时，先设谋积虑，一见为女，立置死地。残忍百倍故杀矣。悲夫，悲夫。一草一木皆有生命。女非人与？胡为罹此凶毒！”见乾隆《诸暨县志》卷9《风俗》，乾隆三十八年刻本。

⑤ 《清世祖实录》卷125，“顺治十六年闰三月丙子”条，北京：中华书局，1986年。

⑥ 雍正《大清会典》卷155《刑部七》，雍正十年内府刻本。

横加殴打］非理殴杀者杖一百。故杀者［小注：无违犯教令之罪为故杀］杖六十徒一年”①。

到了乾隆三十年（1765），御史刘天成上奏“饬禁民间溺女”一折，要求“请敕定规条，载入律例”。对此，乾隆帝称“如饬禁民间溺女一折，请敕定规条，载入律例，尤属繁（烦）琐。溺女本有例禁。地方官果能实力奉行，其风自息。若必责成邻族乡保，报验查究，官为经理，则凡生育之家，必致扰累，而乡保等借端滋事，势更无所底止”，反倒认为设立与溺女相关的专门条例“尤属繁（烦）琐”，仅同意援用“本有例禁”，即《故杀子女之律》。②

乾隆三十七年（1772），江西按察使欧阳永琦上奏“嗣后凡有生女溺毙者，照故杀子孙之罪，杖六十，徒一年。族邻保甲知情不行救阻，照知情谋害不即阻当律治罪”，要求严禁溺女；对此，礼部的回应则是“查故杀子孙之律。原以子孙并无违犯教令，而祖父母、父母有心故杀，故拟以杖徒，以惩其不慈之罪。若甫生幼女，毫无知识，何有违犯。乃以恶习相沿，甘心溺毙。其残忍不慈，实与故杀无异。如果事发到官审实，自应即照故杀子孙律办理，毋庸另立专条”，认为按照《故杀子女之律》来处理溺女问题即可。③

接着，乾隆帝于乾隆五十七年（1792）的上谕提到“江西向有溺女之风，最为残忍。亦曾屡经饬禁，并著该抚查明。如尚有此等相沿恶习，即据实查办，一并严行禁止”，要求官员对溺女之风最为残忍的江西，进行严禁。④

此后，清朝皇帝为了处理溺女问题，所进行的上谕大多收录于《清实录》。例如，嘉庆二十年（1815）十一月，对于禁止安徽民人溺女的诉求，嘉庆帝作出以下回应，即：“先出示严行禁止，并设法妥为化导，以革浇风而正伦纪。其各省有似此者，均著一体示禁。”⑤又，嘉庆二十四年（1819）十一月，对于御史黄大名的申请，则有以下命令：“又称，粤东向多停柩不葬、溺女不举之家。此等恶俗，均为人心风俗之害。该督当通饬各州县实力劝化，出

① 《大清律集解附例》卷20《刑律·斗殴·殴祖父母父母》，康熙三年刊本。
② 《清高宗实录》卷741，“乾隆三十年七月辛卯”条。
③ 《定例汇编》卷19《仪制》，乾隆三十七年。
④ 《清高宗实录》卷1412，“乾隆五十七年九月己酉”条。
⑤ 《清仁宗实录》卷312，“嘉庆二十年十一月己亥”条。

示严禁，以挽颓风。”①

同治帝则是在同治五年（1866），针对御史林式恭“民间溺女积习未除，请严行禁止”的这项请求，作出以下指示，乾隆年间，“民间溺女，部议照故杀子孙律治罪，例禁极严。”②也就是说，同治帝让各省督抚通知所属地方官，必须照乾隆时代所决定的《故杀子女之律》治罪，并且严禁溺女。

光绪帝也在光绪四年（1878），针对翰林院代递检讨王邦玺为了禁止民间溺女所进行的上奏，作出以下的命令：“民间溺女本干例禁”，“若如所奏各情，亟应设法拯救”。③又，同年十一月，针对山西省的溺女，认为“至溺女之风，前已有旨申禁”，因此，让山西巡抚通知所辖地方官必须“严行查禁”。④接着，光绪九年（1883），对于翰林院侍读王邦玺的上奏，则有“民间溺女，实为恶习，自应设法劝禁”⑤的回应。

以上历代王朝对于溺女问题的应对，可以归纳为以下诸点。

第一，对于各种状况层出不穷的溺女问题，历代王朝一贯的态度乃是试图透过法制予以禁止，不过，几乎未见实际执法的例子。历代王朝不断地重复发布同样的禁令，而这个行为本身正说明了这个禁令并未彻底实施。

第二，历代王朝并未对溺女设立特定的法令，多半是援用《故杀子孙之律》来处理这个问题。厚嫁所导致的溺女问题在明代中期特别严重，当时曾经尝试设立专门的条例，不过，最后在地方行政的执政现场，也只是照《故杀子孙之律》办理而已，这就是16世纪以后的实际状态。

第三，清朝自一开始就打算援用《故杀子孙之律》来禁止溺女。针对禁令始终无法彻底落实的这个现况，乾隆年间再度出现了设立特定法令来禁止溺女的请求，不过，皇帝本人却认为此事“烦琐”，拒绝了这个请求，下令此后仍照《故杀子孙之律》办理溺女问题。

从以上应对方式，我们可以感受到历代王朝对于溺女问题的处理，就某种

① 《清仁宗实录》卷364，“嘉庆二十四年十一月戊辰”条。

② 《清穆宗实录》卷168，“同治五年二月庚子”条。

③ 《清德宗实录》卷68，“光绪四年二月庚戌”条。

④ 《清德宗实录》卷82，“光绪四年十一月癸亥”条。

⑤ 《清德宗实录》卷164，“光绪九年六月庚申”条。

意义来说，是“不热心”的。每当溺女问题泛滥的地方执政现场，传来了要求禁止溺女的声浪时，历代皇帝往往会下令禁止，表面上坚持着必须禁止溺女的这个大原则，然而却未针对溺女设立特定的法令，而是仅照《故杀子孙之律》办理（尽管此法条的援引，问题重重，极可能引发争论）。因此，我们实在无法从表面上尝试贯彻禁止溺女原则的王朝身上，看见想要积极杜绝溺女问题的热情。

四、溺女禁令的实际状态

（一）为何发布禁令?

那么，为何前近代中国的官方政府以及其官僚都将溺女风俗的蔓延视作不好的现象呢？

第一，伦理道德上的问题。王朝国家的官僚共同提到溺女行为中的残忍性，乃是“违背伦理道德的行为”，将会“损害天地的好生之德”，并且“绝灭天理”，打乱自然的调和，甚至引发天灾人祸。

刘静贞曾说：“宋朝的士大夫讲求通经致用，所谓往圣之绝学，概存于儒家的经典之中，举凡一切饮食男女之仪，婚姻丧葬之制，自然以儒教教义、礼法是尚。生子而不育，既不合于儒教道德规范所强调的家族伦理，对于这些接受儒教经典教育，并据之以教化人民的士大夫们而言，自是‘伤天理之和，灭人伦之大’的重要道德问题，绝不能置诸不理。”①

《元典章》记载：“父子之恩至重，死生之节非轻。既萌人世，非命夭殇，上违天理，下灭人伦，恶莫大于此矣。”②也就是说，这一点到了元代，亦无改变。

明清时代依旧沿袭了这种看法，诸如此类的用语频繁地出现于上谕或是地方官所发布的告示里。历代王朝或是身为儒家精英的官僚往往基于他们所信奉的儒家观念，将溺女行为视作“重大”问题。官僚会通过移风易俗，也

① 刘静贞：《不举子：宋人的生育问题》，第127—128页。

② 《元典章》卷42《刑部四·杀卑幼·溺子依故杀子孙论罪》，元代坊刻本。

就是改善恶质风俗的方式来统治地域。对于这样的官僚而言，打击溺女行为乃是他们必须完成的任务，在他们看来，溺女就是一个必须改正的社会问题。

第二，社会秩序的问题。关于溺女所带来的弊害，过去的研究先是举出“人口性比例失衡”这一点，接着则是随之而来的婚姻买卖的流行、诱拐或是性犯罪的增加，等等。[①]这一点对执政者而言，乃是对“社会秩序的安定维持”这个立场，必须重视的问题。

另外值得注意的是，历代王朝将溺女视为社会问题，已有自觉溺女会导致女性人口减少、男女比例失衡，甚至是难以结婚引发人口买卖或诱拐等犯罪，带来社会不安，但是对于人口减少这个根源性问题，却是不甚担心。

在江户时代的日本，幕府代官与诸藩因为人口减少以及伴随而来的年贡减少问题，烦恼不已，受迫于财政危机，禁止杀婴的同时，还实施了育子制度。[②]相较于此，中国的清朝政府则是在人口急速增加的背景当中，想尽办法解决溺女问题，育婴事业因而有了进展[③]，在这种状况下，也就不存在溺女导致人口减少的议论了。溺女反倒带来了抑制人口增加的效果，因此，清朝政府尚无溺女将会引发人口减少的危机意识。

话说回来，因生活的重担及对于日后厚嫁费用的不安导致不得不溺女的当事者又是如何看待执政者的这种想法呢？对这些民众而言，婴儿到底是不是官僚口中的“人类”呢？也就是说，他们对于刚出生没多久的婴孩究竟拥有多少程度的感情呢？在难以安全进行堕胎的那个时代，溺女可说是一种有计划的生产行为。[④]因此，这里可见官僚与身为当事者的民众之间，存在对于溺女看法的鸿沟。

---

① 徐永志：《近代溺女之风盛行探析》，《近代史研究》1992年第5期；张建民：《论清代溺婴问题》，《经济评论》1995年第2期；常建华：《清代溺婴问题新探》，见李中清等主编：《婚姻家庭与人口行为》，北京：北京大学出版社，1999年；王美英：《明清时期长江中游地区的溺女问题初探》，《武汉大学学报（人文科学版）》2006年第59卷第6期。

② “幕府的代官郡代于地方讲求对策的另一方面，各藩的诸侯，特别是判断力极高的诸侯深感有必要禁止堕胎间引，因此各自有其设施。如前所述，其目的乃是为了增加租税收入，因此必须致使人口增加，铲除违反人伦的恶风不过只是第二义，且表面上的理由而已。”参见高桥梵仙：『堕胎间引き的研究』，東京：中央社会事业会社会事业研究所，1936年，第45頁。

③ 夫马进：『中国善会善堂史研究』，京都：同朋舍，1997年，第211—213頁。

④ 常建华：《明代溺婴问题初探》，第267—268页。

（二）为何禁令无法落实？

禁令无法落实的最大理由乃是在于溺女习俗根深蒂固于基层社会，且地方政府难以全面揭发之故。帝政时代的婴儿死亡率极高，刚出生的小孩因疾病或事故而亡的事件，并不罕见。①因此，只要父母与产婆没有特地公开溺女行为的话，关于其死因，就只能听信父母的说辞，周遭的人们也不会打听是真是假。

由民国时关于溺女的证言“母亲对自己女儿还没有感情。农村没有文化。完全跟对待小猫小狗一样。没有什么看法。没什么反应。认为是一件很平常的事情”②可知，对于进行溺女的民众而言，他们不认为溺女是犯罪，在他们眼中，该行为极其普遍，因此，溺女就好像丢弃小狗小猫一样。

无法完全掌握基层社会的地方政府只好鼓励附近居民或是邻保组织去检举溺女行为，不过，如“反正听说哪家小孩生出来死了，就会觉得他们家养不活那个孩子。不会当作一件坏事，也不会当做一件大事”③所言，周遭人们也不认为这是一件大事。对于自身或许也有过溺女经验的周遭人们而言，向官府检举他人的溺女行为，几乎得不到什么好处。

至于宗族组织极为发达的地方，王朝政府无法透过禁令来解决当地溺女问题的原因之一乃是他们要求民众尽可能地透过宗族内部自己解决问题。溺女问题说到底还是民间的问题，认为民间的问题就该由民间解决的王朝政府，自然而然地也将溺女问题的解决委托给宗族。宗族自身多半会设立族规来禁止溺女。但是，宗族原本就是酝酿厚嫁与重男轻女观念的温床，并无防止溺女的机制。

总而言之，对于透过法制来规制溺女问题，历代王朝并无太大兴趣，就算是想要实际规制溺女问题，其法支配的力量也不够强大。也就是说，历代王朝渗透至基层社会的权力不够强大，乃是无法彻底落实禁令的根本理由。

（三）禁令以外的替代方案

如果无法彻底落实禁令的话，那么，有无取代禁令的方案呢？所谓的替代

① 郭松义：《清代男女生育行为的考察》，《中国史研究》2006年第2期。

② 参见山本英史：「近代中国溺女问题」，见关根谦編：『近代中国表象と现实』，東京：平凡社，2016年，第32頁。

③ 山本英史：「近代中国溺女问题」，第32頁。

方案，其实就是从根本下手，透过各种方法来预防民众进行溺女行为。具体如下。

1. 启蒙说谕

关于“启蒙说谕”，身为儒家精英的官僚经常用两种观点来进行说谕：一是人道方面的非道德性；二是造成溺女原因之一的厚嫁、奢侈的非合理性。

首先，成化初年由安徽、广德州知州的周瑛所作的《劝民拳女歌》，这则《劝民拳女歌》到了嘉靖初年，在浙江严州府淳安县知县姚鸣鸾的刊行及宣传之下，大为流行。①其中的“虎狼性至恶，犹知有父子。人为万物灵，奈何不如彼”说明了作为人类的尊严；并且提到“荆钗与裙布，未必能贫汝。随分而嫁娶，男女两得所”，强调朴素的妻子未必不好。另外，其他地方的告示亦常常出现传说中的孝女，如代替年迈患病的父亲，以男装从军，最后立下军功光荣归乡的木兰，或是代替必须接受肉刑的父亲，愿意为其赎罪的缇萦，等等。②

其次，地方官僚向民众所作的告示里，常常重复着类似的说谕。例如，崇祯年间担任福建、寿宁县知县的冯梦龙所作的《禁溺女告示》当中可见“为父者你自想，若不收女，你妻从何而来。为母者你自想，若不收女，你身从何而活”③等用语。这些用语正是以道光五年所发布的浙江巡抚的告示“虎毒尚不吃儿，何况于人”，“试问尔身从何而来。母生之也。尔子从何而来。妻生之也。身与子皆女所生而溺杀其所生之女，不孝不慈，孰大于是”，“古有公主下嫁而能荆钗裙布，敦行妇道者，史官书之以为美谈”④作为典型，成为清代地方官僚在禁止溺女的时候时常使用的惯用语的蓝本之一。

不过，听遍了这些陈腔滥调的老百姓是如何看待启蒙说谕的呢？单靠这样的说谕就可以打动民众心底，并且打消他们溺女的念头，实在是天方夜谭，这不过是官僚的“自我满足”罢了。

---

① 林丽月：《风俗与罪愆：明代的溺女记叙及其文化意涵》，第15—16、24页。

② 肖倩：《清代江西溺女风俗中的“奢嫁”问题》，《江南大学学报（人文社会科学版）》2005年第4期；小川快之：「清代江西・福建における『溺女』习俗と法について－『厚嫁』『童养媳』等との关系をめぐって－」，第263頁。这里列举的木兰或缇萦的例子究竟始于何时，尚无定论，但是清代的地方官僚多用这些例子。

③ 《寿宁待志》卷上《风俗》，明崇祯十年刻本；林丽月：《风俗与罪愆：明代的溺女记叙及其文化意涵》，第19页。

④ 《得一录》卷2《保婴会规条・浙江程大中丞严禁溺女并酌定嫁资示》，同治八年刊本。

2. 社会福利

设置公共设施来代替双亲照顾婴孩的这个想法自早期就已经存在了。宋代设置了名为慈幼局或是举子仓的社会福利设施，在政府的积极支援之下，有了一定的效果。①

清代初期，育婴堂为收养婴孩的主要社会福利设施。顺治十二年（1655）开设于扬州的育婴堂乃是最早的设施，在清初已相当普及。②然而，像育婴堂这样的设施并非官方主办，大多为乡绅或商人等居住于府城的当地富裕民众自发设置，因此往往陷入资金不足的窘境，并且难以维持管理。另外，设置场所多限于城内，也就是财富与人群所集中的都市，因此对居住于乡村的一般老百姓而言，育婴堂并非容易利用的设施。③而这个趋势到了 19 世纪以后更为明显。

的确，贫民活用童养媳这个习俗将自己无法养育的女儿交给他人的现象，在其他地方往往被视为溺女的对策，同样予以奖励。④但是，童养媳就实际状况来看，并非妻子，而是饱受虐待的下人或是如同奴隶般的存在，有许多弊病。又，亲生父母与养父母之间也时常为了亲权打官司。⑤因此，作为解决溺女问题的办法，并非十分妥当。

3. 因果应报

最后一个方法乃是宣称溺女会带来报应，也就是透过所谓的“因果应报”来告诫民众不要溺女。与前面两者相较，“因果应报”或许较具效果。

明末以后，由于善书的普及，其中的劝善惩恶观以及因果报应观对于民众的行动形成了一定程度的规范。常建华、林丽月曾经介绍过明代高僧云栖袾宏

---

① 前引曽我部静雄：「溺女考」，第409—416頁；今堀诚二：「宋代における婴儿保护事业について」，《广岛大學文學部紀要》第8號，1955年。

② 关于清代的育婴堂，参见梁其姿：《施善与教化：明清的慈善组织》，台北：联经出版事业公司，1997年；夫马进：『中国善会善堂史研究』，京都：同朋舍，1997年。

③ 夫马进：『中国善会善堂史研究』，第323页。冯尔康认为所以它只能作为统治阶级“善行”“仁政”的点缀，而绝不能解决溺婴的问题。参阅冯尔康：《清代的婚姻制度与妇女的社会地位述伦》，见中国人民大学清史研究所编：《清史研究集》第5辑，北京：光明日报社，1986年，第326页。

④ 常建华：《明代溺婴问题初探》，第205—206页；小川快之：「清代江西・福建における『溺女』习俗と法について－『厚嫁』『童养媳』等との关系をめぐって－」，第265—267頁。

⑤ 郭松义：《清代的童养媳婚姻》，见〔美〕李中清等主编：《婚姻家庭与人口行为》，北京：北京大学出版社，1999年，第49—56页。

的著作《自知录》当中与溺女相关的功过格。[①]首先，所谓的善行乃是“见溺儿者，救免收养，一命为五十善。劝彼人勿溺，一命为三十善。收养无主遗弃婴孩，一命为二十五善”（善门、仁慈类）；其次，所谓的恶行则是“父母溺初生子女，一命为五十过”（过门、不仁慈类）。与同样归类在不仁慈类的“故杀伤人”的100过相较之下，溺女被评价为一半的罪过，也就是50过。[②]不过，出现于清雍正二年（1724），极具代表性的《文昌帝君功祸格》，其中的人类功格规定“救一溺婴：百功”，人类过格亦规定“溺杀一婴：百过”，溺女与“致死一人”同样被评价为100过。[③]清代的功祸格出现了如此“通货膨胀现象”，相当有意思。

清代的善书有许多关于溺女恶报的故事，这些故事可以分为三个系统，即异常怀孕、异常生产；噩梦；绝子绝孙。“异常怀孕、异常生产”乃是怀孕期间比正常产妇还要漫长，最后生下来的小孩奇形怪状，多为蛇，甚至一口咬住母亲，置其于死地；“噩梦”则是遭受溺杀的女婴出现在梦里，向母亲复仇；“绝子绝孙”所提到的溺女报应乃是家里的男丁祸不单行，最后导致绝子绝孙。[④]其中，只要一个怪谈诞生，那么这个怪谈往往会被当成“事实”，转载至许多善书，成为一个典型。然后，其内容到了清末，又会变得夸大离奇。[⑤]

林丽月指出，值得注意的是，在清初宣扬果报观念的善书中，收录了几个母亲杀女、稳婆堕胎的故事，报应都极为悲惨。[⑥]到了清代，功祸格的发展形态（特别是对于“过”的定义）变得更为具体，不少可信度极高的故事被流传下来了，于是这些“加油添醋”的传闻也跟着广为人知。

---

① 常建华：《明代溺婴问题初探》，第281页；林丽月：《风俗与罪愆：明代的溺女记叙及其文化意涵》，第20页。

② 袁啸波编：《民间劝善书》，上海：上海古籍出版社，1995年，第185、192页。

③ 袁啸波编：《民间劝善书》，第231页。

④ 参见《信徵录》《果报闻见录》《拯婴报应录》等。

⑤ 例如，清末无锡的一名生员所著的《得一录》里，收录了许多与溺女相关的凄惨故事。

⑥ 林丽月：《风俗与罪愆：明代的溺女记叙及其文化意涵》，第20页。

五、结　语

如上，溺女习俗乃是根深蒂固于传统中国基层社会的一个“陋习”，然而，历代王朝却无法透过法制来规制溺女问题，其他的预防措施也无足够的效果，因此溺女始终无法被铲除，而是持续至20世纪，尽管当中经过了辛亥革命以及中华民国成立，不过其基本构造皆无太大的变化。

1927年10月，标榜着“将在中国建设一个统一的国民国家”的南京国民政府成立后，对传统中国的“陋习”进行了改革，这成为重要的课题。于是，从前所未有的新观点（如人权或是男女平等、人口减少所导致的国力衰退）开始对“陋习”之一的溺女进行议论，并且制定了铲除溺女的方针，如强化禁令的实际效果、伴随国家预算的社会福利设施的整备等。不过，抗日战争却妨碍了溺女的改革行动，于是，溺女的改革行动也与其他“陋习”一样，尚未开始实际着手，就这样结束了。

那么，中华人民共和国成立之后，又是如何解决溺女这个问题呢？20世纪50年代以后，中央人民政府没收了地主的土地，将其分配给农民，进行土地改革，并且一扫当地的武装集团，在为了维护治安的反革命镇压之名下，将权力渗透至基层社会。结果，一口气扑灭了吸鸦片、赌博、缠足、卖春等泛滥于中国基层社会的种种“陋习”。

对于溺女的具体对策则是实施于1950年5月的《中华人民共和国婚姻法》。[①]其原则为“废除包办强迫、男尊女卑、漠视子女利益的封建主义婚姻制度。实行男女婚姻自由、一夫一妇、男女权利平等，保护妇女和子女合法利益的新民主主义婚姻制度”，并且明示“溺婴或其他类似的犯罪行为，严加禁止”。法律获得整备后，同时透过行政指导与教育，相关法律总算渗透至民众之间，人们意识到溺女乃是一种犯罪，另外，节育方法普及化的结果，原本顽固的残存于20世纪中国基层社会的溺女风俗终于销声匿迹了。

① 《人民日报》1950年4月16日，见中共中央文献研究室编：《建国以来重要文献选编》，第1册，北京：中央文献出版社，1992年。又，参见中央人民政府法制委员会编：《中央人民政府法令汇编1949—1950》，北京：人民出版社，1952年，第34页。

那么，为什么中央人民政府能够透过法制成功地规制与人民生活息息相关的溺女习俗呢？这是因为在国家权力得以实质渗透至基层社会的背景下，充分展开了确实的法的支配、组织性的预防体制以及与生育相关的启蒙强化。反过来说，历代王朝国家的政策里，几乎缺乏了这些条件，这一点或许是造成溺女习俗长期存在于传统社会的主要原因。

礼教秩序与明代社会生活变迁

——兼论礼制、观念与生活之关系

陈宝良*

一、引论：问题的提出

一代有一代之制度，一代有一代之生活。生活固然随社会变迁而千变万化，各具风采，实则难脱一代制度的制约。就制度而言，最为核心的是政制与礼制。政制的功用在于防范乃至管理百姓，亦即所谓的“政以防民”，更多地带有强制性的色彩；而礼制的功用则在于教化百姓，亦即所谓的“礼以教民”，通过柔性教化的方式以使百姓自觉遵守规范。总而言之，礼的内容相当广泛，它可以合风俗、教育、法律、文化为一物。①至于礼的含义，自古及今，论者众多，各有所重。

明人论礼，吕坤、顾炎武两家堪称典范。吕坤云：“夫礼非徒亲人，乃君子之所以自爱也；非徒尊人，乃君子之所以敬身也。”②顾炎武认为，礼是“本于人心之节文”，礼又是“自治治人之具”。③细绎吕、顾两家之言，礼无疑具

* 陈宝良，西南大学历史文化学院教授。

① 顾颉刚：《顾颉刚读书笔记》卷4《兰课杂记·礼》，台北：联经出版事业公司，1990年，第2000页。

② （明）吕坤著，吴承学、李光摩校点：《呻吟语》卷2《修身》，上海：上海古籍出版社，2001年，第113页。

③ 《亭林文集》卷2《仪礼郑注句读序》，见（清）顾炎武著，华忱之点校：《顾亭林诗文集》（第2版），北京：中华书局，1983年，第32页。

有两面性：一是“自爱”与“敬身”，这是“自治”之具；二是“亲人”与“尊人”，这是“治人”之具。换言之，礼的意义有狭义与广义两解：狭义的礼专指仪式节文（rite），即顾炎武所谓的“本于人心之节文”；广义的礼则等同于社会学所说的规范（norm），即指行为的准则、指南，亦即“自治治人之具”。①

近人论礼，其说不一。或如顾颉刚所言，将礼视为一种“形式”，亦即天下人共同遵守的道德准则，而其最大的特点就是“抑制个人的感情”②；或如王尔敏所言，“礼属人群社会规范，人生社群，不可一日不依循社群之共同礼仪”③；或如日本学者中村元所言，礼是实际生活中所遵奉的理想的道德规范，高度重视社会身份和等级秩序，并为统治阶级尤其那些社会排位高高在上的人服务，强调位下者对位上者的片面服从。④

无论对礼作何种解读，正如美国学者斯特伦（Frederick J. Streng）所言，礼是适宜的社会行为，不仅是社会的习惯，而且还是深藏于一切之中的生活法则的社会表现。⑤礼既然与社会行为、社会的习惯、生活法则相关，那么，无论是广义的礼还是狭义的礼，显然都与社会秩序有密切的关系。礼一旦关乎社会秩序，于是“礼教秩序”之说脱颖而出，亦即社会秩序因礼教的存在而得以维系。

礼制是一种生活法则，它与社会生活密不可分。也就是说，礼制约束了生活，而生活的变迁实与礼制的盛衰休戚相关。在人们的日常生活习惯中，常用

① 关于礼所具狭义、广义两层意义，可参见 Dawson R. *Confucius*. Oxford: Oxford University Press, 1981: 26；萧公权：《中国政治思想史》（上），台北：台湾中国文化学院出版部，1980 年，第 100 页；劳思光：《中国哲学史》第 1 卷，香港：崇基书院，1974 年，第 40 页。

② 顾颉刚：《顾颉刚读书笔记》卷 2《泣吁循轨室笔记·礼意》，第 778 页。

③ 王尔敏：《明清时代庶民文化生活》，长沙：岳麓书社，2002 年，第 52 页。

④ 〔日〕中村元：《东方民族的思维方法》，林太、马小鹤译，杭州：浙江人民出版社，1989 年，第 199—201 页。按，中村元强调礼的阶级属性，显然具有马克思主义的阶级分析的影子。相同的例子也见于顾颉刚对礼的认识上。1949 年之后，顾颉刚受到了马克思主义史学方法的洗礼，对礼重新作了如下定义：“古代之礼，一方面要制定等级制度，使人们伏伏帖帖地受统治，一方面又要防止阶级斗争，故又制为伦理说以调和之，而主于互让、互爱。此其用心甚苦，二三千年来自非豪杰之士咸就其范围而不敢佚焉，其效果亦最弘。”参见顾颉刚：《顾颉刚读书笔记》卷 4《虬江市隐杂记·礼之作用为调和阶级斗争》，第 2599 页。

⑤ 〔美〕斯特伦：《人与神——宗教生活的理解》，金泽、何其敏译，上海：上海人民出版社，1991 年，第 114 页。

“礼俗”一词，其实就是合礼仪与风俗两者而言。通常说来，礼是属于宗教的或者说是仪式的，而俗则是属于习惯的或者说是经济的。风俗与礼仪，均是国家、民族生活习惯的产物。相比之下，礼仪显得较为强迫，而风俗则较显自由。①

礼之起，礼之立，固然需要因循生活习俗。但礼一旦形成以后，就会对人们的生活与行为起到强制性的规范作用。换言之，在一定时期内，礼是不变的，而生活是多样化的。生活在多样化的社会中的人们，他们的习惯与行为，固然会受到礼的制约，但又不会完全照礼而行。

尽管在明代的学者中，就礼与道之间的关系存在着不同的观点，或将道等同于礼，或将礼当作道的器物。但道与俗或者说礼与俗之间，按照传统的看法，理应是一种相反的关系。正如陈确所言，道则不俗，俗则非道。道之中存在着礼，但这种礼并非等同于日常盛行的民间生活习俗，即所谓的“世俗”。事实上，明代民间的日常生活，并非完全按照礼制的规范执行。即使以最常见的日用之礼如冠、婚、丧、祭来说，无不具有“俗化”的倾向。姑且不说冠礼，因为明代的民间已很少再行冠礼。以婚礼来说，婚姻论财，本是“夷虏之道”，而民间无不争财，即使贤者也不能幸免，只好“姑俗而已”。以葬礼来说，按照礼制要求，理应不作佛事，不设乐部，但事实上即使是那些读书人家，也是作佛事，设乐部，甚至惑于风水，而他们的借口无非就是“吾犹未能违俗也”。以祭礼来说，从重宗的要求出发，理应支子不祭，祭则从宗子；而事实上却是人自为祭，即使是读书士子，也是奉俗祭唯谨。②

王阳明心学的崛起，为人们从自己内心处找到自然之礼提供了理论依据。于是，面对久已流传于民间并且已经深入一般民众之心的习俗，明代的学者、思想家固然感到恢复礼制的必要性，但也不是一味让人们的生活或者习俗去适应那些一成不变甚至已经僵化了的礼仪，而是让礼适应已经形成的习俗，适应人们久已习惯了的生活。

关于礼的观念包括两种，即对礼的认知与对生活的认知。无论是对礼的认知，还是对生活的认知，无不与人们的日常生活休戚相关。人心是观念之所出，风俗是生活之习惯。风俗与人心密不可分。风俗，是人心之所为，人心一

---

① 许地山：《礼俗与民生》，见高巍编：《许地山文集》（下），北京：新华出版社，1998年，第707页。

② （清）陈确撰：《陈确集·文集》卷5《道俗论》上、下，北京：中华书局，1979年，第169—171页。

趋，可以造成风俗。然风俗既变，也可以移易人心。[①]可见，人心、风俗，交相环转。风俗的中心是人。社会中每一具体的个人，尤其是社会的上层人物或者说一些地方的精英，他们在形成风俗乃至移易风俗的过程中，起到了至关重要的作用。也就是说，风俗一旦形成，起源于人心的变动；而人心的变动，则又时常有其代表性的人物可寻。然风俗一旦形成以后，就会成为社会化的东西转而移易人们之心。[②]当然，所谓的人心，其随后的落脚点则在“六经”。按照明朝人的观点，六经不明，则人心不正；人心一旦不正，则国家安得善治，乡闾安得善俗？[③]所以，风俗又不可能离开一代学术风气。人心与世道大有关系。从传统的观念来看，盛世人心多厚，愈厚则愈盛；衰世人心多薄，愈薄则愈衰。[④]以一家来说，祖宗创业之时，必是长厚待人，到了子孙辈就变薄，乃至于家业逐渐衰替。天下风俗，一家兴替，莫不如此。

在学术、人心、世道与风俗之间，显然是一种互为因果的关系。尤其是学术，直接对人心、世道起着决定性的作用，并最后影响到风俗。孟子说“生于其心，害于其政，发于其政，害于其事”[⑤]，这是本心术而言；又说“作于其心，害于其事，作于其事，害于其政”，这是本学术而言。[⑥]可见，学术一变，心术随之而变；而人们的心术一旦起了变化，世道、风俗同样随之而变。这似乎也是生活习俗演进的必然之理。

明太祖朱元璋驱逐“胡元”，肇造区夏，政制与礼制兼举不遗。以政制言之，如《诸司职掌》所载，“官以职分，而九卿百执事之相维，事以类系，而大小纤悉之毕举，宏谟曲算，灿然六典之章程也”；以礼制言之，如《洪武礼制》《礼仪定式》《大明集礼》所载，“提其纲领，而祭享昏丧之有节，析其条目，而服舍器用之有差，良法美意，蔼然《周官》之矩范也”。[⑦]一代典制（包

---

① 关于人心与风俗之间的关系，可参见（明）宋应星：《野议·风俗议》，见《宋应星佚著四种》，上海：上海人民出版社，1976年，第40页。

② 相关的探讨，可参见〔日〕岸本美绪：《“风俗”与历史观》，台北《新史学》2002年第13卷第3期。

③ 相关的见解，可参见（明）何乔新撰：《何文肃公集》卷1《经科·六经》，清康熙三十三年刻本。

④ 相关的阐述，可参见（清）张履祥著，陈祖武点校：《杨园先生全集》卷27《愿学记二》，北京：中华书局，2002年，第745页。

⑤ 《孟子·公孙丑上》，北京：中华书局，2006年，第57页。

⑥ 《孟子·滕文公下》，第138页。

⑦ 转引自（明）张元忭撰，钱明编校：《张元忭集》卷1《制策·廷对策一道》，上海：上海古籍出版社，2015年，第25页。

括政制与礼制）一旦确立，自然会对人们的日常及社会生活加以规范与约束，礼教、生活井然有序。

儒家传统之礼，确乎如陈荣捷的研究所揭示，重视礼教与礼制，却对“礼之哲学观念，甚少讨论”。即以朱熹为例，虽终身都在修礼书，且在文集的书札中对礼制多有讨论，甚至出乎讨论理气太极之上。然论礼之观念并不多，即使偶有论及礼之观念，亦据古说而略加精析而已。①时至明代，礼的新观念层出不穷：礼本人情之说，个人情感冲破礼教藩篱；礼者和也之论，礼与乐得以和谐统一；礼之内外之辨，使礼不再限于外在的强制性约束，而是一种出自内心的自觉；礼因时而变之论，则对“非天子不议礼”加以质疑。诸如此类的说法，无不是明代知识人在礼观念上的创新之论。

尤堪注意者，在儒家理想中，礼的本意在于抑制个人情感，无论在感情方面，还是在行动方面，无不受到礼的限制，致使人像机械一般能遵守秩序与规则。这就决定了礼教制约下的人生完全缺乏生趣。②正是洞悉了这种情势，在礼与俗的关系问题上，明代的知识人不唯对礼有了全新的诠释，甚至出现了两种比较适应时代的观念：一是礼因俗制，二是将礼简化。

二、礼制的确立及其演变

明太祖朱元璋是一代礼制的建立者。这一礼制的确立，显然有其必要的理论基础。若对明太祖的礼观加以系统分析，不难发现以下内在理路：一是从“轻典”到礼法并重；二是将“敬”视为礼之本；三是正确处理“法”与“信义”之间的关系。

在元末反抗元代暴政的过程中，朱元璋曾采用一种“轻典”的政策，以取得广大民众的支持。但在即位吴王之后，其内心意识已经有了细微的变化与波动，也就是从倡导“轻典”，转而变为礼、法并重。他说：

① 陈荣捷：《宋明理学之概念与历史·礼》，台北：“中央研究院”中国文哲研究所筹备处，1996年，第85—88页。

② 顾颉刚：《顾颉刚读书笔记》卷1《纂史随笔·礼教》，第493页。

礼法，国之纪纲。礼法立，则人志定，上下安。建国之初，此为先务。吾昔起兵濠梁，见当时主将皆无礼法，恣情任私，纵为暴乱，不知驭下之道，是以卒至于亡。今吾所任将帅，皆昔时同功一体之人，自其归心于我，即与之定名分，明号令，故诸将皆听命，无敢有异者。尔等为吾辅相，当守此道，无谨于始而忽于终也。①

朱元璋曾经对廷臣说，一个人显得剽悍骄暴并非人的天性，而是后天的习惯所致。假若能以"礼法"对他们进行约束，那么所谓生性"剽悍"者，就会变得"善柔"，"骄暴"之人也可以慢慢变为"循帖"。②这就是礼法之功。

登极之后，朱元璋首先需要做的是正君臣之分，以确立自己的权威。他曾说："君臣之间，以敬为主。敬者，礼之本也。故礼立而上下之分定，分定而名正，名正而天下治矣。……大抵君臣言动之际，不可不谨。"③尽管建国的功臣都是与他一起出生入死的兄弟，在争夺天下的过程中，可以共甘苦，甚至不分上下彼此。但一旦立国，就必须使臣下在君主面前始终保持一种"敬畏"的态度。

在探讨"法"与"信义"两者之间的关系时，朱元璋也有一段颇为精辟之论。他说："威人以法，不若感人以心。敦信义而励廉耻，此化民之本也。故羞恶之心生，则非僻之私格；外防之法密，则苟免之行兴。"④由此可见，他并不一味相信法的威慑力，而是主张从内心感化人们，使其行为出于正道，而不犯法。

（一）洗污染之习：官方礼制的建立

一旦在理论上有了统一的认识，朱元璋便着手一代礼制的创立。明初初定天下，朱元璋首先开设礼、乐二局，"广征耆儒，分曹究讨"。洪武元年（1368），又下令中书省暨翰林院、太常寺定拟祭祀大典，于是臣下历叙沿革之由，酌定郊庙、宗社祭祀之仪。此外，"礼官及诸儒臣又编集郊庙山川等仪，

① 《明太祖实录》卷 14，"甲辰春正月戊辰"条，台北："中央研究院"历史语言研究所校印本，1962 年。
② 《明太祖实录》卷 14，"甲辰三月丁卯"条。
③ 《明太祖实录》卷 14，"甲辰夏四月壬戌"条。
④ 《明太祖实录》卷 44，"洪武二年八月丁亥"条。

及古帝王祭祀感格可垂鉴戒者，名为《存心录》”①。

洪武二年（1369），朱元璋又下诏，命诸儒臣修礼书，至次年告成，赐名为《大明集礼》。此书以五礼为准，又增加了《冠服》《车辂》《仪仗》《卤簿》《宗学》《音乐》。举凡升降仪节，制度名数，纤细毕具。朱元璋又屡次敕谕议礼之臣李善长、傅瓛、宋濂、詹同、陶安、刘基、魏观、崔亮、牛谅、陶凯、朱升、乐韶凤、李原名等，将礼书编辑成集，且诏郡县荐举高洁博雅之士，如徐一夔、梁寅、周子谅、胡行简、刘宗弼、董彝、蔡深、滕公琰等至京，一同修纂礼书。仔细梳理史料不难发现，明初议礼之举，宋濂正好家居，故诸多礼仪大多由陶安裁定。如大祀礼专用陶安之议，其余参汇诸说，从其所长。此外，祫禘礼用詹同之说，时享礼用朱升之说，释奠、耕籍礼用钱用壬之说，五祀礼用崔亮之说，朝会礼用刘基之说，祝祭礼用魏观之说，军礼用陶凯之说，均能援据经义，酌古准今，郁然成一代休明之治。至于祀典，多加厘正，诸如“天皇”“太乙”“六天”“五帝”之类，一概加以革除，又将诸神封号全部改为本称，“一洗矫诬陋习”。②

洪武六年（1373）三月，礼官上所定礼仪。朱元璋对礼部尚书牛谅说：“元世废弃礼教，因循百年，中国之礼，变易几尽。朕即位以来，夙夜不忘，思有以振举之，以洗污染之习。常命尔礼部定著礼仪。今虽已成，宜更与诸儒参详考议，斟酌先王之典，务合人情，永为定式。”其目的在于振举“中国之礼”，“以洗污染之习”，而后成为天下臣民生活的基本准则。至洪武二十四年（1391）六月，朱元璋又下诏廷臣，命他们参考历代礼制，更定冠服、居室、器用制度。③

（二）官方礼制的演变

毫无疑问，礼是一道藩篱，一道堤坝。若用“礼”的招牌，使之成为政治斗争的工具，适成一种争竞不已之象。据明末清初学者张履祥的说法，影响明代政治史的有三大事件，一为“靖难”，二为“议礼”，三为“三案”。这三大事件，无不导致“天地易位”，如靖难而导致四次重修《实录》，议礼而出现

---

① （清）龙文彬撰：《明会要》卷6《礼一・吉礼・礼》，上册，北京：中华书局，1956年，第76页。

② （清）龙文彬撰：《明会要》卷6《礼一・吉礼・礼》，上册，第76—77页。

③ （清）龙文彬撰：《明会要》卷6《礼一・吉礼・礼》，上册，第77页。

《明伦大典》，三案而成《三朝要典》。①可见，每一次政治事件的发生，无不导致礼制的变革。

明初一代礼制确立之后，至少在建文、永乐两朝，已稍有变更。如建文三年（1401）闰三月，《礼制》修纂而成，建文帝下诏颁示天下。在永乐年间，明成祖下谕将《文公家礼》颁示天下，又制定了巡狩、监国、经筵日讲等礼制。②

明世宗以藩王入承大统之后，更是以制礼作乐为己任，对明初所定礼制重新更定。嘉靖四年（1525）十二月，《大礼集议》纂修而成，颁示天下；嘉靖七年（1528）六月，《明伦大典》纂修而成，颁示天下。明世宗对一代礼制的更定，其最为重要者，分别有分祀天地，恢复朝日、夕月于东、西郊，罢二祖并配，以及祈谷、大雩、享先蚕、祭圣师、易至圣先师之号，均能“折衷于古”。至于其独排众议，祔睿宗太庙，跻武宗之上，徇本生而违大义，则被人视为“明察始而以丰昵终矣”。③评骘固然可以不同，但至少可以证明，明代礼制在嘉靖年间得到了很大的变革。

（三）民间礼制的变革

自明代中期以后，在士大夫精英的倡导下，以“家礼”为典型的民间礼制同样开始发生变革。民间礼制变革，大抵沿着以下两条路径展开：一是礼因俗制，二是礼之简化。

所谓“礼因俗制”，首先必须肯定礼的规范意义。礼是用来“制行”的，也即规范人们的行为。人们的行为必须有所制约，才不敢放肆，甚至恣情任意。而要做到这一切，抛开法制这一层面的意义（即“畏法”的功能）不说，“循礼”则必然是一大前提。④其次，礼尽可能地适应变化了的时代，适应民间习以为常的生活习惯。在明代出现的许多关于家礼的著作中，无不将“因俗”放在相当重要的位置。如墓祭，按照朱熹所定的家礼，应该是在农历三月上旬择日举行。但明人宋纁所定《四礼初稿》，就完全“如乡俗”，定为在清明、七

① （清）张履祥著，陈祖武点校：《杨园先生全集》卷41《备忘三》，第1129页。

② （清）龙文彬撰：《明会要》卷6《礼一・吉礼・礼》，上册，第80页。

③ （清）龙文彬撰：《明会要》卷6《礼一・吉礼・礼》，上册，第80页。

④ （明）吕坤：《四礼翼》之《冠后翼・成人礼》，收入《清麓丛书》外编，清光绪二十五年刻本。

月十五、十月朔日祭祀。又如丧礼方面，明朝人所定丧礼，也大多遵循一种“从俗”“变通”的原则。在明代，但凡不是客死于外，士大夫家已经多不用小殓（指死后第二日），仅仅使死者手足伸舒，巾服端正。这是当时民间小殓的习俗。面对如此流行之俗，明人宋纁认为，“从俗可也”。按照礼制，大殓是小殓之后一日。假若时值炎暑，若再按礼而行，岂非尸臭？所以，宋纁主张当此之时，就应该“变通行之”。①

自宋代以降，民间世俗所行之礼，大多本于相传为朱熹所著之《家礼》一书。②在明代家礼的通俗化方面，大儒丘濬无疑最值得一提，他是继承朱熹《家礼》并使之世俗化的第一功臣。成化十年（1474），他著成《家礼仪节》八卷，方使家礼内容合俗，执行具体。又礼仪节度，程序先后，均明白加以安排，使人易于履践。为此，丘濬在序言中云：

> 议者乃谓此书初成，为人所窃去。虽文公亦未尽行。噫！文公之身，动容周旋，无非礼者。方其存时，固无俟乎此书，今其既没之后，有志欲行古礼者，舍此书将何据哉？礼之在人家，如菽粟布帛然，不可斯须无之。读书以为儒而不知行礼，犹农而无耒耜，工而无绳尺也，尚得为农工哉？③

足见丘氏宗旨，明言在于农工小民，使其礼仪深入世俗，简约易行。换言之，就是用“浅近之言”，令农工小民“易晓而可行”。④继丘濬之后，宋诩于弘治十七年（1504）著成《宋氏家仪》四卷，使家礼更加趋向于民间惯行的仪节。⑤

所谓将礼简化，其实就是礼之从俗的进一步发展，其目的是将礼通俗化，以便能顺利普及到民众之中。如洪朝选曾对“古礼”“俗礼”作了如下比较：“古礼淡，俗礼华；古礼繁，俗礼简。”进而由此推论，时人之所以“以古礼为

---

① （明）宋纁：《四礼初稿》卷3《丧礼》，清嘉庆六年刻本。

② 王尔敏：《传统中国庶民日常生活情节》，《“中央研究院”近代史研究所集刊》1992年第21期。

③ （明）丘濬撰：《文公家礼仪节・丘濬自序》，清乾隆三十五年宝敕楼刻本。

④ （明）丘濬撰，（明）丘尔谷编：《重编琼台稿》卷9《家礼仪节序》，上海：上海古籍出版社，1991年，第182页。

⑤ 王尔敏：《明清社会文化生态》，桂林：广西师范大学出版社，2009年，第89页；王尔敏：《明清时代庶民文化生活》，第53—54页。

桎梏”，还是源于“厌淡喜华之心”与“苟简恣肆恣之习”。[①]吕坤更是直言感叹：“礼繁则难行，卒成废阁之书。”[②]为此，他深疾礼之“繁文”与“靡文”，希望一洗而归于“崇真尚简”。[③]

什么是“四礼”？按照吕坤的说法，就是“人道之始终”。换言之，冠、婚、丧、祭四礼，伴随“人道”的始终。在中国的传统观念中，“人道”一词无非包括人类社会的道德规范、社会的等级差别以及夫妻交接之道三个层面的意义。可见，从夫妻交接之道这一层面来看，礼本身就有人的本能（性冲动）或自然状态下的意义与价值，只是后来的儒家学者更多地将礼看成是一种道德规范和等级名分。什么是“人生”？简单地说，人生就是人的一生，也就是生、老、病、死。这是着眼于长的时段而言，如果将它局限于一天之内，就是吃、喝、拉、撒、睡，或者说就是衣、食、住、行。两相比较，人道与人生确实是密切相关的。明朝学者正是理智地看到了这一点，才将礼建立在民间日用常行、浅近鄙俗乃至家喻户晓之上。这是为了使礼能面向社会大众。为了达到使礼通俗化的目的，最直接的做法无疑就是礼的简单化。吕维祺也深知在礼制的制定上，“繁不如简之易镜也，泛不如切之挈要也，骤革不如相因之默喻也”。所以他在制作《四礼约言》一书时，除了遵行“相因”乡俗这一条外，就是奉行简易、切洁两条准则。[④]

明初《大明集礼》的制定及其颁发，无疑确定了有明一代规范人们行为的普遍准则。明代中期以后，一代典礼受到了来自现实生活和习俗的冲击，导致晚明一些学者重新根据变化的社会制定适应时代的礼制，这不排除有他们理想化的成分，但他们新定之礼是因俗的，其目的是使礼下于庶人，或者说使礼大众化和通俗化。

① 洪朝选：《洪芳洲先生续稿》卷2《题礼考》，《洪芳洲公文集》下卷，台北：洪福增，1989年重印本，第48b页。

② （明）吕坤著，吴承学、李学摩校点：《呻吟语》卷5《治道》，第307页。

③ （明）吕坤著，吴承学、李学摩校点：《呻吟语》卷5《治道》，第317页。

④ （明）吕维祺撰：《四礼约言》之原序，清刻本。

三、礼的观念及其内在转向

按照儒家传统的观念，圣统、道统与政统内在统一。父为一家礼之主，君则为一国礼之主。孔子是圣人，为“礼”之不祧之祖，那么，一个王朝的开国之君，制礼作乐，亦有再造之功，可称“祖制”。换言之，在儒家士人的心目中，以孔子为代表的儒家所传承下来的礼制，无疑需要绝对的尊奉，而一代礼制同样具有相对的权威性，不敢轻易加以逾越。

（一）儒家传统礼观念的继承

毫无疑问，明代士人是儒家之礼的信奉者与实践者。他们对礼的认知，仍然具有不脱传统的面相。这主要体现在以下两个方面。

第一，肯定礼之功用，尤其是在立身、成家乃至维系社会秩序上的功用。“礼”字看似“虚文”，毫无用处，实则可以“厚生利用”。正如吕坤所言：

> “礼”之一字，全是个虚文，而国之治乱，家之存亡，人之死生，事之成败，罔不由之。故君子重礼，非谓其能厚生利用人，而厚生利用者之所必赖也。①

礼制的体现，在于“名器”与“名分”，似乎对人“无分毫之益”，实则关系到“国之存亡”与“民之死生”。又如吕坤所言：

> 名器于人无分毫之益，而国之存亡、民之死生，于是乎系。是故衮冕非暖于纶巾，黄瓦非坚于白屋。别等威者，非有利于身；受跪拜者，非有益于己，然而圣王重之者，乱臣贼子非此无以防其渐，而示之殊也。是故虽有大奸恶，而以区区之名分折之，莫不失辞丧气。吁！名器之义大矣哉！②

① （明）吕坤著，吴承学、李学摩校点：《呻吟语》卷 5《治道》，第 319—320 页。
② （明）吕坤著，吴承学、李学摩校点：《呻吟语》卷 5《治道》，第 303 页。

对礼之功用的认识，并不限于吕坤一人，而是明代士人的一种普遍认识。如宋诩强调："惟礼仪所以收敛人心者在是，所以品节天理者在是，乃立身之要道，成家之首务。"[①]显然，这是将礼仪的功用概括为两点，即"收敛人心"与"品节天理"。崔铣也说："礼者，人心之理也。协之以同然，百世可通也。"[②]黄道周完全认同礼是"圣人所以藏身之固也"这一传统之说，其依据则在于人性的固有特征："人莫不乐便逸而苦于绳束，喜恣睢而惮于跪起，积久成性，则下傲其上，小人简其君子，内外以偷，君子以疏，奸贼以生。"[③]也就是说，礼可以起到检束人性之功能。大而言之，礼更可以"防天下"，甚至是"久安长治之道"。对此，王廷相已是一语道破："人非乐天之心不能制情于道，故莫不有欲；欲则贪侈，贪侈则僭，僭则乱。圣人以礼防天下，使民各安其分而不争，是故或役或承，或亢或卑，或宠或夺，或泰或约，一受其正，奔命执分而无外慕，心定故也。是谓天下齐一，久安长治之道乎！"[④]

第二，强调礼是一种等级秩序，进而维系生活秩序的上下和谐。礼有等，犹如阶有级："礼之有次第也，犹堂之有阶，使人不得骤僭也。故等级不妨于太烦。阶有级，虽疾足者不得阔步；礼有等，虽倨傲者不敢凌节。"[⑤]当然，礼必须遵循一种中庸的原则，上不可"逼下"，下亦不可"僭上"。正如吕坤所言："凡名器服饰，自天子而下庶人而上，各有一定等差，不可僭逼。上太杀，是谓逼下；下太隆，是谓僭上。先王不裁抑以逼下也，而下不敢僭。"[⑥]

（二）礼观念的转向

在遵循传统礼教观念的同时，明代士人对礼的认知出现了一些转向。这种

① （明）宋诩：《宋氏家要部》，见徐梓编注：《家训——父祖的叮咛》，北京：中央民族大学出版社，1996年，第218页。

② （明）崔铣：《本末》，见（明）陈子龙等选辑：《明经世文编》卷153，第2册，北京：中华书局，1997年，第1532页。

③ （明）黄道周撰，翟奎凤、郑晨寅、蔡杰整理：《黄道周集》卷4《拟中兴十三言疏》，第1册，北京：中华书局，2017年，第272页。

④ （明）王廷相著，王孝鱼点校：《慎言》卷7《御民篇》，《王廷相集》，第3册，北京：中华书局，1989年，第784页。

⑤ （明）吕坤著，吴承学、李光摩校点：《呻吟语》卷5《治道》，第283页。

⑥ （明）吕坤著，吴承学、李光摩校点：《呻吟语》卷5《治道》，第303页。

观念转向既是生活实际发生内在转变的真实反映，却又为生活变化提供了足够的理论依据。细加概括，大抵体现在以下四个方面。

第一，在处理礼与情的关系上，强调“礼本人情”，进而肯定出于真诚的个人情感的重要性。礼本人情，这是一种相对古老的礼观。一至宋代理学兴起，开始有将礼与情对立的倾向，进而将礼绝对化。入明以后，重新恢复“礼本人情”之说，并开始沿着以下两条路径加以展开。

第一条路径相对较为谨慎与保守，尽管肯定“礼本人情”，但又强调礼必须“制人情”。这可以称之为中庸的礼观。正如方孝孺所说的：“礼本于人情，以制人情。泥则拘，越则肆，折衷焉斯可已。”①这无疑是在礼与情的关系上采取一种折中之论。对此，张居正对“礼”与“情”的关系，诠释最为系统，引如下：

> 盖礼也者，因人情而为之节文者也。如玉帛交错，揖让周旋，宾礼也。然必先有恭敬之实心，而后以是将之，是敬在于先，礼在于后矣。又如擗踊哭泣，衰麻服制，丧礼也。然必先有哀痛之本情，而后以是节之，是哀在于先，礼在于后矣。故情实者素地也。礼文者彩色也，非礼，固无以为人情之节文。然苟情不至而徒求之于礼焉，是犹画者不先布素地，而欲施文采也，有是理乎？②

仔细分析张居正之论，显然具有一种中庸的色彩：一方面，礼必须“因人情”；另一方面，礼又是“人情的节文”。王叔杲之论同样可以作为张居正之说的注脚：“夫礼非强世，因人情而为之节文，以为民防者也，故能止邪于未形，使民日徙善远罪而不自知。”③

按照这条路径，礼观已开始有趋于“本于情”之势，然相对仍囿于保守。徐光启论礼与情之关系，堪称典型一例：

> 先王因人情而作礼，则礼亦情也。礼有未至，则虽有无情之辞，其如

---

① （明）方孝孺著，徐光大校点：《逊志斋集》卷1《杂诫三十八章》，宁波：宁波出版社，2000年，第16页。

② 《论语》卷1，见（明）张居正撰，王岚、英巍整理：《四书直解》卷5，北京：九州出版社，2010年，第80页。

③ （明）王叔杲著，张宪文校注：《王叔杲集》卷8《〈家礼要节〉序》，上海：上海社会科学院出版社，2005年，第182页。

> 抑情而自守者乎？故在强暴，则无礼而以为有礼，有情而实为无情，非其实也，禽兽也。在女子，有礼即为有情，无礼即属无情，不驾虚也，圣贤之徒也。①

细绎徐光启之意，他所谓的“礼亦情”之说，“有礼”在先，“有情”在后。明末人曾异撰之说，堪称徐光启之论的补充。他说：“窃谓天下无情外之理道，凡忍于犯伦伤义，皆世间极寡情之辈。盖古今之忠臣孝子，不过其情至于君父者。使世皆深情于夫妇、昆弟、朋友之人，则亦必无谷风之怨，阋墙之争，与夫二夫失节之事。”②曾异撰应该说是一个重“情”之人，但他所谓的“情”，并非出自个人真诚的情感，而是一种仍局限于传统的伦理之情。

相对于第一条路径，第二条路径则更为大胆与开放。这条路径显然得益于王阳明心学的崛起，如王阳明在丧礼上尤其主于情。对此，阳明弟子王畿有如下记载：

> 子充曰：“阳明夫子居丧，有时客未至恸哭，有时客至不哭，阳和终以不哭为疑，敢请？”先生曰：“凶事无诏，哀哭贵于由衷，不以客至不至为加减也。昔人奔丧，见城郭而哭，见室庐而哭，自是哀心不容已。今人不论哀与不哀，见城郭室庐而哭，是乃循守格套，非由衷也。客至而哭，客不至而不哭，尤为作伪。世人作伪得惯，连父母之丧亦用此术，以为守礼，可叹也已。”③

这是一段颇能说明问题的记载。在王阳明看来，人子有父母之丧，哭与不哭，完全决定于个人“由衷”的情感，而不是“循守格套”，情不由衷，在吊客面前“作伪”。对此，李贽的解读，可谓最得王阳明之义：“唯其痛之，是以哀之；唯其知之，是以痛之。故曰哀至则哭，何常之有！非道学礼教之哀作而致其情也。”④可见，王阳明关于丧礼之论，已有超逸道学礼教藩篱之势。同样一件事，李贽看到的是王阳明“致其情”的一面，而在保守理学人士张履祥的

① （明）徐光启：《毛诗六帖讲意》卷1《国风·行露》，见《徐光启著译集》，上海：上海古籍出版社，2011年，第56页。
② （明）曾异撰：《复潘昭度师》，见（清）周亮工辑：《尺牍新钞》卷1，长沙：岳麓书社，1986年，第8页。
③ 吴震编校整理：《王畿集》卷5《天柱山房会语》，南京：凤凰出版社，2007年，第120页。
④ （明）李贽：《初潭集》卷19《哀死》，北京：中华书局，1974年，第318页。

眼里，则看到的是王阳明“直情径行”“扫弃一切”的另一面，甚至批评阳明之论，“似是而非”。①

自阳明之后，明代的礼论大多本着“礼本人情”之说，却有各自的发挥。尽管吕坤并不否认礼的功能，但对礼的解读直抒胸臆，颇有一些独特之见。他主张“礼由情生”，认为礼的出现，就如“瓜李将熟，浮自生焉”，完全是自然的东西，进而反对“以礼为情”。②他说：

> 礼是圣人制底，情不是圣人制底。圣人缘情而生礼，君子见礼而得情。众人以礼视礼，而不知其情，由是礼为天下虚文，而崇真者思弃之矣。③

显见，在吕坤看来，礼理应“缘情”，是自然、真情的流露。真情不需要修饰，一经修饰，就是一种“伪交”。譬如，家人父子之间，可以“不让而登”“不侑而饱食”，这绝非“简”与“饕”，而是出于“真”。尽管吕坤承认“废文不可为礼”，但他同时又认为，“文至掩真，礼之贼也”。④换言之，外在礼文节仪的繁简，取决于内心是否具有“真情”：“没这点真情，可惜了繁文侈费；有这点真情，何嫌于二簋一掬？”⑤

吕坤礼观的最大特点，在于以“饰情”与“饰伪”来区分繁简：先王之礼文，用来“饰情”；后世之礼文，用来“饰伪”。礼以饰情，即使礼文三千三百，极其繁缛，“不害其为率真”；反之，礼以饰伪，即使仅是一揖一拜，“已自多矣”。当然，吕坤更为担心的是，人们因为厌恶“饰伪”，于是与一切苟简决裂，进而冲决礼教之防，自以为“率真”。这无疑会“流于伯子之简而不可行”，是“礼之贼”。⑥

尽管吕坤的礼观已经具有礼出于情之义，进而斥责礼教的虚文甚至虚伪，

---

① 如有人问张履祥：“友人云：‘阳明遭龙山之丧，凡宾友来吊，概不接哭。’门人问焉，阳明曰：‘最怪人在父母面上使假’，以谓哭宜平时，若因人吊而哭，则伪矣。此说如何？”对此，张履祥答道：“此亦非是。平时固宜哭泣，若人来吊，尤自动其悲哀之心，接哭亦情所必至，何假之有？凡姚江之论，似是而非。其意固主直情径行，而扫弃一切也如此。”参见（清）张履祥著，陈祖武点校：《杨园先生全集》卷54《训门人语三》，第1478页。

② （明）吕坤著，吴承学、李光摩校点：《呻吟语》卷1《谈道》，第76页。

③ （明）吕坤著，吴承学、李光摩校点：《呻吟语》卷6《人情》，第334页。

④ （明）吕坤著，吴承学、李光摩校点：《呻吟语》卷1《谈道》，第46页。

⑤ （明）吕坤著，吴承学、李光摩校点：《呻吟语》卷3《应务》，第195页。

⑥ （明）吕坤著，吴承学、李光摩校点：《呻吟语》卷2《修身》，第113页。

但他同时也排斥肆无忌惮的“苟简决裂”。也就是说，吕坤礼出于情之“情”，尚有伦理之情的面相，属于“道情”，而非“世情”。一至李贽，则已将礼置于自然的“情性”之下加以审视。如李贽论“情性”与“礼义”道：

> 盖声色之来，发于情性，由乎自然，是可以牵合矫强而致乎？故自发于情性，则自然止乎礼义，非情性之外复有礼义可止也。①

这是一则相当重要的礼观，其中心含义在于将“礼义”置于“情性”之内。至于“情”与“性”，李贽也能别出机杼。李贽认为，“世情”即“道情”。他说：“你想道情，我想世情。世情过得，就是道情。”②说得直白一点，就是平凡的世俗之“情”，就是玄虚的道学之“情”。这就使李贽将批评的矛头直指道学之虚伪，进而将立足点置于“自然之性”上，宣称：“自然之性，乃是自然真道学也。”③

姚旅同样认识到，若是过分讲“礼”，将会导致“忠信之薄”。他先就“事亲”与“宴客”之礼仪加以对比，即“事亲者有供具而略文饰，宴客则供具与文饰并隆，并客厚而亲薄”，借此证明“事亲”必须出于“真心”，而“敬客”则讲求“情貌”。在此之上，有一点引起姚旅的格外关注。作为人子，侍奉父母双亲之礼，即使相当“綦隆”，一旦父母“欲私所爱”，为人子者难免“忿然作色”。这是一种“礼綦隆而孝衰”的现象，其原因何在？姚旅认为，“礼者，忠信之薄也”。④换言之，礼直接导致“忠信之薄”。

尽管李贽一向反对假道学，但他终究不属文人，理应归于讲学的说法之士。事实上，在晚明时代，这种礼出于情之论，已经开始向文学界渗透，且得到一些文人的响应。吴伟业就是典型，且他的观点颇具代表性。吴伟业将造化之气分为“贞气”与“淫气”两类，并不排斥“淫气”，而是如实地将贞、淫二气加以描摹。他说：

> 造化氤氲之气，分阴分阳，贞淫各出。其贞气所感，则为忠孝节烈之事；其淫气所感，则为放荡邪慝之事。二气并行宇宙间，光怪百出，情状

① （明）李贽：《焚书》卷3《读律肤说》，北京：中华书局，1974年，第132页。
② （明）李贽：《焚书》卷4《读若无母寄书》，第140页。
③ （明）李贽：《初潭集》卷19《笃义》，第328页。
④ （明）姚旅著，刘彦捷点校：《露书》卷6《华篇》，福州：福建人民出版社，2008年，第146页。

万殊，而总由文人之笔传之。文人之笔，或寓言，或纪实，或像形容，千载如见。由是贞者传，淫者亦传。如三百篇中不删《郑》《卫》，圣人以为男女情欲之事，不必过遏。词人狂肆之言，未尝无意，贞淫并载，可以为劝，可以为鉴，有其文则传其文而已。①

吴伟业的这番论断，说起来道理很简单。作为一个有情欲的正常人，假如不是被名教束缚，那么，淫逸之事，何所不有？既然有了这种淫逸之事，就不可能禁止文人将这些事情形之于文，并流传于后世。诸如长卿之于文君，卫公之于红拂，显然都是人间越礼之事。尽管在道学家看来是越礼，但在风流家看来，却正是绝好一桩公案，甚至愿意效法而不可得。

第二，正确处理礼与乐二者之间的关系，以乐补礼，追求“礼者和也”的境界。严格言之，儒家并不热衷于求同，故有“君子和而不同”之语。但儒家伦理又很重视乐，通常与礼并称。二者的作用，《礼记·乐记》说得很清楚：“乐者为同，礼者为异。”又说：“乐统同，礼辨异。”礼与乐的宗旨，在于有等第而和谐共处，而关键则在于各安其分，此点朱熹说得最明白，即既要讲上下、尊卑、内外之辨，又要各得其利、各得其宜。②

明人在承继儒家传统的基础上，在礼观上开始强调“乐”对于“礼”的补充意义，亦即以乐之“和”部分消解礼之“严”。如有人问高拱：“礼之用，和为贵。”一般注家将“和”解释为“从容不迫”之意。对此，高拱提出了自己的看法：

从容不迫，言不急遽耳，岂以礼之用但不急遽即为贵欤？夫和谓情意之流通也。高下散殊，天地之礼也；周流同化，天地之和也。观此，而礼和之说可知矣。

……盖曰礼之行也固严，然必以和为贵，和斯美云尔。如君臣上下之森然，父子、兄弟之无渎，严非礼之用欤？然必君臣上下之情通，斯森然者为美。父子、兄弟之爱洽，斯不渎者为美。不然，亦乖睽而已矣，何足贵哉？故和以成，礼之不离；礼以成，和之不流。文与情偕，非谓严为

① （清）吴伟业著，李学颖集评标校：《吴梅村全集》卷60《辑佚·杂剧三集序》，上海：上海古籍出版社，1990年，第1211页。

② 转引自侯外庐主编：《中国思想通史》第4卷，下册，北京：人民出版社，1960年，第634页。

体、和为用，用有不行，又以其体节之也。[①]

可见，高拱认为，礼不仅是差序，如君臣之森然有别，父子、兄弟之不渎，而且“以和为贵”，即两情相通，“文与情偕”。

除高拱之外，明代的理学之士对礼与乐的关系，也大多做了颇为有益的阐释。如薛瑄认为，“礼”讲求的是序，“乐”讲求的是和。如君臣、父子、兄弟、夫妇、朋友，各得其分而不相侵越，这就是“序”。上下、尊卑、内外有序，则礼立；君仁、臣敬、父慈、子孝、兄友、弟恭、夫义、妻听、朋友有信，这就是“和”，和则乐生。他说：“人有斯须之不敬，则怠慢之心生，而非礼矣；有斯须之不和，则乖戾之心生，而非乐矣。”[②]这无疑是将礼乐并立。吕柟也主张礼乐合一。吕柟强调礼乐不可分。他曾举下面两个例子加以说明：有一位显宦，每天早晨高声问安，父母方寝，心中不安。这是“一于礼而失其和”。又有一位秀才，父子嘻嘻，甚是嘲戏。这是“失其礼而一于和”。这两者均不可，因为“礼胜则离，乐胜则流”。[③]在吕柟看来，礼不是“道”，而是“举这道字的器具”。“和”字只是个自然，就是从容，“礼必由中心自然形见出来，方是和”。[④]刘宗周认为，礼本以节人情之流，主于严胜。只是当行礼之际，则委蛇进反，稍以人情为迁就，“而未尝斤斤焉桎梏于尺寸之间，使人望而知畏”。这就需要讲求一个“和”字。譬如“父坐子立”是礼。然行礼之际，让人子终日站立，显然也是一件难事，自然需要有所变通。这就是“和”。[⑤]鹿善继通过将礼落实于事这一环节，进而使礼通俗化。他认为，礼乐不是钟鼓玉帛，仪节不是声容制度，而是在日用间应事接物上，求得一个“节”：“其当然而然，极其中的去处，叫做礼；其自然而然，极其和的去处，叫做乐。”礼乐虽是两个字，却是一个理：“未有不合礼而得成乐，不合乐而得成

---

① （明）高拱著，流水点校：《问辨录·论语》，《高拱论著四种》，北京：中华书局，1993年，第124页。

② （明）薛瑄：《读书录》卷2，见（明）薛瑄著，孙玄常、李元庆、周庆义等点校：《薛瑄全集》，第2册，太原：三晋出版社，2015年，第711页。

③ （明）吕柟撰，赵瑞民点校：《泾野子内篇》卷9《鹫峰东所语》第14，北京：中华书局，1992年，第83页。

④ （明）吕柟撰，赵瑞民点校：《泾野子内篇》卷23《太学语》第31，第237—238页。

⑤ （明）刘宗周：《经术二·论语学案》1《学而第一》，见吴光主编：《刘宗周全集》，第1册，杭州：浙江古籍出版社，2007年，第274—275页。

礼者。”[①]诸如此类的说法，足以证明在明代，礼从“主于严胜”到礼讲求“和”，不仅仅是儒家原始礼观的恢复，更是顺应了时代生活变迁的一种新观念。

第三，辨析礼之内外，强调礼出于心。传统儒家学者的礼观，大多看重礼教外在的约束功能。他们认为，礼仪三百，威仪三千，并非古先圣王喜欢以这些烦琐的礼仪“苦人”，而是人生世上，此身此心，“唯礼可以检束之”。[②]值得注意的是，儒家所言之“善”，诸如“仁义礼智”之类，一般均不下注脚。只有孟子说“乃若其情，则可以为善矣”，接着下面又说“仁义礼智，非由外铄我也”。[③]换言之，像礼一类之善，并非来自外部强制，而是出自内心的自觉。

自孟子提出礼“非由外铄我”之说以后，礼出于心一说在明代得到了很好的弘扬。这显然应归功于明太祖朱元璋和大儒王阳明。重内心的诚敬，也就是重内之礼，而不重外在的仪文，这种礼观念在明太祖朱元璋的身上已有体现。他说：“孔子万世帝王之师，其斟酌四代礼乐，实为万世之法，乘木辂何损于祭祀？况祀事在诚敬，不在仪文也。”[④]王阳明的最大贡献在于从一以贯之的传统之礼中，剥离出了一个“非礼之礼”，进而倡导礼出于心的必要性。一方面，他认为，“先王制礼，皆因人情而为之节文，是以行之万世而皆准”；另一方面，他又强调礼“可以义起”，“若徒拘泥于古，不得于心，而冥行焉，是乃非礼之礼，行不著而习不察者矣”。[⑤]

自王阳明提出礼有“非礼之礼”之后，王门后学大多承继此说，且加以发扬光大。如李贽先将“礼”与“己”加以区分：“人所同者谓之礼，我所独者谓己。”在此基础上，又将“礼”与“非礼之礼”作了如下辨析：“盖由中而出者谓之礼，从外而入者谓之非礼；从天降者谓之礼，从人得者谓之非礼；由不学、不虑、不思、不勉、不识、不知而至者谓之礼，由耳目闻见，心思测度，前言往行，仿佛比拟而至者谓之非礼。”在李贽的观念中，“非礼之礼，大人勿为；真己无己，有己即克”。[⑥]焦竑对“己”与“礼”有进一步的辨析。在焦竑

① （清）黄宗羲著，沈芝盈点校：《明儒学案》卷54《诸儒学案下2·忠节鹿乾岳先生善继》，北京：中华书局，1986年，第1305—1306页。

② （明）李乐：《续见闻杂记》卷10，上海：上海古籍出版社，1986年，第938页。

③ 转引自（清）张履祥著，陈祖武点校：《杨园先生全集》卷39《备忘一》，第1048页。

④ 《明太祖实录》卷20，“丙午夏四月乙卯”条。

⑤ （明）王守仁撰，吴光、钱明、董平等编校：《王阳明全集》卷6《寄邹谦之（二）》，上海：上海古籍出版社，1995年，第202页。

⑥ （明）李贽：《焚书》卷3《四勿说》，第101页。

的话语体系中，“己”是“我所独者”，是“生于人”，是“执己见而不能同人”，且“从外入”，属于一种“非礼之礼”；“礼”是“动以天”，且“由中出”。①公安派的袁宗道同样对“己”与“礼”有所辨析。他认为，“克己”之“己”，与“为仁由己”之“己”相同，就是所谓的“我”。“己”是“耳目心知，能视听言动者”；“礼”是仁，“仁即是礼，以其为天然之别，故曰礼”。“己”与“礼”，是一种“非一非二”的关系，“迷之则己，悟之则礼”。②儒家经典既说“克己”“为仁由己”，但又说“古之学者为己”。同样是“己”，一说“克己”，一说“为己”，一取一舍，似乎存在着一些矛盾。为此，袁宗道又借助于释典“苦空无我”与“常乐我净”之说，对“己”与“我”作了深层次的辨析。他认为，佛教经典中所云“无我”，就是“克己之己”，而“常乐我净”中的“我”，则是“为己之己”，而后得出结论：“无我乃是真我，克己乃能为己。”③综合上面诸家所论可知，王门后学一再倡导“克己”，甚至借用佛教的话语而上升到“无我也”，但他们所谓的“礼”，绝非外在强加的，而是出自内心的自觉。

除了王门后学之外，高拱、张居正两位当朝首辅，对礼的认识大体也趋于一致，即礼不是外在强加于人的准则，而是内心自觉的准绳。在《论语·八佾》中，孔子有言：“人而不仁，如礼何？人而不仁，如乐何？”其意是说，无论是礼还是乐，均应该出自个人心之德即“仁”。对此，明人高拱加以发挥，云：“可见礼乐非自外至，而用礼乐者，不可不求诸心也。”④张居正亦云：“盖礼乐不可斯须而或去，人心不可顷刻而不存，欲用礼乐者，求之心焉可也。”⑤

第四，主张礼之本义，时为大，礼必须因时而变。在传统儒家学者的心中，无不视《周礼》为礼制的最高境界，且期盼能恢复三代之制。然《周礼》这套制度，王莽用之而败，王安石用之亦败。到了明代，方孝孺算得上是一代伟人，套用《周官》更易制度，结果也是无济于事，反而成为燕王朱棣起兵的口实。无他，不过是古与今时移势易，不可勉强将古代的制度用于当代。

① （明）焦竑撰，李剑雄点校：《澹园集》卷48《古城答问》，北京：中华书局，1999年，第728页。

② （明）袁宗道著，钱伯城标点：《白苏斋类集》卷17《说书类·读〈论语〉》，上海：上海古籍出版社，1989年，第249—250页。

③ （明）袁宗道著，钱伯城标点：《白苏斋类集》卷17《说书类·读〈论语〉》，第252页。

④ （明）高拱著，流水点校：《日进直讲》，《高拱论著四种》，第301页。

⑤ 《论语》卷1，见（明）张居正撰，王岚、英巍整理：《四书直解》卷5，第78页。

有鉴于此，明代学者重举礼之本义“时为大”的旗帜。其中“时”之义，又可析为以下两种。

第一，礼因时而变。如明初宋濂对于“礼”之看法，基本持一种因时而变的态度。他认为，礼并非“天作而地设”，而是由人制作。他说：“礼之立，起于人情之变，人情之变，如洪水之溃。制礼者，犹禹治水然，左瀹而右疏，排险而导下，惟适水之性，使各顺其道而已，不可以一法拘也。水势有古今之殊，苟执禹之遗法，而治千载以下之水，则不合者多矣，奚可乎哉？”以祭礼为例，古无墓祠，庶人只“祭其祢”，这是礼。至汉代，开始出现墓祠与墓祭，而且祭祀自己的高祖，同样不可谓之“非礼”。为此，宋濂主张礼必须“因时而变”。[1]归有光从“古不修墓”到“后世始有修墓”，以及“古者墓而不坟”到“后世始有坟”的丧俗变迁中，悟得“礼之微难言矣”的道理，进而认为只要“近于人情”，“古礼之变”则完全符合礼制。[2]一至明末清初，王夫之更是将礼分为“不可变”与“可变”两类。所谓“不可变”之礼，这是“先王”所创的“万世法”，且经过“斟酌情理”，使“后之无异于今”。如此“不可变”之礼，若是轻率加以变更，显非“大伦之正”。所谓“可变”之礼，则“时已变，则道随而易”，且属于“一王创制，义通于一，必如是而后可行”。如此之礼，假如守而不变，显然“于情理未之协也”。[3]

第二，对“非天子不议礼”加以质疑。是否只有天子才有权制礼作乐？在儒家经典的观念中，事实上存在着言语上的冲突。近人顾颉刚已经敏锐地觉察到了这一点。他认为，《中庸》既然说“非天子，不议礼，不制度，不考文。……虽有其德。苟无其位，亦不敢作礼乐焉”。这无疑是说，只有天子，才有权制作礼乐。但《中庸》的下文，随之又有“仲尼祖述尧、舜，宪章文、武，上律天时，下袭水土”。[4]显然，这是说孔子也曾制作礼乐。两者一比较，不免有些冲突。其实，早在明末清初，学者陆世仪就已经对《中庸》所言“非天子不议礼”一说加以质疑。他认为，所谓的“礼”，不过是天理的节文而

---

① （明）宋濂：《朝京稿》卷3《平阳林氏祠学记》，见罗月霞主编：《宋濂全集》，杭州：浙江古籍出版社，1999年，第1690—1691页。

② （明）归有光著，周本淳校点：《震川先生集》卷24《何氏先茔碑》，下册，上海：上海古籍出版社，1981年，第558页。

③ （清）王夫之著，舒士彦点校：《宋论》卷1《太祖》13，北京：中华书局，1964年，第22页。

④ 顾颉刚：《郊居杂记》（二）《作礼乐者是否必是天子》，见《顾颉刚读书笔记》第3卷，第1338页。

已。所以有一代，必有一代之制作，均是很有意义的事情，不必是古非今。至于百代之后，其礼更应“损益百代”，有所更新。可惜的是，秦汉以后，制作礼乐之人，多非明礼之儒，而明礼之儒，则又多是古非今，动辄有碍。究其原因，还是因为误认“非天子不议礼”一语所致。在陆世仪看来，《中庸》所谓的“不议礼”，仅仅限于不敢轻议礼制，且轻易“改时王之制”。至于“私居议论，考订折衷，此正儒者之事，亦何罪之有焉！”①

四、礼教秩序与生活变迁

毫无疑问，礼可以化民成俗，礼寓于一代政制之中。明太祖朱元璋建极垂范，所取之法，就是将礼寓于一代政制之中。政制是“齐一天下之具”，其功能在于“一民之视听”，其间却蕴涵“为礼之迹”；礼制有“化成天下之实”，其目的在于“定民之心志”，其间同样蕴涵“为政之精”。②礼制与政制相辅相成。

（一）礼教秩序与生活

在传统社会，礼为政之本。明代也不例外。礼教秩序一旦建立，其目的就在于规范生活。关于此，不妨引述张元忭的一段话，作为讨论的起点。他说：

> 臣窃以为，风俗之无良者，由教化之不明也；教化之不明者，由政本之未立也。夫所谓政之本者何也？礼之实是也。今也详法令而略礼教，重文艺而忽德行。赏罚非不明也，而或枉其功过之实，则下何由而劝惩？议论非不悉也，而或歉于画一之守，则下何由而趋避？学校视为具员，而师儒之模范弗端；守令劳于案牍，而风俗之淳漓罔念。③

风俗、教化、政本，三者关系紧密，但无不与礼教有关。举凡风俗无良、

① （清）陆世仪：《思辨录论学》，见（清）贺长龄、魏源等编：《清经世文编》卷3，北京：中华书局，1992年，第96页。

② （明）张元忭撰，钱明编校：《张元忭集》卷1《制策·廷对策一道》，第25页。

③ （明）张元忭撰，钱明编校：《张元忭集》卷1《制策·廷对策一道》，第25—26页。

教化不明、政本不立，均是因为礼教的缺失。

明初立国，明太祖朱元璋深知礼制的重要性，通过禁止奢侈的系列政令，建立起一代礼制，重新确立一代名分等级制度。洪武元年（1368）十二月，朱元璋下谕中书省臣："帝王之治天下，必定礼制，以辨贵贱，明等威。"明确指出，贵贱无等、僭礼败度，是元朝覆亡的主要原因，希望通过重建一代礼制与禁条，使官民各有所守，"以正名分"。洪武三年（1370）八月，朱元璋再次"申禁官民器服僭用"。洪武十八年（1385）九月，朱元璋深感"禁末作""禁华靡"对于"足食""足衣"的重要性，于是重新申明天下，要求"四民各守其业，不许游食；庶民之家，不许衣锦绣"。至洪武二十六年（1393）六月，朱元璋又"申严公侯制度僭侈之禁"。①

明太祖所建一代礼制，乃至禁止奢侈的政策，显然得到了随后各朝继承者的响应。举例言之，如宣德四年（1429）二月，明宣宗下谕行在礼部尚书胡濙，明确指出："朝廷之礼，最先正名。尊卑等级，不可僭差。"要求内外官员士庶，服饰仪从，各有定制，不得"越礼犯分"。成化六年（1470）十二月，明宪宗采纳给事中王宏之请，下令"禁奢侈"。弘治十一年（1498）十二月，明孝宗下令，"禁中外奢靡逾制"。正德元年（1506）六月，明武宗下令，"禁吏民奢靡"；正德十四年（1519）二月，又下令"禁冠服非制"。嘉靖九年（1530）二月，"禁官民服舍器用逾制"；嘉靖十四年（1535）二月，"禁冠服非制"；嘉靖二十四年（1545）闰正月，诏中外"严禁奢靡"；嘉靖二十七年（1548）四月，给事中奏请申明礼制，凡是饮食、宴会、服舍、舆马、器用之类，悉定为等第，下令不得逾越。万历十五年（1587）六月，"禁廷臣奢僭"；当时沈鲤任礼部尚书，有感于时俗侈靡，于是稽考先朝典制，自丧、祭、冠、婚、宫室、器服，"率定为中制，颁天下"。②

一代礼制的建立，对于约束官民的生活，无疑具有规范性的意义。自明代中期以后，礼教渐趋失序，风俗开始偷薄。关于此，吕坤、张元忭有如下揭示：

> 世之衰也，卑幼贱微气高志肆而无上，子弟不知有父母，妇不知有舅姑，后进不知有先达，士民不知有官师，郎署不知有公卿，偏裨军士不知

① （清）龙文彬撰：《明会要》卷14《礼九·嘉礼·禁逾侈》，上册，第239—240页。
② （清）龙文彬撰：《明会要》卷14《礼九·嘉礼·禁逾侈》，上册，第240—241页。

有主帅，目空空而气勃勃，耻于分义，而敢于凌驾。①

由今之时观之，长厚者变而浮夸，淳庞者变而虚伪，倡优忘后饰之僭，墙屋竞文绣之观，而民侈泰以相炫者日甚也。急进取，则怀入市攫金之心；工排挤，则为下阱投石之计，而士之恣睢以陵上者可骇也。②

无论是“浮夸”“虚伪”，还是“凌驾”“恣睢”，无不是尊卑、长幼、官民、贵贱失序的实录。

礼教失序，固然是社会经济变化的反映，但确实与士人的失职大有关系。自明代中期以后，士人非但没有尽到维护礼教之责，甚至成为冲破礼教的先行者。已有的史料显示，冲破礼教的士人不乏其人，而康海与钟惺堪称典范。在大庭广众之下，康海公然男女同行。史称康海时常与妓女一同骑一头蹇驴，又令从人带着琵琶，跟随在后面，游行于道中，“傲然不屑”。③钟惺不守丧礼，亦引来很多学者的责难。众所周知，三年之丧，既是礼制规定，又是天下人所共守的通丧。即使宋代的苏轼、苏辙兄弟，有名士放旷之风，在居丧期间，也能做到禁断诗文，且在再期之内，不著一字。反观钟惺，虽素称严冷，然丁忧去职以后，枉道至武夷山，游山玩水，甚至写下《游武夷山记》一文。尤其令人惊奇的是，同是竟陵派的谭元春，在替钟惺所撰墓志铭中，不替钟惺隐避此事，不对此举有所微词，反而称钟惺“哀乐奇到，非俗儒所能测”。这显然是一代士风所致，很难为清初士人所理解，阎若璩对钟惺加以责难，自在情理之中。④

除了士人失职之外，法度废弛、纪纲败坏也是礼教失序的原因。正如吕坤所言，晚明的世道，人人讲求各自的“体面”，在上之人，“积宽成柔，积柔成怯，积怯成畏，积畏成废”；在下之人，“积慢成骄，积骄成怨，积怨成横，积横成敢”。其结果，则造成“体面重，法度轻”，甚至法度废弛。法度一旦废弛，其结果则是纪纲败坏，诸如：在朝，“小臣藐大臣”；在边地，“军士轻主帅”；在家，“子妇蔑父母”；在学校，“弟子慢师，后进凌先进”；在乡里，“卑

① （明）吕坤著，吴承学、李光摩校点：《呻吟语》卷4《世运》，第215—216页。
② （明）张元忭撰，钱明编校：《张元忭集》卷1《制策·廷对策一道》，第25页。
③ （明）何良俊撰：《四友斋丛说》卷18《杂纪》，北京：中华书局，1959年，第159页。
④ （清）阎若璩：《潜邱札记》，见（清）贺长龄、魏源等编：《清经世文编》卷3，第98页。

幼轧尊长”。[①]可见，已是贪肆是恣，礼法荡然，而礼教失序的结果则是明代中期以后生活的多样化。

（二）礼与俗

礼与俗的区别与联系，可以概括如下：上之所颁，称为“礼”；下之所尚，称为“俗”。礼，一成不变；而俗，则随地而忽殊。[②]

关于礼的起源，一直存在着一些争论。早在宋代，苏轼认为礼源于“戏”。他说：“八蜡，三代之戏礼也。岁终聚戏，此人情之所不免也。因附以礼义，亦曰不徒戏而已矣。”[③]从后世倡优承担祭祀礼仪，可知礼与戏之间的关系确乎密不可分。近世学者的研究显示，传统中国的礼确实与宗教祭祀关系密切。如朱汉民认为，礼起源于原始宗教祭祀祖先、天地的宗教礼仪，随后才演化为中国古代所特有的政治文化。一方面，它体现为一种尊卑长幼的等级政治秩序，起着维持政治系统内部秩序的作用；另一方面，它又是一种道德规范，与忠孝仁义等道德价值紧密联系在一起。[④]美国学者狄百瑞认为，礼当然是指礼节的规矩，但原始儒家的礼更带有宗教祭祀的余义。例如宗族、乡党或国家都通过共同的祭祀关系而得以井然有序地联结在一起，各得其所，各尽其仪。[⑤]

无论是礼起源于“戏”，还是礼起源于宗教祭祀，无不显示礼与民间的生活习俗休戚相关。揆诸明代的生活习俗，就礼与俗的关系而论，大抵可以从以下两个方面加以论之。

第一，生活习俗与礼存在明显的冲突，有时社会生活甚至会冲决礼教的藩篱。以丧俗为例，明清之际关中士大夫所实行的丧礼之俗，显然与儒家的丧礼有所不合。据顾炎武的考察，这种不合主要包括两点：一是增加了三年之丧的时日，亦即从二十八个月增加到三十六个月。此说起于唐代弘文馆直学士王元

---

① （明）吕坤著，吴承学、李光摩校点：《呻吟语》卷2《修身》，第131—132页。

② 清钞本《昌化县志》卷4《俗礼》，见中国科学院图书馆选编：《稀见中国地方志汇刊》，第14册，北京：中国书店，1992年，第923页。

③ （宋）苏轼著，华东师范大学古籍研究所点校注释：《东坡志林》卷2《八蜡三代之戏礼》，上海：华东师范大学出版社，1983年，第44页。

④ 朱汉民：《忠孝道德与臣民精神——中国传统臣民文化论析》，郑州：河南人民出版社，1994年，第31页。

⑤ 〔美〕狄百瑞：《中国的自由传统》，李弘祺译，贵阳：贵州人民出版社，2009年。

盛，早已为张柬之所驳，并未正式实行。但在陕西关中，一些士大夫却守三十六个月之丧。按照一般的说法，丧礼本自内心。正是本着这样一种观念，因为家中有了丧事，才通过一些丧仪以表达自己的哀戚之情。于是，“居处不安，然后为之居倚庐以致其慕；食旨不甘，然后为之蔬食水饮以致其菲；去饰之甚，然后为之袒括、衰麻、练葛之制以致其无文”。关中士大夫无论是做官，还是赴举，仅仅通过服丧日期增加数月，以此为孝。这不能不说与丧礼存在着差异。二是在顾炎武看来，诸如得子、拜官、登科、成室之类，这些“不必然而然”之事才值得庆贺。所以古人说“婚礼不贺”，这就是考虑到婚礼原本就是“人之序”，亦即“人事之所必然”，所以不值得庆贺。令人奇怪的是，按照关中所行风俗，服丧士大夫在丧满除服之日，流行亲朋前来祝贺之俗。这显然也与丧礼不同。①又如刘备、关羽、张飞三人“桃园三结义”的故事已是妇孺皆知，其中所涉之君臣、兄弟关系，同样也存在礼与俗之间的冲突。毫无疑问，关羽、张飞与刘备之间的关系，应该说是“恩若兄弟”，但他们之间确实又具一种君臣的等级关系，所以关、张均必须守“君臣之礼”。这或许就是人们心折于关、张的原因，更是得礼教之正。值得注意的是，在民间的风俗中，对于关、张、刘之间的关系，更为看重的还是他们结义兄弟的一面，并不重视正统的礼教。以民间风俗中所建的三义庙为例，庙中塑像的布置通常是刘备居中，关羽、张飞分列左右，而且均为“俨然南向坐”，这不能不说是一种“舍君臣而言朋友”之举。②这就是官方正统礼教与民间俗礼之间的对立与冲突，也是“大传统”与“小传统”的对立与冲突。

第二，有感于礼与俗的不一致性，明人提出“治贵因民”之说，提倡礼教生活秩序的整肃，必须建立在已有民间生活风俗之上。这有两个正好相反的例子可举。如湛若水任南京兵部尚书时，曾严禁百姓在酒肆中吃大鱼或群饮；又禁止百姓在除夕时，焚楮祀天，糜财犯礼。又姜宝任南京礼部尚书时，也曾经申明宿娼之禁，凡是有人宿娼，就“夜与银七分访拿帮嫖之人，责而枷示”。两人所行之事，当然都是“立礼之坊，制淫之流”，但结果则大

① 相关的记载，可参见《亭林文集》卷3《与友人论服制书》，第45—46页。

② （清）张尔岐：《蒿庵闲话》卷1，见《笔记小说大观》，第16册，扬州：江苏广陵古籍刻印社，1983年，第272页。

相径庭：姜宝所行，仅仅游冶子感到不便，并无触及民众生活习俗，故而没有引起激烈的反弹；反观湛若水所行，百姓深感不便，怨声载道，不久流于具文。究其原因，还是时势使然，即“都辇之地，群情久甘酣訾，万口易致鬻羹”，当事者理应遵循“治大国若烹小鲜”之说。①从两个相反的事例中，顾起元悟出“治贵因民”的道理，即礼教秩序的整顿，理应遵循已有的民间习俗。

五、余论：礼是“生活的艺术”

明代的文人大多喜欢摆脱礼教的束缚，过一种自由自在、毫无拘束的生活。正如有一位文人给公安派袁宗道的书信中所言：“乾坤是一大戏场，奈何龊龊为，絷人于苛礼。”由此言之，人既然处于一大戏场中，正如戏台上一样，想做皇帝、圣贤，或是才子、落魄书生，或是做强盗，都应该由着自己的本性，而不是由人来安排。这完全是一种摆脱礼教束缚的个性自由。其实，对于礼教的认识，在当时还是有很大的争论的。即使在人们心目中倡导个性自由的公安派文人，袁宗道也并非完全排斥礼教，而是认为礼教是“世界所赖安立，何可易谈！”为此，袁宗道提出了反驳意见。他的理论依据还是以戏剧作为比喻。他认为，即使在戏台上，演戏者还是应该遵守一定的规矩：扮生者自宜和雅，扮外者自宜老成，扮官净者自宜雄壮整肃，扮丑末者自宜跳跶诙谐。所有这些，都是戏场中的“礼”，不可假借。假如一场戏中，全是傅粉施墨，踉跄而叫笑，势必会使观众厌呕。换言之，即使做戏，也不可能忘却本来面目。假如演戏者真把自己当作某官或某夫人，忘却了他们的本来姓氏，这无疑是愚蠢之极。②

饶有趣味的是，正如元代学者许衡所言，所谓的“礼”，原本不应该是“强生出来束缚人”，只不过是“天理合有底行将去”。然后世所谓的礼，显然

① （明）顾起元撰，谭棣华、陈稼禾点校：《客座赘语》卷3《化俗未易》，北京：中华书局，1987年，第79—80页。

② （明）袁宗道著，钱伯城标点：《白苏斋类集》卷16《笺牍类·答同社又》，第225页。

已经“近于法”，束缚禁忌，“教人安行不得”。①由此可见，礼与法有一种合流的趋势。事实确实如此。礼制一旦确立，往往会与法制并行，被统治者作为维系社会的准则甚或专制工具。此即所谓的“礼法并行”。

研究一个时代的社会生活，不能不考虑到“礼”的观念问题。在传统社会，按照儒家的观点，礼无疑是一种道德规范，是对人们生活、习俗的规范约束。到了宋明理学家那里，这种观念无疑得到了加强，并使社会生活更趋伦理化、规范化甚至等级化。社会生活的变化，显然有赖于礼这一观念的变化，或者说礼这根绳索的松懈。伴随明代中期以后商业化的浪潮，首当其冲者就是商业化对礼教的冲击，以及由此而来的人们对礼的重新体认，甚至可以说是一种对礼的反思。明朝人的礼观，在系统梳理乃至肯定礼制功能的前提下，作了颇为开拓性的发展，无论是礼因人情之说，还是对“非礼之礼”的批评，无不是因应时代的变迁而有所变化，得出了适应新的社会现实并切合时代需求的新的礼观念，进而形成对传统礼教的冲决之势。与此相应，明朝人的生活观念也开始出现转向。“生活”一词，按照传统的观念来看，大多含有劳作之义。从生活一词之偏重劳作之义，到“生活”一词更多包含享受之义，这不仅仅是一个词语的意义变迁，其间所反映的则是明人生活观念的历史性转变。②

明朝人礼观变化的最大可取之处，在于不再将礼视为“强生出来束缚人”的规范准则，而是将礼直接视为一种物质生活。早在明初，郑棠在“人莫不欲富”这一人类普遍心理的基础上，把礼解释为“养也，足以养安也，足以养口体也”。③在晚明很多学者的眼里，所谓的“礼”即“道”，而道实在难以离开那些吃饭穿衣的人伦物理，从而使生活更加世俗化。

将礼回归到“养安”或“养口体”这种基本的物质需求，仅仅是礼观发生变化的第一个层面。事实上，礼不只是满足基本的物质需求，尚需提升到更多

① 许衡之论，转引自（清）张履祥著，陈祖武点校：《杨园先生全集》卷30《读许鲁斋心法偶记》，第848页。

② 相关的考察，可参见陈宝良：《明代社会生活史》，北京：中国社会科学出版社，2004年，第37—40页。

③ 郑棠论礼道：“人莫不欲富也，富可以好礼也。礼者，养也，足以养安也，足以养口体也。为政在上，既庶其民矣，莫不欲富之也，富可以教之礼义也。然为富者多不仁矣，为仁者未有能富者也。今之为政者，以民富为治平之象也，殊不知政治之失，而得侥幸以致富也。斯所谓幸民也。《春秋》传曰：善人在上，则国无幸民。为富不仁而得容其身，幸也。兹非政之失乎？”参见（明）郑棠撰：《道山集》卷2《道山杂言》，见《四库全书存目丛书》编纂委员会编纂：《四库全书存目丛书》集部，第32册，台南：庄严文化事业有限公司，1997年，第248页。

的精神层面的艺术享受。晚明商业化的浪潮乃至世俗化的观念，无疑冲破了礼的藩篱与束缚，这是一种破坏性的行为。而从当时社会生活的实际来看，并不仅仅限于破坏，而是有新的建设。晚明的人们对生活乃至行为、风尚艺术化的追求，无疑与礼观念的变化是桴鼓相应的。“五四”以后，辜鸿铭曾批评英文《礼记》译名的不妥当，认为“礼”不应作 rite，而应译成 art。对辜鸿铭此论，周作人有一个从质疑到信从的过程。周作人显然很讨厌人们在礼的假面具下过一种禁欲或纵欲的生活，认为这已经失去了礼的本来意义。他相信一个时代的生活，必须由这个时代的人们自己制定。正是从这种观念出发，他将“礼”解释成“生活的艺术”（the art of living）。[①]对晚明文人的生活观念、行为方式乃至晚明的文学，周作人一向持相当欣赏的态度，而晚明礼观念的变化以及由此而引发的生活乃至行为、风尚艺术化的倾向，显然又从另一个侧面证明了晚明与“五四”时代的社会继承性关系。[②]

① 周作人：《生活之艺术》，见张菊香编：《乌蓬船》，天津：百花文艺出版社，1986 年，第 64—68 页。

② 关于晚明文化的评价以及与“五四”新文化之间的关系，可参见陈宝良：《晚明文化新论》，《江汉论坛》1990 年第 6 期。

明及清初地方小读书人的社集活动

——以江西金溪为例

张艺曦*

一、前　言

南昌、抚州与吉安是江西文教发展较好的三个区域，从明中期的文学复古与阳明心学运动，到明末的制艺风潮，三大区也都曾经历这些运动或风潮的流行。明中期的南昌以余曰德、朱多煃两位复古派健将为中心举行诗文社集；吉安是阳明心学的重镇，以邹守益父子孙三代主持讲学最为著名；抚州地区广义来看包括抚州府与建昌府，心学方面有金溪吴悌、新城邓元锡，而声名最盛、影响最大的则推罗汝芳，文学方面有临川汤显祖与金溪谢廷谅兄弟，但不属于复古派阵营。

南昌作为省会，向来较易得到研究者的关注，而近一二十年来亦有人讨论吉安的阳明心学，唯独迄今对抚州地区的了解仍少。罗汝芳、汤显祖这些大名字大人物，固然得到许多人的注意，相关论文亦多如牛毛，但多把焦点放在个人学术思想或文学成就上，较少从地方史或地域研究的角度出发。

思想文化史若从地方史或地域研究出发，便不能只注意大名字大人物，也必须关照地方上没有偌大声名的小读书人。过去思想文化史较多利用知名士人的文集、笔记、书信等文献数据，借此梳理出以这些士人为中心形成的群体或

* 张艺曦，台湾阳明交通大学人文社会学系教授。

文化圈，然后配合地方志，便有可能粗略地勾勒出这个群体或文化圈的范围及作为。但我们也不免进一步注意到，在这类群体或文化圈中，还有许多二流的、在地的小读书人，他们虽有著作，但几乎皆已不存，而这类小读书人往往在当地扮演重要角色，而且常是一些社集的主要成员。

这也表示我们必须扩大史料的范围，族谱便是可用的史料之一。对社会史、经济史的研究者而言，族谱算是很常用的史料，且前人已对族谱记述内容做过深入的解析。①但在思想文化史，以及对地方小读书人及其社集活动的研究上，则仍较少用这类资料。族谱中有许多对个人交游及其生平作为的叙述，这类叙述常有对个人的溢美或攀缘附会之词，但所叙述的言行事为则不见得是凭空捏造的。例如某本族谱谈及某个社集，称此社集聚集许多人，我们自然不会听信此片面之词，但若是不同家族的族谱都共同指向这个社集活动时，则应可确认这个社集在当时是有影响力的。

今日临川的城市化颇高，以致搜集族谱的困难度也较高，事倍功半而不易成功，所以本文将眼光转向金溪。金溪的文教成就亦高，宋代陆九渊、明初状元吴伯宗，以及明中期的大儒吴悌皆出自此地，而且金溪另以出版著称，浒湾镇在清代是全国四大印刷中心之一。另外，金溪的城市化不高，许多村落仍然保存着过去的面貌，根据中共金溪县党史和地方志研究室的调查，当地族谱古谱仍存的，至少有600多部，通过田野的搜集，极有可能借由这些族谱重新复原当地小读书人的交游与社集活动。尤其值得注意的是，临川、金溪两县士人的关系十分密切，当地向来有“临川才子金溪书”之谚。过去我们熟悉的是汤显祖及临川四大才子这些大名字大人物，或从钱谦益的《列朝诗集小传》而知谢廷谅兄弟与汤显祖争胜②，但除此以外，对临川与金溪在思想文化上的关系所知甚少。一旦进入个别地域层次，定睛在这些小名字小人物，反而很意外地发现两地之间竟然有着紧密的联系与社集活动，而且我们甚至可以推测，这是以临川、金溪两县为中心的社集活动。尽管从金溪一县切入，但却可看到整个抚州地区。

① 科大卫：《明清社会和礼仪》，北京：北京师范大学出版社，2016年。

② （清）钱谦益撰：《帅思南机》小传，《列朝诗集小传》丁集中，上海：上海古籍出版社，2008年，第565—566页。

二、学术系谱的建构与自立

金溪的学术文化传统，较近的有宋代的陆九渊学术，但在地流传不久，入明以后已完全不见其学术流传的记载。不过，金溪与理学的关系仍然是较为亲近的，只是明代金溪没有知名理学家，所以往往受到外来学术的影响。明初首先有吴与弼学术的进入。吴与弼是崇仁县人，只在金溪的邻县，举林车氏家族便受其学术影响。这个家族有族人习于吴与弼门下，吴与弼亦亲莅车氏家族所在地讲学，直到明中期举林车氏在家族史的叙述中，都不断回顾这段往事。

车宝与车福二兄弟是举林车氏家族的中心人物。车宝的长子车恂和车福的长子车贞，二人分别在正统七年（1442）与景泰四年（1453）的两次饥荒中输米两千石助赈，先被旌表为义民，后被赐冠带。①从输米力赈事可知这个家族，尤其是车宝的这个房支是比较殷实而有资财的房支，但其文化水平一般。即使有意学习者如车宝，他从五河教谕李子亮游，得朱熹的《性理吟》②作为家学传习，但《性理吟》毕竟只是一本启蒙读物，这显示出车宝对理学的了解很有限。

景泰四年（1453）是关键的转折点，这年车恂与车贞第二次赈济而得到朝廷表彰。当年，吴与弼过访其族，而过访的原因则与其赈济尚义的行为有关③，所以吴与弼为车福之子车绍祖的读书处题“尚义堂”三字④，以标榜该族（尤其是该房支）的义行。详见表1。

---

① 《四六公房世系》，见《举林车氏十修族谱》，第3号，金溪浒湾镇黄坊车家车泽民家藏民国二十四年版。

② 束景南主张《性理吟》是后人伪作，见束景南编著：《朱熹佚文辑考》，南京：江苏古籍出版社，1991年，第687—702页。另据《四库全书总目》所记，正德年间谭宝焕作《性理吟》，以《四书》及性理中字句为题，前列朱子之说，而以一诗括其意。见《四库全书总目》卷一七六，集部，第29册，别集类存目三，北京：中华书局，1997年，第1579页。

③ 关于明初义行与理学的关系，请见向静：《感仁兴义、树立风声：明代正统年间义民形象的塑造》，《北大史学》第19辑，北京：北京大学出版社，2015年。

④ 《四六公房世系》，见《举林车氏十修族谱》，第7号。车绍祖是该族中文化素养较高的，所以他早年即跟随地方士绅何自学学习。何自学是宣德丁未（1427）科进士，在金溪当地颇知名，在当地的许多族谱中都有他所作序。尽管车绍祖不是赈济者，但推测该房支仅车绍祖有书斋，所以便让吴与弼在其书斋题字。

表1 举林车氏家族第八至十一世系（车习义房支）

世系	第八世	第九世	第十世	第十一世
人名	车习义	车宝	车恂 车贞（输谷赈济）	
		车福	车绍祖（吴与弼为题尚义堂）	车泰来（盛九公）

吴与弼过访其族以后，该族有所转变。在此之前，车氏族人所从学的对象是地方士绅，如何自学，此后则是习于吴与弼门下。[①]天顺二年（1458），吴与弼又受邀来到车氏家族，且在尚义堂中讲学[②]，该族族谱载：

昔贤吴康斋先生，与生徒会社于兹，族中先型，多出其门。[③]

族人以车泰来、车弼宗、车亨三人最著名。[④]据车氏族谱，车亨[⑤]、车弼宗[⑥]与车泰来三人是族兄弟，其中车泰来的声名最著，他从吴与弼游，学得其传。吴与弼在崇仁县的传人是胡九韶，在金溪的传人则是车泰来。[⑦]车泰来曾奉师命赴京上表谢恩。从其谱中所记载，徐琼、丘濬、杨守陈，皆有诗文相赠，显示车泰来已非金溪当地的士人，而且得到更大的声名。他归乡后，另构举林书屋讲学。

尽管如此，吴与弼给金溪带来的影响也是有限的，所以直到明中期心学流行以前，地方上接触理学并传习其学的，便仅见举林车氏一族而已。明初金溪士人多习于当地士绅或博学之士的门下，如车绍祖便是先习于何自学门下，后来才转向吴与弼。正德年间，崇阳聂曼也是先从其族叔祖习《尚书》，继从举人（衡塘）仝理习《易经》。[⑧]所以吴与弼的出现，只是在士绅群或博学之士以外多增加一个选择。相较之下，阳明心学则是全面笼罩，而对金溪士人产生了

① 转向吴与弼学习一事，也可能是何自学建议的，因为何自学是向朝廷推荐吴与弼的官员之一。见（清）胡钊、松安等纂修：《（道光）金溪县志》卷一一《宦业》，见《中国方志丛书》，第800号，台北：成文出版社有限公司，1989年，第7—8页。

② 《四六公房世系》，见《举林车氏十修族谱》，第3号。

③ 《举林记》，见（清）车尚殷：《举林车氏十修族谱》，第70号。

④ （清）胡钊、松安等纂修：《（道光）金溪县志》卷一〇《儒林》，第13页。

⑤ 《四六公房世系》，见《举林车氏十修族谱》，第60号。

⑥ 《四六公房世系》，见《举林车氏十修族谱》，第23号。

⑦ （清）许应鑅修，（清）谢煌纂：《（光绪）抚州府志》卷五六《理学》，见《中国方志丛书》，第253号，台北：成文出版社有限公司，1975年，第2页。

⑧ 见张烜：《明故南京国子助教修职佐郎元斋聂公墓志铭》，北京大学图书馆藏石刻。

深远的影响。

正德、嘉靖年间心学流风兴起后，尤其王守仁巡抚南赣期间，吸引了不少金溪士人前往问学，如黄直、黄株、仲岭胡民悚与胡民怀，都是以诸生的身份拜入王守仁门下的。①黄直在考取进士功名以后，还与邻县陈九川共同编纂的《阳明先生文录》。②陈九川，字惟浚，临川人，正德九年（1514）进士，是抚州当地的大儒，《明儒学案》中列名于《江右王门学案》。

嘉靖初年，阳明大弟子邹守益、欧阳德等在南京讲学，也吸引了金溪士人前往问学，如胡民悚、胡民怀兄弟，先师从王守仁，后又前往南京习于邹守益门下。③再如，上源徐逵，正德十一年（1516）举人，担任南京国子监学正期间，便跟随欧阳德讲学。④此外，另有义门陈宗庆，嘉靖十九年（1540）举人，习心学而筑精舍于石泉⑤，以及崇阳聂蕲，则是习于程朱学大儒吕柟门下⑥。

黄直、胡民怀、陈宗庆，以及地方士绅洪范、王萁⑦等，形成在地的心学群体，共同举行翠云讲会⑧，陈九川、邹守益，以及归安唐枢皆曾来与

① （清）胡钊、松安等纂修：《（道光）金溪县志》卷一〇《儒林》，第11页；《仲岭胡氏族谱》卷首《道学》，金溪县合市镇仲岭胡家村胡勤生收藏，年份不详，第69—70页。

② 现存的嘉靖年间刊本《阳明先生文录》，就是陈九川、黄直等人共同编纂的。

③ 《仲岭胡氏族谱》卷首《道学》，金溪县合市镇仲岭胡家村胡勤生收藏，年份不详，第69—70页；（清）胡钊、松安等纂修：《（道光）金溪县志》卷一〇《儒林》，第12页。

④ （明）黄直：《文林郎成都府推官石屏先生墓志铭》，见《上源徐氏宗谱》卷七，民国三十五年十修，金溪琉璃乡印山上源徐水兴家藏。又见《上源徐氏宗谱》卷七《石屏公县志本传》，第1页，尽管说是县志本传，但在道光年间的《金溪县志》的徐逵小传中，则未书与欧阳德讲学事，而且传记内容亦简短得多。见（清）胡钊、松安等纂修：《（道光）金溪县志》卷一一《宦业》，第14页。

⑤ （义门）《陈氏宗谱・列传》，金溪秀谷镇严良陈家村陈国华家藏，清同治五年修，第3页。

⑥ （清）胡钊、松安等纂修：《（道光）金溪县志》卷一一《宦业》，第13—14页。当聂蕲将返乡时，吕柟为其作《赠聂士哲还金溪语》，见聂友余等修：《崇阳聂氏族谱》卷四，金溪合市镇崇麓聂家村聂海平家藏，鼎容瑞堂2012年重镌，第396—398页。

⑦ 王萁出自临坊王氏，是当地的大族，祖父王稽是景泰五年（1454）进士，父亲王序是成化十三年（1477）举人（《临坊王氏族谱》卷二《官衔录》，民国三十三年修，第1页），兄长王萱，弘治十五年（1502）进士，是正德朝的名臣，王萁本人则是正德六年（1511）进士。王萱、王萁二人的小传，分见（清）胡钊、松安等纂修的《（道光）金溪县志》卷九《名臣》（第4—6页）和卷一〇《儒林》（第10—11页）。

⑧ （清）胡钊、松安等纂修：《（道光）金溪县志》卷一〇《儒林》，第11页；（明）吴悌撰：《吴疏山先生遗集》卷九《年谱》，见《四库全书存目丛书》编纂委员会编纂：《四库全书存目丛书》史部，第83册，台南：庄严文化事业有限公司，1996年。据湖南图书馆藏清咸丰二年颐园刻本影印，“正德十四年”条载：“尝与黄卓峰先生、洪柏山先生、王东石先生、陈明水先生讲学于邑之翠云山。”据（义门）《陈氏宗谱》所载，陈宗庆与邹守益、唐枢往来，而邹、唐二人皆曾参与翠云讲会，所以推知陈宗庆也在此群体及讲会中，见（义门）《陈氏宗谱・列传》，第3页。吴悌称胡民怀是其业师，推测应是在翠云讲会中向其请益，故以业师称之，见（明）吴悌撰：《吴疏山先生遗集》卷四《胡生汝宣志铭》，第9页。

会[①]，几人并不单单参与讲学，还是以大儒的声望，吸引了更多当地士人的参与，以支持及扶植此讲会。

吴悌这位大儒的出现，则是让金溪的心学脱离他地学术附庸的关键，也让金溪士人不再只有外出问学一途。吴悌出自疏溪吴氏，他少时读《陆象山语录》，慨慕之，于是负笈从黄直讲求性命之学[②]，以及参与翠云讲会。此后吴悌在疏山讲学，吸引来自金溪各乡的士人前来听讲，心学遂借此在金溪广为流传。以印山上源徐氏为例，当阳明心学流行之初，徐逵（正德十一年举人）必须前往南京师从欧阳德[③]，然后回乡举行月会，以传播心学[④]。后续族人徐永修向慕理学，则可就近师从吴悌（徐永修后来转师罗汝芳，此事后详），以及弃儒从商的徐铨，亦曾向吴悌问学。[⑤]

吴悌之子吴仁度，万历十七年（1589）进士，虽为名臣，但不以学术见长。[⑥]吴悌的两名弟子李约、黄宣，李约在吴悌没后，为辑其论学语为《言行录》。黄宣更知名，他出自黄坊黄氏，该族虽非大族，但黄宣凭己之理学成就，取得了极高的声名，而他与临川李东明共同主持的讲会，更是引领一时的风气。[⑦]所以在其卒后，吴道南为作墓志铭，誉其为“理学儒宗”，周孔教为其篆额书丹，尹文炜作墓表，揭重熙隶盖，车殿彩书丹，称许其——“世儒高自标许，远乞濂洛关闽之残膏，近袭王文成（王守仁）、罗文恭（罗洪先）之余唾，卒未始一蹈道者”，黄宣正是蹈于道者。[⑧]

---

① （明）吴悌撰：《吴疏山先生遗集》卷一二《金溪理学支派略二则》，第6页。

② （明）沈鲤：《明南京刑部侍郎赠礼部尚书谥文庄疏山先生吴公神道碑铭》，见吴顺昌等修：《疏溪吴氏宗谱》卷八，民国三十年修，第1页；（明）吴悌撰：《吴疏山先生遗集》卷一〇《吴文庄公神道碑》，第17页。

③ （明）黄直：《文林郎成都府推官石屏先生墓志铭》，第9—10页。另见《上源徐氏宗谱》卷七《石屏公县志本传》，第1页，尽管说这是县志本传，但道光编的《金溪县志》的徐逵小传中，则未书与欧阳德讲学事，而且传记内容亦简短得多，见（清）胡钊、松安等纂修：《（道光）金溪县志》卷一一《宦业》，第14页。

④ 徐云淋修：《印山徐氏宗谱》卷七《乡社祠记》，民国三十五年十修，金溪琉璃乡印山徐梓清家藏，第3页。

⑤ 徐云淋修：《印山徐氏宗谱》卷七《徐晴峰公传》，第1页。

⑥ 吴仁度有《吴继疏先生遗集》（清乾隆间吴炯刻本）传世，但多为奏疏和奏议。

⑦ 《言行录》附录于《吴疏山先生遗集》卷八。李约的传记见（清）胡钊、松安等纂修：《（道光）金溪县志》卷一〇《儒林》，第12页。

⑧ 《黄氏十修族谱》卷六《明贤原任袁州府教授升国子监监丞黄重庵先生墓志铭》，金溪浒弯镇黄坊黄福堂家藏，民国十年修，第9页；《黄氏十修族谱》卷六《明理学乡贤黄重庵先生墓表》，第10页。

金溪士人还尝试把阳明心学跟金溪本地的陆九渊学术联结起来，而且对陆九渊学术的推崇，跟阳明心学在金溪的流行是同步的，他们未必是在学说内容上绾合两家学术，而是把阳明心学纳入金溪所自豪的陆九渊的心学中，让阳明心学变得在地化。也因此，我们看到文献上对金溪士人学习心学历程的叙述，往往会强调士人对陆九渊学术的兴趣。如前引的黄株，地方志便记载他最初究心于陆九渊心学，待王守仁倡道赣州，前往诣谒，王守仁叩其所得，黄株说："良知是顶门一针，躬行实践才有归宿处。"[①]可知他所传承的是王守仁的良知心学，但在文献的记载中，则特别点出他曾究心陆九渊，正是把阳明心学放到陆九渊的心学传统下。沈鲤对吴悌的记载，也强调他少时读陆九渊《语录》，而时人更将吴悌与陆九渊并列——"世谓金溪理学，宋有象山，明有疏山"。此外，金溪士人还积极推动陆九渊的从祀，吴世忠与徐逵这两位金溪士人，便先后疏请将陆九渊从祀孔庙。[②]

不过，等到万历年间因罗汝芳而有新变化。罗汝芳是南城县人，在《明儒学案》中被归类在"泰州学案"，被视为左派王学的代表人物，过去对罗汝芳多注意他四方讲学，以及讲学的社会性，而较少注意到罗汝芳的地域性，但其实他对抚州地区的影响甚大。

万历初年罗汝芳致仕归乡，他虽是南城人，但常前往府城临川及邻县金溪讲学，临川的讲学地在城内羊角山、正觉寺一带[③]，金溪的在疏山一带[④]，这两处都位于抚河沿岸，交通上便利，所以较容易吸引临川、金溪两地士人前来讲学。当时吴悌已卒，不少金溪士人转师罗汝芳。临川、金溪两地分别以李东明、聂良杞与徐永修为代表。[⑤]

李东明是临川贡生，后弃举子业，而专志于性命之学，他在罗汝芳卒后，

① （清）胡钊、松安等纂修：《（道光）金溪县志》卷一〇《儒林》，第11页。

② 最后是在薛侃的疏请下，陆九渊终于入祀孔庙。金溪士人的上疏，请见（明）黄直：《文林郎成都府推官石屏先生墓志铭》，第9页；（清）胡钊、松安等纂修：《（道光）金溪县志》卷一一《宦业》，第14页。

③ （清）胡钊、松安等纂修：《（道光）金溪县志》卷一一《宦业》，第17页。

④ 徐云淋修：《印山徐氏宗谱》卷七《徐得吾先生传》，第8页。

⑤ 徐永修属于金溪的印山徐氏，印山位于金溪与临川交界处，有一部分的房支划在临川，一部分划在金溪，所以徐永修既是临川人也是金溪人。

继续传扬其学，地方士绅为其创建崇儒书院供其讲学。[①]吴悌的大弟子黄宣亦与李东明共同讲学，讲学地点可能就是崇儒书院。聂良杞是隆庆二年（1568）进士，聂曼的族子，他最初习于吴悌门下，与吴悌之子吴仁度共同执经讲业。待罗汝芳为讲学主盟，聂良杞遂从游参证，悟程门识仁之旨。[②]上源徐永修，布衣，罗汝芳在正觉寺讲学时而师从之，与杨起元并列为罗汝芳最爱的两名弟子之一，据载罗汝芳甚至称誉他——“徐子抚州一人，抚州无二徐子也”[③]。

即连明初与吴与弼关系最深的举林车氏，族人也受到罗汝芳讲学活动的影响。如汤显祖为车会同所作的墓志铭指出：

> （车）会同，字文修，世居金溪黄坊里……长读其乡宗儒陆象山《语录》，辄慨慕之，乃师事少初徐先生（徐良傅），讲性命之学，而学业大成。……尝从近溪罗先生、明水陈先生探究根宗，即日食弗给，尤不废学。……与谷南高公（高应芳）、龙冈徐公讲求实学。[④]

在此记述中，车会同也是因读陆九渊的语录而慨慕心学，然后师事徐良傅，从罗汝芳讲学，并与高应芳往来。徐良傅是东乡人，晚年移居临川[⑤]，高应芳是与罗汝芳同在临川讲学的士绅[⑥]。从车会同所师从往来的人来看，他应亦移居临川，而且在罗汝芳的讲会中。

至此，我们应当做一小结。从明初吴与弼，到明中期的心学，可以借由对比看出，吴与弼的学术对金溪的影响有限，而明中期阳明心学的流行则为金溪的学术生态带来了很大的改变。当地士人重提陆九渊的心学，并试图从陆学到

---

① （清）童范俨等修，（清）陈庆龄等纂：《（同治）临川县志》卷四二下《儒林》，见《中国方志丛书》，第946号，台北：成文出版社有限公司，1989年，第12—13页；徐朔方：《汤显祖年谱》，上海：上海古籍出版社，1980年，第139—140页。地方士绅有鉴于罗汝芳来临川时，只能借佛寺讲学，所以在万历二十六年（1598）为李东明建崇儒书院。

② 聂友余等修：《崇阳聂氏族谱》卷五《明广西布政司参议念初聂公墓志铭》，第151页。

③ 徐云淋修：《印山徐氏宗谱》卷七《徐得吾先生传》，第8页。

④ （明）汤显祖：《明故端吾先生举三公墓志铭》，见《举林车氏十修族谱》，第146号。

⑤ （清）李士棻等修，（清）胡业恒等纂：《（同治）东乡县志》卷一三《儒林》，见《中国方志丛书》，第793号，台北：成文出版社有限公司，1989年，第9页。

⑥ 主要有高应芳与舒化，见（清）胡钊、松安等纂修：《（道光）金溪县志》卷一一《宦业》，第17页。地方志记载高应芳是金溪人，后来移居临川，但他其实属于临川嵩湖高氏，金溪的珊霞高氏是其分支。

阳明学建立系谱，阳明心学不仅不是外来的学术，反而有助于本地的学术传统的重建重生。这个系谱的巩固及完成，则有赖于吴悌这位大儒以及当地心学社群的成立，因此在叙述金溪的心学发展史时，吴悌得到极高的推崇，如邹元标说吴悌是“早事卓峰，取证心斋，观摩邹、罗二先生”①，卓峰、心斋与邹、罗，分别是黄直、王艮、邹守益与罗洪先四人，其中王、邹、罗都是当代最知名的心学学者，而邹元标把吴悌的学术渊源联结到三人，所以金溪士人何宗彦也将吴悌与罗洪先并列齐称②，凡此都是为高举吴悌的学术地位。沈鲤对吴悌的评价更高，他除了把吴悌往上接到陆九渊的心学传统，还把吴悌列为胡居仁以下江西的第二位真儒，地位甚至凌驾邹守益、罗洪先等之上，他说：

> 先生虽早师黄氏卓峰，渊源姚江，而实不局良知之说。……世谓金溪理学，宋有象山，明有疏山。余直谓江右真儒，前有敬斋（胡居仁），后有疏山。③

但客观来看，吴悌在明代心学或理学史上的地位，其实是可以再斟酌的，至少吴悌的声名及影响力，应不如邹守益、罗洪先等，所以黄宗羲的《明儒学案》便未录吴悌。若要持平论断，他的地位应更接近新城邓元锡，二人都是江右阳明心学阵营的一员，但相较于邹守益等，则其声名明显较弱。

因此，罗汝芳晚年在临川讲学遂引来下一波的心学热潮。在建昌府，邓元锡的弟子往往也师从罗汝芳，邓、罗两人共同教导门人。在抚州府，由于吴悌早卒，所以吴、罗二人之间虽无交集，但吴悌门下弟子往往也转师从罗汝芳。如果说邓元锡与吴悌的影响力主要在一县之内，罗汝芳则是拥有跨地域影响力的大儒，影响整个抚州地区。金溪也因此更进一步融入整个江西的心学圈中。

---

① （明）吴悌撰：《吴疏山先生遗集》卷一〇《吴文庄公墓表》，第9页。邹守益、王艮都是较长一辈的学者，姑且不论，而从吴悌与罗洪先的问答内容来看，邹元标用“观摩”其实不尽精确。

② 吴悌与罗洪先的问答，请见（明）吴悌撰：《吴疏山先生遗集》卷一〇《吴文庄公神道碑》，第23—24页。何宗彦也是金溪人，而他在列举江右诸先生之深于理学者，便举出罗洪先与吴悌二人，尽管在《明儒学案》未录吴悌，平心而论，吴悌之声名亦不足以与罗洪先相提并论，但何宗彦所说应可代表当时金溪士人普遍的看法。见（明）吴悌撰：《吴疏山先生遗集》卷首《理学议》，第1页。

③ （明）沈鲤：《明南京刑部侍郎赠礼部尚书谥文庄疏山先生吴公神道碑铭》，第18页。

三、从理学讲会到制艺文社

抚州府的制艺发展主要以临川为中心，以及原属临川但在正德年间被划出的东乡（艾南英是东乡人），而金溪最初并不在此风潮中。临川先有汤显祖，后有丘兆麟与陈际泰闻名于世，而章世纯、罗万藻声名后起，陈、章、罗与艾南英合称临川四大才子。①

江西制艺文社，以最初的紫云社与全省的豫章社最值得注意。万历二十八年（1600）的紫云社，应是抚州地区较早也较重要的制艺文社，据陈际泰说：

> 金临之间有古刹而名者曰紫云，予与同人结社其中，曾氏一父之子预者，盖四人焉。前后飏去者为丘毛伯、游太来（应作泰来，即游王廷）、曾铭西（曾栋）、祝文柔、蔡静源（蔡国用）、管龙跃（似指管天衢）、章大力、罗文止，此皆弟畜泰者也，然当时年最少，材又最高，则铭西之弟叔子与季子其人焉。②

此社所在紫云寺及寺所在的项山，位于金溪、临川、南城三县交界处。③参与该社的士人，主要以来自临川腾桥乡的曾氏父子及陈、罗、章等临川士人为主，以及一位名义上来自金溪的士人蔡国用。④所以从紫云社成立，到临川四大才子之名大显，主要都跟临川士人有关。

万历四十三年（1615）的豫章社，则是集结全江西各地的知名制艺作手为一社：

---

① （明）陈孝威撰：《府君行述》，《壶山集》卷一，见《四库禁毁书丛刊》编纂委员会编：《四库禁毁书丛刊》集部，第72册，北京：北京出版社，2000年，第10页。

② （明）陈际泰撰：《曾叔子合刻序》，《已吾集》卷三，见《四库禁毁书丛刊》编纂委员会编：《四库禁毁书丛刊》集部，第9册，北京：北京出版社，2000年，第7页。

③ 紫云寺原名项山寺，后因有僧名紫云者崛起，与疏山白云，一时并盛，称两高僧，故复名此寺为紫云寺。见（明）丘兆麟：《项山寺赋》，《玉书庭全集》卷八，中国国家图书馆藏清康熙十一年重修本，第8—9页。

④ 据其族谱记载：后岗公，蔡国用之父蔡际春。罗万藻、陈际泰皆为作墓志铭。据陈际泰所撰，可知从后岗公曾大父，便已从金溪靖思，迁居南昌，后岗公则迁临川北乡枫林里。

> 大冢宰李长庚任江西左布政，其子春潮才而好奇，合豫章诸能文者为豫章社，临川则陈际泰、罗万藻、章世纯，东乡则艾南英，泰和则萧士玮、曾大奇，吉水则刘同升，南城则邓仲骥，丰城则杨惟休、李臭，进贤则陈维谦、李光倬、陈维恭，皆郡邑间最驰声者，而南昌、新建，首时华与万曰佳、喻全祀，时华尤为所推服。[①]

能够受邀参加豫章社的都是已有文名者，所以人数不多。[②]社员名单上的士人可分作三批，一批是汤显祖的门人，即临川四大才子陈际泰、罗万藻、章世纯、艾南英等，来自抚州府；一批是舒曰敬的门人：李臭、万时华、陈维恭、李光倬等，来自南昌府[③]；一批是萧士玮、曾大奇与刘同升，来自吉安府。

从紫云社到豫章社，金溪士人都不在这些制艺文社中，而且金溪当地的学风仍以理学为主，尤其是黄宣与临川李东明的讲学，便是当时颇知名的理学讲会。当时金溪也有制艺写作方面的文社，但社集成员往往以家族后人为主，如张应雷、聂文麟二人在县城城南及宝山的社集，便是为了家族族人应考而设。张、聂二人并不以制艺闻名，必须等到天启、崇祯年间，受到临川四大才子，尤其是艾南英的影响，金溪方才出现以制艺著称者，两位代表人物——吴堂、陈画，他们都因艾南英而获得较高的声名，而且与陈孝逸、傅占衡等一批年轻的临川士人往来。

由于讲会或社集初始的发展都跟家族有关，所以以下便从家族切入分述之。

1. 横源张氏

横源张氏的关键人物即张应雷，他少时慕先儒象山之学，拜入王敕门下，

① （清）陈弘绪撰：《敦宿堂留书·先友祀乡贤万徵君传》，见《清代诗文集汇编》编纂委员会编：《清代诗文集汇编》，第11册，上海：上海古籍出版社，2010年，第39页。

② 李光元不在名单中则颇不可解，他是万历三十五年（1607）进士，但不久因病归养，直到万历四十八年（1620）方才再出，可知此时他人在江西，而未参与这类社集活动，仅有素常与其师友唱和的从弟李光倬与会。李光元与李光倬的关系，见《（同治）进贤县志》卷一九，清同治十年刻本。

③ 舒曰敬一方面以制艺闻名，同时还曾编纂《皇明豫章诗选》一书，这本书是受到复古派流风的影响，而诗选卷首有18名舒曰敬的门人弟子的名字，应即负责编纂诗集的人，其中便有李臭、万时华、李光倬、陈维恭。

王敕是黄直的学生，推测他也在翠云讲会中。[①]一方面，张应雷颇受吴悌器重，常随侍其身边，吴悌卒后，还协助其弟子李约编《言行录》；另一方面，张应雷、张默、张熟、张材几人相师友，张应雷、张默、张材在县学更有“三张”之称，与瑶岭谢氏的“四谢”并列。大约在嘉靖末年，以几人为中心举行家会，地点则在县城南区，如其族谱所载，以及张熟所自述：

> 叔父讳熟，字思仁，别号纯所，余父恭所公（张默），与湖州司理叔顺斋公（张应雷），成都理监理兄惺台公（张材），相师友，为家会。[②]
>
> 熟总角时，未就外傅，从伯兄恭所先生，学于邑之南城。[③]
>
> 爰聚太参王如水、司理王文石、国博高环北，洎从弟侄庠彦十余辈，日琢磨规劝，华实并茂，故城南会为溪首称焉。[④]

可知此会以横源张氏族人为主，加上县学中的其他士人。此会应跟制艺写作有关，由于几个中心人物在科考上皆有表现——张应雷是隆庆五年（1571）进士，张默是隆庆三年（1569）贡生[⑤]，张材是隆庆四年（1570）举人[⑥]，张熟是万历十六年（1588）举人[⑦]，所以此会一时之间颇有声名[⑧]。也因此，大约到了万历晚期或天启初年[⑨]，城南会进一步发展成为禹门社，陈际泰为此社的社刻作序：

---

① （清）王有年纂修：《（康熙）金溪县志》卷七，《中国方志丛书》，第798号，台北：成文出版社有限公司，1989年，第14页。王敕是王有年之父。

② 张机：《嵜岚太守叔父纯所公行状》，见张荫阶、张启元等修：《横渠张氏宗谱》卷八，东邑宗美仁斋1995年新镌本，第124页。

③ 张熟：《伯兄文林郎公安太尹恭所先生行状》，见张荫阶、张启元等修：《横渠张氏宗谱》卷八，东邑宗美仁斋1995年新镌本，第105页。

④ 张熟：《伯兄文林郎公安太尹恭所先生行状》，第107页。

⑤ 张熟：《伯兄文林郎公安太尹恭所先生行状》，第105—115页；（清）胡钊、松安等纂修：《（道光）金溪县志》卷一一《宦业》，第20页。此文作于万历十七年（1589），张默卒后次年。

⑥ （明）张元辅：《惺台公传》，第134—136页；（清）胡钊、松安等纂修：《（道光）金溪县志》卷一一《宦业》，第22页。

⑦ 张机：《嵜岚太守叔父纯所公行状》，第124—127页；（清）胡钊、松安等纂修：《（道光）金溪县志》卷一一《宦业》，第30页。

⑧ 家会应是进士及第以前的事，所以推测时间落点在嘉靖末年。

⑨ 序文中提及周钟、张溥倡导经术，而二人崛起于天启年间，所以可推知禹门社也是在此刻重振。

禹门社介临、金之间，是诸隽之所走集也。其得名，张顺斋先生实为之，先后社于是者，翔去不可枚举，中辍者数年，近乃复有吾党之刻而俪其人。盖地重而人因重，不敢以亏疏佐小之气辱此名社也。①

此社是从张应雷起始，而张应雷卒于万历三十六年（1608），所以从城南会到禹门社，中间可能曾经中断多年，直到临川四大才子倡导制艺才又重振。②

2. 崇阳聂氏

崇阳聂氏在明中晚期的知名人物分别有：

聂曼，长房15代，正德十一年（1516）举人。

聂蕲，幼房14代，嘉靖四年（1525）举人。

聂廷璧，长房17代，嘉靖四十四年（1565）进士。

聂良杞，幼房15代，隆庆二年（1568）进士。子聂文麟。

聂文麟，幼房16代，万历四十七年（1619）进士。

聂惟铤，幼房18代，万历四十六年（1618）举人。

崇阳聂氏之科目仕宦自聂曼始③，而聂蕲开始接触理学（习于吕柟门下），并与吴悌为莫逆之交④。吴悌是金溪当地的理学大儒，而聂蕲与其交游，亦吸引其他聂氏族人接触理学。此后聂廷璧虽不以理学著称，但在当时金溪浓厚的理学气氛下，仍被以理学评价，如其门人张学鸣说：

晚近世多趋道学，聚徒登坛，尧服禹步，然名实叵测也。师周情孔矩，青心如水，若在圣门闵冉流亚，而绝不以道学著，人亦不以道学拥师，而师之粹自晶莹，若涤之清冷之渊。⑤

聂良杞则与聂廷璧相师友，当时有“绣谷二疏”之誉。⑥绣谷是金溪的别

① （明）陈际泰撰：《太乙山房文集》卷四《禹门社序》，见《四库禁毁书丛刊》编纂委员会编：《四库禁毁书丛刊补编》，第67册，北京：北京出版社，2005年，第24页。

② 曾经中断多年，所以陈际泰的序文中说“复有吾党之刻而俪其人”。

③ 苏运昌：《崇阳聂本立公墓志铭》，见聂友余等修：《崇阳聂氏族谱》卷五，第233页。

④ （清）胡钊、松安等纂修：《（道光）金溪县志》卷一一《宦业》，第13—14页。

⑤ 张学鸣：《明中宪大夫崇野聂公墓志铭》，见聂友余等修：《崇阳聂氏族谱》卷五，第172页。

⑥ （明）曾化龙：《明广西参议进阶朝请大夫念初聂先生行状》卷五，见聂友余等修：《崇阳聂本立公墓志铭》卷五，第88页。

称。聂良杞先后师从吴悌与罗汝芳，悟程门识仁之旨，他甚至被拿来跟南昌邓以赞相提并论。[①]

聂廷璧以其在宝山的别墅作为聂氏子弟的读书场所——如聂惟铤便曾读书于此[②]，并在此讲学，所以也吸引非族人如王学礼的参与。王学礼受到整个心学思潮的影响，研精心性，有“赤子心无失，青田路不赊”之句。[③]

聂良杞与王学礼虽以理学著称，但二人之子——聂文麟与王化澄（不详—1652），则转向制艺写作，如王化澄有《二山制艺》，艾南英为其作序说：

> 登水弱冠读书宝山，为宪副崇野聂公（聂廷璧）别墅。嗣是课艺于邑之槐堂，则象山陆先生之讲室在焉。又十年有龙光之社，又三年有倅魁之社，又三年有畹香之社。丁卯（天启七年，1627）结社于疏山，则吴文庄公（吴悌）读书之故址。先后社刻皆载兹编，而得之宝山、疏山者为多，因名曰《二山课艺》。[④]

王化澄约万历三十三年（1605）读书宝山[⑤]，天启七年（1627）结社于疏山，而引文所说的龙光社、倅魁社、畹香社，应都是制艺文社。宝山与疏山原本各是聂廷璧与吴悌的讲学地，但仅仅一代左右的时间，便都变成了制艺文社所在之地。

3. 黄坊黄氏

黄坊黄氏是地方小族，功名、文教皆不盛，但因有黄宣而使该族为人所注目。但该族学风到黄榜开有变。黄榜开是黄宣的长孙，崇祯六年（1633）副榜，少时习于临川李东明门下，从相关记载如李东明“每呼乳名，盘驳性理诸书，辨答如响”，可知黄榜开初期所习的是性理之学，但在明末制艺风潮的影

① 钱士升：《明广西布政司参议念初聂公墓志铭》，见聂友余等修：《崇阳聂氏族谱》卷五，第150页：“每为予称江右理学风节之盛，辄言聂少参公（聂良杞）。少参公往矣，乃其皎皎大节，里中奉为典型，此（比）于邓文洁公（邓以赞）。”

② 钱士升：《明广西布政司参议念初聂公墓志铭》，见聂友余等修：《崇阳聂氏族谱》卷五，第191页。

③ （清）胡钊、松安等纂修：《(道光）金溪县志》卷一〇《儒林》，第13页。

④ （明）艾千子：《天佣子集》卷四《王登水二山课艺序》，台北：艺文印书馆，1980年，第30页。

⑤ 艾南英的序文中说王化澄只小他两岁，可知王化澄生于万历十三年（1585），而弱冠时读书宝山，故推知是万历三十三年（1605）左右事。聂廷璧是万历十三年（1585）致仕，卒于万历四十年（1612），而聂良杞则是万历四十一年（1613）方始致仕居乡，所以大部分时间，都是聂良璧在讲学及教导子弟。聂廷璧及聂良杞的致仕年份，《外集貤封》，见聂友余等修：《崇阳聂氏族谱》卷四，第347—348页。

响下，黄榜开很快亦用心于制艺，并在灵谷山房结社，黄榜开的著作《灵谷社草》，推测应即灵谷社的社稿。①此社成员还有刘星耀②、王腾龙、唐时英等。③

举林车氏族人也是灵谷社的成员。明初举林车氏族人与吴与弼交游，明中期车会同习于罗汝芳门下。明末车梦瑶、车殿彩则与灵谷社有关，据载车梦瑶曾命其诸孙与门下弟子受业黄榜开门下，而车殿彩对黄榜开自称社弟，可知他也在灵谷社中。

四、艾南英与明末金溪士人

金溪本地虽有制艺文社，但能够跨出家族以外，带动风潮并拥有跨地域声名，则跟临川四大才子所带起的制艺风潮，以及艾南英的介入有关。

临川四大才子中，陈际泰、艾南英二人跟金溪的联系较多。陈际泰曾为禹门社作序，而其《大乙山房文集》也是由金溪士人李士奇校对。艾南英则跟金溪的渊源更深。艾南英是东乡人，生于万历十一年（1583），万历三十四年（1606）入府学，与临川的陈际泰、章世纯、罗万藻等齐名，日后四人刻制艺行世，于是有临川四大才子之称。④在学术上，艾南英的祖父艾挺，师事金溪印山杨氏家族的杨用翔，杨用翔并无著作传世，而据其族人所述，他“淬志古学，凡先秦两汉八家之文，无不精心研究”，可知其学术倾向唐宋文，而从杨用翔而艾挺，于是“开天庸古学，卓然名家，源流皆本于公（杨用翔）”。⑤艾南英在所作的墓志铭中亦佐证此事，说：

① 除了社稿以外，黄榜开亦操持选政，据载他“操选政，海内锯作名篇，咸凭搦管出入”。见《黄氏十修族谱》卷六《清故乡副进士黄墨鲜先生墓表》，第13页。

② （清）胡钊、松安等纂修：《（道光）金溪县志》卷一一《宦业》，第38页。

③ 《黄氏十修族谱》中有刘星耀为黄榜开作的墓表，刘星耀、唐时英、车殿彩皆自称社弟，见《黄氏十修族谱》卷六，第14页。徐鹏起为黄宣所作墓志铭中，徐鹏起、张有仪自称社侄，推测二人亦在此社中。见《黄氏十修族谱》卷六，第12页。

④ 《明史》卷二八八《文苑四》，北京：中华书局，1974年，第7402页。

⑤ 《杨氏宗谱》卷一《传》，金溪琉璃乡印山杨军辉家藏，2005年重刊本，第6—7页。

石溪公为当时文章宗匠，予家世其学，源流与共，知之独真。①

艾南英所在的东乡文教不盛，而其族亦不以文教见长②，不知是否这个缘故，所以艾南英常跨县与金溪士人——先有连城璧，后有吴堂、陈画，共同编纂房选。

崇祯元年（1628），艾南英在苏州，与金溪连城璧、扬州郑元勋几人合阅房稿，选文800多篇，刻为《玉虎鸣》一书。③艾、连二人是天启四年（1624）同榜举人，二人的合作记录仅此一则而已。连城璧的事迹不显，他所留下的《蹇愚集》多半是任官时的书信，所以难以从中窥知他在金溪的事迹。

吴堂属于大塘吴氏，但同样未能访得其族谱，他亦无著作传世，但他人的文集及地方志上载其事迹较多，显示他颇受当时人所重，如康熙年间有人历数江西制艺名家，便有吴堂之名：

子乡先辈，如文止（罗万藻）、大力（章世纯）、千子（艾南英）、仲升（吴堂），固与大士（陈际泰）、毛伯（丘兆麟）齐声并价，安在其必以甲科重哉！④

陈际泰与丘兆麟皆有进士功名，所以列首，而其他几人则是与陈际泰并列临川四大才子的罗、章、艾三人，而吴堂亦与几人并列，可见其声名之高。清初王有年也指出吴堂之声名不被临川四大才子之盛名所掩：

有明天启、崇祯间，以制举义相雄长者，章世纯、陈际泰、罗万藻、艾南英，天下号为四大家，四子皆抚州人，顾尤推吴公仲升，争延致其家课诸子弟。是时仲升之文，孤行于世，不为四子所掩，至今学者奉之若高

① 《杨氏宗谱》卷一《艺文·别驾午亭杨公暨黄安人合葬墓志铭》，第17页。该谱虽说此文是录自《天佣子集》，但查《天佣子集》，未收录此文。

② 据其族谱所述："艾为东邑望族，自天佣子来，多知名士。"可知在艾南英之前，该族文教不盛，所以清雍正年间郑长瑞为其谱所作序时说："艾氏宗谱有此一人，已足以光昭宇宙，而垂裕后昆。"见艾秉和修：《艾氏重修宗谱》不分卷，金溪琉璃乡双塘村艾氏家藏，1994年，第56页；（清）郑长瑞：《艾氏族谱序》，见艾甫顺等修：《艾氏重修宗谱》不分卷，第26页。

③ （明）艾千子：《天佣子集》卷三《玉虎鸣》，第26页。

④ 张荫阶、张启元等修：《横渠张氏宗谱》卷八《仁庵公序》，第169页。

曾规矩。①

此处虽泛指四大家“争延致其家课诸子弟”，其实吴堂主要担任艾南英子弟的西席②，而且崇祯六年（1633）还与艾南英共编房选，此见艾南英所述，他说：

> 予既评定当代之制举艺，分为二选，而或以丁未（万历三十五年，1607）迄戊辰（崇祯元年，1628）为近时流而便进取，因摘为八科房选；又因其去留颇严，复广其所存而录之，属友人吴仲升订其是否。③

艾南英已评的房选是《戊辰房书删定》与《辛未房稿选》二本④，吴堂所协助修订的则是《八科房选》这个选本。

崇祯九年（1636）吴堂中举，他跟随艾南英的脚步，继续从事编纂房选的工作，只是此次改与陈画合作。推测吴堂在崇祯十年（1637）、十三年（1640）两次入京应进士试，所以作崇祯十年、十三年的丁丑、庚辰科进士的房选选本。⑤在崇祯皇帝崩殂次年，1645年，乙酉，吴堂随同艾南英入闽，谒见唐王，授福建仙游知县，遂逗留该县达8年之久，方才归乡。其间艾南英已卒，金溪亦已人事全非。

陈画属于义门陈氏，这个家族聚族而居，嘉靖朝以降功名表现便十分显赫。陈宗庆（1540年举人）、陈镗（1537年举人）、陈钲兄弟（1546年举人）皆有举人功名，而陈一夔（陈镗子）与陈所敏（陈一夔侄）更是隆庆二年（1568）的联榜进士。以下陈于京（1603年举人）、陈三俊（1615年举人）、陈应斗（1618年举人）、陈自挺（1636年举人）亦科第簪缨不绝，如其谱所说——“金邑言家法，必推陈氏”。⑥

该族的理学渊源初起于陈宗庆，如其墓志铭所述——“自青衿、孝廉时，

---

① （清）王有年纂修：《（康熙）金溪县志》卷八《人物》，第24—25页。

② （明）艾千子：《天佣子集》卷四《吴仲升稿序》，第36页。此序作于崇祯九年（1636），当时吴堂仍任艾南英二子西席，而吴堂也是在此年中举。

③ （明）艾千子：《天佣子集》卷一《八科房选序》，第17页。

④ （明）艾千子：《天佣子集》卷一《八科房选序》，第9—11、15—16页。

⑤ （清）傅占衡撰：《吴陈二子选文糊壁记》，《湘帆堂集》卷八，见《四库禁毁书丛刊》编纂委员会编：《四库禁毁书丛刊》集部，第165册，北京：北京出版社，2000年，第8页。

⑥ （义门）《陈氏宗谱·列传》，第3页。

即交游海内宿儒耆德”，所以前述黄直举行翠云讲会时，陈宗庆亦在会中，而且与邹守益、唐枢等往来交游，而其学大要以“象山、阳明为宗”。①吴悌卒后，陈宗庆上书提学使，促请照顾吴悌后人。②

陈三俊以时文著称，他在万历四十二年（1614）先以岁贡入京，以其时文名震京师。据其族谱所述，陈三俊的制艺似归有光古文，当时驸马都尉杨春元之子杨光夔亦读其文，并得到万历皇帝的称许，据载：

> 光夔入宫，奉神宗皇帝起居。上问：“儿今读何书？”对曰：“方读贡元陈三俊时文也。”上曰：“文佳，儿宜以为法。”都尉（杨春元）即修书币延为子师，礼遇甚隆。③

明末该族最知名者即陈画，陈画虽无功名，但以学术而为族人所尊，称其“儒林公”，而他在金溪当地的声名，也被比拟为“与陈、罗、章、艾相伯仲”。④陈画应是在吴堂的介绍下而识艾南英，艾南英赞许其“于理学澄凝坚定，抱负海涵”⑤，并称陈画、陈畴兄弟是“理学萃于一门”。⑥但他不像吴堂随从艾南英前往福建，而是始终居乡在家，所以以他为中心，在金溪当地形成理学与制艺的群体圈。他的讲学处是五柳轩，从游者达数百人之多，若据族谱载其讲习理学的情景：

> 讲学于五柳轩，从游者数百人，惓惓然以孝悌为重。⑦
>
> 尝讲学于五柳园，从游者皆裒衣大袖，歌诗揖让，有儒者气象。⑧

另外，陈画也教授门人与族人制艺，只是书房名却作“重乐轩”。据《戊元栎林周氏族谱》载其族人周居仁在此学习事：

---

① （义门）《陈氏宗谱·列传·岳州公》，第3页。
② （义门）《陈氏宗谱·书》，第1—5页。
③ （义门）《陈氏宗谱·列传·苍梧公》，第7页。
④ （义门）《陈氏宗谱·列传·儒林公》，第9页。
⑤ （义门）《陈氏宗谱·列传·儒林公》，第9页。
⑥ （义门）《陈氏宗谱·列传·隐逸公》，第10页。
⑦ （义门）《陈氏宗谱·列传·儒林公》，第9页。
⑧ （义门）《陈氏宗谱·列传·隐逸公》，第10页。

时陈（画）负重名，从游者多名宿，每课文，必择其尤精者付梓，公（周居仁）文与者十数，而试不售。[①]

大约等到崇祯十七年（1644）[②]，陈画集结诸父昆季同人友生之文，合为《重乐轩初选》，艾南英为其作序，说：

陈子惟易，取朋友之义，题其轩曰重乐，且集录弟子课艺，合于文章法，与其诸父昆弟较习之作，以行于世，盖愤近日之为举业者，怪妖庞杂，思所以正之，而为是编也。[③]

陈画的讲学，对家族及地方的影响颇大，所以直到他卒后，族弟陈甸仍继续讲学活动，后详。

金溪年轻一辈的知名士人，除了吴堂、陈画以外，还有孔大德，但因其相关数据甚少，所以附见于此。孔大德属于圣裔孔氏，该族在金溪的其中一支位于河源镇朱坊孔家村，该村至今仍存“圣裔”牌坊一座[④]，以及《圣裔孔氏宗谱》一部。孔大德属于绣谷分支，居住在县城内，而该分支的族谱今已难以寻访，加上孔大德亦无著作传世，所以相关的数据很少，仅《圣裔孔氏宗谱》中载其考取天启丁卯（1627）科解元[⑤]，未载其他言行事为。

此外，翻检各族族谱，另有金紫何氏的文社，相关数据极少，推测是家族内部的社集，亦附录于此。金紫何氏的知名人物有何自学与何清，何自学是宣德二年（1427）进士，曾荐吴与弼于朝[⑥]，何清是弘治八年（1495）举人。但此后便无族人考取举人以上功名。直到万历年间的何学夔与何学孔兄弟，这两

① （清）周穆庵修：《戌元栎林周氏族谱》卷一，金溪合市镇龚家戌元村周新友家藏，道光二十四年重修本，第77页。

② （明）艾千子：《天佣子集》卷首《年谱》，第4页：“《重乐轩序》疑在是年。”但考其序文前后文意，实难想象值此明亡之际，陈画仍编此书，且艾南英亦有暇作此序文。加上陈画在崇祯十三年（1640）编《庚辰房选》，然后息影5年，若把崇祯十三年（1640）亦计算在内，则从崇祯十三到十七年正满五年之数，所以推测该序作于崇祯十七年左右。

③ （明）艾千子：《天佣子集》卷四《重乐轩初选序》，第61页。

④ 此牌坊的记载，亦见于《坊额记》，《圣裔孔氏宗谱》卷尾，金溪河源镇朱坊孔家村孔国珍管谱，年份不详，第1页。

⑤ 《坊额记》，第1页。

⑥ （清）胡钊、松安等纂修：《（道光）金溪县志》卷一一《宦业》，第7—8页。

位是该族较知名的士人，他们负责祠堂祭仪的修订，但也只是邑庠生而已。①也因此，万历三十二年（1604）何学孔发起金紫文会，鼓励族中子弟用功考取功名，与会者应都是何氏族人。②

五、清初以金溪为中心的集会

明清鼎革之际，临川四大才子中，除了陈际泰早卒，其他三人亦在此变乱之际亡故。章世纯时任广西柳州知府，在得知京师陷落后抑郁而卒。艾南英先应罗川王之邀，起兵抗击清军于金溪，待江西陷落后，入闽见隆武帝，次年，即顺治四年（1647）病卒。③罗万藻则在料理完艾南英的丧事，数月后亦卒。

明末临川四大才子声名最盛时，临川年轻一辈的士人亦起而集结文社，较知名者即天启七年（1627）的金石台大社，此社最初由陈际泰倡议，中间一度衰微，当张采来任临川知县时复振而作之。陈际泰的二子陈孝威、陈孝逸，以及傅占衡、吴程、曾有矩、舒紫芬、管子敬、游公大、刘钟秀、郄六奕等皆在社中，成员共18人。④

明清之际，该社成员不少亡故，即连陈孝威也在广东病逝。一如傅占衡说：

> 曾上平（曾有矩）、吴先民（吴程）、舒紫芬、管子敬、游公大、刘文伯（刘钟秀）、陈兴霸（陈孝威），平生在六七知己中，谓之最贵矣，然寿

① 何清的传，见（明）罗垣：《希轩公传》，见《金紫何氏重修合谱》后卷，无页码，民国三十一年，金溪左坊镇后车何家何荣华管谱；何学夔的传见（明）何容：《宾虞公传》，《金紫何氏重修合谱》后卷，无页码。祠堂祭仪事，见（明）何学夔：《修祠堂祭仪序》，《金紫何氏重修合谱》后卷，无页码。

② （明）何学孔：《金紫文会序》，见《金紫何氏重修合谱》，无页码。

③ 艾南英的生平，见（清）胡业恒：《天佣公事略》，见艾甫顺等修：《艾氏重修宗谱》不分卷，《传》，金溪琉璃乡双塘村艾氏家藏，1994年，第44—46页。

④ 社集成员之名，请分见（明）陈孝威撰：《曾上平传》，《壶山集》卷一，第8页，以及（明）陈孝逸撰：《虚葬亡友刘文伯墓志铭》，《痴山集》卷三，见《四库禁毁书丛刊》编纂委员会编：《四库禁毁书丛刊》集部，第49册，北京：北京出版社，2000年，第1页。也有说14人，见（明）陈孝威撰：《祭管子敬文》，《壶山集》卷一，第15页："上平（曾有矩）、紫芬、先民（吴程）、谢子（此为两兄弟）、平生（陈奇才）、贞一、陆奕、厷止、文伯（刘钟秀）、平叔（傅占衡）、威（陈孝威）、逸（陈孝逸），暨尔（管子敬），合为一社一四人。"

亦不至中。[①]

于是此时遂以陈孝逸与傅占衡成为社群的领袖，陈孝逸是陈际泰之子，早有文名，而傅占衡亦颇受一些士人的推崇肯定。[②]

同社的临川士人亡故，陈孝逸、傅占衡二人在清初曾经常往来的，社员反而不少是金溪、南城士人，如陈孝威自述：

敝邑曾上平、吴先民、刘文伯、管子敌，后先凋谢，痛我同盟。于今崔嵬灵光，独平生（陈奇才）、亦人（李国昌）、伯子（涂柏）、惟易（陈画）、玄近（郑邑隽）、大千、平叔（傅占衡）辈数人耳。[③]

盱江徐仲光（徐芳）、金溪吴仲升（吴堂）、孔登小（孔大德）、家惟易、郑玄近（郑倩），或远或迩，然志同道合，迹疏心般。[④]

曾、吴、刘、管四人皆与陈孝逸同社的临川士人，而几人卒后，陈孝逸所引以为友的几人，除了傅占衡、陈平生是临川人，涂柏来自宜黄，以及徐芳出自南城以外，其他几人——吴堂、陈画、孔大德、郑邑隽、李国昌，都是金溪人。

陈、傅二人在清初看似消极困顿，但细察其行迹，却似常前往他县与该县士人集会，如与南城徐芳，据载：

（傅占衡）与南城徐芳、邓灵相契合，往来建武，留寓景云、大平诸刹。[⑤]

（陈孝逸）常寓南城章山寺，与徐拙菴（徐芳）、邓止仲（邓廷彬）、

① （清）傅占衡撰：《陈平生别传》，《湘帆堂集》卷六，第18页。陈孝逸也谈及此事说："壬午（崇祯十五年，1642），吴先民（吴程）死；不半岁，曾上平（曾有矩）又死；乙酉冬（顺治二年，1645），李君扬死，其年，北大将刘某掠丰城隐溪、文伯乃遇害死。"见（明）陈孝逸撰：《虚葬亡友刘文伯墓志铭》，《痴山集》卷三，第1页。吴程、曾上平、陈孝威三人交情有如鼎之三足，三人间的往来，请见（明）陈孝威撰的《吴先民传》和《曾上平传》（《壶山集》卷一，第7—9页）。

② 如彭士望（1610—1683）推崇傅占衡的文章非汤显祖与临川四大才子所能及。（明）彭士望撰：《耻躬堂文钞》卷三《复王元升书》，见《清代诗文集汇编》编纂委员会编：《清代诗文集汇编》，第32册，上海：上海古籍出版社，2010年，第11页；（明）彭士望撰：《与魏善伯书》，见《清代诗文集汇编》编纂委员会编：《清代诗文集汇编》，第32册，第14页。

③ （明）陈孝逸撰：《寄欧无奇萧绣虎》，《痴山集》卷六，第9页。

④ （明）陈孝逸撰：《答温伯芳》，《痴山集》卷六，第16页。郑倩，字玄近，地方志上未载其人，请参考（明）陈际泰撰：《郑玄近新刻序》，《已吾集》卷二，第10页。

⑤ （清）李人镜等修，（清）梅体萱等纂：《（同治）南城县志》卷八之一《流寓》，见《中国方志丛书》，第818号，台北：成文出版社有限公司，1989年，第20页。

萧明彝（萧韵）友善。[①]

由于都是在寺院聚首，所以几人在此集会的可能性很大。如贵溪张云鹗，据载：

贵溪张云鹗，字次飞，一字铁公……明亡，绝意仕进，筑室章源山中，焚儒冠，发鬖鬖不剃，裹头，自制一毡帽，虽盛暑燕私不脱去……与同里周凤仪、金溪孔大德、临川陈孝逸，订烟霞交，秋暑雪余，凉月在地，经营惨淡，诗趣蜿蟺，引觞互酌，陶然就醉。[②]

张云鹗的态度应是反清的，而陈孝逸则经常与其集会。

陈、傅二人也确实不断出现在清初金溪士人的交游及社集记述中，如疏溪吴玉尔的交游圈中便有陈、傅二人：

（吴）玉尔，字玠轩……以书经中崇正癸酉（崇祯六年，1633）乡试第十一名……竹坪徐登龙先生，公之故人也，道义相尚。当怀宗时，高隐不仕，与公及临川傅占衡、陈孝逸，本邑吴堂、陈畤、陈画、聂文麟诸先生唱和。[③]

徐登龙谈易代之际聂文麟在乡交游事则说：

涉乱以来，惟同二三声气，及方闻布衣士，论文赋诗，此外杜门匿影，自当世诸新贵求望见颜色不可得。[④]

文末有编者补充说：

① （清）李人镜等修，（清）梅体萱等纂：《（同治）南城县志》卷八之一《流寓》，第15页；（明）陈孝逸撰：《与邓止仲》，《痴山集》卷六，第9页："客夏数度入贵郡，一寓章山寺。"

② （清）杨长杰等修，（清）黄联珏等纂：《（同治）贵溪县志》卷八之九《隐逸》，见《中国方志丛书》，第873号，台北：成文出版社有限公司，1989年，第7页。

③ 吴顺昌等修：《疏溪吴氏宗谱》卷八《御史公传》，第4页。徐登龙是天启四年（1624）举人，相关事迹不详，所引文虽说徐登龙是竹坪徐氏，但查该族族谱，未列徐登龙之名，不知何故。此段说徐登龙与吴玉尔二人是故交，高隐不仕，亦不尽然。吴玉尔在考取崇祯六年（1633）举人以后任官，明亡则奔走王事于闽、浙间，最后悲愤绝粒，殉难于闽。"高隐不仕"有可能是族谱编者因政治忌讳而曲隐吴玉尔殉难的用词。吴玉尔殉难事反而见诸地方志上，见（清）胡钊、松安等纂修：《（道光）金溪县志》卷一一《宦业》，第38页。

④ 聂友余等修：《崇阳聂氏族谱》卷五，第19页。

文内二三声气，盖指临川傅公占衡，字平叔；县右孔公有德，号秀野；大塘吴公堂，号通隐；市心陈公画，字惟易；陈公畴，字惟范；瑶溪傅公振铉，字义然；大衍邹公定本，及徐公诸人也。①

吴玉尔是吴悌的族人，崇祯六年（1633）举人；徐登龙的事迹不详，仅知他是天启四年（1624）举人。若先不谈吴、徐二人，金溪当地应以吴堂、陈画、孔大德等为中心，加上崇阳聂氏的代表人物聂文麟。②这些人应有集会或社集，所以陈画传记中的这段话便很值得注意：

（陈画）与平叔傅公、苏门聂公（聂文麟）、通隐吴公、秀野孔公，及弟惟范（陈畴）先生隐居讲道。③

前文谈到陈画在五柳轩讲学，从游者达数百人之多，此处亦指称以陈画为中心，隐居讲道。清初黄石麟与陈画在金溪论学，而论学处应即五柳轩。④五柳轩的讲学活动直到陈画卒后，其族弟陈甸仍延续之，据载：

（陈甸）少从族兄惟易先生游，潜心味道，临川陈少游、同邑傅平叔、孔秀野诸先生，交相引重，往复切劘，益肆力关闵濂洛之学，大有所得。绝意仕进，继惟易先生讲学五柳轩，远近来学者踵趾相错，每会讲，邻师率学子环而谛听者常百十人。公学以主静为本，行以孝弟为基……门弟子多腾踔于时，而冯夔飏太史（冯咏，1672—1731）兄弟受业沈深，名亦愈著。⑤

也因此，“隐居讲道”四字应该不是没有实指。陈画的五柳轩，很有可能是众人往来聚会之处。而且相较于南城、贵溪两地的集会，五柳轩可能才是最重要的集会中心。文中的冯咏是金溪人，康熙六十年（1721）进士，是下一辈

---

① 聂友余等修：《崇阳聂氏族谱》卷五，第20页。

② 聂文麟是聂良杞之子，万历四十七年（1619）进士，崇祯十五年（1642）致仕。致仕的年份请见聂友余等修：《崇阳聂氏族谱》卷四，第349页。

③ （义门）《陈氏宗谱·列传·儒林公》，第9页。

④ （清）李伍渶撰：《壑云篇文集》卷十四《黄讷乘志铭》见《四库禁毁书丛刊》编纂委员会编：《四库禁毁书丛刊》集部，第187册，北京：北京出版社，2000年，第3页。

⑤ （义门）《陈氏宗谱·列传·淑度公》，第15页。

与李绂并列，同于抚州最知名的士人。①

陈孝逸、傅占衡往来金溪、南城、贵溪等地与人集会，原因为何，今已不得而知，从陈孝逸与彭士望、钱谦益、方以智等的往来②，我们固然怀疑可能跟反清活动有关，只是苦无证据。但可确定的是，陈、傅二人，尤其是陈孝逸，隐然承续其父陈际泰的角色，成为抚州地区的士人领袖。也因此，当江南陈济生在顺治年间着手编纂《天启崇祯两朝遗诗》一书，咨询陈孝逸的意见，而陈孝逸推荐给陈济生的，除了临川四大才子的作品以外，便是金溪陈画与孔大德二人的著作。陈孝逸说：

> 宗兄名山之罗，所愿任其驱役，第敝地诸先辈，如帖上数公，古文字特少，即有之，征索不易。又其文字，或使人以不见为恨，其人更重。然已为布檄，得便续致。至于《章柳州》《天佣子》《小千园》等集，苦无贰本，不敢付，倘有闲力，却抄寄也。孔登小《秀野庐杂诗》并《和陶诗》、家惟易《篮考》，偶在几间，敬纳去。二兄皆林虑徐无中人，吾党之最岳岳者，颇有他著，会须宗兄见之。③

《章柳州》《天佣子》《小千园》分别是章世纯、艾南英、罗万藻三人的著作，而陈孝逸因无三人著作的副本，担心遗落而不敢寄送。④而他所大力推荐的同辈士人，即金溪陈画与孔大德二人著作。

陈孝逸、傅占衡，以及诸多金溪士人，以五柳轩为中心所形成的群体，他们在清初是不应科举亦不任官的。前引贵溪张云鹗的个案，他最极端的行为是不剃发，其他人虽未如此，但亦自放于政权之外。这些士人在明末皆以制艺闻名，但入清以后，便不再殚心于此，傅占衡的话最可生动说明：

> 时文衰则师座废，虽金溪人如无家人，两生（按：吴堂、陈画）效如

① （清）李绂撰：《穆堂初稿》卷三四《冯李合稿序》，见《清代诗文集汇编》编纂委员会编：《清代诗文集汇编》，第232册，上海：上海古籍出版社，2010年，第25页。

② （明）陈孝逸撰：《又柬卓庵》，《痴山集》卷六，第12页；（明）陈孝逸撰：《荅彭躬庵》，《痴山集》卷六，第17—18页。

③ （明）陈孝逸撰：《寄陈皇士太仆》，《痴山集》卷六，第17页。

④ 后来似是陈画将《天佣子集》刊刻出版，有易学实作序，据（清）易学实撰：《天佣子叙》，《犀厓文集》卷五，见《四库全书存目丛书》编纂委员会编纂：《四库全书存目丛书》集部，第198册，台南：庄严文化事业有限公司，1997年，第8页；（清）易学实撰：《寄陈惟易》，《犀厓文集》卷八，第5页。

是，安得不泥诸壁。且自洪武辛亥（1371）以来，名儒钜公、照史硕老皆专出于是。成弘间始微标名目，如王唐薛瞿。到崇祯末，房如蝶，社如蝗，言理学则周程张朱之嫡派在是，谈文采则左丘明、司马迁、刘向、杨雄，衔官奔走，其助朝算裨世用则二十一史治乱成败眉列，未尝不似。然其末也，上不能当一城一堡之冲，次不足备一箭一炮之用，最下不可言。由此论之，糊壁为幸。①

所以我们另一方面也看到临川李来泰这个名字。李来泰，字仲章，号石台，顺治九年（1652）进士，他的官运并不亨通，因与上司不和被革职，还乡后又被诬陷与耿精忠部属勾结叛乱而下狱。直到康熙十八年（1679）获举荐参加博学鸿词科考试，才又入朝为官，并参与纂修《明史》。但他却是康熙年间抚州地区的士人领袖，所以在这段时期的文献资料中，都不断看到士人提及李石台这个名字，一如黄石麟所说——“学者莫不仰其言行以为当世之师”②。这也凸显，入清以后，大约一代的时间，陈孝逸、陈画等的社集活动便难再持续下去，所以乐安李焕章谈及临川、金溪入清以后社集活动之萧索，说：

金溪，西江之名区……即陈、章、罗、艾四家，洎陈兴霸（陈孝威）、少游（陈孝逸）、傅平叔（傅占衡）诸君子，文章交游之盛，今坛社寂寞，流风莫续，至于唏嘘叹息，泣下沾襟，举坐为之罢欢。③

李焕章所举虽都是临川士人，但仍可想见临川、金溪两地流风莫续的景象。

六、结　论

本文主要利用族谱数据以重构地方小读书人的交游与社集活动。很多地方上的小读书人因无著作传世，所以往往只有地方志上简短的几行叙述，但这些

① （清）傅占衡撰：《吴陈二子选文糊壁记》，第8—9页。
② （清）黄石麟撰：《李石台先生传·文苑》，《半芜园集》卷六，第15页。
③ （清）李焕章撰：《方叔衡诗草序》，《织水斋集》，见《四库全书存目丛书》编纂委员会编纂：《四库全书存目丛书》集部，第208册，台南：庄严文化事业有限公司，1997年，第773页。

人却可能是地方社集活动的要角，如车泰来、张应雷、聂良杞、黄宣、吴堂、陈画，这些人虽然不是当世第一流的人物，但在金溪当地都有举足轻重的地位。过去这些人的身影不曾出现在任何讨论中，但少掉这些人，其实很难了解明中晚期金溪的思想文化发展及其讲会或社集活动。

利用族谱数据，配合文集、地方志，我们不仅重新认识这些人，也看到明中晚期金溪从心学讲会转向制艺文社的发展，以及临川四大才子中的艾南英，加上吴堂、陈画等所主导的明末制艺文社。明末清初，临川陈孝逸、傅占衡二人与金溪士人之间的关系密切，而陈画的五柳轩很可能是整个抚州地区的集会中心。

过去对清初江西往往较注意江右三山的谢文洊、宁都九子等，然而，谢文洊、宁都九子，其实跟明末的文社群体关系不深，这也使从明末到清初对江西思想文化史的叙述呈现断裂而不连续的现象，似乎明亡以后，明末曾经活跃的一批人就此退隐淡出，而由另一批人走上主舞台。这个叙述固然不能说毫无道理，但仍不免太过粗略或简化之嫌。

本文所做的，正是借由不同性质的史料，复原金溪地方小读书人的言行事为，进一步了解临川与金溪士人群体的社集活动。若以临川与金溪为基础，应该有可能更大范围地掌握整个抚州地区，从明末到清初的地方小读书人的动态。清初江右三山之一的谢文洊，他所在的南丰，亦属于广义的抚州地区，而他与这些士人群体之间的关系？也许会是很值得继续深入的课题。

明清时期的赌博之风及其官民禁赌互动研究

——以徽州为中心

卞　利*

作为一种违法犯罪行为和病态社会陋俗，赌博活动由来已久。至明清时期，特别是明代中叶以后，赌博群体畸形的社会生活，随着商品经济的发展和传统社会的变迁与转型，亦呈现不断普及、渗透和愈演愈炽之势，不但底层社会的民众、地痞无赖等惯赌之徒热衷于设局诱赌，而且官僚士绅、富商大贾等社会上层人士也对参与赌博活动乐此不疲。因此，在全国各地，围绕赌博活动而引发和导致的各类争斗、纠纷和诉讼，甚至为贼为盗等违法犯罪活动，严重影响了社会秩序和社会稳定，成为诸多社会问题的诱发性因素。正如清世宗所云："赌博之事，最坏人之品行。若下等之人习此，必至聚集匪类，作奸犯科，放僻邪侈之事，多由此起。若读书居官之人习此，必至废时失事，志气昏浊，何能立品上进？"①明代中叶以降，在素有"东南邹鲁"之誉、僻处皖浙赣交界山区的徽州，因为徽商活动的成功以及社会风气的浇漓，赌博活动也随之变得异常猖獗，"平昔聚饮，彼此欢然；一攫六骰，顿尔改样。神头鬼脸，侩手魔声，输出赢收，毫无假借。或携娼妓于邃阁，或诱子弟于重门。放头不顾其父兄，上手罔思其身命，达旦呼卢，收场浮白。往往千金一券，终以讼

---

*　卞利，南开大学中国社会史研究中心暨历史学院教授。

本文系国家社科基金重大项目"清代农家账簿中的乡村经济和社会史料整理与研究"（22&ZD078）阶段性研究成果。

① 《清世宗实录》卷48，"雍正四年九月壬子"条，北京：中华书局，1986年，第728页。

凶；万贯数年，径以赌败”[①]。同样，晋商故里的山西和经济最发达地区之一的江南地区，都成为赌风泛滥成灾之地。“乡俗浇漓，赌风肆行，父兄习以为常，子弟尤而效之，以致败家破产，正事荒废。”[②]各地赌博活动的泛滥，给社会经济的健康发展带来了极大的危害。于是，围绕国家禁赌的有关法律规定以及最高统治者的禁令与打击，明清时期全国各地如宗族、会社等民间组织，也纷纷制定各种名目繁多、内容丰富的禁赌规约，并采取不同形式，与国家法律制度暨地方所在官府的禁令互相配合，彼此互动，形成了声势浩大的官民禁赌活动。

有关赌博史及包括明清在内的历代禁赌政策、法律与禁赌制度的研究，学术界业已取得不菲成果。本文拟以现存民间禁赌规约文书文献（含碑铭文献）较多的徽州为中心，对明清时期的民间禁赌规约及其与国家立法、地方禁令制度建设之间的互动关系进行探讨。

一、赌风日炽：明代中叶以来徽州暨全国赌博之风

徽州虽然地处山区，地理环境较为封闭，但自南宋以来，随着中原地区世家大族三次大规模移居徽州运动的结束，徽州社会逐渐形成了重文兴教风气，民风也相对淳朴。对此，明嘉靖时徽州知府何东序云：“惟兹新安自古名郡，俗以不义为羞，衣冠不变，士多明理之学，邹鲁称名。”但是，明代中叶以降，伴随徽商经营的成功，拥资巨万的富商大贾及其子弟往往生活奢靡，挥霍万端，嗜赌成瘾，致使淳朴的民风也日益变得浇漓起来，“顾承平既久，日异而月不同，污俗相传，上行而下尤效”。[③]而一些地痞无赖之徒则乘虚而入，设局诱赌，以致这一高山纵横、峰峦叠嶂的山区，其所燃起的赌博之风，大有同北京、杭州、南京、苏州和松江等商品经济繁荣发达之区相向而行之势。早在明万历年间，徽州府治歙县经济文化较为繁荣的岩寺镇及其周边地区，就聚集

---

① 万历《歙志·风土》，明万历三十七年刻本。

② 《隰州和古里西沟立洞则沟二村公议禁赌碑序》，见杜红涛主编：《三晋石刻大全·吕梁市孝义市卷》（上编），太原：三晋出版社，2012年，第164页。

③ 嘉靖《徽州府志》卷2《风俗志》，明嘉靖四十五年刻本。

了一批以引诱富家子弟赌博嫖娼为生的诱赌之徒，所谓“岩镇地方，盖造整齐店屋，召住艳丽名娼，包留善歌女戏，思欲比赛南京旧院规矩，以为美谈，遂至诱引富家子弟，昼夜歌舞。风俗荡败，奸盗悉从此生”①。对此，时任徽州知府的古之贤指出：“府属地方，不系通津聚商之处，俱是本地耕食凿饮之民。间有父兄经营，居积致富，类从辛苦中得来。致遭不才子弟嫖赌，挥金如土，不知爱惜，反以父资于娼优家，争相雄长。慕豪侠之风，成淫荡之习，恬不为怪，不过数年，立见倾败。”②在徽州的休宁县，为数众多的赌徒“沉湎陆博，以曲蘖当饔飧；掷骰为赌，愚富儿以竞胜”③。徽州这种赌博恶风和陋俗，至明末的崇祯时期，愈演愈烈，几乎发展到不可收拾的地步，形成“赌风日炽，亡赖恶棍串党，置立药骰筹马局，诱人子弟倾荡家产，甚有沦为奸盗，而犯者比比”④的局面。清代康熙年间，自徽州前往陕西褒城县任刑名师爷的吴宏，对褒城县的赌博之风亦有揭示，云：“从来好赌之人往往废时失业，荡产倾家，为害不小。尔褒民喜无他长，惟不论男妇老幼，皆酷好游湖，牌一到手，则食可忘而寝可废，终日不倦，夜以继之。衣于何来，食于何得，仰何以事，俯何以育，皆置之九霄云外矣。”⑤

在赌博恶风陋俗日益泛滥猖獗的背景下，很多不事生业的良家子弟禁不住诱惑，视赌博为快速致富的捷径，从而使自身陷入俯仰无资、生活无继、贫困潦倒，并最终导致倾家荡产，甚至沦为盗贼锒铛入狱的状态。所谓“赌博之事，本非生财之道；赌博之人，夫岂成家之子？其事之不可为而党之不可入者。苟误入于此，袒裼呼卢，自暮达旦，倾囊为注，亡身及家，废时失业，莫甚于此”⑥。因而，赌博被明末歙县知县傅岩列入当地“十恶”之二，成为仅次于“打行”的第二大社会公害。

为吸引和招徕赌徒，开设赌局、坐庄诱赌的地痞无赖不惜触犯法网，“招引流娼，假以唱戏为名，群集匪人，惑诱饮博，以致游闲征逐，驰骛若

① （明）古之贤：《新安蠹状》卷下《行六县禁革娼优》，明万历刻本。

② （明）古之贤：《新安蠹状》卷下《行六县禁革娼优》，明万历刻本。

③ 万历《休宁县志》卷1《舆地志·风俗》，明万历三十五年刻本。

④ （明）傅岩撰，陈春秀校点：《歙纪》卷5《纪政迹·事迹》，合肥：黄山书社，2006年，第54页。

⑤ （清）吴宏：《纸上经纶》卷5《告示》，见郭成伟、田涛点校整理：《明清公牍秘本五种》，北京：中国政法大学出版社，1999年，第229页。

⑥ 康熙《方氏族谱》卷7《家训》，清康熙四十年刻本。

狂”[①]。输红了眼的赌徒为了捞回本钱，甚至不惜犯上作乱，走上盗窃抢劫、杀人越货的犯罪道路。清代康熙年间，婺源县庆源村江万舅原本家资丰厚，但在染上赌瘾、痴迷于赌博之后，“以赌博败产业殆尽”，不得不入伙为盗，康熙二十八年（1689）七月被捕，减死充军。[②]其结局令人唏嘘，教训不谓不深。

明清时期，同全国赌风猖獗的很多地区一样，徽州赌博的种类也是繁多的，其中最为常见的主要有押宝、掷骰、马吊、纸牌和后期的花会等名目。清末绩溪每逢演剧期间，即有大量赌博之徒搭设赌棚，形成赌棚林立之状，“棚或数十人或数百人，宝摊骰牌，色色俱全。秋成后，无论大村小村，不啻以赌场为其俱乐部，通宵达旦，习以为常”[③]。作为一种民间常见的赌博形式，押宝的“宝”为赌具，多为方形木质，其上刻有黑红等图案，外用方盖盖严。开赌时，将“宝”置于中央，赌人四面押注。开宝时，以红为赢、黑为输。至于投掷骰子，据《清稗类钞》记载：“骰子，赌具也，古曰掷摴（樗）蒲。今以骨或象牙为之，成正方形，六面分刻一二三四五六之数，掷之，有四数者为红色，余皆黑。掷之于盆，视其转止，以所见之色为胜负，故亦称色子。相传为魏曹植所造。本止有二，谓之投子，取投掷之义。质用玉石，故又谓之明琼，所谓投琼者是也。唐时加至六，改以骨制，始有骰子之名。温庭筠诗‘玲珑骰子安红豆’是也。”[④]马吊则“始于明天启时，尤西堂、李杲堂皆以为南都马、阮之谶。……康熙时，士大夫喜马吊，其牌之横纵幅，较纸牌为稍广，绘画雕印并同。凡四十页为一具，一页为一种。分四门，自相统辖，曰十万贯，曰万贯，曰索子，曰文钱万贯。索子、文钱万贯皆始于一，尊于九，各九页。十万贯自二十万贯始，至九十万贯、百万贯，千万贯，尊于万。万贯共十一页，绘人形，与十万贯同。文钱一门，最尊者空汤，次枝花，次一二以至于九，亦共十一页。文钱中空汤亦绘人形，并举《水浒传》宋江诸人以实之。古云马掉脚，明代或讹脚为角，谓四门，如马之有四足，失一则不可行，约言之曰马掉，后又改掉为吊。古有《打马格局》《打马图式》，至康熙时，已皆不传。博

① （明）傅岩撰，陈春秀校点：《歙纪》卷8《纪条示·逐流娼》，第106页。

② （清）詹元相：《畏斋日记》，见中国社会科学院历史研究所清史研究室编：《清史资料》第4辑，北京：中华书局，1983年，第194页。

③ （清）刘汝骥编撰，梁仁志校注：《陶甓公牍》卷12《法制科·绩溪民情之习惯·犯罪以何项人为最多》，芜湖：安徽师范大学出版社，2018年，第272页。

④ 徐珂编撰：《清稗类钞》第10册《赌博类·骰子之博》，北京：中华书局，1986年，第4894页。

时，四人入座，人各八页，以大击小而现出色样，及余八页冲出色样，出奇制胜，变化无穷。四门最尊者曰赏，次为肩，最小者为极。赏、肩、极上桌，皆可配成色样”①。徐珂认为，“纸牌之戏，前人以为起自唐之叶子格，宋之鹤格、小叶子格。然叶格戏，似兼用骰子，盖与今之马吊、游湖异矣。世人多谓马吊之后，变为游湖，亦非也。二者一时并有之，特马吊先得名耳。明时即有纸牌，其名甚多，曰空汤瓶，曰半鼈，五割切，缺齿也，又器缺也。亦曰鼈客，又曰枝花，谓花未成果，其自一至九咸呼为果。曰尊，曰极，后犹有袭其名者。而潘氏所云序为顺，纯为豹。顺又作猿，或作獗，音速。又作獭，音嗔。豹则有半豹、天豹。且自一至九，刻画其边圜曰刻画品，各有其名，一为截角，二为斜眼，三为豹牙，四为内缺，五为双白，六为双箸，七为斜齿，八为外缺，九为弦月。又有曰驳，曰虎，曰貐，亦作邛，又作穷。曰劫，又曰穿山钾，曰驾，曰猢，音付。亦作獏，又作富。曰雄三九，曰真君三三，曰少君，与夫马吊之所为大小公窦、雌窦，晚近以来，知其名者鲜矣”②。

花会是清末徽州较为流行的一种新的赌博形式，以福建、广东和浙江宁波等地区为最盛。徽州的花会赌博，大约在太平天国之前从福建地区传入。据黄崇惺《凤山笔记》记载，“花会之戏，自闽地来，而徽州行之极盛。其戏为三十六门，各以二字为标目。摘前人诗句为题，使人射之得者一钱偿三十由是人争趋之。妇女稚孺，亦日从事于此。占卦卜字，祷庙祈梦，以求其兆。更有露宿墓下，或问某村常见怪异，平时不敢过者，亦皆本趋占祷，不知畏避”。同其他各种类型的赌博一样，花会赢钱致富的机会很小，真正能够从花会博弈活动中，“获利者，十不一睹，而破家亡身者往往而有”。以致在徽州，清末甚至出现了“福建刀兵响，徽宁作战场”的谚语。③显然，徽州人已将这种传自福建的花会博戏形象地称为“刀兵”，可见其对徽州社会的负面影响。除此之外，诸如游湖、樗蒲和博陆等各类赌博形式，在明代中叶以降特别是清代以来，普遍存在于包括徽州在内的全国各地城乡社会。延至清末，国外的所谓番摊、彩票和赛马等新式赌博形式亦传入中国，徐珂在《清稗类钞》之《广东各

① 徐珂编撰：《清稗类钞》第10册《赌博类·马吊》，第4903—4905页。

② 徐珂编撰：《清稗类钞》第10册《赌博类·纸牌之博》，第4897—4898页。

③ （清）黄崇惺：《凤山笔记》，转引自卞利主编：《徽州文化史·近代卷》，合肥：安徽人民出版社，2014年，第39页。

种赌博》一文中，在强调“粤人好赌，出于天性”之后，还历数清末广东的各种赌博形式。其全文如下：

粤人好赌，出于天性，始则闱姓、白鸽票，继则番摊、山票，几于终日沈酣，不知世事。而下流社会中人，嗜之尤甚。此外又有诗票、铺票者。诗票则用五言八韵诗一首，铺票则用店铺名号一百二十名，限猜几字，其分簿开彩等，与闱姓、白鸽票大同小异。

粤人好赌，故平日有普通忌讳之字，如牛舌则谓之牛利，盖以舌字粤音近息，与折阅之折字同音，闻之不利，故讳舌为利，取利市三倍之义。又猪肝谓之猪润，盖以肝与干同音，人苟至于囊橐皆干，不利孰甚，故讳肝为润，取时时润色之意。其他类此者尚多，不能一一载也。①

日益焰炽而蔓延全国的赌博之风，给包括徽州在内的各地淳朴的社会风气和社会治安造成了极大的破坏，极大地污染了社会风气，形成“赌博之风起则人心漓，人心漓则习俗坏”②的恶性循环。对此，乾隆休宁县《古林黄氏重修族谱》分别指出，“天下之足以坏人心术而裂人防检者，莫甚于赌博。一入其中，即贤智且不免，况下愚乎？能使士荒其学，农妨其耕，一切百工技艺，莫不因之而自隳厥业，甚至亡身丧家，为祸最烈”。③

二、严禁赌博：明清两朝关于禁赌的制度立法

其实，明清时期不仅徽州赌博活动猖獗，而且全国其他地区的赌博风气亦极为盛行。即使在山西孝义县等这样的内陆偏僻之区，清代乾隆年间也是“乡俗浇漓，赌风肆行，父兄习以为常，子弟尤而效之，以致败家破产，正事荒废”④。在湖南平江县，天岳李氏宗族认为：“夫赌博者，败家之具，屡经官宪

① 徐珂编撰：《清稗类钞》第10册《赌博类·广东各种赌博》，第4879页。

② “清嘉庆二十四年八月初八日祁门文堂禁赌文约碑”，原碑现嵌于安徽省祁门县闪里镇下文堂村陈氏一本祠前照壁上。

③ 乾隆《休宁古林黄氏重修族谱》卷首下《宗祠》，清乾隆三十一年刻本。

④ 《隰州和古里西沟立洞则沟二村公议禁赌碑序》，第164页。

拿究重惩。若辈冥顽梗化，游手游食，废事荒时，昼则鼾眠，夜则达曙，呼朋引类，以此为业，迷不可破。迨至产业罄空，卖妻鬻子，饥寒所迫，偷盗由此而起，以至衣不蔽体，食不充饥，辱身贱行，为乡党所贱恶”①。由赌博而导致的诸如斗殴、盗窃和抢劫屡屡发生，严重危及了人命生命财产的安全和社会秩序的稳定。因此，为严厉打击和消除赌博这一社会毒瘤，减少由此而诱发的社会犯罪，维护社会稳定，明清最高统治者采取了一系列措施，并从国家立法的高度，屡屡严申禁赌法令和条例，从严从重打击赌博犯罪行为。

明清最高统治者禁赌相关的制度立法，《大明律》及《大清律例》都有详细的条款，且呈不断强化和严厉打击的趋势。《大明律》和《大清律例》规定："凡赌博财物者，皆杖八十，[所] 摊 [在] 场 [之] 财物入官。其开张赌坊之人 [虽不与赌列，亦] 同罪，[坊亦入官]。止据见发为坐，职官加一等。若赌饮食者，勿论。"②不唯如此，明弘治和万历《问刑条例》还将《大明律》关于赌博的条款具体化，分别视参赌人员的情节及日常表现，将其定为三等，加以惩治。规定："凡赌博人犯，若自来不务生理，专一沿街酗酒撒泼，或曾犯诓骗窃盗、不孝不悌等项罪名，及开张赌坊者，定为第一等，问罪，枷号二个月。若平昔不系前项人犯，止是赌博，但有银两衣服钱物者，定为第二等，问罪，枷号一个月，各发落。若年幼无知，偶被人诱引在内者，定为第三等，照常发落。其职官有犯一等、二等者，奏请问罪。文官革职为民；武官革职，随舍余食粮差操。"③

入清以后，自顺治皇帝始，历康熙、雍正、乾隆、嘉庆、道光和同治等诸朝，对赌博的惩罚立法日益严厉和完善。这些以"例"的形式出现的严惩赌博的立法，与明朝相比更趋完备。不仅对赌徒惩罚和打击力度加大，"凡赌博不分兵民，俱枷号两个月、杖一百。偶然会聚开场窝赌，及存留之人抽头无多者，各枷号三个月，杖一百。官员有犯，革职枷责，不准折赎。奴仆犯者，家

① 嘉庆《天岳李氏宗谱》卷首《家训》，清嘉庆十九年陇西堂木活字本。

② 《大明律集解附例》卷26《刑律·杂犯·赌博》，万历十三年刻本；田涛、郑秦点校：《中华传世法典：大清律例》卷34《刑律·杂犯·赌博》，北京：法律出版社，1999年，第531页。按，文中加 [ ] 者为《大清律例》顺治三年（1646）添入。

③ 万历《问刑条例·刑律九·杂犯·赌博条例》，转引自黄彰健编：《明代律例汇编》卷26《刑律九·杂犯》，《"中央研究院"历史语言研究所专刊》之七十五，台北："中央研究院"历史语言研究所，1979年，第950页。

主系官，交与该部；系平人，责十板”[①]。而且对私造贩卖赌具、开场窝赌者及各该管官员稽查不严的行为，制定历史上堪称最为严厉的惩治条款。如对开设赌场诱人入局者，雍正四年（1726）《定例》规定：“凡民人将自己银钱，开场诱引赌博，经旬累月，聚集无赖，放头、抽头者，初犯，杖一百，徒三年；再犯，杖一百，流三千里。存留赌博之人，初犯，杖八十，徒二年；再犯，杖一百，徒三年。”[②]乾隆二十九年（1764），清王朝再次调整《定例》，规定：“无赖匪徒，串党驾船，设局揽载客商，勾诱赌博，折没货物，掯留行李者，初犯到案，审系仅止一、二次者，照开场诱赌例，杖一百、徒三年；三次以上及再犯者，发云、贵、两广极边烟瘴充军，并将首犯先于拿获之沿河马头地方，加枷号一个月。其船户知情分赃者，初犯仍照为从论，再犯亦与犯人同罪，船价入官。”[③]对在京轿夫、旗人、官员等开设赌场，诱人赌博，乾隆朝新定的例也都有着具体的禁止和惩罚措施。如对造、贩卖和藏匿赌具者的治罪，经过康熙、雍正、乾隆、嘉庆和道光五朝的不断修改，逐渐形成了较为完善而具体的《定例》，云：“凡民人造卖纸牌、骰子，为首者，发边远充军；为从及贩卖为首者，杖一百，流二千里。贩卖为从者，杖一百，徒三年。如藏匿造赌器具，不行销毁者，照贩卖为从例治罪。若于未获之先，本犯自首，准其免罪，仍详记档案。倘免罪之后，又复造卖，发边远充军。如同居之父兄、伯叔等据实出首，本犯亦准免罪。地方保甲知造卖之人不首报者，杖一百；受财者，计赃准枉法从重论，罪止杖一百，流三千里。奸民私造赌具，或经旬累月，开设窝赌，其左右紧邻有能据实出首，照例给赏。如有通同徇隐，不即举首者，杖一百。若得财，准枉法从重论，罪止杖一百，徒三年，所得之赃，照追入官。”[④]

清代不断调整其禁赌立法制度，以“例”的形式以补“律”之不足，且呈日趋严厉态势，这一方面反映了包括徽州在内的清代全国各地赌博之风猖獗的社会事实，另一方面，也说明清代最高统治阶级对赌博危害性的认识以及严厉打击赌博活动的坚决态度。正如歙县人张潮在为尤侗《戒赌文》所作《戒赌文

① 田涛、郑秦点校：《中华传世法典：大清律例》34《刑律・杂犯・赌博》，第531页。
② 《读例存疑》卷44《刑律之二十・杂犯・赌博》，清光绪刊本。
③ 《读例存疑》卷44《刑律之二十・杂犯・赌博》，清光绪刊本。
④ 《读例存疑》卷44《刑律之二十・杂犯・赌博》，清光绪刊本。

小引》中所指出的那样，“风俗之弊，莫甚于赌。……夫世之溺于赌者，第未识其利害耳。今得此文读之，其不悔悟而思返者，其人亦可知已”①。应当说，明清两朝最高统治者关于赌博犯罪的制度立法是非常详尽而周密的，其“例”的规定和调整亦频繁又具体，具有很强的可行性与可操作性。但问题在于，为何其实施效果不尽如人意呢？这里当然有封建专制制度腐朽和赌博本身的巨大诱惑问题。更为重要的是，造成禁赌法律和条例愈趋严厉，而各地赌博违法犯罪依然猖獗的根本原因，主要是还在于各级封建官吏查处和打击赌博活动的态度不正和行为不力。对此，清圣祖康熙皇帝曾一针见血地指出：“此皆该管官员稽察不严，或徇情护庇，不行发觉所致。”②诚如清末法学家、刑部尚书薛允升曾一针见血地指出：“从前赌博，罪名最重，且有问拟绞候者。其造卖赌具及房主窝留，治罪亦严。原以赌博不但为风俗之害，且为盗贼渊薮，治赌博正所以清盗源也。近数十年以来，只有禁赌之名，而认真查拿者，百无一二。其因赌博问拟徒流之案，绝无仅有。而因赌致成命案，不曰弹钱，即曰检拾废具，千篇如一，冀免失察处分。其实赌具、赌场到处皆是，地方各官，从不过问。吏治之坏，一至于此。此风俗之所以日偷，而盗风之所以愈炽也。”③薛允升的分析固然有其不完整的一面，但是，吏治的败坏不能不说是包括清朝在内的明清禁赌不力、赌博之风愈演愈烈的主要原因之所在。

三、官民互动：明清民间禁赌与地方官府禁赌之关系

尽管明清两朝国家禁赌律例暨相关制度不断趋严，但民间的贯彻、落实、执行与实施的效果并不理想，或者说收效甚微，违反赌博律例和禁令的聚赌活动比比皆是。倒是在民间特别是宗族聚居之地，配合国家禁赌法律、条例和禁令，因地制宜，因时制宜，或以村族规约，或以禁赌会社，或以合同文约，或以劝谕禁赌歌谣等不同方式，积极开展禁赌活动，并形成同国家、地方官府的良性互动之势，才使禁赌活动在个别地区取得了一定实效，赌博之风稍有敛

① （清）张潮辑：《昭代丛书》卷十《戒赌文小引》，康熙刻本。

② 《清圣祖实录》卷26，“康熙七年六月丁丑”条，第361—362页。

③ 《读例存疑》卷44《刑律之二十·杂犯·赌博》，清光绪刊本。

迹，赌博陋俗亦因此得到一定革易。根据我们所掌握的徽州各地明清时期官府的禁赌告示、民间的禁赌碑和戒赌约，以及各地宗族的族规家法等材料来看，这时期徽州的民间禁赌活动，呈现国家、地方官府与基层社会的良性互动，并由此形成了该地区禁赌活动纷繁复杂的局面。

（一）地方官府的禁赌举措

针对明代徽州赌博之风蔓延、地痞无赖设局诱赌活动猖獗的局面，为了维护社会的稳定，明末歙县知县傅岩一方面采取了教化和疏导的措施，指出："赌博之人半属贪痴，半属嬉戏，使之亦从嬉戏入门，学（武艺——笔者注）至精熟"①；另一方面，对专以设局诱赌的地痞无赖之辈，则从严打击，"出示严禁"，并责成乡约里保密行查访，抓获和惩治了黄甫、黄光表、饶细九、程继鸾和汪瞎黑等害群之马。②清康熙年间朝廷关于赌博新条例颁行，曾在休宁县任刑名师爷的吴宏，在调任陕西褒城县幕友后，积极响应，专门颁布了《禁游湖赌博》告示。告示全文如下：

> 从来好赌之人，往往废时失业，荡产倾家，为害不小。尔褒民喜无他长，惟不论男妇老幼，皆酷好游湖，牌一到手，则食可忘而寝可废，终日不倦，夜以继之。衣于何来，食于何得，仰何以事，俯何以育，皆置之九霄云外矣。安望其勤耕力作，尽人事以待天功乎？即或工作有人，无烦己力，然佣工之人，勤怠不齐，主人不到，则勤者亦欲偷安；亲身督率，则怠者亦不敢或辍。果能禁绝游湖，不离陇畔，则雇两人之工可以做三人之活，常年栽田三十亩者，即可栽田三十亩矣。本身衣食及仰事俯育之计岂不裕如？嗣后务将湖牌割爱焚毁。如有一家藏匿湖牌，纠合赌党，仍前游湖者，责在乡地邻佑举首。倘敢徇情容隐，一经察出，定遵新例一并重处，决不姑宽。③

延至清末，这种官府以禁赌告示的形式严禁和打击赌博活动依然是徽州

① （明）傅岩撰，陈春秀校点：《歙纪》卷5《纪政迹·修备赘言》，第51页。
② （明）傅岩撰，陈春秀校点：《歙纪》卷5《纪政迹·事迹》，第54页。
③ （清）吴宏：《纸上经纶》卷5《告示》，第229页。

乃知全国各地禁赌活动的主要形式。清末休宁县赌博活动猖獗，“喝雉呼卢之偶聚一不生产者类也，如大河滨西门头约有数百辈白役”①。为严厉打击猖獗的赌博活动，清末徽州知府刘汝骥亦曾以“批示”的形式，严申赌博禁令，云：

赌博为地方巨害，盗窃人命胥由此生，久经本府一再饬禁，凫溪口、黄畲口两处虽系祁休接壤之区，并非瓯脱，何以赌棍开设摊宝毫无忌惮？实属玩法已极！各营县毫无所闻，更难保无差兵捕保庇纵容隐情事，本府前在屯溪河街一带亲自捉赌局数处，其明证也。仰休宁县立即会同祁门县约期驰诣该村，密拿著名赌棍，尽法惩办，并会衔出示严申禁令，以杜后患，均毋率延。②

以这种告示的形式，历数赌博之害，严申禁赌法令，这是徽州也是其他地区地方官府贯彻封建国家禁赌法令的最一般的方式。

在北直隶藁城县，明嘉靖时知县阎尧熙还以民间喜闻乐见的形式，编纂了《劝民十四条》歌谣，其中第五条即为“戒赌博”，云：“赌博是顽徒，弃正路，入迷途，身家性命全不顾。人品被你污，田园任你输，父兄妻子俱嗔怒，好糊涂，行凶上盗，祸害更何如？”③清道光年间，北直隶钜鹿县知县黄炳严禁赌博，对抓获的赌博之徒，予以涂脸游街羞辱，“犯者以粉墨涂面为黑白眼，饬差鸣锣游于通衢，令大声自呼曰：‘此乃耍钱结果。’观者如堵，靡不粲然，赌风由此悉泯”④。

不仅府、州、县等地方官府和官员致力于禁赌，即使是省级地方官府，也对禁赌的制度建设不遗余力，并以颁布告示的方式，严禁赌博活动。康熙二十一年（1682），七月，身为浙江总督的李之芳即颁布了《严禁赌博告示》，告示全文如下：

① （清）刘汝骥编撰，梁仁志校注：《陶甓公牍》卷12《法制科・休宁民情之习惯》，第228页。
② （清）刘汝骥编撰，梁仁志校注：《陶甓公牍》卷7《批判・刑科・休宁县附生李蟠根呈批》，第114页。
③ 嘉靖《藁城县志》卷12，明嘉靖刊民国铅字重印本。
④ 光绪《巨鹿县志》卷8《官师志・名宦》，清光绪十二年刻本。

严禁赌博告示　　　康熙二十一年七月

为缉拿赌博奸徒，以靖盗源、以安地方事。照得呼朋聚赌，多系游手无藉之徒。输极无聊，则亡命犯法之事无不可为，故语云："赌近于盗"。况今世风日变，呼卢不已，转为斗叶、马吊之风，浸淫远近，忘餐废寝，昼夜不绝。于是，奸棍乘机串同旗营豪恶，开场放赌，探听良家子弟、殷懦愚民，引诱入局。拈头设阱，潜藏高楼密室、深巷幽居，妇女司门，踪迹诡秘。赢则流连忘返，输亦无计脱身，遂使勒票滚利，倾荡家财，窘辱凶威，准折妻女。更有一种恶棍，纠合旗丁，身藏赌具，匿于冷街僻巷、庙宇神祠，喝采掷骰，巧诱无知，执筹行诈。又或群聚通衢，藉名掷色，遇有担负行人，蜂攒抢夺。种种无良，不可枚举。地方印捕等官，漫无巡察，总甲、捕役纵庇扶同，驯致奸徒肆无忌惮，强劫公行，率由于此。本部院屡申告诫，全无改悔，总以军前遥远，未经惩创，赌风日炽，盗患难除。今当旋省，加意剔厘，一面密饬该管官，缉拿严究外，合再禁谕。为此，示仰官役、兵民、里甲人等知悉：嗣后，凡有窝藏赌博，聚众呼卢，以及斗混江、打马吊者，许该地方里保、总甲、邻佑执获筹具，报明该县严拿。如系民人，即照例拟罪具详；如系绿旗营兵，解赴本部院军前，尽法惩处；如系满营旗厮，即行申解，以凭带赴公衙门，会同将军，照例重治。有经旁人首告，审实，必将该地方里甲人等连坐究拟。或系本部院访确差拿，定将印捕各官照失察例参处。言出必行，断不宽假。衙役、里甲人等，亦不许借端骚扰，及刁恶地棍捏情诬首，加等治罪。慎之毋忽。①

作为浙江总督的李之芳，在紧张而繁忙的战事之余，专门为禁止赌博而颁布《严禁赌博告示》，可见当时浙江等地区的赌博活动之猖獗与地方官对禁赌行为之不力。

（二）地方乡绅以及乡约、保甲等基层组织的禁赌努力

除亲自颁布禁赌告示严禁赌博活动之外，明清时期徽州各级官府还支持和利用地方乡绅与民间基层组织，对赌博者进行劝惩，并通过制定规约、勒石垂示的形式，在所属地域范围内对赌博活动予以严禁。

① （清）李之芳撰：《李文襄公别录》卷6《文告纪事·严禁赌博告示》，清康熙刻本。

乡绅是活跃于明清城乡各地一支重要的力量，乡约和保甲则分别是一种民间的教化和治安防御组织。明代中期至清代，统治者利用乡绅力量，在城乡各地大力倡建乡约、保甲和会社等组织。在各级统治者倡导下，徽州民间普遍建了旨在“劝善惩恶，兴礼恤患，以厚风俗”①的乡约组织。明代中叶以降至清代，徽州地方官府就是通过乡约、保甲和会社等组织，将国家禁赌法令传播至民间，以使民间奉行遵守的。明万历婺源县沱川余氏乡约就力劝约众，严禁参与赌博活动，指出：“因贪而赌，因赌而贫，因贫而贼。谚云：‘四贝相生，抽头趁伙。皆属有罪，毋得冒犯。’即斗纸牌以博口腹，亦属鄙俚，况酒食贪多折人福乎？并宜省改，免致责究。”②清代嘉庆、道光、同治和光绪时期，清王朝加大了打击赌博行为的力度，徽州府、县两级官府，及时将此信息传达至各地乡约与会社。乡约与会社积极配合，纷纷以竖立“禁赌碑”等形式，再将此信息传诸民间。在婺源县赋春镇冲田村、祁门县桃源、历溪和彭龙等村，清代不同时期的各类“禁赌碑”还有遗存。其中，婺源县冲田村的“禁赌碑”系该村乡约于嘉庆十年（1805）初立于该村河岸，上书“奉例永禁赌博”，同治四年（1865）加禁；祁门县历溪舜溪桥边的“禁赌碑”，系历溪乡约于光绪十八年（1892）竖立，碑文大书“奉宪示加禁赌博”七字；祁门县彭龙文溪桥边的“禁赌碑”，系由彭龙合族乡约于光绪二十八年（1902）夏竖立，碑文为“奉宪示严禁赌博”七字。其实，这种以乡约、保甲名义订立并勒石公之于众的禁赌规约碑铭，广泛存在于在全国各地，成为以徽州为中心的全国各地民间规约的一个重要组成部分。在祖国东南沿海地区的广东大浦县，清乾隆三十六年（1771）十二月，该县的莒村就响应并配合知县颁布的禁赌等告示，通过众议，勒石公布了《奉县主示禁碑》，规定：“一、禁流乞到家，不许私与米饭，若有私与者，罚戏一本。一、禁开赌场聚赌，其铺舍房屋，许众拆毁，不得强顽。一、禁窝贼赃，许众鸣锣搜拿，及案盗伙、引人，一并呈官究治。”要求“一家有事，合乡同力，凡公费，照各姓派出，不

① “明嘉靖五年四月十二日徽州府祁门县为申明乡约、以敦风化事碑”，原碑现横卧于祁门县彭龙乡彭龙村田沟上。

② 万历《沱川余氏乡约》卷一《附劝戒三十一则》，明万历刻本。

得推诿”①。嘉庆二十年（1815）二月，福建同安县美头社即以“官有正条，民有私约”的名义，由乡约长联合村民，公同订立禁约，其中即有关于禁赌的规条，云：“禁不许本社开设赌场，违者罚戏、罚饼。如恃强不遵，呈官究治。”②

与此同时，明清时期徽州的乡绅和会社等个人和组织还通过其他方式，主动同地方官府一道，请求官府颁布禁赌告示，以增强打击赌博活动的权威性和震慑力。在歙县，清代北岸乡生员方启训鉴于当地“村人好胜，欲藉梨园法曲，歌舞升平，演戏场中，往往赌博滋事”的现象，就曾敦请歙县知县出示严禁。③在婺源县，清代嘉庆二十五年（1820），该县延村金荣光、吴士银、吴恒有、程士彬、程启珏、程国章、汪子成三姓乡民联合具文，恳请知县孙敏浦颁发禁赌告示，并迅速得到回应。孙敏浦随后在其所颁布的《禁赌告示》中指出：

> 特授婺源县正堂加十级纪录十次孙为弭赌杜窃、叩赏给示勒禁维风事。□□□□金荣光、民人吴士银、吴恒有、程士彬、程启珏、程国章、汪子成以前事具□□□□等聚一村，村内乡民严禁赌博，防开匪类；村外水口，历蓄山苗荫护宅基。诚以水口山神庙坟冢胥赖庇荫，更以赌博弊窦，实为法纪不容，奸盗诈伪从此滋生，所以两条。切近有不法樵竖潜往村旁，或向僻静之区，席地而坐，做宝跌钱；或入水口，村内觑切。做宝跌钱，即是酿赌之渐；搬枝摘叶，更开盗砍之端。与其酿害将来，不如及杲勒宪台赏准给示，俾勒碑禁。笃俗维风，群歌乐口，颂恩上禀等情到县。据此，除批示外，合该村附近居民人等知悉：嗣后，毋许一切赌博，并不许入该村水口林内搬枝摘叶。各禀县，以凭拿究，决不姑宽，各宜凛遵毋违。特示。

① 碑铭，原碑现存广东省梅州市大埔县湖寮镇莒村，转引自谭棣华等编著：《广东碑刻集》，广州：广东高等教育出版社，2001年，第894页。

② 碑铭，原碑现存福建省厦门市思明区美仁宫美仁前社71号前，转引自何丙仲编著：《厦门碑志汇编》，北京：中国广播电视出版社，2004年，第458—459页。

③ 《鱼雁流痕》，转引自王振忠：《晚清徽州民众生活及社会变迁——〈陶甓公牍〉之民俗文化解读》，见安徽大学徽学研究中心编：《徽学（2000年卷）》，合肥：安徽大学出版社，2001年，第151页。

右仰知悉。

嘉庆二十五年三月日示

告示，仰实贴延村。[①]

这种以乡约竖“禁赌碑”、乡民恳请知县颁告示的禁赌形式，正是着眼于徽州重峦叠嶂、聚族而居的实际，极具针对性和可操作性。当然，乡绅、乡约和会社并不是立了碑或请颁告示之后即敷衍了事，相反，他们还有配合保甲查访拿究赌徒等义务，如明末崇祯年间，歙县乡约即受命与保甲“密行查访”，并将黄甫、黄光表、饶细九、程继鸾和汪瞎黑等积年赌徒拿至歙县正堂，“枷责究惩”。[②]

由上可见，包括徽州在内的明清时期各地乡绅、乡约、会社和保甲等基层组织，在执行国家禁赌法令、贯彻地方官府禁赌告示、实施具体禁赌行为等方面，发挥了中流砥柱的作用。事实上，正是地方官府和民间组织的良性互动，互相配合，才使明清时期以徽州为中心的全国民间禁赌活动取得了部分收效，有的地区甚至出现了赌博绝迹的现象，这不能不归于民间禁赌之功。

（三）宗族禁赌规约

明清时期，在包括徽州在内的宗族聚居之区，利用族规家法等宗族规约的形式，积极配合中央王朝和地方官府，历数赌博之危害，并严禁本族成员设局聚赌，参与赌博活动，是明清时期民间禁赌的一种常见情态。黟县南屏叶氏宗族还配合清王朝不断重申严禁赌博律例，在《祖训家风》中，对本宗族成员聚众赌博行为进行加禁，云：“赌博之禁，业经百余年，间有犯者，宗祠内板责三十，士庶老弱，概不少贷。许有志子弟访获，祠内给奖励银二十两。恐年久禁弛，于乾隆十四年加禁，乾隆四十三年加禁，嘉庆十四年又加禁。历今恪守无违，后嗣各宜自凛。”[③]祁门叶源陈氏宗族还在祠堂——聚福堂内勒石严禁赌博，阖族商议规定：“境内毋许囤留赌博，违者罚钱壹仟文，伙赌者罚戏十

① “清嘉庆二十五年三月婺源县延村弭赌杜窃碑”，原碑现铺于江西省婺源县思口镇延村汪松林宅地面上。

② （明）傅岩撰，陈春秀校点：《歙纪》卷5《纪政迹・事迹》，第54页。

③ 嘉庆《南屏叶氏族谱》卷1《祖训家风》，清嘉庆十七年木活字本。

部。拿获者，给币二佰。知情不举，照窝赌罚。”[①]

不仅是徽州，在全国其他宗族聚居之地，当地宗族亦纷纷以族规家法和禁约等形式，严申赌博之禁。明代天启二年（1622）八月，南直隶武进县辛市继美堂曹氏宗族甚至在《祠规》中以私刑和罚款的形式，对本宗族参与赌博者给予严惩，“赌博，身家所系。犯者，责三十；再犯，倍责；三犯，首官。有据实迹报知者，赏银三钱，就在赌博名下追给”[②]。乾隆二十三年（1758）八月，浙江嵊县剡北德政乡陈氏宗族《家训》一再申戒禁赌，并配合官府对本族赌博之徒，予以严惩，云：“夫呼卢博陆为赌博之技，则我族永宜禁绝。凡民宵旦经营，时乖运背之际，尚难谋生，岂好赌者而可为衣食之谋、发积之计乎？况好赌不悛未有不败家荡产，极之孤注倾囊，则偷盗由此而起。即赢钱得意，恐酗酒、奸淫亦自此而生。务须父禁其子，兄诫其弟。不率者，房族长理禁。故犯不遵，鸣官究治，不得循情容隐，以贻乡党害。”[③]

清道光十一年（1831）三月，浙江上虞县虞东蒋山夏氏宗族宗长和各房房长还联合订立禁赌约单，不仅严禁本族成员聚赌，而且对参与赌博的非本族成员，亦应予以严惩。鉴于该《公立禁单》在宗族严禁赌博禁约中具有代表性和典型性，特将其全文照录于下：

> 立禁单宗长人纪等，今立禁赌文字，缘民风土俗须敦厚醇正，倘赌风日炽，则游惰日多而职业日废矣，风俗安所望其厚与正哉？吾宗祠自道光二年议禁堆放器物等项，惟“聚赌”一条不载罚款，盖以赌者例禁在国法，不特宗祠之内不应聚，要即各家亦宜忌绝。所以前此议禁，不叙是条在内。兹因人情叵测，恐其旋生觊觎，以致聚众嬉耍，败坏族规，故复邀同各房支长，公议定禁。嗣后，凡族内子姓，务须各勤本业，以慰先灵于九原，毋得乌合成群，在祠内玩弄牌骰并一切赌具等物，以招祸孽于不测。此禁。
>
> 今将条款罚式列后：
>
> 一、宗祠系祖宗所式凭，非子孙合聚耍赌之处。如犯者，不拘场面大

① “清嘉庆十八年仲夏月祁门县叶源村勒石永禁碑”，原碑现立于祁门县新安乡叶源村聚福堂内。

② 同治《曹氏宗谱》卷1《祠规》，清同治十二年继美堂木活字本。

③ 光绪《剡北德政乡陈氏宗谱·家训》（不分卷），清光绪二十二年思敬堂木活字本。

小，每人罚钱贰千肆百文。

一、禁祠内耍赌，虽系族内家法，但外姓人不应同场共赌。犯者，不拘场面大小，每人罚钱壹千贰佰文。

一、或在祠内暗地相赌，吾等岂能亲获？如有人夺其赌具来报，或潜通消息引获者，即酬所罚之钱肆佰文。若隐而不告者，察出同罚。

时道光十一年三月 日，立禁单宗长人纪房房长

维山房

维磐房

禁 单 维谟房

维衡房

维熊房①

不仅宗族内部以宗族族规家法和族约形式劝诫教化并约束与严惩赌博之徒，而且宗族组织还同当地乡绅、乡约和会社等组织一道，积极协助与配合地方官府开展禁赌活动。祁门县闪里镇文堂村敦本祠一通陈氏宗族族长陈龙生等于清代同治九年（1870）请求祁门知县周镕颁发禁赌告示碑，就是明清徽州宗族联合官府进行禁赌活动的有力例证。该碑内容如下：

严禁赌博

特授祁门县正堂加十级随带加一级世袭云骑尉周［溶］为给示严禁事。据恩贡生陈锡畴、生员陈嘉谟、族长陈龙生、监生陈寿长、陈光门、监生陈光斗、民人陈全吉、陈男泰、陈德泰、陈求意等，以禁止赌博、以安正业，叩恩给示。禀称：伊等住居文堂中村，士农工商各执务业，并无游民。近因人心不古，三五成群，相聚赌博。伊等目击心伤，若不严行禁止，□□风俗浇漓，不知伊于胡底。因是合村商议：上至荫墩，下至普护庵，前至桃花降，后至李坑降之内，无许开宝、招摊、开牌、掷骰、掷钱，以及各样赌博，均行禁止。诚恐日久年湮，防闲□懈，地方喇棍因而强行破禁，非沐明示，不□惩愚玩，而来一心。为此，伏叩赏给告示，以

① 咸丰《虞东蒋山夏氏宗谱》卷1《公立禁单》，清咸丰八年明德堂木活字本。

垂久远，以安正业上禀等情到县。据此，除批示外，合行给示严禁。为此，示仰文堂及荫墩、普护庵、桃花降、李坑降等处地方民人等知悉：自示之后，尔等务须先□□□□□□□□□，不得仍前聚赌，违反禁令。倘有不法棍徒，复敢在地方仍蹈故辙，许该□□□□□□指名赴县，据禀以凭提案，从严惩办。各宜禀遵毋违。特示。遵示严禁。

同治九年三月十八日①

不仅在徽州，河南与山西不少地区也以宗族名义订立禁赌规约，并呈禀所在地区官府批准颁示，这几乎已成为明清时期民间禁赌活动的一种常见的民间禁赌形式。清雍正二年（1724）仲秋，聚居于山西河津县图庄的魏氏宗族的魏弘道等9位生员，即以宗族及阖村名义，订立禁赌规约，并呈请知县陆长华批准。在得到知县批示后，勒石予以公布，该禁赌碑云："粤稽圣王教民井田学校，使士农工商各归本业，何常有赌博之事混于四民之中哉！延及后世，圣王之教衰，而赌博之风起。近见我庄游手好闲之徒，勾引赌博，恶风尤甚。若不禁止，则邪教易入，将有日流于下而不返者矣。是故阖族公议，永行禁止。具禀本县老爷案下，乞勒石永遵，以挽颓风。蒙批：赌博乃贼盗之源，滋害无穷。故本县到任之初，随出示申禁在案。今该生等公禀勒石永禁，留意桑梓，甚属可嘉，准照禀行。嗣后如有怙终不悛，仍事赌博，一经拿获，除将本犯照例治罪外，仍量伊父兄家资之厚薄，议罚备赈，以戒其不数。乃或谓刑罚并用似属太严，而不知法严知畏，刑以辅教之至意也。自今以后，凡我族人，务宜返邪归正。士理经书，农务出畴，则家业可守，礼让可兴。虽非盛世之休风，亦可谓一时之善俗也。固勒石以垂不朽云。"②

所有这些，都以无可争辩的事实说明，在明清时期包括徽州在内的全国许多地区，宗族组织在配合当地官府处置包括禁止和打击赌博犯罪活动中，具有其他组织无法替代的作用。

① "（清同治九年三月十八日祁门县）严禁赌博告示碑"，原碑现存于祁门县闪里镇文堂村中文堂敦本祠地面上。

② "（清雍正二年八月山西河津县图庄）阖庄公立禁赌碑"，原碑现存山西省河津市博物馆，转引自张正明、科大卫主编：《明清山西碑刻资料选》，太原：山西人民出版社，2005年，第681—682页。

（四）乡里各姓成员合立禁赌规约

乡里社会以共同立誓订立盟约方式履行禁赌义务的举措，也是明清时期包括徽州在内的民间禁赌一种行之有效的常见方式。其中既有以宗族内部同姓成员共同成立的禁赌会并订立禁赌合约，也有村庄甚至数村联合不同姓氏共同订立的禁赌文约。笔者收集到数件徽州民间禁赌会及禁赌约原始文献，其中清道光十一年（1831）二月婺源县坑头胡氏宗族义兴堂支裔胡兴瑛、胡兴璇、胡兴福和胡兴璠等立议墨禁赌会合约，系宗族内部成员创立的禁赌会所立之禁赌文约，光绪十八年（1892）祁门县某村曹求盛、方起林、汪天赐、胡加财等共同订立的《戒赌文约》，则村庄聚居各姓公同商议制定和签署的禁赌合文。鉴于两件禁赌文约集中反映清代徽州民间禁赌的一般状况，具有一定的典型性和代表性，本文谨将其文字全文照录于下：

清道光十一年二月婺源县坑头村胡兴瑛、胡兴璇等立议墨禁赌会合同文约

立禁赌议墨合同人胡义兴公支众裔房族胡兴瑛、璇，兴福、璠等，切思我族居于山里，全赖锄种资生。原嘉庆年间，已禁贰次，亦立合议，遭不法之徒背墨翻赌。近来人心不一，赌风稍起，子弟痴迷，不但倾家荡产，田地抛荒，且而招摇外匪，衅端非为。是以房族知事邀集壹会，名为禁赌会，每股敷出足钱肆百文，演戏勒石，永禁毋违。如有犯赌者，公罚实银叁两贰钱正；诱窝赌者，罚实平银肆两捌钱正；见赌不报者，照赌者同罚；捉获者，赏银伍钱。倘有不遵者，五房公呈，仍着犯者家长加呈，毋得徇情。立此合同壹样五张，各执一张，永远为照。

道光拾乙年二月　日，立议墨禁赌会胡义兴公支众裔房族

胡兴瑛（押）、兴璇（押）、兴福（押）、兴璠（押）

书胡兆万（押）

清咸丰十年三月徽州某县许春和、李君茂等立兄弟戒赌合约

立邀兄弟戒赌合同约人许春和、李君茂、方其茂、黄则山、张荣开、李万廷、胡如山、黄振华、李海廷、黄进廷、黄上兰、张荣占、陈荣华、黄荣枝、胡加保、程贵荣、汪义陞、方贵全、汪二九、胡有仁等，今因赌

博之事，一则焦劳父母，二则损坏自身，三则误其正业，四则亡丧家财，五则伤情失义，六则败其声名，七则人不重我，八则不顾终身，九则连累妻子，十则国法是惊。至今日猛醒回首，各务其业。虽异姓，犹如一家；虽各居，不啻一脉。每人合一同心，自愿神前杜戒，玉成一会。无论大小赌博、洋烟，在家、在外及亲朋相劝，一并不得徇情故犯。如有徇情故犯、外处私赌者，日后查出，不但逐出会外，而且神前跪香，重责过街兼罚钱文，决不宽恕。各又倾立心论，于过年度岁嬉游，只可弹弦歌唱，不可观望赌场。恐怕易动其心，稍有或犯，择于咸丰十年二月二日并出会钱之无几，要而必成于始终，贵乎兄弟之心。果能承此戒约，改悔成心，永远不犯，不无兴家创业之日，更不至虚过光阴之人，所以各家父母、兄弟之幸，亦是祖宗后人之幸也。今欲有凭，立此合约，各执一纸存据。

咸丰十年三月 日，立兄弟戒赌合仝约人

李君茂（押）、胡如山（押）、李海廷（押）、程贵荣（押）、方其茂（押）、张荣开（押）、张荣占（押）、方贵全（押）、许春和（押）、黄振华（押）、黄荣枝（押）、汪二九、黄则山（押）、黄进廷（押）、胡加保（押）、汪义陞、李万廷（押）、黄上兰（押）、陈荣华（押）、胡有仁（押）

中见人 胡荣华（押）

代 笔 章飞声（押）①

上引两纸《戒赌约》，一方面反映了自嘉庆和道光两地严禁赌博政策颁布以来，并未取得明显效果，至咸丰初年，赌博之风依然猖獗；另一方面，也说明清代中叶以来徽州各地民间士绅阶层在禁止赌博、维护乡里基层社会治安与社会秩序方面，发挥着十分重要的作用。对此，“清嘉庆二十四年八月初八日祁门文堂禁赌文约碑”有着明确的揭示，云：“皇上以化民成俗为心，良有司从而董戒之，其不悛者罪以科。至于坚明约束，变化整饬，则赖一乡之善士

① 《清道光十一年二月婺源县坑头村胡兴瑛、胡兴璇等立议墨禁赌会合同文约》，原件由南昌大学黄志繁教授收藏。蒙黄志繁教授拍照提供图像资料，谨此致谢！《清咸丰十年三月徽州某县许春和、李君茂等立兄弟戒赌合约》，原件藏安徽大学徽学研究中心资料室。

也。吾长枫士隆、士深二位族叔祖，以身为子弟先，而又循循训戒，严整有法。今与都人为禁赌之约，而合都门不率从。古所称熏德而善良者，不信然从哉？所愿诸君子时相劝勉，永申此禁。由此而上之，相与讲求，夫孝友、睦姻渊、任恤之道，恭敬、逊让之风，将见风俗人心蒸蒸益上，又岂仅禁赌一节而已哉！谨坚其约而推广其义。”①参与订立戒赌文约的各方，在文约中责任和义务明确，奖励和惩罚具体，极具地方特色。正是这类灵活的具有鲜明地域特点的戒赌形式，才使明清徽州的民间禁赌活动更加切合实际。应当说，参与签订戒赌文约的各方，在协助徽州地方官府，共同携手对付危害社会治安的不法赌徒，消除社会不安定因素方面，起到了相当重要的作用。

四、收效甚微：明清徽州暨全国的民间禁赌规约之实施效果

关于明清时期徽州暨全国各地赌风日炽，以及由此所引发的社会治安恶化问题，无论是中央王朝、地方官府，还是社会有识之士，对此都有着大体一致的看法。包括徽州在内的全国各地，设局诱赌者往往会抓住一切机会与场合，利用当地人群聚集的集市、游神赛会等公共活动场所，甚至是宗族的祠堂，都会成为他们施展设局诱赌的之所。在徽州的歙县，地痞无赖和赌徒便“假以唱戏为名，群集匪人，惑诱饮博，以致游闲征逐，驰骛若狂”②。在歙县，万历《歙志》甚至将白天屯聚于郊墟丘墓之间聚赌的赌徒称为“白日鬼”。③在黟县，人们则径称赌徒为“小地痞”。④

由赌博而引致的犯罪问题，在明清时期的徽州极为突出。“打行近盗，赌博近贼。”⑤赌输之人，势必抢劫抢劫，危害社会。清末，“每届茶市，屯溪附

① “清嘉庆二十四年八月初八日祁门文堂禁赌文约碑”，原碑现嵌于安徽省祁门县闪里镇下文堂村陈氏一本祠前照壁上。

② （明）傅岩撰，陈春秀校点：《歙纪》卷8《纪条示·逐流娼》，第106页。

③ 万历《歙志·风土》，明万历三十七年刻本。

④ （清）刘汝骥编撰，梁仁志校注：《陶甓公牍》卷12《法制科·黟县民情之习惯·从生活上观察民情》，第263页。

⑤ （明）傅岩撰，陈春秀校点：《歙纪》卷5《纪政迹·修备赘言》，第50页。

近一带赌匪麇集，作阱陷人，无知愚民一入彀中无不倾家荡产”①。

虽然明清两朝上自皇帝，下至地方官府和宗族乡绅，都对赌博行为深恶痛绝。对此，清圣祖严厉指出：“严禁赌博，向有定例。近闻官民有以此为事者，废弃本业，倾败家产，深属可恶”之事，并以颁降谕旨和调整立法等制度建设的形式，对其厉行严禁和打击。②作为地方官府和基层社会，包括徽州府暨府属六县在内的明清时期全国各地各级官府和城乡社会的乡绅、乡约、宗族和会社等民间组织，也为禁赌作出了自己的努力，采取了诸如颁示“禁赌碑”、订立《戒赌约》等举措。其实，类似徽州等地以民间禁赌规约即禁约的形式进行禁赌，早在明代中叶即已在各种日用类书活套中出现格式化文本。如明万历四十二年（1614）刊本的《鼎锲龙头一览学海不求人》，就专门录有《禁赌博约》的格式化文本，其内容如下：

禁赌博约

为禁约赌博事。切惟业农务本者，固无博戏之为；游手好闲者，乃有赌博之病。伤风败俗，荡产倾家，皆基于此。奈本乡生齿日众，礼义之教不明，游逸之风愈炽。中间有等无籍之辈，生理不务，惟图招群结党，专为赌博之事，或投钱铺牌以竞输赢，或掷色局戏以争胜负，终日忘餐，彻夜失寐。仰事父母之无赖，俯育妻子之无依，盗心从此而渐生，奸谋由是而辄起。小则穿穴逾墙，无所不至；大则鸣火持刀，靡所不为。若不禁革，深为未便。为此，会议禁革。今后务要洗心涤虑，痛改前非，守义存仁，各遵本业。如有长恶不遵者，定行惩治，轻则会众加禁，重则送官发落。为此俱陈，的不虚示。③

然而，为何在明清两朝国家禁赌法律和条例日趋严厉、地方官府屡屡申戒和民间规约不断加禁的条件下，禁赌效果依然收效甚微，甚至直到清末乃至民国时期，包括徽州在内的全国各地的赌博之风仍然十分顽固地存在乃至愈演愈烈呢？各种原因，除上述清圣祖康熙皇帝和清末刑部尚书薛允升揭示的官府禁

① （清）刘汝骥编撰，梁仁志校注：《陶甓公牍》卷7《批判·刑科·休宁县武生黄祺等呈批》，第113页。

② 《清圣祖实录》卷26，“清康熙七年六月丁丑”条，第361页。

③ （明）佚名：《鼎锲龙头一览学海不求人》卷9《民用门·关禁约契》，明万历刻本。

赌不力等因素之外，还有其他更深层次的原因。对此，清末徽州知府刘汝骥就曾以简短文字指出："游手嗜赌有若慕膻，非一纸文诰所能禁也。"①

因此，对日益猖獗的全国各地的赌博行为与活动，除严厉通过国家和地方立法予以从严查禁和打击之外，包括徽州在内的许多地区还致力于道德教化，用当地民众耳熟能详的方式，通过发动群众参与禁赌的舆论宣传与移风易俗活动，来对赌博这种陋俗和恶习进行变异与革除，以净化社会风气，维持社会秩序与社会稳定，这才是问题的关键所在。明清时期包括徽州在内的全国各地，纷纷出现诸如的《劝世言》《戒赌歌》等读本或歌谣进行戒赌和禁赌宣传，即是其中较为典型者。这也正是统治者所倡导的"政治以风俗为先，风俗以教化为本"的直接反映。流传在黟县民间的《劝世词》等歌谣，还借助当地善于歌唱的传统，以鄙俚的语言和说唱的形式表达出来，奉劝世人莫好赌博。其词云：

> 劝世人，莫好赌，好赌之人必吃苦。那怕平日忠厚侬，赌起博来恶如虎。先剥衣，后脱裤，管唔输得叫老妪。贼盗都由赌博生，犯法违条熬屁股。②

以"劝世歌"之类通俗易懂的形式劝谕人们戒赌，不仅在徽州，而且在全国其他地区也有普遍的存在。清乾隆时期，曾两度出任岳麓书院山长的湖南宁乡士人王文清，就在其编撰的"十一劝"《九溪王文清劝世歌》之"第八劝"中劝谕戒赌，云："八劝子弟莫赌博，赌博之人终落薄。押起宝来打起牌，日间弄得月光落。败了田地破了家，不管后人如何过。抽头之人更丧心，痴人花钱他快活。"③

包括徽州在内的明清时期全国各种赌博违法犯罪活动，尽管历经明清两朝国家禁赌律例的不断调整且日趋严苛、地方官员的屡屡申饬严禁，并得到当地基层社会组织乡约、保甲、宗族和会社以种种形式的支持与配合，但就整体而言，并未能达到预期效果，其原因何在？笔者以为，造成包括徽州在内的明清时期全国各地赌博等违法犯罪活动泛滥猖獗的因素很多，但归纳起来，其主要

---

① （清）刘汝骥编撰，梁仁志校注：《陶甓公牍》卷6《批判・兵科・绩溪县张令廷权申批》，第101页。

② （清）程煦：《劝世词》，清光绪二十七年毓兰书屋刻本。

③ 民国《云盖谭氏续修族谱》卷2《九溪王文清劝世歌》，民国六年宏农堂木活字本。

原因有以下几个方面。

首先，乡村文化娱乐活动匮乏。赌博有着非常广阔的群众基础和社会根源，这一来是由于长期以来广大乡村文化娱乐活动匮乏，赌博活动乘虚而入，成为广大乡民一种重要的娱乐手段。其实，不少参与赌博活动的人群最初并非为了获利赢钱，仅仅是为了娱乐和消遣，但时间一久，便不知不觉陷入了嗜赌成瘾、痴迷不悟状态而难以自拔。

其次，巨大的利益诱惑和设局者诱赌。这是造成赌博在徽州猖獗的又一原因，是由于可能会产生的巨大赢钱机会和设赌之徒的诓骗，使禁不住引诱之人自然而然地便堕入了庄家所设赌局的圈套。正如清乾隆五十二年（1787）《东沟合社同乡地公议永革赌博禁约》所说的那样，“赌博之有害，人尽知之，胡为而人尽蹈之？盖愚昧人等冀获一时利于己，遂遗无穷之害于人。”①“近有不肖之徒，不务诗书，不勤耕桑，不习艺术，游手好闲，引诱良家子弟，开场聚赌。”②

最后，也是最为关键的因素，就是官府和官员的禁赌不力，这是明清时期徽州暨全国各地赌博之风泛滥成灾、愈演愈烈的重要推手及罪魁祸首之一。更有甚者，本来从事禁赌的官员在接受了开设赌场者的贿赂之后，竟然成了赌场的保护伞，直接助长了赌博活动的嚣张气焰。如清末绩溪县，“犯罪之种类，如私宰、私贩皆少，以赌博为最多。剧场会期赌棚林立，棚或数十人或数百人，宝摊骰牌，色色俱全。秋成后，无论大村小村，不啻以赌场为其俱乐部，通宵达旦，习以为常。然开赌之先，又必于佐贰衙门说费，费纳则略无顾忌，成年子弟因此倾家破产者有之。”③嘉庆年间，龙廷槐在接受李铁桥关于广东顺德风俗咨询时，对该地赌博之风屡禁不止的原因，曾一针见血地指出：“赌者，盗之源，虽律设大禁，究难遏止。”究其原因，主要在于设局之赌徒“串同文武衙门、土棍，公然开馆，昼夜如市，莫可谁何？上而纨绔子弟，下而佣工力作，一网打尽”。且“地方以其输赢不过数文，而摆设者皆系营兵烂仔，

① 《东沟合社同乡地公议永革赌博禁约》，见王丽主编：《三晋石刻大全・晋城市泽州县卷》（上编），太原：三晋出版社，2012年，第482页。

② 《合村公立禁赌碑》，见申修福主编：《三晋石刻大全・长治市长子县卷》，太原：三晋出版社，2013年，第228页。

③ （清）刘汝骥编撰，梁仁志校注：《陶甓公牍》卷12《法制科・绩溪民情之习惯・犯罪以何项人为最多》，第272页。

遂隐忍包容，而不知日悛月削，以欺愚长惰，其流毒亦非浅鲜”。[①]因此，要想从根本上禁止赌博这种顽疾，就必须彻底消除赌博存在的社会基础。在严厉打击与惩治设赌人、聚赌之徒、严禁制造赌具之人并收缴和销毁赌具，净化社会风气的同时，还要从根本上杜绝赌博之风盛行的社会根源，废除腐朽的封建专制制度，并通过广泛发动群众，厉行道德教化等各种形式，真正从源头上堵住和遏止隐藏赌博背后的黑手。

① （清）龙廷槐：《敬学轩文集》卷12《李铁桥明府咨询风俗议》，转引自北京师范大学图书馆编：《北京师范大学图书馆藏稀见清人别集丛刊》，第12册，桂林：广西师范大学出版社，2007年，第500页。

生活与制度：清中叶东北奉天地区的移民与日常生活*

常建华**

清代的东北地区属于“龙兴之地”，清廷对于汉族人进入东北地区有相关制度，且不断调整政策。清前中期，清廷对汉族人移民东北采用以禁止与限制为主的政策，即实行所谓封禁政策，然而内地汉族还是以合法或非法途径大量进入东北特别是奉天（今属辽宁）地区，流寓民在规避、利用乃至违反相关制度的情形下，顽强生活。探讨生活与制度的关系，移民不失为一个比较恰当的研究对象。

清代东北移民的研究集中于晚清清廷放垦之后。放垦之前为数不多的研究更罕见移民特别是有关移民日常生活的探讨，其主要原因在于对移民资料的挖掘利用不够。其实在清朝刑科题本的审案记录中，就留下了有关东北移民与日常生活内容，可资利用。就清中叶而言，嘉庆朝刑科题本①为我们实现上述研究设想提供了宝贵的资料，冯尔康在嘉庆朝刑科题本中见到了流动人口资料，

---

* 本文为教育部人文社会科学重点研究基地“十四五”规划项目“多样性：辽宋西夏金元明清日常生活与地方社会研究”（项目编号：20JJD770009）阶段性成果。

** 常建华（1957—），男，河北张家口人，南开大学中国社会史研究中心主任，主要从事中国社会史、明清史研究。

① 杜家骥编：《清嘉庆朝刑科题本社会史料辑刊》，天津：天津古籍出版社，2008 年；常建华主编：《清嘉庆朝刑科题本社会史料分省辑刊》，天津：天津古籍出版社，2019 年。

发现了闯关东的一些预兆。①笔者尝试利用嘉庆朝刑科题本资料并结合乾隆朝刑科题本等清宫档案、清实录及相关研究成果②，探讨清中叶东北奉天地区的移民社会与日常生活，以就教于专家学者。

一、嘉庆八年民人出入山海关章程与嘉庆初出关人口

清奉天地区即今天的辽宁一带，是清王朝的发祥地。后金天命十年（1625）三月定都沈阳，天聪八年（1634），尊为盛京。顺治十四年（1657）四月，于盛京城内置府，设府尹。奉天府直辖辽河以东的辽阳、海城、承德、盖平、铁岭、开原等六州县。康熙四年（1665）设锦州府管理辽河以西地区，直辖锦县、广宁、宁远等三州县。盛京地区有八旗驻防，康熙四年（1665）设镇守奉天等处地方将军，乾隆十二年（1747）又改为镇守盛京等处将军。至嘉庆年间，奉天府府尹领有包括承德（附府）、辽阳、铁岭、开原、海城、盖平、复州、宁海等州县与新民厅（嘉庆十八年六月设，辖承德、广宁二县）。锦州府辖宁远、义州、锦县、广宁等州县，锦州府隶属奉天府尹。③因此，本文探讨的奉天地区，是指奉天府尹管理下的包括奉天府、锦州府在内的广大辽东、辽西地区。

东北的移民政策有过较大变动。顺治十年（1653）清廷颁布“辽宁招民开垦授官”条例，奖励开垦，以后又改为封禁政策。康熙七年（1668）撤销了垦荒授官的规定。康熙五十年（1711）兵部覆山海关总管达廉题请添设捕役二十名巡拿越边之人，议不准行。康熙帝认为：“匪类不端之人，由山海关出入偷行者甚多，不可无察捕之人，著照达廉所请，添设捕役二十名。”④可见当时

① 冯尔康：《18世纪末19世纪初中国的流动人口——以嘉庆朝刑科题本档案资料为范围》，《天津师范大学学报（社会科学版）》2005年第2期。

② 笔者利用的将乾隆朝刑科题本编成的资料集有中国第一历史档案馆、中国社会科学院历史研究所合编的《清代地租剥削形态》（北京：中华书局，1982年）、《清代土地占有关系与佃农抗租斗争》（北京：中华书局，1988年）两种。笔者收集了5个奉天地区的事例，即《清代地租剥削形态》上册第121、167号资料，《清代土地占有关系与佃农抗租斗争》上册第32、37、51号资料。

③ 《清史稿》卷55《地理二·奉天》，第8册，北京：中华书局，1977年，第1925—1932页。

④ （清）库勒纳等奉敕撰：《清代起居注册·康熙朝》，“康熙五十年十一月十六日辛丑”条，第20册，台北：联经出版事业公司，2009年，第11082页。

“由山海关出入偷行者甚多”，于是添设捕役二十名察捕越边之人。至乾隆初封禁益严，禁止汉人到关外垦荒。但封禁政策并不能严格执行，俟流民日多，难以遣返，不得不承认既成事实。乾隆十一年（1746）查明，出关到盛京谋生的续添至 4.7 万余口。乾隆五十七年（1792），山东、直隶连年灾荒，清廷变通办法，准许出口觅食，于是民人多有携眷出关。①

移民到奉天涉及入籍问题，乾隆时期有过明确规定。乾隆五年（1740）“令奉天府寄寓人民愿入籍者听，不愿者限十年内回籍。至十五年议准奉天流民归籍之期已满十年，其不愿入籍而未经回籍者，令查出速行遣回，并令奉天沿海地方官多拨兵役稽察，不许内地人民私自出口，山海关喜峰口及九边门亦令一体严禁”②。虽然清廷控制关内民人出关移民东北，但是民人一旦出关，还是认可移民入籍的，以便管理。如乾隆二十七年（1762）针对奉省所属锦、复、熊、盖等处有山东流寓民人搭盖窝棚，俱以养蚕为业。清廷要求将移民“交该处旗民官查明，编为保甲，设立棚长牌头管束”③。乾隆四十年（1775）重申：“请将奉天保甲，仍照向例，令旗民官员，会同编查。”④嘉庆时期奉天地区基层社会主要是守堡、保甲、乡约。保甲系统最为普及，其次是乡约。保甲与乡约构成的乡保组织，管理着该地区的移民。⑤

嘉庆年间清廷对于内地民人出关到东北有过专门讨论，重新明确了态度并制定了相关规定。中国第一历史档案馆整理并公布了《嘉庆八年管理民人出入山海关史料选》⑥，对于我们把握嘉庆朝的清廷出入山海关政策提供了第一手的原始资料。山海关副都统来仪是嘉庆八年（1803）三月初五日接任，“到任后，曾即查其出关成例，除只身贸易佣工民人出关者，俱由山海关临榆县给发县票，山海路都司按票查明来历后，到关照验放行。该民人自持原票出关，俟

① 李文治：《明清时代中国农业资本主义萌芽》，见李文治等：《明清时代的农业资本主义萌芽问题》，北京：中国社会科学出版社，2007 年，第 115—116 页。

② 《皇朝文献通考》卷 19《户口考一》，《景印文渊阁四库全书》，史部，第 632 册，台北：台湾商务印书馆，1986 年，第 410 页。

③ 《清高宗实录》卷 665，“乾隆二十七年六月丁未”条，北京：中华书局，1986 年，第 436 页。

④ 《清高宗实录》卷 998，“乾隆四十年十二月乙巳”条，第 347 页下。

⑤ 常建华：《清中叶盛京地区地方行政职役试探——以 73 件嘉庆朝刑科题本为例》，见白文煜主编：《清前历史与盛京文化》下卷，沈阳：辽宁民族出版社，2015 年，第 528—544 页。

⑥ 中国第一历史档案馆：《嘉庆八年管理民人出入山海关史料选》，《历史档案》2001 年第 2 期。

回关时仍照此票放进。若有携眷民人，概不准其出关，定例在案”①。可见出关成例要点是，只身贸易佣工民人由山海关临榆县给发县票出关，携眷民人概不准其出关。然而“嗣于乾隆五十七年因直省京南被旱，无业贫民出口觅食者其数过多，经山海关前任副都统德福奏请，携眷出关荒民，询其籍贯，注记册档放行。奉谕旨准行在案”②。

嘉庆六年（1801）七月直隶遭遇水灾，于是又有贫民出关谋生。时任山海关副都统韦陀保遵循乾隆五十七年（1792）旧案，放出携眷民人。然而，据嘉庆八年（1803）三月十四日上谕，大臣巴宁阿奏，他“由奉天回京，途间见有民人等出关甚多，此内固有因逃荒而去者，亦有乘坐大车、携带箱笼，竟似移家前往者。因询之韦陀保，据称此项出关之人，自本年二月后已有六百余户，韦陀保亦不免心生疑惑”③。于是清廷传谕盛京将军晋昌、山海关副都统来仪查访奏闻。

来仪奏报将出关的情况分为三组资料：一是任职以来，自三月初五日至十七日详查册档，注有携眷出关民人共 14 户，大小男妇计 52 名口；二是自十八日起至二十九日止，实系出关就食直隶、山东贫民放出 70 户，共计 296 名口；三是前任韦陀保任内，自今岁二月初一日起至三月初四日止，原注册内已放过出关携眷民人实系 116 户，共计 445 名口。④

晋昌奏称：“向来近省民人出关谋食，在所不禁。又因嘉庆六年直隶偶被水患，穷民只身负担出关者甚多，且有车载行李，结伴携眷者亦复不少。奴才等不时札饬各城旗民地方官随时访查，毋使积聚滋事。嗣后陆续禀称，只身负担穷民，或佣趁谋食，或货卖物件，均系旋出旋返。惟车载眷口同行者，或投亲故谋食，或有并非穷民，携资挈眷，各藉手艺开铺营生，或有去奉铺户接取眷属，现在散处各城生理，省城栖止无多。……所有现在各城栖止佣趁穷民及

① 《山海关副都统来仪为遵旨查明出关民人给票验放等事奏折（嘉庆八年四月初一日）》，见中国第一历史档案馆：《嘉庆八年管理民人出入山海关史料选》，《历史档案》2001 年第 2 期。

② 《山海关副都统来仪为遵旨查明出关民人给票验放等事奏折（嘉庆八年四月初一日）》，见中国第一历史档案馆：《嘉庆八年管理民人出入山海关史料选》，《历史档案》2001 年第 2 期。

③ 《山海关副都统来仪为遵旨呈报接任后出关人数事奏折（嘉庆八年三月十九日）》，见中国第一历史档案馆：《嘉庆八年管理民人出入山海关史料选》，《历史档案》2001 年第 2 期。

④ 《山海关副都统来仪为遵旨查明出关民人给票验放等事奏折（嘉庆八年四月初一日）》，见中国第一历史档案馆：《嘉庆八年管理民人出入山海关史料选》，《历史档案》2001 年第 2 期。

手艺买卖民人，实在各安本业等，不致有碍旗人生计。”①

来仪还飞札所属喜峰口等三处，详细查明有无类此携眷乘车移家民人。据张家口三翼协领、独石口防守尉查明，出关者均“无各州县持有给发验票，亦无车载行李、携带眷属出口之人”②。

罗文峪关口外山路崎岖、道途难行，并无携眷民人出口，唯据喜峰口、冷口等二处防守尉海诚、柱格各将携眷出口民人详细盘查，喜峰口自嘉庆八年（1803）三月初一日起至本月底止，放出携眷民人8户，共计男女29名口；冷口放出携眷民人3户，共计男女16名口，并无乘车带有箱笼形似移家民人。又据来仪奏报，四月初一日奏闻后至初十日止，放出携眷民人48户，共计男女193名口。近日又见有回归原籍进关民人，每日有二三户、四五户不等。守关员弁详加盘诘，或有称出关一二年者，或有称出关七八年者，刻下可以糊口。因思故土，是以回归原籍。守关员弁问明籍贯注册，令其进关。③

在嘉庆帝看来，“自去年（七年）以来，并无灾祲，何以仍有此等出关之民，此皆由该管官相沿五十七年之例，遇有出关民人，即概准放行，并不分别查验，办理总未画一。著交兵部，将此后民人携眷出口应如何申明定例、查验放行，酌定章程，予以限制。及各关口如何画一办理之处，俟奏齐时一并妥议具奏”④。兵部据山海关副都统宗室来仪、密云副都统宗室永慈、察哈尔都统观明、直隶总督颜检等陆续奏到各关口情形并所奉谕旨，分两个方面向皇帝奏报处理意见。

第一方面是各关口画一办理的建议。首先说明依据《会典》：“各关口出入人等须按名验票，察对年貌、籍贯，注册放行，将人数花名造册，按季送部察核。”⑤又兵部例载，“民人出入樵采、枭籴、耕种、佣工者，呈明该州县，每

① 《盛京将军晋昌等为报出关民人情形等事奏折（嘉庆八年四月初一日）》，见中国第一历史档案馆：《嘉庆八年管理民人出入山海关史料选》，《历史档案》2001年第2期。

② 《察哈尔都统观明等为报张家口等处验票放行并无携眷出口之人等事奏折（嘉庆八年四月初十日）》，见中国第一历史档案馆：《嘉庆八年管理民人出入山海关史料选》，《历史档案》2001年第2期。

③ 《山海关副都统来仪为查明进出关隘民人实在情形事奏折（嘉庆八年四月十三日）》，见中国第一历史档案馆：《嘉庆八年管理民人出入山海关史料选》，《历史档案》2001年第2期。

④ 《著兵部酌定出关民人查验放行章程事上谕（嘉庆八年四月初五日）》，见中国第一历史档案馆：《嘉庆八年管理民人出入山海关史料选》，《历史档案》2001年第2期。

⑤ 《大学士保宁等为稽查出关民人申明例禁并酌议章程事奏折（嘉庆八年五月初二日）》，见中国第一历史档案馆：《嘉庆八年管理民人出入山海关史料选》，《历史档案》2001年第2期。

年给与印票一次，将年貌、姓名造册，移交该口官弁，年貌、姓名相符，准其出入。该州县将给过印票、守口官将放过人数，于岁底汇造清册呈报兵部查核”①。因此提出：

> 除因公差委及贸易民人，凡有票照可凭者，均毋庸议外，其余或仅查询籍贯、注记档册，或只查验臂膊有无刺字，或稽查违禁货物、察对口音，皆并无票据辄准放行，诚如圣谕，办理殊未画一，自应申明定例。请旨饬令各关口，嗣后民人出入，凡只身前往者，无论贸易佣工及就食穷民，皆令呈明该地方官给票，到关查验放行。原票令该民人自持，以凭进关时查照。其贸易民人，相距原籍远近不等，如在原籍贸易者，即由原籍领票；如在他处贸易者，即由该贸易地方领票，不得一概就附近关口之地方官请领。所有放过票张，仍令造册报部，并令守口员弁将验票放行者照例册报外。仍将并无放过无票出口民人之处，按季加结呈报，以备查核。至民人携眷出关，尤应就各该处情形量为酌核。②

强调的重点是凡出关者由地方官给票经查验才可放行，同时区分了“只身前往”“贸易民人”“民人携眷”几种情况。

第二方面是山海关民人携眷出口的章程。指出山海关以外系东三省地方，为满洲根本重地，原不应任听流寓民人杂处其间。因该处土沃赋轻，关内民人往往图利私越。前于乾隆四十六年（1781）清查流寓民人私垦地亩案内，经军机大臣会同户部议复，令该将军等随时稽查，不准流民侵占。“是山海一关，民人携眷出口、希图安家立业久经饬禁。自乾隆五十七年，京南偶被偏灾，经前任副都统德福奏请，无业贫民准其出口觅食，钦奉特旨准行，系属一时权宜之计。今该副都统奏称，近年以来仍沿五十七年旧例，遇有携带眷属及出口就食民人，即概准放行，并不分别查验。其中恐不免有图利民人私往开垦，于东三省旗人生计大有关系。相应请旨饬下山海关副都统，将携眷民人出口之处永行禁止，其所属之喜峰口、冷口亦一体严禁。设关内地方偶值荒歉，被灾贫民

① 《大学士保宁等为稽查出关民人申明例禁并酌议章程事奏折（嘉庆八年五月初二日）》，见中国第一历史档案馆：《嘉庆八年管理民人出入山海关史料选》，《历史档案》2001 年第 2 期。

② 《大学士保宁等为稽查出关民人申明例禁并酌议章程事奏折（嘉庆八年五月初二日）》，见中国第一历史档案馆：《嘉庆八年管理民人出入山海关史料选》，《历史档案》2001 年第 2 期。

急图谋食者，亦应由该督抚察看灾分轻重，人数多寡，酌量情形，据实声明具奏，俟奉旨允行，方准出关。并令守口员弁及附近州县将人数记档，仍于本年成熟之后，由盛京等处将军出示晓谕，饬令回籍安业，不得任听久住，以杜私垦等弊。”兵部还提出，“盛京金州、复州、海城、盖平等县，与山东登、莱、青等府隔海对岸，若民人携眷乘船径渡，甚属便捷，乾隆四十年曾经大学士舒赫德等奏准严禁在案。今山海关既经禁止携眷出关，所有山东沿海地方亦应饬令一体加意严查”。①

嘉庆帝遂令直隶、山东各督抚等遍行出示晓谕新定章程，又命令：“著定以本年十月初一日为限，除限内到关者仍准放行外，如限外到关，并无票据，即当遵例停止，无许擅放。”②山东巡抚铁保接到谕旨后，将现定章程速行宣布，又提出：“山东赴奉天有滨海水路可通，今山海关稽查既严，恐无识愚民于登、莱、青各海口携眷偷渡（朱批：此出关尤多，况此外乘桴者众矣。），亦不可不防其渐。臣复申明旧禁，严饬沿海一带文武员弁，一于所管地方实力稽查，倘有携眷偷渡别经觉察者，定将该管员弁照例参处。如此分别查禁，庶图利私越之风可以渐次禁绝，而无知贫民亦可免仆仆道路之苦矣。”③嘉庆帝再次谕令：“向闻山东民人前赴奉天多由海道行走，较之陆路尤为径捷。今山海关定例綦严，民人既不便于携眷出口，则此后乘桴者必众，自不可不防其渐。著该抚督饬沿海口文武员弁于所管地方实力稽查，毋许民人私行偷渡为要。”④从上述嘉庆君臣的讨论可知，山东登、莱、青各海口百姓携眷偷渡向来存在，官府并不能杜绝。

不过，时值各省赴关民人尚有未经定例之前起身者，格于新例不准出关。嘉庆帝特派副都统策拔克前往查明放行。而策拔克等以贩贸商民尚须通融办理，请嗣后凡有无票到关者，概由临榆县就近起票；其喜峰口、冷口等处并无

---

① 《大学士保宁等为稽查出关民人申明例禁并酌议章程事奏折（嘉庆八年五月初二日）》，见中国第一历史档案馆：《嘉庆八年管理民人出入山海关史料选》，《历史档案》2001 年第 2 期。

② 《著直隶等省督抚速将兵部所定出关章程颁示并限定无票出关日期事上谕（嘉庆八年七月十一日）》，见中国第一历史档案馆：《嘉庆八年管理民人出入山海关史料选》，《历史档案》2001 年第 2 期。

③ 《山东巡抚铁保为遵旨示谕民人依限停止出关并严查水路事奏折（嘉庆八年七月二十一日）》，见中国第一历史档案馆：《嘉庆八年管理民人出入山海关史料选》，《历史档案》2001 年第 2 期。

④ 《著山东巡抚铁保实力稽查沿海民人偷渡事上谕（嘉庆八年七月二十八日）》，见中国第一历史档案馆：《嘉庆八年管理民人出入山海关史料选》，《历史档案》2001 年第 2 期。

庸起票，仅令纳税放行。惟派令税员将此等无票商民各责二十板，以示薄惩。于是兵部遵旨会议山海关出口章程，认为“若如该副都统等所奏，概令在临榆县起票，该县岂能于只身到关之民一一知其乡里籍贯，势必虚应故事，毫无稽查，殊有关系。……概从临榆一县起票，则有名无实，关禁不严，兼恐开地方官勒掯需索之弊。……将无票商民令税员比照不应轻例，笞四十、折二十板，准令过关之处，各关口从来无此办法，既乖政体，复弛禁防，殊属非是”[①]。坚持仍照新定章程，并建议：“向来出关原票令本人收执，以备将来进关查验。今既准无票进关，恐该民人等将出关原票藏匿带进，转给他人影射出关。嗣后出关，原票验明后存留关上，以杜假冒。”[②]针对各关口附近地方之村庄百姓数十里内朝往暮还，“拟照民人出入樵采粜籴之例，令其呈明附近地方官，每年给与印票一次，常川照验”[③]。

山海关实行新章程之后，出关的情况如何呢？据来仪报告：“自十月初一日定限起，至十一月初九日止，共计四十日，共收过直隶、山东、山西各州县及司坊并捕厅印照，放出只身佣工贸易民人及商旅载货民人票照七千一百一十九张，共计人数八千二百一十八名。”[④]

总之，除了乾隆五十七年（1792）至嘉庆八年（1803）十月曾因灾民就食允许关内民人携眷以家庭的形式出关外，基本上来说，出关者多是只身佣工贸易民人及商旅载货民人。

嘉庆八年（1803）四月初一日山海关副都统来仪遵旨查明出关民人给票验放的奏折，将前任韦陀保任内原注册内已放过出关携眷民人以及他任内所放户口册内注有人数较多者，各捡 10 户抄录，附片奏呈御览。笔者依据这两个附件列表，以了解嘉庆初年直隶、山东出关的携眷家庭人口情形（表 1）。

---

① 《兵部为遵旨会议山海关出口章程事奏折（嘉庆八年八月十二日）》，见中国第一历史档案馆：《嘉庆八年管理民人出入山海关史料选》，《历史档案》2001 年第 2 期。

② 《兵部为遵旨会议山海关出口章程事奏折（嘉庆八年八月十二日）》，见中国第一历史档案馆：《嘉庆八年管理民人出入山海关史料选》，《历史档案》2001 年第 2 期。

③ 《兵部为遵旨会议山海关出口章程事奏折（嘉庆八年八月十二日）》，见中国第一历史档案馆：《嘉庆八年管理民人出入山海关史料选》，《历史档案》2001 年第 2 期。

④ 《山海关副都统来仪为报山海关并无聚集民人并详查放票情形事奏折（嘉庆八年十一月十一日）》，见中国第一历史档案馆：《嘉庆八年管理民人出入山海关史料选》，《历史档案》2001 年第 2 期。

表 1 前任山海关副都统韦陀保任内出关户口人数清单 单位：口

序号	籍贯	居住地	目的地	家庭成员及年岁（虚岁）	口数
1	直隶保定府清苑县	扎占口	沈阳	王明正 47，妻周氏 42；子小儿 20；二子老儿 11；女 7	5
2	山东武定府乐陵县	贾家庄	开原	贾明 43，妻金氏 42；子长儿 3；母 72	4
3	直隶顺天府固安县	牛郎庄	广宁	张东升 54，妻魏氏 42；子福儿 11；二子连儿 9；三子寿儿 7；女 5	6
4	直隶天津府盐山县	成全庄	广宁	刘廷斡 38，妻杨氏 38；子大德 9；女 4	4
5	山东济南府陵县	孔家庄	广宁	孔信 36，妻邱氏 27；子春得 9，次子二子 8，女未岁，母王氏 60；哥孔兆山 39	7
6	直隶河间府河间县	大玉庄	广宁	张锦 47，妻焦氏 42；子春儿 12；女 6	4
7	山东东昌府冠县	沙镇	广宁	林成行 51，妻王氏 43；子保儿 13	3
8	直隶正定府宁晋县	小利庄	牛庄	董顺 48，妻黄氏 45；长子大小儿 12；次子二小儿 8；女 5	5
9	直隶河间府任邱县	陈旺庄	广宁	张中士 51，妻马氏 52；子桂儿 13；二子牛儿 10	4
10	直隶保定府定州	石村	牛庄	郭文明 52，妻王氏 49；子郭成 28，儿妇杨氏 23；孙子小儿 6，孙女 3	6

上述 10 个事例中，出关者的籍贯为直隶的共 7 例，分布在保定（2 例）、顺天、天津、河间（2 例）、正定 5 府；籍贯为山东的 3 例，分布在武定、济南、东昌 3 府。

目的地均属盛京地区，其中广宁 6 例，沈阳、开原、牛庄各 1 例。

户主及所带家庭有以下几种类型：最多的是夫妻与子女的核心家庭，有例 1、3、4、6、7、8、9 共计 7 例，有子女数 1 的 1 例，子女数 2 的 3 例，子女数 3 的 2 例，子女数 4 的 1 例，以夫妻拥有 2—3 个子女的家庭为多，这样的家庭人数规模在 4—5 人。

还有父母和一对已婚子女生活在一起的主干家庭，有例 2，总数 4 人，包括夫妻、母与未婚儿子直系亲属 3 代人；核心家庭加上兄弟的联合家庭，有例 5，总数 6 人，包括夫妻、母、未婚子女及哥哥，直系亲属 3 代人；核心家庭加上子孙的直系家庭，有例 10，总数 6 人，包括夫妻、已婚子与媳、孙子女，直系亲属 3 代人（表 2）。

表 2　现任山海关副都统来仪任内出关户口人数清单　　单位：口

序号	籍贯	居住地	出关原因	目的地与谋生	家庭成员及年岁（虚岁）	口数
1	直隶河间府任邱县	八脚台	水灾	盛京属广宁城投亲谋食	孙仲美 51，妻陈氏 42；母王氏 72；长子五十儿 23；次子六十儿 17；侄二成 23，儿妇陈氏 23；孙子 6	8
2	直隶保定府冀州	堤北桥	被受蝗蝻	盛京属广宁城投亲种地	王明亮 60，侄王兰 33；侄妇刘氏 30；子福儿 6；女 3	5
3	直隶保定府兹县	大崔家庄	水灾	盛京属锦州城投表兄谋食	王全竟 38；妻徐氏 36；长子云儿 8，次子雨儿 6；长女 11	5
4	直隶保定府清苑县	范家庄	水灾	盛京属吕阳驿投亲谋食	石文隆 39，妻王氏 41；长子骡子 10，次子云子 4；长女 19，次女 9	6
5	直隶保定府新和县	张家庄	被受蝗蝻	盛京属海州加河庄投叔种地	车超德 36，妻康氏 32；母马氏 64；长子元儿 11，次子支儿 7，女未岁	6
6	山东济南府历城县	大罗口	水灾	盛京属义州城投亲佣工	王二保 38，妻张氏 32；长子小儿 8，次子大头 4，弟王三保 27	5
7	山东登州府莱阳县	上姜家庄	水灾	吉林属大黄沟种地	姜须 33，妻吕氏 31；长子福来 9，次子福星 6；妻弟李德发 23	5
8	山东济南府德州	小陈家庄	水灾	盛京属新民屯投亲佣工	陈喜白 55，侄陈盛 41；侄妇张氏 42，二侄陈云 39，三侄陈茂 23	5
9	山东武定府滨州	右门家庄	被受蝗蝻	盛京属义州城投亲谋食	李段长 40，妻王氏 35；长子赶年 12；大女 8，次女 3	5
10	山东济南府章邱县	傅家马头	水灾	吉林界投亲佣工	傅加 35，妻周氏 33；母唐氏 74；子九儿 8，弟傅春 26，弟妇张氏 23，子十儿 4	7

这些事例中，籍贯为直隶的 5 例，分布在保定（4 例）、河间 2 府；籍贯为山东的 5 例，分布在济南（3 例）、登州、武定 3 府。

目的地为盛京地区的 8 例，其中广宁、义州各 2 例，锦州、吕阳驿、海州、新民屯各 1 例。目的地为吉林地区的 2 例。

出关的原因，7 例是因为水灾，3 例为被受蝗蝻。

谋生方式，9 例是投亲，其中具体指出亲属关系的有叔、表兄，谋生方式有 4 例说是“谋食”，有 3 例说是“佣工”，还有 3 例说是“种地”。

户主及所带家庭有以下几种类型：最多的是夫妻与子女的核心家庭，有例 3、4、9 共计 3 例，有子女数 3 的 2 例，子女数 4 的 1 例，夫妻拥有 3—4 个子女的家庭为多，这样的家庭人数规模在 5—6 人。

此外还有主干家庭，有例 5，总数 6 人，包括夫妻、未婚子女 3 人及弟弟直系亲属 3 代人；核心家庭加上妻弟的家庭，有例 7，总数 5 人，其中子女 2 人；户主带着大侄儿一家的类型，如例 2、8，总数 5 人，其中例 2 有子女 2 人；核心家庭加上儿子一家还有侄儿的家庭，有例 1，总数 8 人。

综合表 1 和表 2 可知，嘉庆初年出关者多为直隶、山东两省民众，他们不少人因水灾、被受蝗蝻出关投亲谋食，通过佣工、种地维持生计。由于样本选择携眷民人且人数较多者，所以规模较大，其中最少 3 人，最多 8 人，一般是 5—6 人。出关者多是以核心家庭为主，或挈父母、兄弟、子孙、侄儿等同行，前往盛京地区，也有去吉林地区的。

表 1 和表 2 解释的移民局限性较大，要想了解更多更全面的情况，还得借助其他资料。

二、嘉庆时期奉天移民概况

本文第一部分依据档案揭示的嘉庆初年制定山海关出入章程，在《清仁宗实录》还有一些有关资料。如嘉庆八年（1803）四月，大理寺卿窝星额由盛京差竣来京，皇帝召见时奏报："关外路上，见出关民人或系只身、或携带眷属，纷纷前往佣工贸易，缘关外地方佣趁工价比内地较多。若遇偏灾年分，山东直隶无业贫民，均赴该处种地为生，渐次搭盖草房居住，是以愈集愈众。"①于是清廷决定："嗣后民人出入，除只身前往之贸易佣工、就食贫民，仍令呈明地方官给票，到关查验放行、造册报部外，其携眷出口之户，概行禁止。"②实际上仍有不少关内民人出关进入东北地区，如直隶正定府晋州人刘山水，于嘉庆十四年往关东生理，十六年四月里回家，"要把住房变卖仍到关东谋生"。③

关于嘉庆时期奉天移民的具体情况，见表 3。

① 《清仁宗实录》卷 111，"嘉庆八年四月丙子"条，第485页上。
② 《清仁宗实录》卷 113，"嘉庆八年五月乙未"条，第497页上。
③ 杜家骥编：《清嘉庆朝刑科题本社会史料辑刊》，第 1 册，第 200 页。

表 3 清嘉庆朝刑科题本奉天移民资料一览表

序号	属地	姓名	年龄/岁	原籍	出关时间	生计	案由	出处/页
1	广宁	张庭顺	39	直隶滦州			因索讨戳伤无服族兄致死	250
2	广宁	刘元进	62	山东济南齐河	早年搬入	种地度日	因借钱纠纷共殴女婿米文仓身死	450
3	岫岩	刘作彬	37	山东即墨	早年来此	各处卖工及领参票刨参	因分钱不均打死刘贵	507
4	岫岩	张田		山东掖县	早年来此	种地度日	分粮事	659
5	辽阳	杨尚春	40	山西太原祁县	出关多年	开铺	因索欠打死罗万金	794
6	兴京	郭名江	31	山东青州诸城	早年出关	卖工度日	欠工钱	797
7	辽阳	吴宽	53	山东武定蒲台		佣工种地	因索欠	821
8	岫岩	于和	28	山东登州府宁海州	早年出关	合伙放蚕	因买地	829
9	岫岩	吕振邦	26	山东荣成	自幼随父母出关	佣工度日	索欠	855
10	岫岩	宋元名	36	山东黄县		佣工度日	索欠	855
11	广宁	李二	49	山东武定府海丰		耕种	因租地纠纷	899
12	岫岩	张添文	61	山东莱州府胶州	早年出关	开饭店	讨要酒饭钱	918
13	开原	庞自栋	57	山东莱州昌邑		卖工讨乞	索欠	926
14	开原	孙荣武	43	直隶永平临榆	嘉庆十四年出关	行医卖药	因药钱事	941
15	海城	崔宗范		山西太原	出关多年	碾房吃劳金	因债务	955
16	海城	崔得官		山西太原	早年出关	碾房吃劳金	因债务	955
17	新民屯	张四海	34	直隶定州	嘉庆十七年出关	卖工度日	因索欠	1002
18	新民屯	王观	32	山西		种地度日	因索欠	1002
19	铁岭	周发	21	山东高唐州		种地度日	争种田地	1008
20	辽阳	刘青	45	山东莱州府掖县	早年出关	佣工度日	因散伙算账不清	1026
21	辽阳	孙登成	58	直隶保定定州	嘉庆六年出关	卖工度日	因散伙算账不清	1026
22	兴京	解有仁	28	山东登州莱阳		做工	因工价纠纷共殴佣工	1422
23	辽阳	祝二	24	关里		卖工度日	因索讨工钱殴伤雇主	1481
24	开原	张信	24	直隶宁河	早年跟父母出关	卖菜	因索讨菜钱起衅	1559

续表

序号	属地	姓名	年龄/岁	原籍	出关时间	生计	案由	出处/页
25	锦县	白三	25	山东武定商河	嘉庆十五年出关	卖工度日	因索讨工钱	1572
26	承德	龚三	41	山东登州莱阳	出关多年	开歇店生理	因索欠踢死旗人	1596
27	辽阳	李朝望		山西	嘉庆十年出关	烧锅佣工	赊酒	1600
28	开原	张红安	40	山东阳信	早年来到	租地种烟	失物	1635
29	承德	刘幅元		直隶南宫		卖菜籽	因欠钱	1644
30	兴京	米如玉	46	山西太原	嘉庆六年	开酒铺	索讨借钱	1658
31	承德	戴有德	46	山东东昌堂邑		各处卖工	索钱纠纷	1679
32	承德	武成有	40	山西太原府太原县		伙开饭铺	索钱纠纷	1679
33	岫岩	袁兴义	40	山东莱州即墨		做工	争闹	上，103
34	广宁	牛凤来	35	直隶天津青县		唱影戏	索要戏钱	上，104
35	广宁	范文英	32	山东登州黄县	13 岁时[1]	开伙食店	索欠	上，106
36	广宁	吕兆起		山东登州黄县		开伙食店		上，106
37	广宁	葛均和	74	山东青州寿光	20 岁[2]	开剃头铺		上，106
38	义州	魏列直		山西太原祁县	出关多年	卖工		上，108
39	义州	魏景秀		山西太原祁县		开种菜园	口角争闹	上，108
40	辽阳	尤自亮		山西太原交城	来关东多年	伙开酒铺		上，126
41	海城	马容图		直隶		租房卖饽饽	索欠	上，132
42	宁远	张福瑞	70	直隶通州	早年出关	当道士		上，135
43	朝阳	李克勤		直隶玉田		佣趁	欠钱	上，140

说明：①表中序号 1—32 出自《清嘉庆朝刑科题本社会史料辑刊》；“出处”栏目中的数字为页数，序号 1—2 为《清嘉庆朝刑科题本社会史料辑刊》第 1 册，序号 3—21 为《清嘉庆朝刑科题本社会史料辑刊》第 2 册，序号 22—32 为《辑刊》第 3 册（天津：天津古籍出版社，2008 年）；②表中序号 33—43 出自《清嘉庆朝刑科题本社会史料分省辑刊》上册

注：[1]按，刑案发生在嘉庆六年，则出关当在乾隆五十四年。[2]按，刑案发生在嘉庆六年，则出关当在乾隆四十七年

以上 43 人的资料，出自 35 件刑科题本，其中序号 9 与 10、15 与 16、17 与 18、20 与 21、31 与 32、35—37、38 与 39 分别出自 7 件题本。下面我们对于表中各项内容分别加以分析。

刑科题本记载的案件发生地。集中在广宁（5 件）、岫岩（6 件）、辽阳（6 件）、兴京（3 件）、开原（4 件）、海城（2 件）、新民屯（1 件）、铁岭（1

件）、锦县（1件）、承德（3件）、义州（1件）、宁远州（1件）、朝阳县（1件）13地，分布较为广泛，各地发生的案件1到6件不等，也比较平均。

移民年龄。43位移民中，11人的年龄缺载，其余32人中60岁（虚岁，含60岁）以上4人，50—59岁3人，40—49岁10人，30—39岁8人，20—29岁7人，20—49岁的中青年共计25人，占据绝大多数。

移民的原籍。43人中只知关里的1人，其余42人可知具体省份甚至府县，其中直隶10人，分布在滦州、临榆、定州（2人）、宁河、南宫、天津、通州、玉田；山西10人，分布在祁县（3人）、交城、太原以及另外不知地名的地方；山东22人，分布在齐河、即墨（2人）、掖县（2人）、诸城、蒲台、宁海、荣成、海丰、胶州、昌邑、高唐、莱阳（2人）、商河、阳信、堂邑、黄县（3人）、寿光17个州县，分属于济南（齐河）、青州（诸城、寿光）、登州（黄县、莱阳、宁海、荣成）、武定（阳信、海丰、商河、蒲台）、莱州（掖县、昌邑）、东昌（高唐、堂邑）、胶州（即墨）7个府州，占据山东12府州的大部。诸府州中，尤以环渤海的武定州、登州、莱州移民较多，这些地方与东北隔海相对，由水上进入东北较为容易。嘉庆八年（1803）清廷加强山海关稽查民人出关之后，清臣铁保奏定限停止出口民人折。内称“山海关稽查既严，恐无识愚民于登、莱、青各海口携眷偷渡”，对此，嘉庆帝说：“向闻山东民人前赴奉天，多由海道行走，较之陆路尤为径捷。今山海关定例綦严，民人既不便于携眷出口，则此后乘桴者必众，自不可不防其渐。着该抚督饬沿海口文武员弁于所管地方实力稽查，毋许民人私行偷渡为要。”[①]可见，奉天的山东移民可从海道、陆路进入，陆路出关多单身汉，海道多从登、莱、青各海口乘船携眷偷渡，且走海道者较多。

由上可知，嘉庆时期奉天的移民主要以山东、直隶、山西的百姓为主。何溥滢、谢肇华依据乾隆朝刑科题本指出，山东的流民最多，他们分散到东北各地，其次是直隶的流民。[②]由此可见，笔者的统计延续了乾隆朝奉天移民外省籍的分布顺序。黄冕堂依据乾隆、嘉庆、道光三朝部分刑科题本土地债务类档案，制有《清代客籍佣工表》[③]，笔者将其中有关奉天地区（奉天府、锦州

① 《清仁宗实录》卷117，“嘉庆八年七月庚申”条，第563页。

② 何溥滢、谢肇华：《从乾隆刑科题本看东北旗地的经营方式》，《中国社会经济史研究》1985年第1期。

③ 黄冕堂：《清史治要·清代“无主仆名分”雇工通论》，济南：齐鲁书社，1990年，第322—326页。

府）的部分摘出，列为表4。

表4 《清代客籍佣工表》中奉天移民资料一览表

序号	年代	雇工姓名	雇工原籍	佣工地区
1	乾隆元年	王姓（不知名）	山东	奉天府
2	乾隆八年	李大	山东登州	奉天府宁海县
3	嘉庆七年	张荣（农工）	直隶赵州中晋县	锦州府义州
4	嘉庆十年	柳玉荣	山东登州栖霞县	奉天府兴京
5	嘉庆十二年	王振（放牛）	直隶承德县	奉天府辽阳州
6	嘉庆廿五年	李二	直隶顺天府	奉天府
7	道光元年	孙万明（木工）	山西平定州	奉天府本溪县
8	道光二年	刘七	山东德州	奉天府昌图理厅
9	道光二年	金吉魁、孙玉（木匠）	山东蓬莱县	奉天府宁海县
10	道光三年	李方春（旅店工）	直隶顺天府丰润县	奉天府辽阳州
11	道光六年	郑学萌	直隶	奉天府铁岭县
12	道光七年	陈步正（砖瓦窑工）	直隶滦州	奉天府昌图理厅
13	道光八年	高景贤（庙内种地）	直隶顺天府宁河县	锦州府义州

以上13例中，乾隆朝2例均为山东的，嘉庆朝4例有1例山东3例直隶，道光朝7例有1例山西2例山东4例直隶，总计直隶移民7例、山东移民5例、山西1例，移民事例主要是山东、直隶的，而且嘉道时期直隶超过山东。

继续讨论表3。出关时间。43人中，有17人的缺载，其余26人有8人有出关时间，分别是乾隆四十七年、乾隆五十四年、嘉庆六年（2人）、嘉庆十年、嘉庆十四年、嘉庆十五年、嘉庆十七年，其余多记载为早年出关、出关多年。

移民生计。除了1人缺载外，其余41人中，有6人为种地，有16人为卖工、佣工、做工，有10人开铺，放蚕、行医各1人，碾坊吃劳金2人，卖菜、菜籽各1人，道士、种菜园、唱影戏各1人。可见主要是佣工、种地、开铺、卖东西。

刑案缘由。由于《清嘉庆朝刑科题本社会史料辑刊》主要依据“土地债务类”编成，所以经济纠纷自然是主要的案由。具体来说，因买地、租地、争地的案件3例，分钱、分粮不均案件2例，绝大多数是因为工钱、借钱、赊欠等索欠引发的命案，其中工钱问题是最大宗，这与移民主要靠佣工谋生是一致的。

三、移民的生计模式与社会关系

奉天地区的经济，产粮的农业是主干，旗民占有大量旗地，汉族移民则受雇承佃或者私垦谋生，山区偷挖人参也是谋生手段，移民开设杂货店满足人民生活所需，促进商品流通，手工业发展很快，“重要的行业有柞蚕丝织、烧锅、油坊、磨坊、矿冶等。它们主要是雇工生产”[①]。

移民维持生计是首要问题，非法移民，无以为生，可能会滋生社会问题。早在雍正四年（1726），奉天将军奏称：“盛京地方村庄马、牛被盗者多。斯皆逋逃、无业游民或作工栖于他人家，或隐匿于山谷僻处又会同本地方棍徒偷挖人参。”[②]当时东北封禁较严，移民的生存状况艰难，无业或做工或挖参，需要躲避官府的缉拿。谋生困难的移民也有偷盗行为的发生。嘉庆朝移民的情况有较大好转。

移民为了谋生，租种当地人的土地是重要的方式，有时还采取合伙耕种的形式，是为伙种。[③]如山东掖县民张田，早年出关在岫岩各处种地度日，嘉庆十七年（1812）二月初，他走到荒冈子在乡亲王振家借宿，说起闲话，王振说他有租典的地在荒冈子、干沟子两处，现和赵凯吉、赵幅住伙种，如今也想拉张田入伙，到秋后按四股均分粮食，张田应允，就和王振住在荒冈子照应地亩，赵凯吉同他儿子赵幅住在干沟子种地，王振租典的地因人手不够，又邀请了另外三人伙种，按四股均分粮食。此外，伙种还出现在种菜上。例如，山东莱州府掖县民刘青，年四十五岁，早年出关，在辽阳州一带地方佣工度日，父

① 李燕光：《清朝的东北角》，见白寿彝主编：《清史国际学术讨论会论文集》，沈阳：辽宁人民出版社，1990年，第329页。

② 中国第一历史档案馆译编：《雍正朝满文朱批奏折全译》下册《盛京将军噶尔弼奏报整饬地方治安情形折》，合肥：黄山书社，1998年，第1345页。

③ 郭松义：《清代农村“伙种”关系试探》，《民命所系：清代的农业和农民》，北京：中国农业出版社，2010年，第342—344页。

母俱故，大胞兄刘忠在老城界、沙松河种地为生，二胞兄刘勋现在原籍。嘉庆二十三年（1818）正月里，刘青同直隶保定府定州民孙登成合伙租种新城堡钟克旺的菜园生理，种了两年，并没赚钱。孙登成屡次说菜园生意平常，不愿租种，他也要散伙。

也有移民以卖菜为生，如义州东门外甘家屯有山西太原府祁县魏景秀开种菜园。又如直隶宁河县民张信，年二十四岁，早年跟父母出关到开原县居住，挑卖小菜度日，嘉庆十五年（1810）四月二十一日，他在南街路东租安成业地基，开菜摊生理。至于当地生产菜的事例，在铁岭县民周坤与李阳春因争种田地被殴毙案里，嘉庆二十三年（1818）三月十八早饭后，李阳春拿铁镢往别的地里种菜去。

合伙经营还出现在放养柞蚕方面。①奉天地区蚕业较盛，吸引移民经营。早在乾隆二十七年（1762），钦差刑部右侍郎阿永阿等奏称："奉省所属锦、复、熊、盖等处，沿山滨海，山多柞树，可以养蚕，织造茧绸。现在山东流寓民人，搭盖窝棚，俱以养蚕为业。春夏二季，放蚕食叶，分界把持。蚕事毕，则捻线度日。聚赌斗殴之事，不一而足。"②郭松义例举乾隆时代岫岩厅山东流民伙放秋蚕，史仁和、王青山同在杜中玉家食宿，议定得茧两股均分，杜中玉独得一股，史仁和、王青山共分一股。③我们看到山东登州府宁海州民于和，年二十八岁，早年出关，到头道沟屯同高中有合伙放蚕，租族叔于彬门房东两间居住。

我们还注意到乾隆时期伙种棉花的事例。此事乾隆五十九年（1794）发生在铁岭县，经过是山东青州府寿光县人孙三，原籍父母俱故，只剩妻子和儿子，与山东海丰县人王三伙种九亩棉花，秋后收成均分。孙三只出身子，牛具家伙都是王三家的。他二人涉及的案件中，有李世铎卖布匹，李世铎的伙计是山东禹城人王起山，织布生理。④这些事实反映出当地种棉、织布并贩卖，穿衣用布可以就地解决。乾隆四十九年（1784）九月，在海城县佣工的山东青州

① 同治、光绪时人杨同桂《沈故》卷二："山蚕，蚕桑为生民大利，今盛京惟金、复、海、盖等城尚知养蚕，地无桑柘，以橡叶枫叶饲之，故其丝粗硬。《新唐书》载沃州之绵、龙州之绸，盖其由来远矣。"载《辽海丛书》，第1册，沈阳：辽沈书社，1985年，第295页下。可见当地的蚕丝业源远流长。

② 《清高宗实录》卷665，"乾隆二十七年六月丁未"条，第436页。

③ 郭松义：《清代农村"伙种"关系试探》，第338页。

④ 中国第一历史档案馆、中国社会科学院历史研究所合编：《清代地租剥削形态》，上册，第237—239页。

人郑云旺想讨工钱“买棉花、布匹，做衣服过冬”[①]，即是证明。

合伙刨参也是一种形式。山东即墨县民刘作彬，年三十七岁，嘉庆四年（1799）春天与刘贵合伙领参票刨参，讲定所有米粮布匹等物都是刘贵置备，刨得人参，照票上纳官参，余剩的才卖银，除去用度，按股份派。

东北垦殖区新发展起来的雇佣关系大致有两种不同的情形：一是由旗人地主和客籍移民所结成的雇佣；二是由客籍佃农和客籍佣工结成的雇佣。[②]

嘉庆时期奉天地区的租佃关系渐趋复杂，出现各种土地纠纷。先看押租与转佃问题，奉天广宁县刘文祥因租地纠纷被客民李二戳伤身死案中，广宁县韩家屯庄头韩五十七[③]，民人刘武祥早年租种韩五十七的一日（六亩）地，堂弟刘文祥替韩五十七收管地租，武祥将地租钱交堂弟刘文祥转交。嘉庆十三年（1808），山东武定府海丰县民人李二给武祥押租市钱 58 吊，又借给其市钱 30 吊，每年现租市钱 13 吊，于是武祥把地转给李二耕种。嘉庆十六年（1811）二月里，刘文祥将这地交给庄头自种。三月里，李二烦刘文祥同武祥去向韩五十七说明出钱租种，韩五十七叫李二拿出押租市钱 50 吊，现租市钱 13 吊，他才给地种。李二应允，付了租钱，把地种上谷子。到闰三月初一日早饭后，李二望见刘文祥同工人李可宝、张仁、刘谷保用犁杖翻毁其种的地垄。李二赶向查问，刘文祥说不给种了。刑部会同都察院、大理寺最后审案的结论中，饬令韩五十七撤地自种，交出押租钱文，向刘武祥追出所欠钱文，并交李二收领。此案中，庄头韩五十七与民人刘武祥结成主佃关系，刘武祥又收取押租，将地转租给民人李二。[④]

再如，找价问题。承德县民人李阳春，年二十八岁，在铁岭县土家楼子屯居住，种地度日，父母俱故，并无兄弟，其妻武氏生有一女，名存姐儿，生有一子，名狗儿，才四个月大。嘉庆十七年（1812）二月里，李阳春用价市钱

---

① 吴量恺：《清代经济史研究》，武汉：华中师范大学出版社，1991 年，第 347 页。

② 李文治：《明清时代中国农业资本主义萌芽》，第 118 页。

③ 此庄头的详情不知，有关庄头的研究可参看王革生：《清代东北八旗庄园“庄头”》，《清史研究》1992 年第 3 期。

④ 乾隆朝盛京已经出现“押租钱”，见周远廉、谢肇华：《清代租佃制研究》，沈阳：辽宁人民出版社，1986 年，第 246 页。但是事例很少，如宋秀元的《从〈乾隆刑科题本〉看清代押租制》（《故宫博物院院刊》1983 年第 4 期）统计中无东北数字。

120 千买了堂兄李恭三亩地。嘉庆十九年（1814）十月，李阳春将地典给同屯居住的周坤耕种，得价市钱 50 千。嘉庆二十年（1815）二月十五日，李阳春因穷苦，到周坤家想找地价，向周坤说要回赎地亩，要看文契好给典价，周坤把文契递给瞧看，李阳春说把文契先拿回家去，再给典价，周坤不肯，李阳春去夺文契，不小心把契纸撕破半截，于是便把剩下的半截交给周坤收存。周坤不依，李阳春忙说下年春间，若打算不出典价，你们仍旧种地就是了。嘉庆二十三年（1818）三月十八早饭后，李阳春拿铁镢往别的地里种菜去，走到房北，见周坤、周三、周发三人种那三亩地，因他不肯找地价，便到地里向周坤说自己现在打算要赎这地，不让周坤等耕种，随后用铁镢刨毁周坤等种的地垄，周坤不依，二人发生殴打。此案透露出当时奉天地区的一些土地买卖租佃信息，李阳春所买堂兄土地，平均每亩市钱 40 千，典价三亩地市钱 50 千；李阳春典出地亩后试图找价，而典者可以拒绝；李阳春使用的农具是铁镢，而周坤等是牛犁。

有的移民还拥有了旗民的土地。东北民典旗地始于乾隆时期，嘉庆朝成为重要的问题。①就笔者掌握的资料来看，盛京岫岩厅客民于和因买地打死李臣案里，山东登州府宁海州民于彬，在头道沟屯住，有原属旗人的红册地。②移民租种、买卖旗人所占的红册地，乾隆时期已有事例，海城牛庄居民李士魁在桑树沟有向胡章置买红册地 18 亩，桑树沟还有山东昌邑人张芬在乾隆三十六年（1771）租种杨添伟红册余地（题本中也简称“红余地”）28 亩 3 分。③此外，开垦土地是否为红册地也容易引起争议。例如，山东济南府德平县人刘文成在海城县连山屯居住，种地度日，屯里原有旗人讨得未开荒甸，因不知地主，开了几日耕种，乾隆四十四年（1779）四月广宁旗人石姓到屯里，说众人开的地是他讨的荒，叫给他出租。第二年四月又有沈阳户部何老爷来屯认地，说地是他要的红册地，并不是石姓的，叫给他纳租。④可见移民开垦、租种旗

① 刁书仁：《乾嘉时期东北民典旗地整理论略》，《社会科学辑刊》1991 年第 6 期。

② 八旗庄田，辽沈平原的旗地一般是入关前占有的明代人的田地，属于原占地。见王钟翰：《清代旗地性质初探》，《清史新考》（第 2 版），沈阳：辽宁大学出版社，1997 年，第 76 页。

③ 中国第一历史档案馆、中国社会科学院历史研究所合编：《清代土地占有关系与佃农抗租斗争》，上册，第 123—125 页。

④ 中国第一历史档案馆、中国社会科学院历史研究所合编：《清代土地占有关系与佃农抗租斗争》，上册，第 104—105 页。

人土地，产生不少纠纷。在经营中，旗人所占红册地渐渐落入移民之手。长久则会产生旗人的生计问题。不过，招垦、出租有的是旗人的主动行为，如兴京山区的旗人地主隗色克图，有闲荒地一片，无人耕种。乾隆三十年（1765）正月，他在看戏的地方遇见了一个从直隶来的流民，便主动上前“盘话”，招来这个外地人到他“那里开垦”，并讲定“开的地五年头才交地租”。①嘉庆八年（1803）大理寺卿窝星额说：奉天“旗人近因无业贫民出口种地者多，究于生计不能充裕”。嘉庆帝因此认为：“总由旗人等怠于耕作，将地亩租给民人，坐获租息，该民人即借此牟利。著晋昌劝谕旗人，或将现有地亩自行耕种，或将未种荒地以次开垦，俾各自食其力，渐臻饶裕。断不可图得一时租息，将自有地亩尽租佃民人，转致生计缺乏。至民人等出关后，定例不准私垦私典旗人地亩，并当出示查禁，勿得阳奉阴违，视为具文。”②实际生活中，旗人、民人均未严守政府的制度规定，阳奉阴违，进行出租、佃种。

移民也开店谋生，开设酒铺、饭铺、歇店的较多。

第一，酒铺。例如，山西太原府太原县民米如玉，年46岁，父母早故，妻子吴氏也去世了，并未生有子女。嘉庆六年（1801），米如玉来到汪清河屯开酒铺生理。再如，李朝望籍隶山西，嘉庆十年（1805）四月来至奉省辽阳界八卦头堡，其胞弟李朝章在彼开设酒铺生理，将他荐至城外烧锅（即加工粮食酿酒）佣工。辽沈地区是产粮区，酿酒业较发达，酒铺也多。上述两例描写的都是山西人开设酒铺。山西人既喜欢经营酒铺，也从事烧锅造酒、贩卖，早在雍正朝就是如此，那时官府严禁烧锅，移民冒险经营。雍正四年（1726）三月二十九日，皇帝谕议政大臣：“朕前有旨，今岁直隶地方不雨，粮谷失收，米价大涨，严禁盛京地方、口外烧锅。等语。今据闻在盛京地方仍开烧锅。盛京一带柳条边外蒙古地方，内地人等出边开烧锅者甚多。等语。所谓烧锅者，并无益处，枉费米谷。”议政大臣等议：“盛京等地方，去岁虽有收成，但边内一带地方收成甚少，故圣祖预先颁旨禁止开烧锅。今复以盛京一带柳条边外蒙古地方开烧锅者甚多，枉费粮米，应严加禁止等因，为民筹划颁旨者甚是。”“查前曾禁开烧锅数次，今不肖之徒图利仍开烧锅者，皆由该管官懈怠，不行严查

① 转引自何溥滢、谢肇华：《从乾隆刑科题本看东北旗地的经营方式》，《中国社会经济史研究》1985年第1期。

② 《清仁宗实录》卷111，“嘉庆八年四月丙子”条，第485页。

所致。去岁边内收成少，全靠边外之粮。今若不严加禁止烧锅，则粮价渐涨，于民生无裨益，且枉费粮米。是以钦遵上谕，严禁开烧锅。”[①]盛京禁止烧锅的主要目的是保证有充足的粮食提供给关内，抑制粮价上涨，解决民食，有益民生。移民经营烧锅的具体事例，如山西人岳征，租种盛京东住于飘二屯之宗室布詹之田，与宗室布詹合伙，在其家人福希家中开烧锅；山西民人乔守华，来盛京做小生意，购岳征等烧锅酒百斤出售时被擒。“开烧锅买卖酒”被视为非法。[②]不过从上述移民开设酒铺的事例来看，嘉庆时期违禁造卖酒者较多。

第二，饭铺。例如，山西太原县民张秉贵、武成有于嘉庆五年（1800）三月，在沈阳德盛门外伙开饭铺。十月、十二月先后雇郭琴、戴有德进铺做劳金伙计。该饭铺是张、武二人合伙开设的。再如，山东莱州府胶州民张添文，年61岁，父母俱故，并无妻子，早年出关在岫岩厅凤凰城南门外与周思彦、于得英、修洪德伙开饭店生理。嘉庆十六年（1811）五月十七日傅虎山到店里存住，到二十七日傅虎山共欠酒饭市钱五千五百二十文。可见该店也接待住店客人，吃住兼营。

第三，歇店，即旅馆。例如，山东登州府莱阳县民龚三，名叫龚玲，年41岁，未娶妻生子，原籍在城西南江山堡居住，父亲早死，家里有母亲孙氏，年81岁，出关多年来，在盛京城小东关外开歇店生理。

此外，奉天开原县客民张信因索讨菜钱起衅戳伤回民丁自仁身死一案，根据案情推测，开茶店的回民丁自仁，或许也是外地移民。

大量移民靠出卖劳动力谋生，即佣工。以下我们考察佣工的类型与工价。有长达一年的长工。例如，嘉庆十年（1805）十二月里，盖平县方谷智把方谷信推荐给夏家屯王国选家，把程文礼推荐给孙会金家，讲定每人每年工价市钱57千。再如，山东青州府诸城县民郭名江，年31岁，父母早故，并无兄弟妻子，是个单身汉，早年出关来奉天地区各处卖工度日。嘉庆四年（1799）帮石沟刘玉雇郭名江作工，讲定一年工价市钱80千，并无文约。平日同坐同吃，你我相称并无主仆名分。山东武定府蒲台县民吴宽，年53岁，辽阳本溪

---

① 中国第一历史档案馆译编：《雍正朝满文朱批奏折全译》下册《议政大臣允礼等奏请遵旨严禁酿酒等情折》，第1318页。

② 中国第一历史档案馆译编：《雍正朝满文朱批奏折全译》下册《盛京刑部侍郎武格奏报审理盛京开烧锅买卖酒一案折》，第2548页。

湖一带地方佣工度日，父母早故，原籍并无兄弟妻子，也是个单身汉。嘉庆八年（1803）正月受雇到窖沟堡的王虎山家种地，讲定一年工价市钱60吊，白布一匹，并无年限文契。上工以后彼此平等相称，同坐同吃。吴宽同其他工人佟文、梁持谷在王虎山住房南间住宿。以上三例长工的每年工价分别为57千、80千[①]、60吊[②]，后两例明确说与雇主你我平等相称，同坐同吃，并无主仆名分。主佃这种平等关系，直接受惠于乾隆五十一年（1786）清朝修改的雇工人条例：

> 凡官民之家，如车夫、厨役、水火夫、轿夫及一切打杂受雇服役者，平日起居不敢与共，饮食不敢与同，并不敢尔我相称，系听其使唤之人，是有主仆名分。无论其有无文契年限，均照例以雇工论。若农民佃户雇倩耕种工作之人，并店铺小郎之类，平日共坐同食，彼此平等相称，不为使唤服役者，此等人并无主仆名分，亦无论其有无文契年限，及是否亲族，俱依凡人科断。[③]

乾隆五十三年（1788）新例正式列入律例。[④]该条例规定日常生活中同坐同食、彼此平等相称不为使唤服役者，定为凡人。

还有半年工。例如，关里民人祝二，在奉天生长，不知原籍，年24岁，父故母嫁，靠卖工度日。嘉庆二十三年（1818）二月初一日，受雇到辽阳州马青来家作工，讲明工价市钱30千文，到五月底为满。六月初一日，工满出来，雇主支过工钱8千文，净欠工钱22千文没给。说明祝二被雇佣的是半年工，工钱市钱30千文。这一工价相当于上述长工吴宽工价的一半，看来是正

① 按，嘉庆时山西宁武府神池县李帼银雇吴显做工，议定每年工钱5000文，奉天长工工钱高于山西。参见常建华：《清中叶山西的借贷、典卖土地与雇佣——以嘉庆朝刑科题本为基本资料》，《史志学刊》2015年第5期。

② 一吊为1000文，长工工钱60千文稍低，故附加白布一匹。乾隆六十年（1795）山东聊城人王升到达广宁，受雇于国三木匠，议定每年工价市钱60千文。见冯尔康：《18世纪末19世纪初中国的流动人口——以嘉庆朝刑科题本档案资料为范围》，《天津师范大学学报（社会科学版）》2005年第2期。此外，嘉庆二十四年（1819）锦州的一个事例"一年工价市钱六十五千"（杜家骥编：《清嘉庆朝刑科题本社会史料辑刊》，第3册，第1490页）。可见嘉庆年间长工工钱略有上涨。

③ 中国第一历史档案馆编：《清代档案史料丛编》（第11辑），北京：中华书局，1984年，第44页。

④ 光绪《大清会典事例》卷810《刑部·刑律斗殴》（光绪二十五年清会典馆石印本），将原文中"俱以凡人论"前一句"及是否亲族"删去。

常的报酬。

再有就是月工。例如，山东登州府莱阳县民解有仁，年 28 岁，父亲早故，母亲赵氏年 71 岁，娶妻张氏，生有一子。在兴京厅族祖解光智家作月工。再如，岫岩厅吕化斋，嘉庆十四年（1809）二月初五日，雇山东黄县人宋元名作工，讲定每月工价市钱 10 吊。前面提到半年工、长工月均工钱（按照 10 个月计算）6 千文，按照这一标准的事例，如凤凰城镶黄旗代青阿牛录下西樊，年 36 岁。嘉庆十七年（1812）八月到城东各处卖工。嘉庆十八年（1813）七月初八日，蚂蚁岭屯民人张明九雇其给他堂兄张红安作月工，每月工价市钱 6 千文。宋元名每月工价市钱 10 吊较高。旗人王奇开被龚三保荐给鬼王庄屯居住旗人伊保住家作月工，他们自己当面讲明作 3 个月工，共计价市钱 36 千文，合每月 12 千文，这又高于前面的宋元名。山东东昌府堂邑县民郭琴，年 46 岁，在沈阳地方各处卖工。嘉庆五年（1800）十月，受雇于武成有、张秉贵，在他们的饭铺里吃劳金，每月工钱 9 吊，这一事例低于前面的宋元名每月 10 千文及王奇开的每月 12 千文。综合来看，月工工钱至少应在 6 千文，一般大约是在 10 千文。①不过也有月工工钱较少的事例，如嘉庆元年（1796）二月，山东莱州府即墨县民袁兴义受雇到海城县王文英家做工，讲定每月工价市钱 5 千文，没有主仆名分。

此外，还有日工的工钱情况。例如，山东武定府商河县回民白三，年 25 岁，嘉庆十五年（1810）春天，出关来在锦县城西缸家屯一带地方卖工度日。这年六月里，雇给李才做了五个工夫，市钱 1500 文（五个工夫应当是指五天，则每天工钱市钱 300 文）。②再如，开原有人干木匠活，每

---

① 按，可以与已知的嘉庆时晋豫二省月工工钱比较。河南的四例月工中，“有一般性的帮工，上蔡县邵金山、安阳县张二小每月工钱分别为四百五十文、五百文；还有两例为煤窑帮工、铺内做伙计，每月工钱分别为八百文、一千零八十文，远高于前两例，推测是由于工作较为繁重”（常建华：《档案呈现的清中叶河南乡村社会——以 59 件嘉庆朝刑科题本为例》，见苗长虹主编：《黄河文明与可持续发展》第 5 辑，郑州：河南大学出版社，2013 年，第 63 页）。山西的三例月工，两例是 800 文，一例为 900 文（常建华：《清中叶山西的借贷、典卖土地与雇佣——以嘉庆朝刑科题本为基本资料》，《史志学刊》2015 年第 5 期）。可见关外奉天月工工钱总体上高于关内晋豫二省。

② 乾隆朝刑科题本中已经出现“卖工夫”的记载，开原县清河屯，旗下壮丁徐秉忠于乾隆三十八年（1773）二月住在下肥屯舅舅家里，在各处卖了十几天工夫，共得了 4500 文工钱，后“从舅舅家进了城，又到工夫市上卖工夫”。转引自刘永成：《清代前期农业资本主义萌芽初探》，福州：福建人民出版社，1982 年，第 90 页。

日 700 文。[①]这两例工钱差距较大，后者有手艺，因此工资较高。[②]

关于奉天地区佣工工钱价值。李文治统计嘉庆年间奉天 11 例农业雇工年工资，实为 9495 文，比黄河流域直隶、山东、河南、山西四省的年工资高出一倍以上。[③]黄冕堂依据嘉庆、道光刑科题本探讨清代工价，并指出：日工工价虽然最少者为 30 文，但一般的情况下为 50—70 文；月工最少者为每月 300 文，最高者 1500 文，而以 800 文和 1000 文为常；长工最少者为 3000 文，最高者 20 吊，而以一年 12 吊为多。东北各地多数都工价高，长工一般为 10—13 吊，每年 16 吊者亦不少。[④]笔者的统计与此相较，长工工钱较高，月工相当，日工较高，这或许在一定程度上反映出道光年间佣工工钱下降的事实。

佣工的情形各式各样。奉天是产粮区，粮食加工需要人手，有的在碾坊碾米作工，如山西太原人崔宗范，出关多年，在牛庄西关永德碾房吃劳金为生。族中侄孙崔得官，早年出关，在郝振士碾房吃劳金为生。崔得官被称为“铺伙”。[⑤]

佣工，特别是短工的工作不稳定，佣工者经常变换工作。如山东阳信县民张红安，年 40 岁，早年来到开原县蚂蚁岭叔伯兄弟张明九家寄住卖工，后来租地种烟过日。张红安的情况看来是渐趋稳定，而山东莱州府昌邑县民庞自栋，年 57 岁，父母俱故，来到开原县卖工，有时讨乞度日。则乞讨、卖工兼而有之。工作不稳定是流民的特色，如奉天辽阳州客民刘青因散伙算账不清被殴身死案里，嘉庆二十五年（1820）二月，辽阳州城东新城堡有浮住（即临时居住）民人刘亮。[⑥]

值得一提的是，还有行医到奉天的事例。直隶永平府临榆县民孙荣武，年

---

① 黄冕堂：《清史治要·略论清代农业雇工的性质与农业资本主义的萌芽》，第 354 页。

② 按，嘉庆时期山西短工事例有三，可资参考。汾州府孝义县岔上村张红兴雇任士保做了十多日短工，欠他 400 文工钱没还，估计按天计算，也差不多是 40 文。潞安府长治县东火村牛招第做工度日，牛魁雇牛招第在窑替做短工一日，工钱 50 文。清水河厅王加善雇用宋四小子做短工，每日 40 文。参见常建华：《清中叶山西的借贷、典卖土地与雇佣——以嘉庆朝刑科题本为基本资料》，《史志学刊》2015 年第 5 期。

③ 李文治：《明清时代中国农业资本主义萌芽》，第 119 页。

④ 黄冕堂：《清史治要·清代物价考略》，第 454—455 页。

⑤ 乾隆年间的类似事例还有：乾隆十一年（1746），奉天府永吉州张二开碾房，雇佣柳文安，月银一两五钱，未立文约。参见黄冕堂：《清史治要·清代“无主仆名分”雇工通论》，第 295 页。

⑥ 杜家骥编：《清嘉庆朝刑科题本社会史料辑刊》，第 2 册，第 1026 页。

43 岁，父亲早故，有母亲何氏，年 72 岁，在原籍城里东罗城居住，无兄弟、妻子。嘉庆十四年（1809）四月出关来各处行医卖药为生，寄回银钱养赡母亲。

移民到奉天往往要投亲靠友。前面提到的事例中，有山东登州府莱阳县民解有仁，在兴京厅族祖解光智家作月工。还有山东阳信县民张红安，早年来到开原县蚂蚁岭叔伯兄弟张明九家寄住卖工。嘉庆十七年（1812）秋间，张四海从原籍直隶定州出关来在族侄张启兴家存住，卖工度日。情节更清楚的是：山东登州府黄县民吕兆起，姑表兄弟范文英也是黄县人，嘉庆六年（1801）范文英 32 岁，并未娶妻，13 岁时被其族中大伯范大领出关，找到吕兆起说范文英的父亲范二同他母亲都死了，范文英没有倚靠。吕兆起就留表弟范文英在家里住下，范文英长大出外卖工。

移民为维持家庭生计，或来关东谋生挣钱后回到故乡，或者把钱寄到老家。如嘉庆四年（1799）十一月，山西太原府祁县人杨尚春供词说，他 40 岁，出关多年，在辽阳州刘儿堡开铺生理，父亲杨作栋已故，原籍现有母亲李氏，年 74 岁，并无兄弟。杨尚春娶妻吕氏，也没有子女，“常寄银钱养赡母亲”①。直隶束鹿县人张仲红供：

> 年七十二岁。父母俱故，并没弟兄。向在关东种地度日。前妻雒氏生有一子张三。嘉庆八年上，小的因雒氏病故，续娶已故李三的女人戴氏做继室。戴氏带着前夫生的女儿李氏过来，他就主婚把李氏配给小的儿子张三做女人。生有一个孩子，今年八岁。小的合戴氏和睦没嫌。那年十月里，小的同儿子张三到关东种地，每年寄银回来养赡家口。后因儿子死在关东，小的年老不能工作。到二十二年五月二十四日早回到家里。②

张仲红、张三父子从嘉庆八年（1803）到二十二年（1817）五月赴关东种地，每年寄银给直隶束鹿县养赡家口。

① 杜家骥编：《清嘉庆朝刑科题本社会史料辑刊》，第 2 册，第 794 页。

② 杜家骥编：《清嘉庆朝刑科题本社会史料辑刊》，第 1 册，第 324—325 页。

四、居民与移民的日常生活

（1）饮酒在奉天盛行。[①]这说明当地人好客、喜交往，但这也是诸多事件发生的诱因。

依据 35 件题本列出的奉天移民资料一览表中，第 1、2、3、6、8、13、30、31 号计 8 件案件中均有事主饮酒的情形，依次介绍具体情形如下。

例一。直隶滦州人张庭顺，年 39 岁，嘉庆十八年（1813）九月初十日，无服族兄张庭立向他借了 4000 市钱，说迟日就还。十七日午时，他请张庭立到家喝酒，吃完醉了，他向张庭立讨要欠钱，张庭立回复没钱，两相争吵，最后不欢而散。迟了一会儿，张庭顺拿刀割草，傍晚时走到张庭立家房西场园，张庭立手拿铁枪走来，问张庭顺为何在请他喝酒时当着众人向他要钱，让他很没面子，于是二人混骂起来，情急中张庭立用铁枪戳了张廷顺一下，张庭顺用刀砍伤张庭立胸膛，几天后张庭立死去。

例二。山东济南府齐河县民刘元进，年 62 岁，嘉庆十六年（1811）二月初二日，女儿米刘氏病故，初十日，女婿米文仓向其借钱，没借来。三月十九日早饭后，米文仓来向其询问，他说等麦收后才能借，米文仓不依嚷闹地走了。午后，米文仓喝醉又来喊骂，这让刘元进很生气，便与儿子一同殴打米文仓，致其死亡。

例三。山东即墨县民刘作彬与刘贵合伙领参票刨参，刘贵把参拿去卖银 270 多两，并未分给刘作彬。嘉庆五年（1800）三月二十日，刘贵与刘作彬算账，刘贵说今日也算不完账，过几日再算。四月十一日午后，刘作彬买了一瓶酒，拿到姜守畛窝棚里和姜守畛吃酒，刘贵到后，刘作彬让他同吃，两人都喝醉了，说起卖参这项银子，引发争论，刘贵一手揪住刘作彬的胸前衣服，贴近对立，一手用拳头打在刘作彬的左肩上，刘作彬怕被打伤，又因刘贵挡住房门逃走不脱，一时着急用右手拔出带在身上的小刀，弯身刺在刘贵左腿，致其

① 同治、光绪时人杨同桂《沈故》卷二：“今合省烧锅不下四百，岁縻米每烧锅以二百石计之，约八九万石，民以食为天，乃所耗如此，良可惜哉！”（《辽海丛书》，第 1 册，第 297 页上）正是相沿已久的酒风反映。

死亡。

例四。山东青州府诸城县民郭名江，年31岁。嘉庆四年（1799）、五年（1800）刘玉雇他作工，欠了工钱。五年闰四月十五日，郭名江索要头年工钱，刘玉支吾不给。十六日郭名江外出喝了两壶酒，有些醉了，晌午后回到刘玉家，嚷说欠工钱不给，怎么白叫人做活。刘玉就骂他，你这冤种哪里喝了酒到我家来撒酒疯。郭名江边说该工钱不还反骂人，边走到炕沿对面欲拉刘玉到外面去讲理，刘玉坐住炕沿不动，右手拿刀戳了郭名江的左腿一下，郭名江夺过刀子，把刘玉戳伤致死。

例五。山东登州府宁海州民于和，年28岁，到头道沟屯同高中有合伙放蚕，租族叔于彬门房东两间居住。族叔于彬的地要卖给族叔于禄，嘉庆八年（1803）八月二十日于彬往外屯去了。这日晚时，喝醉酒的李臣走进于和同高中有的租住屋，问于彬在家没有，高中有说没在家，李臣说于彬家的地是他要买的，听说于禄要买，他叫于禄让给他买，但于禄不肯，他觉得于禄瞧不起自己，便当着二人的面辱骂于禄。于和因于禄是其族叔，李臣当面骂于禄，是欺负他，于和说你要骂，当着于禄面去骂，为什么当着我骂呢，李臣反骂于和什么东西，给于禄搅横，于是于和与李臣开始对骂。情急下李臣拿起门房中的一根木棒，迎面打了于和右肩甲一下，于和疼痛着急忙用右手夺过木棒，回打李臣而且使其仆跌倒地，不料李臣延至夜里二更多时，因伤死了。

例六。山东莱州府昌邑县民庞自栋，年57岁，来到奉天卖工，有时讨乞度日。嘉庆十六年（1811）三月他续借用乞丐张姓市钱二千未还。七月二十四日下午走到二道沟，张姓带有烧酒，留其同坐共喝。大家醉了，张姓向其索讨欠钱，他说现在没钱。张姓不依，混骂，他回骂。张姓起身拔出身上带着的小刀要戳庞自栋，庞自栋也起身顺手用木棍横打过去，打伤张姓，并将其扑跌在地，不料到半夜张姓就死了。

例七。山西太原府太原县民米如玉，年46岁。嘉庆二十二年（1817）三月二十一日到舞凤楼大堡收买山货，在素识民人铁自青家住下。见素日认识的旗人池亮也在那里，彼此说了会儿话。到晚上，铁自青叫米如玉和池亮都在西屋同炕存宿，铁自青在东屋睡觉。二十三日，池亮向米如玉借市钱20千，说不出三五日揽着驼脚就还。米如玉就把带来的20千钱的帖子借给了池亮。到三十日晚时，米如玉买了一壶烧酒与池亮在西屋炕上吃酒，米如玉想来了 10 天也没买着山货，想去别处买去，便让池亮还那 20 千钱。池亮说他也没揽着驼脚，没有钱还，等明日跟他回家凑还。到天亮时，米如玉先起来穿衣，叫池亮起来同走。池亮说等吃了早饭再走。米如玉说自己等钱急用，池亮嗔其催逼，又揭他衣服，便生起气来，把米如玉按到炕上，在其脊背上打了几拳，米如玉下地走到中屋，用右手拿起火炉上放的一把菜刀，将池亮砍伤后致死。

例八。山东东昌府堂邑县民郭琴，年 46 岁。嘉庆五年（1800）十月，郭琴雇受雇到武成有、张秉贵的饭铺里吃劳金，每月工钱 9 吊。戴有德是十二月初才进饭铺吃劳金的。郭琴酒性不好，喝醉了原要混骂人。十二月二十八日早上，郭琴出外喝了些酒，回铺想要支钱还账，向掌柜算工价，还说要辞工，不过要他们挽留，好多支几吊钱用。不料他们不留，算清了工价。郭琴拿钱走后又回铺来，见武成有、戴有德在北屋喝酒，就向武成有要押岁的钱，武成有不给，郭琴醉后糊涂，混骂几句，武成有说大年底下闹他铺子。郭琴生气地走到南屋把饭碗摔碎了 10 多个，还摔碎 4 个盘子，1 个瓦盆。戴有德等过来摔殴郭琴，致其死亡。

上述事例中，一、三、六、七诸例都是案件中双方一起邀请好友饮酒中发生的，本来是事情起因于合作，双方关系友好，却因为产生矛盾，导致意外伤人致死。饮酒之人受情绪波动，产生了诱发作用。二、四、五、八则都是醉汉骂人被殴致死，醉酒实在害人不浅。以上事例说明奉天以及山东、直隶、山西饮酒风气较盛，移民喜欢饮酒，酒本是热情好客与自我消愁之物，却也是产生纠纷的催化剂。①山东武定府蒲台县民吴宽，年 53 岁，嘉庆八年（1803）正月受雇到窖沟堡的王虎山家种地，讲定一年工价市钱 60 吊，白布一匹，使用过烧酒一瓶价钱 1 吊 500 文。②一年工钱 60 吊，烧酒一瓶价钱 1 吊 500 文，似乎

---

① 乾隆时期的事例也有证明，如山东海丰县人王三早饭“吃酒醉了”，拿木棍去与纠纷者说理。打人者被迫给对手“斟酒赔礼”；再如广宁县旗人巴得木库酒后与木得“角口斗殴”（中国第一历史档案馆、中国社会科学院历史研究所合编：《清代地租剥削形态》，上册，第 238—239、328 页）。还有辽阳州旗人胡舜“多吃了几钟酒……因酒醉了”，就与索债人争吵，回家后“酒益发涌上来，越想越生气，随拿了一根木棒，一把小刀子，找李四去拼命”（中国第一历史档案馆、中国社会科学院历史研究所合编：《清代土地占有关系与佃农抗租斗争》，上册，第 163 页）。此外，马喜籍隶山东，赴盖平县种地，因“身入醉乡”，用刀戳死嫂子；“徐三素常酗酒”（郑秦、赵雄主编：《清代“服制”命案——刑科题本档案选编》，北京：中国政法大学出版社，1999 年，第 147、194 页）。

② 杜家骥编：《清嘉庆朝刑科题本社会史料辑刊》，第 2 册，第 822 页。

还是比较贵的。[①]酒价高于粮价，饮酒还要下酒菜，移民的饮酒风，也反映出他们较高的生活水平。

（2）奉天府包括移民在内的居民服装比较体面，冬夏服装都是如此。

州县官接到案件后，都要带领刑仵赶赴现场勘查，有的刑科题本留下了死者的衣着铺盖情况。笔者找到当地数位居民与一位移民的事例，作为参考。冬装的事例，嘉庆十一年（1806）三月，据岫岩理事通判崇福称，他接到报告，带领刑仵前往出事之处，见到"已死项士聪尸身仰面停放东一间地下木凳上，该尸头南脚北，头光，身穿青布小棉袄一件，中穿兰布单裤一条，束裤腰白棉线带一条，腿穿兰布棉袜一双，脚穿青布鞋一双，头枕蓝布枕头一个，身铺花布棉被一床。"[②]同年三月初四日，另有海城的事例："方谷智身穿蓝布大夹袄、蓝布小夹袄、蓝布破单裤、蓝布夹袜、青布旧鞋，到方谷礼家来讨要工钱。"[③]

嘉庆十三年（1808）四月承德县田四"该尸头戴紫毡帽，枕兰布枕头，身穿兰布大袄，中穿兰布单裤，腿穿兰布棉袜，脚穿青布鞋，下铺兰布棉褥"[④]。

嘉庆十三年（1808）四月辽阳州民人霍老屋"该尸头戴紫毡帽一顶，枕蓝布枕一个，下铺蓝布褥一条，上盖花布棉被一床，身穿蓝布夹大袄一件，蓝布棉小袄一件，腰束青布褡包一条，中穿蓝布单裤一条，裤束白线带一条，腿穿蓝布夹套裤一双、蓝布夹袜一双，脚穿青布鞋一双"[⑤]。

嘉庆十七年（1812）三月，开原县距城60里的孤家子屯民人冯霦开豆腐房，他被客民孙荣武用力戳伤以致身死，守堡张本称冯霦："该尸头戴白毡帽一顶，身穿蓝布棉袄一件，蓝布小衫一件……中穿蓝布棉裤一条，束裤腰白棉线带一条，腿穿蓝布棉袜一双，缠白布腿绷一副，脚穿灰布鞋一双。"[⑥]

上述五例，有三例头戴毡帽，二例紫毡帽，一例白毡帽；身穿蓝布棉袄、棉裤，束裤腰白棉线带，衣有蓝布袄（衫），腿穿蓝布棉袜，或缠白布腿

① 黄冕堂指出，康熙时，烧酒每斤100文，干酒为150文，这是曲阜孔府带有某些虚报成分的价格。道光时的刑档有大量记载酒价的资料，一般斤价为30—60文，最贱者每斤仅为十余文。参见黄冕堂：《清史治要·清代物价考略》，第440—441页。

② 常建华主编：《清嘉庆朝刑科题本社会史料分省辑刊》，上册，第109页。

③ 常建华主编：《清嘉庆朝刑科题本社会史料分省辑刊》，上册，第112页。

④ 常建华主编：《清嘉庆朝刑科题本社会史料分省辑刊》，上册，第130页。

⑤ 常建华主编：《清嘉庆朝刑科题本社会史料分省辑刊》，上册，第125—126页。

⑥ 杜家骥主编：《清嘉庆朝刑科题本社会史料辑刊》，第2册，第941页。

绷，脚穿青布鞋四例、灰布鞋一例。这是一套比较保暖的服装。此外，乾隆三十八年（1773）闰三月，开原县徐秉忠，二十余岁，“身上穿一件蓝布短棉袄”①。

夏装有四个事例。如承德县城东李尔什庄屯，居住旗人王奇开嘉庆八年（1803）七月被踢死，地方上报告说：“该尸头南脚北，头光，身穿白布小衫一件，中穿蓝布单裤一条，束裤腰白棉线带一条，腿缠白缠腿布一付，脚赤，余无别物。”②王奇开身穿白布小衫，中穿蓝布单裤，束裤腰白棉线带，腿缠白缠腿布。

再如嘉庆十二年（1807）七月海城县民人徐文昇，“身穿蓝布小衫一件，内穿蓝布兜肚一个，俱有血迹。中穿蓝布单裤一条，束裤腰白线带一条，两腿赤脚，穿白布鞋一双”③。

又如直隶定州民张四海34岁，父母早死，并无妻子，有胞弟张保和在原籍。嘉庆十七年（1812）秋间，张四海从原籍出关来在新民屯厅大树屯族侄张启兴的家存住，卖工度日。嘉庆二十一年（1816）闰六月十七日点灯后，客民王观因索欠戳伤张四海身死，张四海尸体光身穿白布小衫，中穿蓝布单裤束裤，蓝布带腿，光脚穿蓝布鞋。

还有嘉庆二十一年（1816）七月，广宁县民王正“尸为光身，穿月白布小衫，中穿月白布单裤、束裤腰蓝棉线带，两腿赤，两脚穿青布鞋”④。

夏装穿着大致相当，白布小衫三例、蓝布小衫一例，均穿蓝布单裤，区别是腿布颜色不同，说明这是当时关外夏季普通的着装。

上述事例，反映了当时当地居民的一般服装，即冬季多穿蓝色，夏季多穿白色或蓝白色搭配，蓝色和白色是当时服装的主要颜色。

时人多穿一种皮制鞋子乌拉⑤。奉天兴京厅刘玉因欠工钱被山东诸城县民

---

① 吴量恺：《清代经济史研究》，第313页。

② 杜家骥编：《清嘉庆朝刑科题本社会史料辑刊》，第3册，第1596页。

③ 常建华主编：《清嘉庆朝刑科题本社会史料分省辑刊》，上册，第124页。

④ 杜家骥编：《清嘉庆朝刑科题本社会史料辑刊》，第3册，第1867页。

⑤ 乌拉，又作“护腊”，满语皮靴的音译，东北人冬天穿的皮鞋。清人杨宾《柳边纪略》卷三：“护腊，革履也。絮毛子草于中，可御寒。”（《辽海丛书》，第1册，第256页上）杨同桂《沈故》卷4：“护腊，《事物原始》：‘辽东军人著靴名曰护腊’。今东三省之靰鞡，盖音相沿而讹也。”（《辽海丛书》，第1册，第308页下）

郭名江打死案，嘉庆五年（1800）闰四月十七日，郭名江“见刘玉在外屋北炕上坐着用小刀割乌拉”。刘玉用小刀割乌拉，可能这个乌拉是用动物皮制作的。嘉庆二十一年（1816）四月的奉天开原县民路智因索欠殴伤妻弟胡拉住身死案，盛京户部侍郎兼管奉天府府尹事务臣德文等题请：“尸棺饬属领埋，凶器小刀并牛皮乌拉发回贮库。”[①]“牛皮乌拉”说明乌拉使用牛皮制成。奉天锦县客居回民白三因索讨工钱殴伤旗人雇主李才致死案，山东武定府商河县回民白三，年25岁，嘉庆十九年（1814）闰二月初二日到缸家屯来买皮乌拉[②]，也证明了皮乌拉的普遍。

（3）当地居民的居住条件，有草房、窝棚等。

草房较多，本地居民的旗人、民人均居住草房，也租给移民。有的刑科题本留下了州县官带领刑仵赶赴现场勘查所见事发或死者的住处。请看以下事例。

嘉庆十一年（1806）岫岩“项家堡有东西道一条，北有项士聪等住房一所，四面并无近邻，周围石砌院墙，向南开门。院内有朝南草房六间，东三间系项士聪之弟项士华住屋，西三间系项士聪住屋。由东一间向南开门二扇，西二间各开南窗二扇，屋内三间通联，西二间靠南檐有东西炕一铺”[③]。这位项士聪是旗人。

嘉庆十二年（1807）海城“土台子堡有东西道一条，道北有旗人李凌云正草房五间，并无院墙，亦无紧邻。由东第二间向南开房门二扇，进内尽东一间隔断，西四间通连”[④]。

嘉庆十三年（1808）承德县“獾子屯东头路北有王起连朝南住房五间，东厢房二间，北一间，偏南开门一扇，内有北炕一铺”[⑤]。这也是旗人的居所。

同年辽阳州“勘得卧龙村堡有南北路一条，路东有郑起宽住宅一所，周围石砌院墙，向南开大门。进院有正草房三间，由中间开房门。进屋东西隔断，

① 杜家骥编：《清嘉庆朝刑科题本社会史料辑刊》，第1册，第469页。
② “乌拉”原刊作“鸟拉”，疑“鸟”为“乌”之误。
③ 常建华主编：《清嘉庆朝刑科题本社会史料分省辑刊》，上册，第109页。
④ 常建华主编：《清嘉庆朝刑科题本社会史料分省辑刊》，上册，第124页。
⑤ 常建华主编：《清嘉庆朝刑科题本社会史料分省辑刊》，上册，第130页。

中间北檐下安窗一扇，窗下有东西土炕一铺”[①]。是为壮丁的住宅。

嘉庆十七年（1812）开原县孤家子屯守堡张本呈称，开原县“孤家子屯有东西道一条，道北有已死冯霦豆腐房一所，周围土筑院墙，四面并无近邻。院墙向南留门空，进院有朝南正草房五间，由中一间开门进屋，尽西一间隔断，余俱通联”[②]。这所豆腐房为朝南正草房五间，有土筑院墙，规模较大。

以上五例本地居民的住房中，三例有院墙，其中两例石砌，一例土筑，院子一般孤立，周围没有“近邻”“紧邻”；住房一般是坐北朝南的正房，一字排开，或数间通连，或有隔断，承德的事例还有厢房；房子的数量较多，六间1例，五间3例，三间1例。

租房与移民的情况。海城的事例，嘉庆十一年（1806）六月十五日，星得宽侄女婿赵文禄向他说要找房子居住，星得宽就替赵文禄租了华国印两间房子，讲定每年租价市钱14千。十六日，赵文禄就搬到华国印房子住下，到十二年（1807）二月十六日，听说赵文禄又搬到黄土坎租房居住。二十日，赵文禄到星得宽家来看望，点灯时华国印也到来，埋怨赵文禄搬家时没有当面把房子交还给自己，不言语就走了，房上的草都被风刮去了。[③]可见此出租房为草房。岫岩民赵凯吉，年40岁，妻子李氏，生有两个儿子一个女儿，在干沟子地方，有所租焦奉的草房一间。这所房子较为偏僻，应是在耕地附近。至于移民的事例，山东济南府齐河县民刘元进，年62岁。嘉庆十四年（1809）九月，女婿米文仓要往葡萄坨去住，就给他在那里盖了两间草房。

有的房子未说明是否为草房。新民屯厅客民王观因索欠戳伤张四海身死案，所在大树屯有南北车道一条路，西有直隶定州民张启兴住房一所，周围土筑院墙，向东开设大门。该住房或许也是草房，没有院落。盛京岫岩厅客民于和因买地打死李臣案，山东登州府宁海州民于彬，在岫岩头道沟屯住，有东门房两间，租给族侄于和合高中有居住。

乾隆时期的一个事例，主人腾出房子给佃户居住。如兴京厅马圈子屯槽盆沟地方，姚可顺有多余土地，自己种不过来，于乾隆五十年（1785）正月，将

① 奉天辽阳州壮丁郑起宽因索欠殴伤壮丁霍老屋案，见常建华主编：《清嘉庆朝刑科题本社会史料分省辑刊》，上册，第125页。

② 杜家骥编：《清嘉庆朝刑科题本社会史料辑刊》，第2册，第941页。

③ 常建华主编：《清嘉庆朝刑科题本社会史料分省辑刊》，上册，第118页。

40 亩地分给王世广、郑凤来佃种，并且腾出三间正房让王、郑二人居住，讲定秋后后姚可顺得四分粮食，王世广、郑凤来每人得三分，即佃户得六分，因为佃户自出工本。①

窝棚，较为简易狭小。序号 3 的事例中，姜守畛住在窝棚里。序号 5 的事例中，辽阳州过往碑堡管界有“杜家窝棚”。此外，山东李成年到奉天广宁，受雇于敬发兴，与雇主同住在一个窝棚，嘉庆六年（1801）六月，住在邻近刘家窝棚的种地工人陈焕、陈开来到敬发兴窝棚，四人赌博，李成年打死讹赖的陈焕。②

一些档案记载了卧具。山东黄县人宋元名在岫岩佣工，36 岁，他家里有母亲、胞弟。宋元名有牛毛毯一条、狗皮褥子一条、蓝布棉被一条、市钱两吊 500 文。别人欠他工价市钱 18 吊。前面介绍服装的事例中，项士聪头枕蓝布枕头，田四下铺兰布棉褥，霍老屋枕兰布枕、下铺兰布褥一条、上盖花布棉被一床，蓝布枕头、兰布褥的事例较多。

奉天的房子中炕是生活的重要场所。前面介绍住房的事例，有些记载了房中有东西向或北面设置土炕的情况，炕的大小是论“铺”。奉天人睡炕，冬天烧炕取暖，抵御寒冷。炕不仅用来睡觉，大部分时间是用来坐的。辽阳州客民吴宽因索欠打死王虎山案中，吴宽从南屋走到北屋外间来，向王虎山算工账。这时王虎山与老婆王刁氏在里屋炕上坐着。盛京岫岩厅客民于和因买地打死李臣案，李臣喝醉走到于和屋内，问于彬在家没有，高中有说没在家，于和让他坐炕吃烟，这是待客之道。

熟人一般欢迎借宿，接待客人比较热情。山西太原府太原县民米如玉，年 46 岁，嘉庆二十二年（1817）三月二十一日到舞凤楼大堡收买山货，在素识民人铁自青家住下。见素日认识的旗人池亮也在那里，彼此说了会儿话。到晚上，铁自青叫米如玉和池亮都在西屋同炕存宿，铁自青各自在东屋睡觉。二十三日，池亮向米如玉借市钱 20 千文。到三十日晚时，米如玉买了一壶烧酒与池亮在西屋炕上吃酒。

伙种者有的同炕睡觉，如山东掖县民张田，先是在王振家借宿，后与王振

① 周远廉、谢肇华：《清代租佃制研究》，第 103、113 页。

② 转引自冯尔康：《乾嘉之际小业主的经济状况和社会生活——兼述嘉庆朝刑科题本档案史料的价值》，见常建华主编：《中国社会历史评论》第 7 卷，天津：天津古籍出版社，2006 年，第 17 页。

以及赵凯吉、赵幅住伙种，在干沟子同屋住着，收割庄稼。大家回屋睡觉，赵幅住在炕尽东头，张田在炕尽西头，王振挨着张田睡下。

客人是否进入内屋，一般不太在意，甚至主人希望客人进屋，表示好客。“农村社会传统习俗的一个重要方面：没有为私人生活专门保留的任何时刻或地点。”[①]但是关系不好，则不希望外人入内。如辽阳州客民杨尚春因索欠打死罗万金案，杨尚春拿账本、钱褡进罗万金屋里要钱。罗万金嗔杨尚春的要账不应进他住屋，并说他不欠钱文，揪住杨尚春出院混骂，杨尚春回骂。

（4）出行及其他。

出行除了借宿，还有歇店可以暂住，歇店也是交流信息的场所。山东登州府莱阳县民龚三，出关多年来，在盛京城小东关外开歇店生理。已死旗人王奇开在李尔什庄屯居住，他进城时常在歇店里存住。嘉庆八年（1803）七月初十日王奇开进城，到龚三店里存住，说要寻找工作地方。十三日，有龚三素识在鬼王庄屯居住旗人伊保住也到店里存住。伊保住说要雇人作工，龚三就把王奇开保荐给伊保住，他们当面说定。

奉天移民似乎喜欢身上带着小刀，小刀也往往成为伤人、致死的工具。序号 3 的事例中，刘作彬“拔出带在身上的小刀”。开原县客民庞自栋因欠钱事殴伤张姓身死案里，张姓起身拔出身边小刀要戳。新民屯厅客民王观因索欠戳伤张四海身死案中，直隶定州移民张四海身边带的一把连鞘小刀。本地居民也是如此，乾隆时期，开原县旗下壮丁徐秉忠“身上带的小刀子”[②]；苏进民“身佩小刀”[③]。

有件题本反映了奉天的医疗条件。直隶永平府临榆县民孙荣武，年 43 岁，父亲早故，有母亲何氏，年 72 岁，在原籍城里东罗城居住。无兄弟妻子。嘉庆十四年（1809）四月出关来各处行医卖药为生，寄回银钱养赡母亲。嘉庆十七年（1812）二月二十七日，他来到开原县孤家子屯赶戏台卖药，在冯霖豆腐房里存住，与他讲明每日房价市钱 300 文。三月初五日完戏，交清冯霖的房钱要往别处去。冯霖说他侄儿冯花子有腰腿疼痛病症，留孙荣武医治，他

① 〔法〕阿利埃斯、杜比：《私人生活史Ⅲ：激情》，杨家勤等译，哈尔滨：北方文艺出版社，2007 年，第 298 页。

② 吴量恺：《清代经济史研究》，第 314 页。

③ 郑秦、赵雄主编：《清代“服制”命案——刑科题本档案选编》，第 426 页。

应允仍旧住下。孙荣武讲明医治病好给谢礼合药价市钱 10 千文，若医治不好不要谢礼，他们应允。冯花子住在豆腐房里就医，孙荣武诊视了病，到三台子屯药铺里用 4800 市钱买了三剂药给冯花子医治。冯花子吃完药说病还不好，十二日他就回家去了。冯霸对其说冯花子的病吃药不效，不用再医，也不给谢礼。他说既然不给谢礼，只给 4800 文市钱药价就是了。此案中，孙荣武行医卖药兼行，卖药利用演戏人多的时候进行，治病如治愈要求患者给谢礼市钱 10 千文，若医治不好不要谢礼，还披露出在三台子屯有药铺存在。

五、结　语

清代对于人们进入东北地区有制度规定，乾隆晚年与嘉庆初年封禁有所放松，促进了人们进入东北地区。本文利用中国第一历史档案馆所藏军机处录副奏折及上谕档的清宫档案，考察了嘉庆八年（1803）民人出入山海关章程的制定与嘉庆初出关人口状况。可知清朝出入山海关政策有关变化，尤其是乾隆五十七年（1792），直隶等省大旱，山海关副都统德福奏请，准许“无业平民出关觅食”。嘉庆六年（1801），直隶等省又遭大旱，山海关副都统韦陀保、来仪遵循旧案，放出携眷民人。由于出关者人数较多，清廷为避免流民私垦土地影响东三省旗人生计，重新制订章程，从嘉庆八年（1803）十月初一日起，对“携眷民人出口之处永行禁止”。但是，作为只身佣工贸易民人及商旅载货民人，则可以凭票出入山海关。

本文以 35 件嘉庆朝刑科题本为基本资料，从中了解到清中叶奉天府地区 43 位关内移民的生计、社会关系与日常生活。

清中叶关内山东、直隶、山西等地民人已经开始了“闯关东”，奉天地区是关内移民的聚集地区。刑科题本记载的案件发生地，集中在广宁、岫岩、辽阳、兴京、开原、海城、新民屯、铁岭、锦县、承德、义州、宁远州、朝阳县 13 地，分布较为广泛。43 位移民中，20—49 岁的中青年共计 25 人，占据绝大多数。移民的原籍，直隶 10 人，分布在滦州、临榆、定州、宁河、南宫、天津、通州、玉田等地，山西 10 人，分布在祁县、交城、太原等地，山东 22 人，占据山东 12 府州的大部，尤以环渤海的武定州、登州、莱州移民较多，这些地方与东北隔海相对，由水上进入东北较为容易。可见奉天的移民主要以山东、山西、直隶的百姓为主。有 8 人有出关时间，其中 2 人在乾隆后期，6 人为嘉庆年间，其余多记载为早年出关、出关多年。移民生计主要是佣工、种地、开铺、卖东西。刑案以经济纠纷为主因，如买地、租地、争地的案件，分钱、分粮不均案件，绝大多数是因为工钱、借钱、赊欠等索欠引发的命案，其中工钱问题是最大宗，这与移民主要靠佣工谋生是一致的。

移民生计模式多样化。租种当地人的土地是重要的方式，有时还采取合伙耕种的形式，是为伙种。伙种也出现在种菜上。合伙经营还出现在放养柞蚕、刨参等方面。嘉庆时期奉天地区的租佃关系渐趋复杂。出现了找价、押租与转佃问题，有的移民还拥有了旗民的土地。移民也开店谋生，开设酒铺、饭铺、歇店的较多。大量移民靠出卖劳动力谋生，即佣工。佣工有长达一年的长工，每年工价分别为 57 千、80 千、60 吊，与雇主你我平等相称，同坐同吃，并无主仆名分。还有半年工，再有就是月工，工钱至少应在 6 千文，一般大约是 10 千文。佣工，特别是短工的工作不稳定，佣工者经常变换工作。值得一提的是，还有行医到奉天的事例。总而言之，奉天谋生较易，收入比关内高，成为移民出关的重要动力。移民到奉天往往要投亲靠友。移民为维持家庭生计，或来关东谋生挣钱后回到故乡，或者寄钱给老家。

奉天移民的生活有特色，当地人好客、喜交往，盛行饮酒，但这也是诸多事件发生的诱因。

有些事例都是案件中双方一起邀请好友饮酒中发生，本来是事情起因于合作，双方关系友好，却因为产生矛盾，导致意外伤人致死。饮酒之人受情绪波动，产生了诱发作用。不少则是醉汉骂人被殴致死，醉酒实在害人不浅。可见奉天以及山东、直隶、山西饮酒风气较盛，移民喜欢饮酒，酒本是热情好客与自我消愁之物，却也是产生纠纷的催化剂。移民的饮酒风也反映出他们较高的生活水平。奉天府包括移民在内的居民服装比较体面，冬夏服装都是如此。冬装如头戴毡帽，身穿蓝布棉袄、棉裤，束裤腰白棉线带，衣有蓝布小衫，腿穿蓝布棉袜，缠白布腿绷，脚穿青布鞋。夏装为白布小衫、蓝布单裤。衣服冬为蓝色，夏为白色，或蓝白色搭配。当时比较普遍穿一种皮制鞋子乌拉。当地居民居住草房、窝棚等。草房较多，本地居民居住，也租给移民。窝棚，较为简易狭小。奉天的房子中炕是生活的重要场所。奉天人睡炕，冬天烧炕取暖，抵御寒冷。炕不仅用于睡觉，大部分时间是用来坐的。熟人一般欢迎借宿，热情接待客人。伙种者有的同炕睡觉。出行除了借宿，还有歇店可以暂住，歇店也是交流信息的场所。奉天移民似乎喜欢身上带着小刀，小刀也往往成为伤人、致死的工具。有件题本反映了奉天的医疗条件。行医卖药兼行，卖药利用演戏人多的时候进行，治病如治愈要求患者给谢礼市钱10千，若医治不好不要谢礼，我们还获知在三台子屯有药铺存在。

清中叶东北奉天地区的移民生计与日常生活也往往是规避、利用甚至违反有关制度的产物。如或是偷挖人参，或是违规租佃旗人土地、违规开垦土地、违规造酒、贩酒，但是由于东北地旷人稀，官府治理地方能力有限，也往往视而不见，因此流寓迁移之民在所谓封禁之地开发，转移了18、19世纪内地沉重的人口压力，生活在东北的移民也是关东文化的创造者。

盛清扬州“名医”李炳的医疗生涯及其历史记忆

——兼论清代医生医名的获取与流传

余新忠*

18世纪的扬州，是一个令人艳羡的繁华富庶之地，不仅富商巨贵云集，文坛学界巨子辈出，而且还汇聚了一大批颇有成就的艺人。①然而令人多少有些意外的是，在如此繁盛的时代，如此富庶的地区，在医学界，却并未像其他领域那样，涌现出声名显赫的一流人才。在为数不多的几位近代以来仍被记忆的盛清时代医家中，李炳当属其中最具影响的医生了。李炳（1729—1805年，又名李钧），字振声，号西垣，江苏仪征人。从后人的视角来看，他在扬州医学界的地位，从其死后不久刊刻出版的《重修扬州府志》中其传记的篇幅之长不难看出一斑。②不过考诸史迹，他在有生之年，却似乎只是位并不“行于世”，甚至贫苦潦倒的医者。那么这种不协调以及其身后有关他的历史记忆是怎样形成的呢？对此问题的探讨，显然有助于我们更好地理解清代医生医名的获取与流传。

虽然李炳之名及其相关的事迹，在目下医史研究者有关温病学的论著中和历史研究者有关焦循或扬州地方史的探讨中，多有提及或简略介绍，不过专门

* 余新忠，南开大学中国社会史研究中心暨历史学院教授。

① 关于盛清扬州的繁盛，可参阅〔澳〕安东篱：《说扬州：1550—1850年的一座中国城市》，李霞译，北京：中华书局，2007年。

② 其传记载于嘉庆《重修扬州府志》卷54《人物・艺术》，《中国方志丛书・华中地方》，第145号，台北：成文出版社有限公司，1974年，第4219—4223页。在该书收录的医生传记中，其篇幅仅略次于主要生活在17世纪的名医郑重光（1638—1716年，第4206—4211页），远超出其他医者。

的探讨，除了医学界一篇专门探讨其论著《辨疫琐言》的医学思想的短文外[①]，几付阙如。故此，笔者拟依据不算多的相关记载，尽可能地对李炳的医疗人生及其身后的历史记忆做一钩沉，以期对我们更好地认识和了解盛清扬州的医疗状况以及传统社会医生医名的获取与流传有所裨益。

一、主要相关史籍

根据前述《重修扬州府志》的记载，李炳著有《金匮要略注》二十二卷、《辨疫琐言》一卷和《西垣诊籍》二卷等三部著作。但除《辨疫琐言》外，其余两种均未见有刊本，至今也未见有相关著述和各大图书馆的书目著录，应该已经亡佚。[②]《辨疫琐言》目前所见最早的刊本为裘庆元于1936年编辑出版的《珍本医书集成》本，是为李炳流传后世的唯一著述。除此之外，至今可见的时人有关李炳的记载，亦相当有限[③]，而且大多是著名学者焦循留下的。现对其中主要的载籍略作介绍。

就管见所及，现存文献中最早载有李炳信息的文献为初刊于乾隆六十年（1795）的《扬州画舫录》。该文献以“李钧”之名记录了他为治愈江春族人之事，并述及他撰有《金匮要略注》一书。[④]

稍后，焦循在其仅存的嘉庆元年（1796）的日记中，记载了他因“儿病”返回扬州，请李炳诊治之事。该日记除记载此事外，还记录了一些有关李炳治病神效的事迹[⑤]，被刘建臻视为是焦循后来撰著的《李翁医记》的初稿。[⑥]9年

---

① 苏颖、鞠煜洁：《李炳〈辨疫琐言〉医学思想探析》，《山西中医学院学报》2007年第3期。

② 著名学者刘毓崧在咸丰十年（1860）为李炳弟子汪近垣所著的《金匮要略阐义》写序言时，就说《金匮要略注》“今已无传”。见（清）刘毓崧撰：《通义堂文集》卷11《汪近垣先生金匮要略阐义序》，《续修四库全书》集部，第1546册，上海：上海古籍出版社，2002年，第513页。

③ 冯尔康曾在《清代仪征人才的兴起及原因》一文提到他的三部著作（《辨疫琐言》1卷、《西垣诊籍》2卷、《金匮要略注》22卷），见冯尔康等：《扬州研究——江都陈轶群先生百龄冥诞纪念论文集》，台北：联经出版事业公司，1996年，第558页。

④ （清）李斗：《扬州画舫录》卷12《桥东录》，北京：中华书局，1960年，第279页。

⑤ （清）焦循撰：《理堂日记（稿本）》，见周德明、黄显功主编：《上海图书馆藏稿钞本日记丛刊》，第4册，北京：国家图书馆出版社，上海：上海科学技术文献出版社，2017年。

⑥ 刘建臻：《焦循著述新证》，北京：社会科学文献出版社，2005年，第73—74页。其实该日记所载只是《李翁医记》事迹中的少数几个，要说是《李翁医记》初稿，似属勉强，至多只能说是该书部分内容的初稿。

后，即嘉庆十年（1805），李炳不辞劳苦，竭尽心力治愈焦循儿子与儿媳的重病，令焦循甚为感动，遂仿太史公“仓公列传”之例，撰成了《李翁医记》（两卷）①，成为存留至今有关李炳医疗史迹最重要的资料。该著于嘉庆十三年（1808）在阮元的资助下，会同焦循的《北湖小志》一起刊刻印行。在焦循完成该著后不久，李炳就发病并很快不治，这令焦循甚为悲伤，又为其写下了颇注入感情的墓志铭。②这又成了今人了解李炳生平事迹最重要的史料。后来，焦循在所著的笔记《忆书》中，再次谈到李炳的医术。③

嘉庆十五年（1810），焦循参与编纂的《重修扬州府志》出版，李炳的故事被收入该书的“人物·艺术”之中，篇幅颇长，记录的内容除了摘录焦循为其所写的墓志铭和《李翁医记》的内容外，也记录了4个焦循以往著述中未曾提及的医案。④此后，于道光三十年（1850）梓行的《重修仪征县志》也在“人物·艺术”中收入了李炳的传记，不过其内容基本是抄录《扬州府志》，并未见有新的讯息。

在李炳去世两年后，焦循得危疾，幸由李炳门人汪近垣治愈，这让焦循之子廷琥记起了李炳数年前曾治愈己病情形及其治病之理与清初侨寓扬州的名医郑重光的医案中论述暗合，遂写下了《郑素圃医案序》一文。⑤咸丰十年（1860），李炳弟子汪近垣之子少垣谋刊刻其父之著《金匮要略阐义》，求序于同邑著名学者刘毓崧，刘氏便依据焦氏父子的有关李炳的记载以及近垣之书的内容，撰成《汪近垣先生金匮要略阐义序》一文。⑥

时人留下的有关李炳的基本信息主要就是上面这些。下面，笔者将主要依据这些有限的史料对李炳生前的医疗生涯及身后被记忆的历史做一探究。

---

① （清）焦循著，刘建臻点校：《焦循诗文集》卷24《与汪损之书》，扬州：广陵书社，2009年，第445—446页；（清）焦循著，刘建臻点校：《焦循诗文集》卷24《李翁医记》，第450—457页。

② （清）焦循著，刘建臻点校：《焦循诗文集》卷22《名医李君墓志铭》，第393—395页。

③ （清）焦循撰：《忆书》卷4、5，《丛书集成初编》，北京：中华书局，1985年，第28、38页。该书焦氏生前并未刊行，直到光绪十年才由赵之谦刊出（参阅来新夏：《清人笔记随录》，北京：中华书局，2005年，第301—302页）。

④ 嘉庆《重修扬州府志》卷54《人物·艺术》，第4219—4223页。

⑤ （清）焦廷琥撰：《蜜梅花馆文录·郑素圃医案序》，《丛书集成初编》，北京：中华书局，1985年，第16—17页。

⑥ （清）刘毓崧撰：《通义堂文集》卷11《汪近垣先生金匮要略阐义序》，第512—513页。

二、医疗人生钩沉

李炳生于雍正七年（1729），卒于嘉庆十年（1805），享年 77 岁（虚岁，下同）。这在史料中记载明确，并无疑义。他籍贯仪征，但从现存的相关史料来看，似乎看不出其活动与仪征有何关联，焦循曾在其《忆书》中称他，“不善逢迎，故不行于城，常往来于淮，而往邵伯镇者最久”①。而嘉庆府志的传记则云：“晚年多寓邵伯镇、瓜洲、北湖。”②从中大概可以看出至少其晚年活动范围大概是府城周边的乡镇，而非在仪征。因此很有可能他生活的轨迹主要在府城一带。另外，关于他的名字，现在的通行的说法都为李炳，而且我们今天所见史料，比如他的《辨疫琐言》的题名，焦循所写的墓志铭以及府志中的传记，也均称其为“李炳”。不过如前所述，成书于乾隆六十年（1795）的《扬州画舫录》则称“李钧”，焦循保留下来的次年的日记，亦以“李钧”相称，而其字、号则都一致。如果说《扬州画舫录》偶一提到他，尚有将其名弄错的可能，那么凭焦循与他的深厚交情，断不可能将记错其名。而且“钧”的本意与“音乐”有关，与其字相配程度明显超过“炳”。所以，依笔者的推测，其本名即为李钧，炳之名，乃是嘉庆元年（1796）以后，即在他晚年因为某种缘由而新改的。

下面，笔者将按时代顺序将其的习医治病的人生经历做一钩沉。

李炳终其一生，乃一介布衣，未获任何功名，但有一定的文化素养，有著作问世，或可称之为“儒医”。不过与大多数的“儒医”因举业不成而学医有所不同，李炳自幼就拜师学医③，并“幼习三世之书”④，似乎自小就将医生之职作为自己的人生目标。从《李翁医记》记录的故事中可以看出，其师尚算开明，一次他偷偷治愈了一个其师未能治愈的患者后，师“治酒”询问缘由，了

① （清）焦循撰：《忆书》卷 5，第 38 页。

② 嘉庆《重修扬州府志》卷 54《人物·艺术》，第 4220 页。

③ （清）焦循著，刘建臻点校：《焦循诗文集》卷 24《李翁医记下》，第 455 页。

④ （清）焦循著，刘建臻点校：《焦循诗文集》卷 22《名医李君墓志铭》，第 393 页。

解情况后，“曰：‘子悟在出我上，何可在弟子列。’急趋之悬牌”①。不过李炳早年的学医经历似乎不太顺利，属于大器晚成的一类。根据焦循所撰的墓志铭的说法，他幼习医书，“苦不能得其蕴，乃学《易》，十年而有得”②。他究竟跟随其师学了多少年后才获自己行医的资格，我们不得而知，但从以上的说法中，我们至少可以看出，其成才独立行医已是成年以后的事了。因为一者其学成在十年以上，二者从他能偷偷治愈了其师未能治愈的患者，而其师又治酒询问缘由等情形来看，他当时应当是成年人了。

在他壮年时，应该就是三四十岁之时，李炳曾因岁末避人而至苏州，苏州有病人病咳，“寐则咳，醒则已”，曾经吴医张亮葵治之不愈，李炳治以川椒，第二天咳就停止了。③另据《理堂日记》记载，他在成功治愈了江春之弟的疾病后，有洪姓商人慕名“以五百年金聘李之楚，居楚者二年”④。这就印证了其墓志铭中有关他“尝往来吴越、荆楚之间”⑤的说法。

乾隆四十四年（1779），对李炳来说是极为重要的一年，在这一年的夏天，他结识了对他日后产生重要影响的焦循。当年夏天，焦循之父病臂痛，被医者认为将成偏枯，后经其同学祖父的介绍，向李炳求医，李炳开了“黑豆半升，蚕砂二两，为末服之”药方，成功治愈了焦循父亲的病痛。焦循因此记住了李炳，但李炳当时并未对年轻的焦循留下太多的印象。⑥

11 年后，即乾隆五十五年（1790），李炳再次成功治愈了焦循的呕血之病。但当时焦循仍未对李炳的医技持有特别的信任。⑦不过在随后的交往中，焦循对李炳的信任可谓与日俱增，据其嘉庆元年（1796）的日记记载，当年七月，他因“儿病”从浙江返回扬州，到扬州后，便请李炳诊视，并在随后的日记中述其行医神妙之事。⑧可见焦循此时已对李炳的医技颇为认同。第二年，焦循怀孕中的妻子，“忽呕逆不已，每呕必厥，日十数度”。经族中医者治疗无

---

① （清）焦循著，刘建臻点校：《焦循诗文集》卷 24《李翁医记下》，第 455 页；（清）焦循撰：《理堂日记（稿本）》，第 6 页。
② （清）焦循著，刘建臻点校：《焦循诗文集》卷 22《名医李君墓志铭》，第 393 页。
③ （清）焦循著，刘建臻点校：《焦循诗文集》卷 24《李翁医记下》，第 457 页。
④ （清）焦循撰：《理堂日记（稿本）》，第 7 页。
⑤ （清）焦循著，刘建臻点校：《焦循诗文集》卷 22《名医李君墓志铭》，第 395 页。
⑥ （清）焦循著，刘建臻点校：《焦循诗文集》卷 24《李翁医记上》，第 450 页。
⑦ （清）焦循著，刘建臻点校：《焦循诗文集》卷 24《李翁医记上》，第 450 页。
⑧ （清）焦循撰：《理堂日记（稿本）》，第 3—12 页。

效，又请李炳诊治，他不畏物议，坚持使用桂枝、干姜和黄连等药，最终治愈了焦妻之病，令焦循颇为感慨。第二年，焦妻产女后第二天，呕逆之旧疾复发，遂再请李炳的诊治，李炳认为症虽类似，病实不同，乃治以甘草、芍药和阿胶等药，应手而愈。①这些使焦循对李炳医技的信任程度不断加深。

乾隆六十年（1795），书生周金声因为患头痛病，久治不愈，而求医于李炳，被他治愈后，遂跟他学医。周金声在医学方面似乎颇有成绩，到李炳去世时，不过十年，周金声已经“以医噪于时”了。但第二年，就因旧疾病复发而去世。②除了周金声外，从文献中还可以看到李炳另有一位更好的弟子汪近垣。根据刘毓崧的说法，李炳去世时（1805），汪近垣年仅 18 岁，故其跟随李炳学艺，当不会早于周金声。咸丰十年（1860），其子少垣以其著作请序于刘毓崧时，应已经过世。刘毓崧是这样叙述汪近垣的事迹的：“当是时（嘉庆十二年），先生年甫弱冠，而医术已精，其后擅重名者，垂五十年，齿弥高而学弥粹。”③可见汪近垣约过世于 1857 年（咸丰七年）。

嘉庆五年（1800），李炳完成了当今唯一存世的著作《辨疫琐言》，交请焦循批评，焦循随即让其子廷琥“抄录一本，藏于家塾”④。此后，焦循对该著做了编辑修缮，誊抄清本交给李炳，自己则留有底稿。⑤此前，至少乾隆末年之前，李炳已经撰成《金匮要略注》⑥，但这部较早的作品显然未能付梓。在他去世后不久，焦循在给汪损之的信中提到，他也只见过该书一半的内容，据李炳生前说，该书存在汪损之处。尽管焦循努力谋划这两部著作的出版事宜⑦，但其愿望并没有实现。

嘉庆九年（1804），76 岁高龄的李炳喜得贵子，而这似乎是他唯一的子

① （清）焦循著，刘建臻点校：《焦循诗文集》卷 24《李翁医记上》，第 450—451 页。
② （清）焦循著，刘建臻点校：《焦循诗文集》卷 24《李翁医记下》，第 455 页；（清）焦循撰：《忆书》卷 4，第 28 页。
③ （清）刘毓崧撰：《通义堂文集》卷 11《汪近垣先生金匮要略阐义序》，第 512 页。
④ （清）李炳：《辨疫琐言》，见裘吉生原编：《珍本医书集成七 • 内科类》，上海：上海科学技术出版社，1986 年，第 12 页。
⑤ （清）焦循著，刘建臻点校：《焦循诗文集》卷 24《与汪损之书》，第 445 页。
⑥ 李斗的《扬州画舫录》曾在记录李钧的条目中称：“所著有《金匮要略注》，多发前人所未发。”参见（清）李斗：《扬州画舫录》卷 12《桥东录》，第 279 页。这说明当时已经完成该著，并具有一定的名声。
⑦ （清）焦循著，刘建臻点校：《焦循诗文集》卷 24《与汪损之书》，第 445—446 页。

嗣。①

嘉庆十年（1805）六月，焦循的幼孙因族人误药而死。一个月后，他的独子廷琥又不幸身染重病，当李炳得悉情况后，感觉此子乃焦氏血胤所系，甚是着急，不顾自己年事已高，竭尽全力予以救治。对此，焦循记叙道：

> 时闰六月二十五日，翁清晨至曰：君之孙已为医误，此子所关甚重，然病情隐曲，今终夜思之，前此非所治也，当由心阴伤而心阳上越，姑试以甘温。署甘草、大枣等令服，未服而身亦有疹大如戎豆，色且紫，他医议用快斑发疹之剂。翁又至曰：脉弦微而不渴，何敢用凉药？且未有疹出而躁若此者。是时躁甚，坐卧行立皆不宁。翁曰：试以前药服之。服已而躁定。翁曰：未也。俟之良久，果又躁，且呼手足不仁，脐下亦不仁，渐及于胃腕间。翁曰：急矣，吾今日必愈此疾。乃去急治药，促煎之。跣足袒衣，自调其水火，诊脉凡七八次，药熟又诊脉，久之自持药令服。曰：是矣，服之必愈。②

李炳最终治愈了廷琥的重病，令焦循甚是感佩，称：“余于此始恍然于忌之谤之者真为庸医，而翁之医真能神也。”③至此，焦循对李炳的医技已是敬佩之至。

从上面的描述和李炳老来得子的情况看，他当时虽然年事已高，但身体应该还算硬朗。然而，令人意想不到的是，就在他成功治愈焦循儿子及儿媳之病后不久，自己也突然染疾，并很快不治，于七月中离开了人世。“卒之日，予家人儿女咸哀泣。湖中农人有泣于路者。”④

① （清）焦循著，刘建臻点校：《焦循诗文集》卷22《名医李君墓志铭》，第394页。在现存的相关史料中，几乎没有提到他家庭的情况的。墓志铭一般都会谈到传主的子嗣情况，但李炳的传文中只是说，“君卒年七十七，遗孤止二岁”。李炳死后，焦循对其遗孤颇为在意，死后不久，就与其朋友汪损之商量他的抚养问题。参见（清）焦循著，刘建臻点校：《焦循诗文集》卷24《与汪损之书》，第445页。嘉庆十六年（1811）又在给汪近垣的信中谈到“世弟李生”的学费问题，说他曾每年贴补李生的读书之费，但再贴补明年的读书费，“力有不足”，故请汪近垣处理。参见（清）焦循著，刘建臻点校：《焦循诗文集·与汪近垣》，第677页。虽然我们无法断定李生是否为李炳的遗孤，但根据以下两点来看，这种可能性很大。首先从年龄上看，遗孤当年已经8岁，正上学念书之年龄；其次，从信中口吻看，焦循似乎觉得汪近垣资助李生，乃是理所当然之事，而近垣是李炳的门人，身份上也相符合。

② （清）李炳：《辨疫琐言》，第15页。

③ （清）焦循著，刘建臻点校：《焦循诗文集》卷24《李翁医记上》，第452页。

④ （清）焦循著，刘建臻点校：《焦循诗文集》卷22《名医李君墓志铭》，第393页。

三、医技与医学思想探析

根据现有的记载，李炳无疑是个成功的医生，目前可见的资料共留下他 40 个医案，其中成功治愈 38 例，另有 2 例则是准确判断了患者的不治。①若仅从记载的内容来看，比起司马迁笔下仓公成功率更高。这些案例主要都为焦循所记录的，在焦循的心目，李炳医技神奇，是当时世上为数不多的医术高明者。②焦循认为他可与清初名医汪机相比肩，而且他和汪机都年七十七而卒，“医似之，寿似之。翁固石山之后一人，翁可无憾，所惜翁之后不知何年始有翁者出耳”③。同时焦循还引述当时扬州的名儒显宦江涟之口评论道：“此翁老后，不可复得，惜市人无知之者。”④不过实际上，当时的普通民众对他的医术还是十分认同的。根据焦循的记载，李炳晚年多居住于邵伯，治好了相当多贫苦民众的疾病，他每次去北湖看焦循，“沿湖之人邀之以小舟，相接如蚁”⑤。显然，江涟所谓的不为世人知之，应当是指未能在中上流社会获取声名。

以上这些论述几乎都依据焦循等的观察和记录，其实要真正了解一个人的医技，无疑还应该（或者说更应该）求诸其本人留下的文字。令人稍感遗憾的是，李炳留给后世的只有一部医书《辨疫琐言》。焦循曾在其墓志铭中称他“说医之文，简而有法；间为诗歌，不甚溺也”。墓志铭中这样的说辞，我们大概可以解读为，作为一名职业医生，他的文字简洁有度，也算不错了。只要我们通读一遍《辨疫琐言》，便不难发现，焦循的这一评论是恰当的。《辨疫琐言》的文字虽然说不上雅驯，但简洁顺畅，言之有物。虽然也不时引述《内经》《伤寒杂病论》等经典之作，但可以看出作者对这两部著作，特别是后者用力颇深，不过更多的则是他自己行医治病的心得和对相关经典的思辨。作为一部医书，笔者的体会，该著最大的特点在于平直、简洁而又不乏真知灼见。

---

① （清）焦循著，刘建臻点校：《焦循诗文集》卷 24《李翁医记上》，第 450—457 页。
② （清）焦循著，刘建臻点校：《焦循诗文集》卷 24《李翁医记上》，第 453 页。
③ （清）焦循著，刘建臻点校：《焦循诗文集》卷 24《与汪损之书》，第 445 页。
④ （清）焦循著，刘建臻点校：《焦循诗文集》卷 24《李翁医记上》，第 453 页。
⑤ （清）焦循撰：《忆书》卷 5，第 38 页。

从该著和其他相关记载中，我们还是可以大致看出其主要的医学思想。

关于李炳的医学思想，曾有研究者就《辨疫琐言》做过专门的探讨，该论文从“《瘟疫论》理论质疑”“《瘟疫论》用药质疑”“遣方用药特色”等三个方面做了具体的论述。①这一研究基本是对《辨疫琐言》的具体内容一个梳理和概括，并未能从理论层次对李炳的医学思想的基本特色做出提炼。按笔者的理解，该著乃是作者依据古代经典，结合自身的医学实践，对温病学的经典名作《瘟疫论》的继承和扬弃。在总体思想上比较明显地体现出折衷、温和以及实事求是的倾向。比如在治疗的基本原则上，对于瘟疫，他既不简单认同温补之法，但也反对一味攻伐，而主张采用比较温和“清通”之法祛除温湿之邪。比如他对时行的治疫之法批评道：“彼亦明知中气亏危，正不胜邪，药则仍主达原饮、三消饮、承气等汤，不且自相矛盾耶？”②认为疫气由口鼻而入，“口气通于脾，邪从口入，必先于胃，胃者脾之表也。胃喜清通，以下行为顺”③，故主张采用“轻清以开肺舒气，芳香以醒胃辟邪”的“清通”之法。为此他特别参考经典，发明了“清气饮”这一治疫之方，“治以轻清芳香，祛浊邪而复清阳，方名清气饮。”对于该方，他“历试多人，颇有效验”。④不仅如此，大黄一般被视为攻下之药，李炳也不赞成用“寒凉峻厉”来攻下，但他并不反对使用大黄，并认为大黄为良药，原因正在于其功效，“通是也”，他指出，“但用大黄，须要审人之虚实，此症属于气闭，取气以通气，每有奇验”⑤。在“清通”的同时，他还比较强调滋阴补胃，似乎吸收了宋元四大家中的丹溪和东垣学派的思想。他称，“疫从口入，胃经是其所舍”，他十分重视对胃气的处置，反对以破气峻厉之品劫杀胃阳气，而“阳气一伤，不但变症蜂起，且恐内陷”。经典中的三承气汤乃是为阳明胃实而设，然“未必人人皆胃实症”，“今人虚者多，实者少，寒者多，热者少，温补养正而愈者，十中五六，何尝尽用承气也。疫从口入，必先于胃……气以下行为顺，用大黄者，通其下行之道路也”。⑥他的这一治疗原则亦可从其他的史料中获得佐证，比如府志中他的传记

① 苏颖、鞠煜洁：《李炳〈辨疫琐言〉医学思想探析》，《山西中医学院学报》2007年第3期。
② （清）李炳：《辨疫琐言》，第7页。
③ （清）李炳：《辨疫琐言》，第1页。
④ （清）李炳：《辨疫琐言》，第3页。
⑤ （清）李炳：《辨疫琐言》，第5页。
⑥ （清）李炳：《辨疫琐言》，第8、11页。

中，称他好用白术，被人称为“李白术”。白术是中医中常用之药，药性苦、甘，温。归脾、胃经，具有健脾益气、燥湿利水等功效。据《医学启源》记载：“除湿益燥，和中益气。其用有九：温中一也；去脾胃中湿二也；除胃热三业；强脾胃，进饮食四也……止渴八也；安胎九也。”①这一味药的特性正好与他的治疗原则颇为契合。此外，李炳虽然对自己所处之方常常信心满满，一旦立定，便往往不加修改，但他对待临症处方，却极力主张实事求是的态度，因时因地因人不同而灵活处置，切不可不问实际情况，固守成法，以一待之。比如他指出：“盖行疫之年，未必人人皆疫，亦有劳伤以及里虚里寒，伤湿、伤暑诸症夹杂其中。所谓似是而非者，全在细心体认，疫虽互相传染，医者不可为疫症所拘也。”又说：“世之宗《瘟疫论》者，十人而九。但见发热恶寒，不论何经，不论虚实寒热，春则曰春瘟，夏则曰时疫，秋则曰秋疫，冬则曰冬瘟。方则寒凉峻厉，加减出入，立案不叙脉症之理，但曰瘟疫几朝，症重防变，医者既先立不败之地，及至败坏，则案中原已载明，与医无涉，予实耻之。”②这些既表明了李炳实事求是的治疗原则，也道出了他耿直的个性。

焦循是有深厚学养的大儒，不用说是有智慧的人，而他对李炳的发自内心的信任和认同③，虽然不无两人在旨趣爱好具有类同之处（比如都对“易学”感兴趣）等方面的因素，但主要的无疑是他经过长期观察和检验逐步自然形成的。而且从李炳的著述来看，他不仅对经典著作颇有钻研，而且也有丰富的实践经验，更为重要的是他还能够将经典论述与自身的实践和思考很好地结合起来，形成一套自己独到而平实在理的治疗原则和治疗方案。此外，从当时对他多“忌之、谤之者”，也可以从另一个侧面看到他的实力和在业界的影响。因此，李炳医术的高明当无疑义。与此同时，不可否认的是，他没有闻达于当时。并且，虽然凭借焦循的大量记载，其死后的声名有所提升，但与焦循心目中可以与之比肩的汪机相比，仍然有极大的差距。那么其中的缘由是什么呢？这大概就需要我们从李炳本身的行为和思想特色以及当时医生医名的形成和流

① 参阅南京中医药大学编著：《中药大辞典》（第2版），上海：上海科学技术出版社，2006年，第945页。

② （清）李炳：《辨疫琐言》，第4、12页。

③ 焦循在探究易学时，有个发现与李炳从医学中得出的认识不谋而合，而此时李炳已然辞世，遂使焦循感叹道：“惜不能起而相证也。”焦循对李炳的挂念可见一斑。参见（清）焦循著，刘建臻点校：《焦循诗文集·易余籥录》，第823—824页。

传机制来加以探析了。

四、为人与行医之特色

李炳虽然医术高明，但其一生，可概括为穷困潦倒，似不为过。焦循在他的墓志铭中称：“君为贫人贱士治疾，必竭尽心力，寒暑暮夜，闻召即行，而短于伺候富室显者，故身后无余财。”并在最后的铭文中言：“财利所在，让之他人。拙于求富，巧于济贫。”墓志铭中出现这样的话语，他家庭的经济状况不佳便不难想见。所以，他死后，焦循就不得不为他遗孤的抚养问题操心了。①实际上，留下的医案中也无意中透露出了他的贫困，比如周小濂因牙龈溃烂久治不愈，延请李炳诊治，李炳“适衣破衣”，为周所轻视。②这显然不是一个步入主流社会“名医”应有的状态，那些深受中上流社会所信任的“名医”经济状况的小康乃至富足，从明清的小说等文献中便很容易观察到。③比如和李炳同时代的吴医顾雨（玉）田，“扬州人以千金求其一至为幸”④。对于李炳的困窘，焦循的解释是，他“短于伺候富室显者”，“治富贵者之病，每不及治贫贱者之病之用力”。⑤焦循认为李炳治病，不计财利，“及其愈也，所报或无一钱，君以为快”⑥。也就是说，李炳是个品性高洁的“喻于义”而不是“喻于利”的君子，他的贫困是因为他不屑于与富贵显者结交。这样的说法虽然不能说全是溢美之词，但作为一个职业医生，同样是给人看病，想必没有人会不愿意获取相对较高的报酬。实际上我们从现有的李炳的医案来看，他诊视的对象大多应属于有一定地位和资产之人。而且若有达官贵人礼遇信任他，他也会竭尽心力予以救治。比如道台和腾额 “两足痹弱，不能行，以礼延翁。

---

① （清）焦循著，刘建臻点校：《焦循诗文集》卷22《名医李君墓志铭》，第394—395页。

② （清）焦循著，刘建臻点校：《焦循诗文集》卷24《李翁医记下》，第454页。

③ 这从明清时期的两部小说《壶中天》和《医界现形记》中可以得到很具体的体现。相关的内容可以参阅这两部小说以及张华最近的硕士学位论文（张华：《清代医生的行医之道——以小说〈壶中天〉与〈医界现形记〉为中心的探讨》，南开大学硕士学位论文，2010年）。

④ （清）李斗：《扬州画舫录》卷10《虹桥录上》，第245页。

⑤ （清）焦循著，刘建臻点校：《焦循诗文集》卷22《名医李君墓志铭》，第394页。

⑥ （清）焦循著，刘建臻点校：《焦循诗文集》卷22《名医李君墓志铭》，第395页。

翁感其知己，为留三月，治之而愈”[①]。而且根据焦循早年日记的记载，李炳不仅因为洪姓商人许以五百金的年薪而远赴楚地两年，而且还曾在给某富人治疗久治不愈之“右肋刺痛”病时，主动索要五百金。[②]焦循的解读或可以说寄予他作为一个“儒者”的美好愿望，未必全然符合李炳的实际。李炳并不见得不愿意为富贵显者诊视而获得较高的报酬，是他不善于与他们打交道，而且也不太为中上流社会所接受和信任。之所以造成这种状况，不在于他的医术，而是他的性情和行医方式等因素的使然。

从留存至今有关李炳的史料中，我们大概看出，他首先是一个缺乏心机、敢于任事的性情中人，同时也是一位性情孤傲、不善逢迎与变通的耿直古板之人。用今天时髦的话来说，他大概是个情商不高的人，或者说是个智商远高于情商的人。焦循曾在其墓志铭对其行医处世风格叙述道：

> 胸有定见，不善随众浮沈。病已则戒勿药，不屑以调理为名奔走射利。或制一方，令服百剂数十剂不更，增损均与世俗医相反，而识者遂希。至于生死，在呼吸之际，人攻君补，人塞君通，人寒君热，以口舌争之而不足，以身名性命誓而决之。手调其药，而坐验其啜，不效不已。[③]

这一描述，很容易在留存至今的有关李炳的医案中找到佐证。若细心阅读李炳的医疗记录，往往会给人以下两点深刻的印象：一是作为医生，他缺乏自我保护意识，往往独排众议，坚持己见，为了实施自己的治疗方案不惜冒险，故被时人称为“李大胆”。[④]比如，在治疗江春族人江心培的例子中，当时江心培感患伤寒，时医治以寒剂，不效，但李炳独自主张用温中之法，采用附子、人参等药，众医难之。李炳“谓诸医曰：‘诸君敢包医否？’众曰：‘不能。’李曰：‘吾能之，吾从此居此不去，果死，治以庸医杀人罪，何如？’诸医唯唯退。乃增为人参四两，附子二两”[⑤]。在诊治周小濂的牙龈溃烂之病时，则“请屏诸医，吾独任其治，不愈，甘受罚”[⑥]。虽然我们在现今的医案中，看到

① （清）焦循著，刘建臻点校：《焦循诗文集》卷24《李翁医记下》，第456页。
② （清）焦循撰：《理堂日记（稿本）》，第9页。
③ （清）焦循著，刘建臻点校：《焦循诗文集》卷22《名医李君墓志铭》，第394—395页。
④ （清）焦循撰：《理堂日记（稿本）》，第6页。
⑤ （清）焦循撰：《理堂日记（稿本）》，第7页；（清）李斗：《扬州画舫录》卷12《桥东录》，第279页。
⑥ （清）焦循著，刘建臻点校：《焦循诗文集》卷24《李翁医记下》，第454页。

的都是成功的案例，但实际上，诊治疾病，特别是一些危急或疑难之症，不要说在当时的医疗条件下，就是当下，恐怕也不会有多少高明者能有十足的把握。不难想见，李炳这样的做法一定也遭遇过不少失败。因此，李炳这样的敢于任事，在时人看来，也许就不免有些不够审慎甚至有些孟浪了。对于更加珍惜性命也有更多选择机会的显贵来说，自然也就会对他的治疗多一份疑惧。二是李炳不是那种善于追逐名利的人，也不是能够逢迎人的人，他往往凭着自己的心情和心理感受去支配自己的医疗行为，用焦循的话来说，就是"其拯人之急不畏劳烦，不恤人言，尤当于道谊学问中求之"①。比如，他直到生命的最后时候，才有幸得到子嗣，所以对于影响某人血胤传承者的疾病诊治就特别尽心，像前面谈到他对焦循之子的廷琥不计利害、殚精竭虑救治，除了有焦循多年的知遇之情这一因素外，也在于廷琥之安危，对焦循的血脉相传"所关甚重"。而且即便对素昧平生之人，若关系血脉相继，他也会不遗余力地加以救治。乾隆五十六年（1791）冬，有一市井贫民之子得喉病，"喘促将死"，他得悉该小孩父母只有这一个儿子，便顿生恻隐之心，于是"反复求之"，最终得以获救。②一方面，以他这样的性格，和那些富贵显者交往，很难不发生矛盾，一介没有任何功名的医生，很难让大多数显贵对他有真正的尊重，而且对自己的疾病和治疗也往往隐约有些见解，难免对他独特而又固执的意见产生想法和不放心。另一方面，若不能让他感受到尊重和信任，则又很难激发他治疗的热情。相反，为那些普通的民众治病，尽管受益微薄，但他们的尊崇和顺从则往往能带给他非常良好的心理感觉。

此外，他不知变通，"或制一方，令服百剂、数十剂不更"的做法，也有违医学处方通行的做法，自然也会让多少懂些医学的中上层社会的人士难以适用。不仅如此，由于他往往坚持己见，性情孤傲，不善交际③，也必然会使他在同行中树敌不少，应该正因如此，焦循才会在他挽救了廷琥的生命后，感叹道："余于此始恍然于忌之谤之者真为庸医。"④实际上，由于焦的族中的医

① （清）焦循著，刘建臻点校：《焦循诗文集》卷24《李翁医记上》，第453页。

② （清）焦循著，刘建臻点校：《焦循诗文集》卷24《李翁医记下》，第457页。

③ 焦循在墓志铭中说他，"尝往来吴越、荆楚之间，所交落落"。参见（清）焦循著，刘建臻点校：《焦循诗文集》卷22《名医李君墓志铭》，第395页。在他死后给汪损之的信中亦言："翁平日相好无多，惟弟与兄数人。"参见（清）焦循著，刘建臻点校：《焦循诗文集》卷24《与汪损之书》，第445页。

④ （清）焦循著，刘建臻点校：《焦循诗文集》卷24《李翁医记上》，第452页。

者，每每向他批评李炳，也一度让焦“惑于其言”[①]。这些必然会使他在当时的医学界，缺乏良好的人脉关系。这样，他的不为当时的主流社会所认可和接纳，也就在所难免了。

五、历史记忆

李炳的死，让焦循一家哀痛不已，他在当时写给朋友汪损之的信中称，“弟之妻女儿媳无不陨涕恸哭者”。作为一个著名的文人学者，焦循深知，对一个逝者来说，欲使其生命获得延续，除了子嗣而外，最重要就是著述和事迹的流传了。所以他很快就开始着手李炳著作的收集。他告诉汪损之李炳的《辨疫琐言》他已经整理好了，另外两部书，则请汪损之找出来，并“徐谋付梓”。[②]我们并不清楚汪损之最终是否将李炳存放在他那里的那两部著作找出来，但从此后并未见有人引用过这两部著作，且从早已亡佚这一结果来看，情形恐怕不会乐观。焦循虽然学问深厚，但自己也只是一介贫士，他谋求刊印李炳著作的愿望，显然是落空了。但李炳确实一直活在焦循的记忆中，焦循不仅在后来的研究和生活中会不时地想起他[③]，而且还用自己的笔墨为他构建一份“历史记忆”。在李炳去世前，焦循就撰成了《李翁医记》，李炳去世后，焦循则又撰写了颇具真情的“墓志铭”。同时，焦循还利用自己参与府志纂修的机会，为李炳在府志中留下了篇幅颇巨的传记。后来，焦循通过医生杨赞令听到另一名医生朱培五所说有关李炳的讯息，并将此记录下来，编入了他的笔记《忆书》。其中云：

> 李西垣精于医，不善逢迎，故不行于城，常往来于淮，而往邵伯镇者最久。……乙丑秋殁后，邵伯人集其十数年来所用方药，各依脉案，分门类居之成簿。有疾则设位祷于翁，检簿中方案相合者服之，顿愈。愈则谢

① （清）焦循著，刘建臻点校：《焦循诗文集》卷24《李翁医记上》，第452页。
② （清）焦循著，刘建臻点校：《焦循诗文集》卷24《与汪损之书》，第445—446页。
③ 可参阅（清）焦循著，刘建臻点校：《焦循诗文集·里堂札记·丁卯手札·示季蕃》，第655页；（清）焦循著，刘建臻点校：《焦循诗文集·易余籥录》，第823—824页。

以纸钱。①

虽然焦循为李炳出版著作的愿望未能实现，但他为李炳写下的这些文字有幸先后都被刊行。②而且由于焦循的声名，李炳的墓志铭还被多部19世纪编纂的传记资料收入。③另外焦循最后那段记载也说明，李炳死后，他的作为医生的技艺至少在一段时间内，依然保留在邵伯乡民的记忆中。此外，焦循之子廷琥也在其著作和《辨疫琐言》的附记中多次忆及李炳，甚是感念他的医技和救命之恩。④除了焦氏父子，同邑名儒刘毓崧也在李炳去世50年后，在给李炳的学生汪近垣的著作写序时，提到了李炳，称他为“同邑名医”，并对李炳的医学成绩颇加赞赏。刘毓崧生于嘉庆二十三年（1818），当时李炳已经去世8年，故他对李炳不可能有实际的接触，从序文中看，他对李炳的了解完全来自焦循父子的记录及府志中的传记。⑤不仅如此，应该正是缘于焦循为李炳所撰的墓志铭的广泛影响，即使李炳的《金匮要略注》早已亡佚，刘锦藻仍在完成于民初的《清续文献通考》的“经籍考”中著录了该书。⑥

显而易见，我们今天能了解李炳的基本信息，几乎要完全归功于焦循的记录和对其《辨疫琐言》的整理和誊抄，若不是李炳能在51岁那年有幸结识焦循，这位医技高明却不为主流社会所认可的医生恐怕早已湮没无闻。不过，尽管焦循学术影响广泛而深远，他的著作也不缺乏读者，但有关李炳那些记录在其博大宏富的著述中，也不过是并不起眼的一小部分，若不是对医学所有兴趣者，甚至可能不会留下什么印象。因此，作为一位并无其他特别才华的职业医生，如果未能留下自己的医学作品，即便后人对焦循再关注，李炳至多也只不过是一个缺乏主体性的附庸而已。不过有幸，他不仅写有著作，而且还有弟

---

① （清）焦循撰：《忆书》卷5，第38页。

② 参阅本文第一部分。

③ 如收录于钱仪吉纂、靳斯校点，成书于道光年间的《碑传集》（卷147，北京：中华书局，1993年，第12册，第4347—4349页）和李恒编纂、成书于光绪十一年（1885）的《国朝耆献类征初编》（卷483，扬州：江苏广陵古籍刻印社，1990年，第20册，第335—336页）。

④ （清）焦廷琥撰：《蜜梅花馆文录·郑素圃医案序》，第16页；（清）李炳：《辨疫琐言》，第12页。

⑤ （清）刘毓崧撰：《通义堂文集》卷11《汪近垣先生金匮要略阐义序》，第512—513页。

⑥ （清）刘锦藻撰：《清续文献通考》卷275《经籍考十九》，民国“十通”本。从刘氏对该书的按语可以看出，他所以著录该书，应是对其所谓的“肝之本在右而行于左”之说颇有感触，不过从行文看，则基本转录自焦循所撰的墓志铭。

子。虽然其弟子周金声在他死后也很快去世，但汪近垣在他死后，仍行医50余年，且颇有声名。从刘毓崧的说法来看，汪近垣不仅深得李炳真传，而且也在其著作中极力阐扬其师的经义。因此，可以说李炳的医学生命，至少在一段时间内获得了一定的延续。不过，尽管汪近垣生前的境遇似乎要明显好于其师，但他显然也不是能光大其师学说的名医，如在现存文献中除了刘毓崧的序言外，并未发现再有其他有关他的记载，我们甚至都不知道他的名字。①虽然汪近垣也在其师论著的基础上写成了《金匮要略阐义》，而且其子也积极准备刊刻出版，但结果也未能如愿。至今仅留下一部抄本。②

李炳死后，虽然在19世纪，主要因为焦循的缘故，在当时的一些文献中留下了李炳的足迹，但随着时间的推移，由于李炳及其弟子汪近垣的作品均未能刊刻出版，拥有高明医技和独到医学思想的医生李炳，也就渐渐不再为世人所熟悉和记忆了。检索道光以后的历史文献，有关李炳的记载仅有几条，而众多的医学著作中也几未见有对李炳的引用和评论。1929年，江宁的汪绍达在上海编辑刊刻了《回澜社医书四种》，《李翁医记》即为其中的一种，该书在重版时，编者在正文前加了一个序言。虽然汪绍达也算是李炳的同乡，但他却完全不知道李炳是何人。汪绍达在序言中首先就说："李翁，不知何许人，要为乾嘉时淮扬一带之高手也。惜其名字不传，无由识其生平大概。"③不过数年后，李炳的命运似乎又一次发生转变。1936年，近代名医、藏书家、出版家绍兴的裘庆元先生从他所藏的众多医书中，选取较实用的精本、孤本、抄本、未刊稿等90种加以分门别类，编纂成《珍本医学丛书》，由上海世界书局出版。李炳的《辨疫琐言》有幸成为12种"内科类"著作中的一种被刊出。该书对每种著作均写有提要，编纂者在写该著的提要时，显然参考了府志中的传记和焦循所撰的墓志铭，准确地介绍了李炳的基本生平。对于著作，提要评论道："撰者感于世人治疫，皆为吴又可《瘟疫论》所惑，对吴氏论疫提出异议。……用意周微，亦具至理，洵为辨疫名言。"④由于裘庆元在当时中国中医学界的重要影响，以及该丛书所收之书均被编者认为是医书中流传少而内容精的珍品，因此

① 从刘毓崧的序言看，近垣应是他的号。他的这一号或许跟其师的号西垣有关。

② 现存南京图书馆。

③ 汪绍达：《李翁医记》，1929年回澜社刻本，第1a页。

④ 裘吉生原编：《珍本医书集成七·内科类》，上海：上海科学技术出版社，1986年，第2—3页。

《辨疫琐言》乃至李炳自然就开始日渐受到关注了。特别是随着温病学的发展愈益被视为明清医学发展的最重要的成就之一，李炳及其《辨疫琐言》也就更是不断被人提及了。一些温病学和医史论著往往将李炳的《辨疫琐言》当作吴有性《瘟疫论》后温病学领域颇具影响的代表性著作。①不过就像我们已经看到的，李炳《辨疫琐言》的重要影响并没有发生在李炳生活的时代以及他身后相当长的时间里，而是随着该著被纳入《珍本医书集成》出版后，出现在现代温病学和医史学研究者的认识中。

如今，李炳已是在中国医学史特别是温病学史占有一席之地的名医，业已成为中国医史和温病学研习者比较需要面对的记忆对象，并且由于焦循称其“为贫人贱士治疾，必竭尽心力，寒暑暮夜，闻召即行，而短于伺候富室显者”，所以偶尔也会作为具有高尚医德的名医被记忆。②与此同时，焦循是中国学术思想史和地方史研究中的重要人物，随着学界对焦循研究展开，李炳也往往因其与焦循的人生密切相关而被论及。③李炳身后的历史记忆，自然不可能脱离他生前的作为，但所有这些记忆，显然都与焦循的记录以及《辨疫琐言》有幸被纳入《珍本医书集成》出版有关，若没有这两个不无一定偶然性的条件，一代“名医”恐怕早已湮没在历史的长河中了。

① 比如一部颇具权威性的温病学著作写道：“《温疫论》问世后，研究温疫的医家和著作相继涌现，其中影响较大的如戴天章《广温疫论》、余师愚《疫疹一得》、刘松峰《说疫》、熊立品《治疫全书》、陈耕道《疫痧草》、李炳《辨疫琐言》、汪期莲《温疫汇编》等。”参见杨进主编：《新编温病学》（上册），北京：学苑出版社，2003 年，第 225 页。此外，这样的说法在现代中医学或医史学著作中，时可见到。参见邱模炎等主编：《中医疫病学》，北京：中国中医药出版社，2004 年，第 14 页；刘镜如编著：《中医史话》，兰州：甘肃人民出版社，1981 年，第 110 页。

② 参见孙溥泉、李恩昌、孙健慧：《清代名医的医德（一）》，《中国医学伦理学》2008 年第 6 期。

③ 可参阅最近两部有关焦循的著作，刘瑾辉：《焦循评传》，扬州：广陵书社，2005 年，第 29、197、201 页；刘建臻：《焦循著述新证》，第 29、69—75、308 页。不过这两部论著中的相关论述都不无可以商榷之处，比如前者第 29 页称焦循“在《北湖小志》中专门作《李翁医记》二卷”，有误，《李翁医记》完成于嘉庆十年（1805），早于《北湖小志》，实际上是两书同时刊刻出版。而且作者似乎并不清楚李翁即李炳。第 201 页，将汪绍达于 1929 年（原序题己巳年）作《李翁医记叙》一事归入嘉庆十四年（1809）之目下。后者附录的《焦循著述系年》，在乾隆五十五年（1790）条目下，记：“十月，病呕血且咳，为李翁治愈，信其医术之神。”（第 308 页）但实际上，《李翁医记》明确说，那次是他第二次请李翁看病，当时“犹未信翁之神也”。真正完全信服，乃十五年之后的事。

六、结　语

我们今天称李炳为清代扬州“名医”，大概不会有任何人会表示异议，但从前面的论述不难看到，若回到李炳生活的时代，恐怕很多人未必认同。尽管焦循盛赞其医术，但他也无法讳言，李炳并不见重于当世，即不为主流社会所认可和信任，贫困潦倒，全然没有当世名医的气派。李炳的失意，不在于他的医术，而是他过于耿直和自信、不会逢迎和讨巧以及不善交际的性格的使然。在清代，国家并无医生的准入制度和考察医生水准的评判标准，医生的是否能够立足，几乎完全取决于自己能否在医疗市场占有一席之地。对于医生的成名来说，除了一定的医技外，同样重要的还有其似乎擅长自我宣传和“炒作”、是否善于揣摩患者及其家属心思和逢迎讨巧。①此外，医生的文学修养及其与士人的唱和对其声名的抬升也具有重要的意义，而若能让那些有名的文人为自己写下一些文字，则无疑更有利于为扩大自己的影响加分。笔者在翻阅明清的文集时，常常可以看到那些著名文人为一些医生写的各种序文，写作的缘由或为受朋友的委托（也就是说某些医生托人相求），或者是因为其为该文人本人、亲友治好了疾病，坚持不要报酬，而只是希望文人为自己写一篇序文。这些医生显然是希望通过与文人的交往，和文人为他们写序文，让自己变得更有文化，更易被视为受主流社会认可的“儒医”以及更容易让自己的声名传之后世。但这样一些追求和能力，除了医技，李炳似乎都不具备。一方面，他既不会也不愿去宣传和“炒作”自己，以及去琢磨和讨好患者及其家属；另一方面，他虽然识文断字，但一生并无获取任何功名，文字能力似乎也不突出，而且似乎也不愿刻意去跟那些文人学士交往，也不会试图借助著名文人的文字来扩展自己的影响。这从他跟焦循的交往中不难看出，虽然随着他们交往的增加，焦循的学术声望不断提高，他们感情也不断深入，但李炳却好像从来没有让焦循为其写什么文字，连自己著作的序文都没让写。而焦循为他留下的那些文字，也完全是出于自己内心情意，除了《李翁医记》是在他临去世之前所写

① 参阅张华：《清代医生的行医之道——以小说〈壶中天〉与〈医界现形记〉为中心的探讨》，南开大学硕士学位论文，2010年。

外，其余都是他去世之后才撰著的。李炳能够遇到焦循，或许可以说是个意外，而他最终因为焦循的文字以及帮他整理著作而在历史上留下声名，大概也算是“无心插柳柳成荫”吧。另外，《辨疫琐言》的抄本能够为裘庆元收藏，并最终入选《珍本医书集成》，似乎也是偶然的幸运，比起他生前的境遇，他身后的遭遇显然要幸运得多。但不管他是如何幸运，若没有生前高明的医技做基础，那其他的一切也就无从谈起了。

嘉庆十年（1805）七月，医技高明的医生李炳走完了贫困的一生，却幸运地在身后获得了较高的声誉。如今，200 多年过去了，在历史的记忆中，他是著名学者焦循的朋友、恩人，也是具有一定建树的温病学家，还是医德高尚的“名医”。所有这些，其实都不过是后人从自己意愿和角度出发，为他贴上的标签。不管怎样，李炳首先是一个有自己思想和性情的人，无论我们有怎样的意愿和立场，我们都有必要尊重这一点。故此，笔者撰成此文，希望以李炳为中心，从社会文化史的角度，在有关他的历史记忆中绘上新的一笔。

“活”的人口史：从曾氏家族看19世纪中国官宦之家的婚姻、生育行为

郭玉峰*

自20世纪80年代以来，中国历史人口学的兴起，有力地推动了对历史上有关婚姻、生育、死亡等人口行为的研究，并取得了令人瞩目的成绩。不过，建立在人口统计学基础之上的历史人口学研究，其不少成果的主体部分是由各类统计图表及统计结果构成的，囿于所利用的族谱、户口册等资料，难以对这些统计结果背后的人口情境、过程等做出令人信服的解读。可以说，这些统计结果体现的是人口行为的某种态势或倾向，是学者通过统计分析得到的一些规律性认知。事实上，人口行为的发生是很具体的、情境化的，是具有能动性的人在某一时刻、某一具体的场域内所做出的行为选择。因此，只有将人口行为置于历史的生活场域中进行考察，才会还原人口行为背后的发生机制及动态过程，笔者将这样一种研究思路姑且称为“活”的人口史研究。①

笔者发现，曾国藩及其亲人的家书、日记等文献中包含不少在19世纪中

* 郭玉峰，天津师范大学历史文化学院、明清史研究中心教授。

① 邓小南在《走向“活”的制度史——以宋代官僚政治制度史研究为例的点滴思考》（《浙江学刊》2003年第3期）一文指出：所谓“活”的制度史，不仅是指生动活泼的写作方式，而首先是指一种从现实出发，注重发展变迁、注重相互关系的研究范式。官僚政治制度不是静止的政府形态与组织法，制度的形成及运行本身是一动态的历史过程，有“运作”、有“过程”才有“制度”，不处于运作过程之中也就无所谓“制度”。笔者在文内“‘活’的人口史”的提法就是受了此文的启发。

国具体生活情境中所发生的人口行为的细节资料，这为“活”的人口行为研究提供了非常珍贵的文本。本文将从曾氏家族的婚姻、生育实例出发，借此管窥清代官宦之家人口行为的诸多面相。不过要说明的是，因曾氏亲人的家书、日记等所记载的人事主要围绕曾国藩本房而展开，所以本文的考察仅限于曾国藩的近亲。另外，本文并不打算就曾氏家族的所有人口行为进行全方位的考察，而仅就家书、日记等资料中反映较多但一般的族谱、户口册中没有或零星记载的某些婚姻、生育行为进行探讨，以求教于方家。

为了便于本研究的开展，首先对目前学界有关人口行为史的研究成果做一简要的勾勒。

一、从注重统计的历史人口学到“活”的人口行为史研究

从中国历史人口学研究的路径及历程来看，目前学界有关人口行为的研究主要是利用族谱、户口册、档案、年谱、文集、墓志铭及田野调查等资料，通过数据统计，将男女婚姻的结婚率、未婚率、结婚年龄、夫妻年龄差、再婚率、生育率、生育年龄、生育间隔、死亡率、预期寿命等具体的人口行为进行量化的微观研究。

族谱资料对于人口史研究的价值，梁启超早在1923年就已指出：“欲考族制组织法，欲考各时代各地方婚姻平均年龄、平均寿数，欲考父母两系遗传，欲考男女产生比例，欲考出生率与死亡率比较……等等无数问题，恐除族谱家谱外，更无他途可以得资料。”[①]袁贻瑾是利用族谱资料进行历史人口学研究的先驱，他于1931年发表了根据广东李氏的家谱资料编制的生命表。[②]20世纪七八十年代以来，刘翠溶、冯尔康、泰德·泰尔福德（Ted Telford）、常建华等

① 梁启超：《中国近三百年学术史》，太原：山西古籍出版社，2001年，第318—319页。

② 参见李强、侯杨方：《1940年代末江南地区人口与家庭的微观分析——以保甲户籍册资料为中心》，《西北人口》2009年第2期。

学者先后发表文章[①]，继续倡导利用族谱进行人口史研究；而刘翠溶、赖惠敏、郭松义、吴建华、李中清等学者是20世纪80年代以来较早利用族谱资料进行人口行为研究的实践者。刘翠溶以全国50部族谱为基本史料，运用历史人口学的方法，在明清时期家族人口的婚姻、生育、死亡、成长等方面进行了量化分析，涉及家族人口的已婚率、未婚率、再婚率、妻妾数量、夫妇年龄、结婚年龄、鳏寡状况、生育年龄、生育间隔、生育率、生育的季节性、死亡率、死亡的年龄分布、死亡的季节性等更加具体、多元的诸多面相。[②]赖惠敏利用族谱资料所进行的研究也涉及明清时期家族人口的结婚率、不婚率、纳妾率、再婚率、生育率、死亡率等内容。[③]郭松义在《清代人口问题与婚姻状况的考察》一文中利用50余部族谱资料对清代家族成年男子的未婚比、多妻状况及妇女再嫁年龄等婚姻行为进行了统计分析。[④]彭希哲和侯杨方利用族谱资料对明清时期江南家族人口的出生、生育控制、死亡及死亡模式等问题进行了个案考察。[⑤]吴建华利用明清时期江南地区24个家族的宗谱资料，将江南地区宗族的男性人口数量、世代平均增长率、世代间隔等问题进行了细致考察。[⑥]

① Ts'ui-jung Liu, Chinese genealogies as a source for the study of historical demography，见"中央研究院"成立五十周年纪念论文集编辑委员会编：《"中央研究院"成立五十周年纪念论文集》第二辑，台北："中央研究院"，1978年；冯尔康：《清史的谱牒资料及其利用》，《南开史学》1984年第1期；Telford T A. Survey of social demographic data in Chinese genealogies. *Late Imperial China*, 1986, 7 (2): 118-148, 1986，又见氏著：《中国家谱中的社会人口统计资料概观》，沈建太译，见中国谱牒学研究会编：《谱牒学研究》第四辑，北京：书目文献出版社，1995年；常建华：《试论中国族谱的社会史资料价值》，见中国谱牒学研究会编：《谱牒学研究》第一辑，北京：书目文献出版社，1989年；等等。

② 刘翠溶：《明清时期家族人口与社会经济变迁》，台北："中央研究院"经济研究所，1992年。

③ 赖惠敏：《明清浙西士绅家族的研究》，台北：台湾大学历史学研究所博士学位论文，1988年；《明清海宁查陈两家族人口的研究》，《大陆杂志》1989年第78卷第3、4期；《明清浙西士绅家族婚姻的研究——以海宁陈氏为例》，《"第四届亚洲族谱学术研讨会"会议记录》，1989年12月；《清代满洲钮祜禄家族的人口与生计》，"第六届亚洲族谱学术研讨会"宣读论文，1991年；《社会地位与人口成长的关系——以清代两个满洲家族为例》，《"中研院"近代史研究所集刊》1992年总第21期；《清代的皇权与世家》，北京：北京大学出版社，2010年，第37—111、188—208页；等等。

④ 郭松义：《清代人口问题与婚姻状况的考察》，《中国史研究》1987年第3期。

⑤ 彭希哲、侯杨方：《1370—1900年江南地区人口变动与社会变迁——以江阴范氏家族为个案的研究》，《中国人口科学》1996年第3期；侯杨方：《明清江南地区两个家族人口的生育控制》，《中国人口科学》1998年第4期；侯杨方：《中国人口的传统死亡模式——以明清江南地区两个家族为个案的历史人口学研究》，见〔美〕李中清等主编：《婚姻家庭与人口行为》，北京：北京大学出版社，1999年；等等。

⑥ 吴建华：《明清江南人口社会史研究》，北京：群言出版社，2005年，第54—74页。

李中清、郭松义、王丰、康文林等学者利用清代皇族玉牒资料对清代皇族人口的统计分析中，对有关婚姻、生育、过继、死亡等人口行为给予了重点的关注。①泰德·泰尔福德的《修补中国家谱的漏洞：1300—1880年间桐城县宗族人口的死亡率》一文则对桐城宗族人口的死亡率进行了考察。②此外，萧平汉、余新忠、洪璞等学者利用家谱资料所做的研究中，也涉及家族人口的婚姻状况、出生率、生育率、死亡率、寿命等问题。③

除了利用族谱资料以外，有的学者还结合户口册、档案、年谱、文集、墓志铭，以及田野调查等资料对明清以来的婚姻、生育、死亡等行为进行了研究。例如，李中清和康文林利用辽宁省档案馆所藏的盛京内务府户口册资料对辽宁道义屯所做的统计分析中，涉及婚姻、生育、死亡等人口行为。④郭松义在《清代403宗民刑案例中的私通行为考察》一文中主要利用档案、刑案汇编等资料从清代私通的原因、性质以及产生的后果等方面进行了统计分析⑤；他在专著《伦理与生活——清代的婚姻关系》中，利用年谱、档案、族谱、文集、碑传等资料，对清代婚聘年龄、男女初婚年龄、夫妇年龄差、再嫁寡妇的比例、妇女再婚的年龄及与子女有无的关系等问题进行了统计分析⑥；他的《清代男女生育行为的考察》一文主要利用年谱、刑部档案资料就婚内生育率、婴幼儿死亡率、妇女的生育风险、堕胎与溺婴等人口行为进行了探讨⑦；而《清宣统年间北京城内人口灭亡情况的分析》一文主要利用宣统元年

① 〔美〕李中清、郭松义主编：《清代皇族人口行为和社会环境》，北京：北京大学出版社，1994年；〔美〕李中清、王丰：《人类的四分之一：马尔萨斯的神话与中国的现实》，陈卫、姚远译，北京：生活·读书·新知三联书店，2000年；等等。另，李中清、康文林在探讨辽宁农村传统社会的人口分层及人口流动时也利用了族谱资料。见〔美〕李中清、康文林：《中国农村传统社会的延续——辽宁（1749—2005）的阶层化对革命的挑战》，《清华大学学报（哲学社会科学版）》2008年第4期。

② Telford T A. Patching the holes in Chinese genealogies: Mortality in the lineage populations of Tongcheng County, 1300-1880. *Late Imperial China*, 1990, 11 (2): 116-136.

③ 萧平汉：《从〈王船山家谱〉看清代人口与婚姻》，《衡阳师专学报（社科版）》1988年第2期；余新忠：《从苏州〈彭氏宗谱〉管窥明清江南人口状况——兼论谱牒与人口史研究》，《铁道师院学报》1997年第2期；洪璞：《清代江南家族人口的数量分析——以汾湖柳氏为例》，《东南文化》2000年第11期；等等。

④ James L, Cameron C. *Fate and Fortune in Rural China: Social Organization and Population Behavior in Liaoning, 1774-1873*. Cambridge: Cambridge University Press, 1997.

⑤ 郭松义：《清代403宗民刑案例中的私通行为考察》，《历史研究》2000年第3期。

⑥ 郭松义：《伦理与生活——清代的婚姻关系》，北京：商务印书馆，2000年。

⑦ 郭松义：《清代男女生育行为的考察》，《中国史研究》2006年第2期。

（1909）、二年（1910）北京灵柩出城登记呈报书记录的资料，对这一时期北京年人口死亡数、死亡率、不同年龄段男女死亡比例及人口死亡原因进行了考察。①王跃生的《十八世纪中国婚姻家庭研究：建立在1781—1791年个案基础上的分析》，主要利用档案材料对18世纪中后期的男女初婚年龄、夫妻年龄差、婚姻状况、妇女再婚、男性晚婚和不婚人群、生育间隔和生育年龄、成年子女数量、性别比等问题进行了探讨②；他在《民国时期婚姻行为研究——以“五普”长表数据库为基础的分析》中则以“五普”长表数据库为基础，对民国时期男女平均初婚年龄、夫妇婚龄差等婚姻行为进行了分析③。侯杨方利用民国时期人口普查、人口登记及民间的人口抽样调查等资料对这一时期的粗死亡率、婴幼儿死亡率、人口出生时平均预期寿命等进行了统计分析。④赵英兰在《晚清东北地区人口婚姻状况探析》中利用档案、地方志及家谱资料对清代东北地区的男女婚龄、已婚比例、不婚比例、丧偶比例等进行了分析。⑤伊懋可（Mark Elvin）等利用清代安徽地方志中“列女”部分的人口资料，通过建立计算机概率模型，考察了寡妇的结婚年数与存活儿子数量之间的关系，指出1800年前后数十年里安徽南部婺源县存在着婚内节育（房事频率控制）现象。⑥曹树基利用墓志铭资料对明代成年人口的育子率进行了统计分析。⑦此外，郑振满主要依据实地调查得到的个人生活史的资料，考察了近百年来闽东沿海一个村落的婚姻、家庭与生育率的演变。⑧

① 郭松义：《清宣统年间北京城内人口灭亡情况的分析》，《中国人口科学》2002年第3期。

② 王跃生：《十八世纪中国婚姻家庭研究：建立在1781—1791年个案基础上的分析》，北京：法律出版社，2000年。此外，王跃生在《十八世纪中国生育行为及其特征分析》（《中国社会经济史研究》2000年第1期）、《1750—1791年中国家庭成年子女数量的考察》（《中国人口科学》1999年第5期）两文中，均利用清代档案资料对18世纪初婚到初育的时间间隔、初育年龄以及家庭拥有的成年子女数量进行了考察。

③ 王跃生：《民国时期婚姻行为研究——以“五普”长表数据库为基础的分析》，《近代史研究》2006年第2期。

④ 侯杨方：《民国时期中国人口的死亡率》，《中国人口科学》2003年第5期。

⑤ 赵英兰：《晚清东北地区人口婚姻状况探析》，《人口学刊》2007年第3期。

⑥ 〔澳〕伊懋可、迈克尔·詹姆斯、约瑟芬·福克斯：《18世纪末至19世纪初婺源县的婚内节育》，见张国刚主编：《家庭史研究的新视野》，北京：生活·读书·新知三联书店，2004年，第299—346页。

⑦ 曹树基：《中国人口史》第四卷《明时期》，上海：复旦大学出版社，2000年，第399—404页。

⑧ 郑振满：《近百年闽东沿海的婚姻、家庭与生育率——连江县蒲口镇岭村调查报告》，见〔美〕李中清等主编：《婚姻家庭与人口行为》，北京：北京大学出版社，1999年。

由上可知，20世纪80年代末至21世纪第一个十年期间，是历史人口学研究的“丰产期”，其成果令学界瞩目。不过，近十年来，历史人口学却遭遇到了“寒冬”，令人欣喜的成果不多。一个值得注意的现象是，“丰产期”研究主力军之一的李中清，近十年来也转向了利用近现代中国高校大学生学籍卡资料来考察这一时期的大学生来源、阶层流动以及利用清代“缙绅录”数据库进行官员群体的研究。①

之所以出现上述现象，笔者以为，这与资料的缺乏不无关系。诚如陈寅恪所指出的：“一时代之学术，必有其新材料与新问题。取用此材料，以研求问题，则为此时代学术之新潮流。”②20世纪八九十年代以来历史人口学研究进入“丰产期”恰恰与族谱、户口册、档案、年谱等资料的发现与利用有关。不过，由于可资用来进行历史人口学统计分析的资料有其特殊性，也就是说并不是所有的族谱、户口册等资料都可以进行历史人口学分析。就拿族谱资料来说，一部族谱是否适用于人口的分析，最重要的条件就看它所记载的成员生卒日期是否完整③，那些只列家族成员的名字（一般只载成年男性）及世代相承关系而无其他生命信息的族谱，对历史人口学研究毫无用处。而且，族谱、年谱等资料具有很大的同质性，建立在此类史料之上的统计分析难以给人耳目一新的感觉。此外，因资料体例的限制，这类资料对人口所处的时代背景、社会环境往往缺少记录或是语焉不详，因此也就难以利用这些资料对统计结果做出圆满的解释。因此，从某种意义上可以说，目前的历史人口学研究陷入了“资料缺乏”“解释贫乏”的双重困境。④

① 相关研究成果主要有梁晨、〔美〕李中清等：《无声的革命：北京大学与苏州大学学生社会来源研究（1952—2002）》，《中国社会科学》2012年第1期；梁晨、张浩、李兰，等：《无声的革命：北京大学、苏州大学学生社会来源研究1949—2002》，北京：生活·读书·新知三联书店，2013年；梁晨、〔美〕李中清：《大数据、新史实与理论演进——以学籍卡材料的史料价值与研究方法为中心的讨论》，《清华大学学报（哲学社会科学版）》2014年第5期；梁晨、董浩、任韵竹，等：《江山代有才人出——中国教育精英的来源与转变（1865—2014）》，《社会学研究》2017年第3期；梁晨、任韵竹、王雨前，等：《民国上海地区高校生源量化刍议》，《历史研究》2017年第3期；任玉雪、陈必佳、郝小雯，等：《清代缙绅录量化数据库与官员群体研究》，《清史研究》2016年第4期；陈必佳、〔美〕康文林、〔美〕李中清：《清末新政前后旗人与宗室官员的官职变化初探——以〈缙绅录〉数据库为材料的分析》，《清史研究》2018年第4期。

② 陈寅恪：《陈垣敦煌劫余录序》，《陈寅恪史学论文选集》，上海：上海古籍出版社，1992年，第503—504页。

③ 刘翠溶：《明清时期家族人口与社会经济变迁》，第3页。

④ 郭玉峰：《历史人口学：近年来中国微观人口史研究述评》，《历史教学》2007年第10期。

要走出历史人口学的困境，继续挖掘资料是十分必要的。其实已有学者在此方面进行了有益的尝试，如定宜庄、郭松义等在对盛京内务府旗人的研究中，将人口统计、历史文献与田野调查三种途径结合起来进行了综合考察。[①]笔者近来在读晚清第一中兴名臣——曾国藩家族资料的过程中发现：在曾国藩及其亲人的家书、日记等资料中包含不少曾氏成员有关婚姻、生育、死亡等人口行为方面的资料，主要涉及19世纪曾氏亲人的定亲及结婚的时间与礼仪、夫妻生育头胎的年龄及生育间隔、生育仪式及生育观念、疾病的症状及治疗、死亡原因及丧葬礼仪、丧葬观念等诸多的细节及过程。因此，将家书、日记等资料纳入人口行为研究的史料来源之中，再结合族谱、年谱等资料，不仅可以对家族人口行为进行量化统计，也可借此细致地记录还原人口行为发生的生活场景及动态过程，这为历史人口学研究转向“活”的人口行为史研究提供了可能。

二、“活”的人口史视域下曾氏亲人的婚姻行为

在此部分，笔者以曾氏亲人的婚姻实践为例，借此探讨19世纪中国官宦之家的定亲、初婚、入赘三类婚姻行为。

（一）早聘与“大龄”定庚：曾氏亲人的定亲

自宋代以来，民间婚姻的礼俗基本遵循朱熹的“三礼”，提亲、定亲成为缔结婚姻程序的开始。由于资料中反映再婚定亲的资料较少，故而忽略不计。表1[②]为曾氏家族文献中有关初婚定亲、定聘的相关情况。

① 定宜庄、郭松义、〔美〕李中清，等：《辽东移民中的旗人社会：历史文献、人口统计与田野调查》，上海：上海社会科学院出版社，2004年；定宜庄、郭松义：《寻找真正的活历史：人口统计、田野调查与历史文献三结合的新尝试》，见〔美〕李中清等主编：《婚姻家庭与人口行为》，北京：北京大学出版社，1999年。

② 此表也包括结婚情况，容下文再讨论。本表的定亲、结婚年龄以周岁（实足年龄）计，即用定亲时间（或结婚时间）减去出生时间，与虚岁相比相差1—2岁。另，本表及下文文段和表格中涉及的有关出生时间、定亲时间、结婚时间等均指中国传统的农历日期。

表1 曾氏亲人初婚定亲、结婚情况一览表

序号	夫妻姓名	亲属关系	出生时间	定亲时间	定亲年龄/岁	结婚时间	结婚年龄/岁
1	曾麟书		1790年10月9日			1807年	17
	配：江氏		1785年11月3日				22
2	曾国兰	曾麟书长女	1808年12月13日			1830年9月	21
	婿：王国九						
3	曾国藩	曾麟书长子	1811年10月11日	1824年	13	1833年12月	22
	配：欧阳氏		1816年2月30日		8		17
4	曾国蕙	曾麟书次女	1814年6月			1837年冬	23
	婿：王待聘						
5	曾国芝	曾麟书第三女	1818年8月	1839年2月15日	20	1839年10月16日	21
	婿：朱丽春						
6	曾国荃	曾麟书第四子	1824年8月20日			1837年	13
	配：熊氏		1825年10月12日				12
7	曾国葆	曾麟书第五子	1828年9月20日			1848年10月2日	20
	配：邓氏		1827年7月24日				21
8	曾纪泽	曾国藩次子	1839年11月2日	1852年2月21日	12	1856年3月21日	16
	配：贺氏	贺长龄之女	1840年10月2日		11		15
9	曾纪静	曾国藩长女	1841年11月15日	1847年8月6日	5	1861年12月3日	20
	婿：袁秉桢	袁芳瑛之子					
10	曾纪曜	曾国藩次女	1843年7月2日			1862年1月20日	18
	婿：陈远济	陈源兖之子	1843年12月2日				18
11	曾纪琛	曾国藩三女	1844年8月28日			1862年4月21日	17
	婿：罗兆升	罗泽南之子					
12	曾纪纯	曾国藩四女	1846年9月18日	1858年7月5日	11	1866年10月24日	20
	婿：郭刚基	郭嵩焘之子	1849年1月4日		9		17
13	曾纪鸿	曾国藩第三子	1848年2月24日			1865年4月21日	17
	配：郭氏		1847年5月13日				17
14	曾纪芬	曾国藩六女	1852年3月30日	1870年5月	18	1875年9月24日	23
	婿：聂缉槼	聂尔康之子					
15	曾纪梁	曾国潢长子	1842年3月19日			1860年7月20日	18
	配：魏氏		1840年9月26日				19

续表

序号	夫妻姓名	亲属关系	出生时间	定亲时间	定亲年龄/岁	结婚时间	结婚年龄/岁
16	曾纪渠	曾国潢次子	1848年12月7日	1852年1月7日	3		
	配：朱氏		1846年3月14日		5		
17	曾国华长女		1843年	1852年	9	1862年3月27日	19
	婿：黄鼎甫						
18	曾国华次女		1849年9月30日	1852年4月10日	2	1868年11月	19
	婿：常国策						
19	曾纪寿	曾国华次子	1855年10月29日	1858年2月13日	2	1870年9月6日	14
	配：李氏		1854年8月13日		3		16
20	曾纪瑞	曾国荃长子	1849年1月20日	1851年9月8日	2	1864年12月2日	15
	配：江氏		1848年6月1日		3		16
21	曾国荃三女		1856年7月2日	1862年1月11日	5	1873年12月23日	17
	婿：欧阳定幹						
22	曾广璇	曾纪泽长女	1860年7月24日	1868年9月12日	8	1878年2月	17
	婿：李经馥	李鹤章之子					
23	曾广珣	曾纪泽次女	1867年1月26日	1888年2月1日	21	1888年3月26日	21
	婿：吴永						

资料来源：《曾国藩全集·家书》（一、二），长沙：岳麓书社，1985年；《曾国藩全集·日记一》，长沙：岳麓书社，1987年；《曾国藩全集·日记二》，长沙：岳麓书社，1988年；《曾国藩全集·日记三》，长沙：岳麓书社，1989年；（清）李瀚章编撰，（清）李鸿章校刊：《曾文正公全集》第一册《曾文正公年谱》，北京：中国书店，2010年；（清）曾国荃：《曾国荃全集》第五册《家书》，长沙：岳麓书社，2006年；王澧华等整理：《曾氏三代家书》，长沙：岳麓书社，2002年；（清）曾纪泽：《曾纪泽日记》（上、中、下），长沙：岳麓书社，1998年；《大界曾氏五修族谱》，北京：全国图书馆文献缩微复制中心，2002年

由表1可以看出，明确记载定亲时间的共有14对曾氏亲人（其中包括曾氏男性及其配偶，也包括出身于曾氏家族的女性与其夫婿），其中男女双方均在5周岁（包括5周岁）以下便定亲者有6对，8—13周岁（包括13周岁）定亲的有5对，18—21周岁（包括18和21周岁）定亲者有3对。总体来看，这14对男女定亲的平均年龄仅为8.5岁，其中男性定亲的平均年龄为6.8岁，女性定亲的平均年龄为9.2岁。由上可知，曾氏亲人的定亲年龄偏低，绝大多数在8或9周岁以前便已定庚。郭松义曾利用年谱资料对绅士之家聘定年龄所做的统计显示，有41.27%的男性、40.54%的女性在9岁前就聘定了，其中4岁

前聘定的占有相当比重[①]，这与本文的统计结果有相似的趋势。

曾氏亲人之所以热衷于较早定亲，恐怕与曾国藩仕途的升迁以及曾氏宗族声誉的提升不无关系。曾国藩自道光十八年（1838）中进士，入翰林以来，屡屡蒙恩荣升，历任翰林院侍讲、翰林院教习庶吉士、翰林院侍读、詹事府右春坊右庶子。道光二十五年（1845）九月升授翰林院侍讲学士，成为四品大员；及至道光二十七年（1847）六月，不满37岁的曾国藩已升授内阁学士兼礼部侍郎衔，成为堂堂的二品大员。因此，曾国藩儿女、侄孙的婚事也成为当时仕宦家族之间通过联姻以达到在官场上互相扶植、互相提携的重要桥梁。

道光二十四年（1844）初，时任安徽庐凤道道员的周介夫便迫不及待地要将女儿许配给曾国藩之子曾纪泽，而当时安徽臬台常南陔也想其孙女能与曾纪泽喜结良缘，当时曾纪泽才4周岁[②]；道光十八年（1838）戊戌科进士（与曾国藩同年）、湖北蕲水人郭沛霖于道光二十八年（1848）欲将其女许配给曾国藩之子曾纪鸿时，纪鸿尚不满百日[③]。上文统计结果所显示的曾氏男子定亲的平均年龄要比女性更低，这或许反映了外姓女方之家急于与曾家男子联姻的强烈愿望。

曾国藩的几个女儿也均与官宦之家联姻，定亲时间也较早。如其长女在5周岁时便与湘潭袁秉桢定庚[④]，女婿的父亲袁芳瑛为道光二十五年（1845）进士，在京城为官时与曾国藩过从甚密；次女与茶陵陈远济许婚时方五六个月，据《曾文正公年谱》记载，“陈公源衮（兖）之妻易安人病卒于京寓。其子远济（松生）生甫一月，公携之宅中，雇乳妪字养之，以次女许字之”[⑤]，而陈远济的父亲陈源兖与曾国藩为同年进士、至交；第四女与郭嵩焘之子定庚时年方11周岁，女婿为9周岁[⑥]，郭嵩焘是曾国藩读书时的至交，且熟悉洋务，后成为中国最早的外交家之一。从上面的联姻实例可以看出，能跟曾国藩的女儿缔结姻缘的官宦之家，不仅自身家势大、地位高，而且与曾国藩有着深厚的交情；而要将女儿嫁到曾家，只要曾家认可即可，不必拘泥于其家与曾家有多深

① 郭松义：《伦理与生活——清代的婚姻关系》，第193页。
② 《曾国藩全集·家书·致澄弟温弟沅弟季弟》，第73页。
③ 《曾国藩全集·家书·禀父母》，第165—166页。
④ 《曾国藩全集·家书·致澄弟沅弟季弟》，第156页。
⑤ （清）李瀚章编撰，（清）李鸿章校刊：《曾文正公全集》第一册《曾文正公年谱》，第48页。
⑥ 《曾国藩全集·日记一》，第252页。

的交往与情谊。因此，若想与曾家联姻，将自己的女儿、侄女嫁给曾家要比娶曾家的女儿要现实、可行得多。

除了政治上互相扶持、提携以外，联姻还具有巩固友情、亲上加亲的作用。曾国藩的侄子曾纪渠（曾国潢次子）与同县朱蓂（尧阶）之女定盟时年仅3周岁，女方5周岁[①]，而朱蓂是曾国藩的老乡、好友，曾国藩在没有入仕之前曾得到朱蓂多年的接济与帮助；另一侄子曾纪瑞（曾国荃长子）与同县江家之女定盟时仅2周岁，女方仅3周岁[②]，其侄媳江氏与曾国藩的母亲来自同一家族；曾国藩的侄女（曾国荃第三女）与衡阳欧阳定幹（欧阳牧云之子）定庚时方5周岁[③]，而欧阳牧云是曾国藩的妻弟。

由上可见，为了在仕途上互相扶植、提携，或者为了巩固友谊、亲上加亲，仕宦宗族之间的联姻现象较为常见。而为了不错失门当户对、攀龙附凤的机会，双方定亲时的年龄一般较为年幼。也就是说，在仕宦家族中盛行早聘之风。

至于表1内“大龄”定庚的曾氏女子，多事出有因。曾国藩的妹妹曾国芝之所以在年满20周岁时才与朱丽春（咏春）定庚，是因为曾国芝身体有残疾。对此曾国藩在为她所撰的墓志中写道：“适朱氏妹……幼而病痀，父母恐不宾于婿，特慎许人。年二十二矣，友人某告余曰：‘闻若为女弟择所归。有朱氏子咏春，愿而敦，讷而慈爱。必得佳婿，莫良此子。’国藩卜之，吉。请于父母而嫁与之。”[④]可见，曾国芝自幼屈背、驼背，家人恐怕不被婆家人待见，所以在亲事上很慎重。及至20多岁，曾国藩的朋友说朱咏春敦厚老实，是妹婿的可靠人选，后经曾国藩占卜得吉兆，父母才最终同意这门亲事。由此可知，在曾国芝定亲的整个过程中，作为哥哥的曾国藩一直处于主动地位，并掌握着婚事的话语权。至于朱咏春为何同意这门亲事则没有交代，不过巧合的是，此门亲事的确定是在曾国藩考中进士并成为翰林院庶吉士的次年，应该说，曾国藩的成功在当时湘乡之地是件非常轰动、无限荣光的大事。尽管曾家姑娘有残疾，但朱家能与这样的人家结亲也算是件有脸面的事情。

① 王澧华等整理：《曾氏三代家书》，第18、100—101页。
② 王澧华等整理：《曾氏三代家书·致伯兄》，第497页。
③ 王澧华等整理：《曾氏三代家书·禀父亲》，第532页。
④ （清）李瀚章编撰，（清）李鸿章校刊：《曾文正公全集》第七册《曾文正公文集》，第255页。

曾国藩的孙女曾广珣（曾纪泽次女）在年满21周岁时才与浙江湖州府归安县吴永定庚[①]，大概与曾广珣的经历不无关系。曾广珣于光绪四年（1878）末随父母出洋至欧洲，时年11周岁，直至光绪十二年（1886）十月才回国，此时广珣已19周岁了，之后于光绪十四年（1888）二月初一日定庚，一个多月之后便结婚了。可见，曾广珣之所以这么晚才定亲，有其特殊的时代背景。面对“千年未有之大变局”，晚清政府被迫与西洋诸国签订了《天津条约》《北京条约》等一系列条约，中国开始进入“国际大家庭”。1861年清廷成立了“总理各国事务衙门”，专办外国事务，并于光绪元年（1875）之后，清廷陆续向各国派出驻外公使。[②]郭嵩焘成为第一任驻英、驻法公使，1878年曾纪泽接任郭嵩焘成为第二任驻英、驻法公使，曾广珣作为驻外人员家属跟随父亲出洋，一待就是八年。回国一年后，曾广珣与吴永定亲。

（二）“早婚”与“大龄婚”：曾氏亲人的初婚

对于清代男女的结婚年龄，《钦定大清通礼》中规定：“男年十六以上，女年十四以上，身及主昏者，无期以上服，皆可行。”也就是说，按照清代礼法的要求，只要男女分别达到虚岁16岁、14岁以上，且不存在为近亲持丧者就可以结婚。用现在的眼光来看，礼法规定的婚龄自然属于“早婚”的范畴。[③]

那么礼法的规定与清代男女的实际婚龄是否一致呢？实际的婚龄又是多少呢？这些问题早已引起了学者的关注。刘翠溶利用宣统三年（1911）浙江萧山《塘湾井亭徐氏宗谱》资料，得出男女的平均结婚年龄为21.3岁、16.1岁。刘素芬利用清代皇族《玉牒》资料，得出居住在北京、盛京两地皇族男性的平均结婚年龄分别为22.05—23.05岁、20.81—21.81岁（用父亲生育头胎子女的平均年龄减去2—3年推算得出），北京、盛京皇族女性的平均结婚年龄分别为20.62岁、21.88岁（由资料直接统计得出）；刘素芬还通过刘翠溶利用南北50部族谱资料得出的长子出生时父母的平均年龄减去3—5年的方法，进而推算

---

① （清）曾纪泽：《曾纪泽日记》（下），第1668页。

② 有关晚清以来的外交情况可参考：〔美〕徐中约：《中国进入国际大家庭：1858—1880年间的外交》，屈文生译，北京：商务印书馆，2018年；李文杰：《中国近代外交官群体的形成（1861—1911）》，北京：生活·读书·新知三联书店，2017年。

③ 有关中国古代“早婚”的实例可参见陈鹏：《中国婚姻史稿》，北京：中华书局，2005年，第385—391页。

出男女平均结婚年龄分别为22.36—24.36岁、18.85—20.85岁。李中清利用内务府庄丁户口册对于辽宁道义屯人口进行了统计分析，得出1774—1840年男女的平均初婚年龄分别为22.31岁、19.78岁。①郭松义依据档案、年谱、文集以及地方志等资料统计得出，清代男子的平均初婚年龄为19.76岁，女子为17.28岁（这里的年龄是用传统文献中的“虚岁”减去一年而得出的）。②王跃生利用中国第一历史档案馆所藏的乾隆朝刑科题本婚姻家庭类档案所做的统计结果显示，十八世纪后期全国男性的平均初婚年龄为22.15岁，女性的平均初婚年龄为17.41岁。③

上述学者的统计结果显示，清代男女两性实际初婚的平均年龄要比法定的婚龄大得多，男性初婚年龄一般为20—24岁；而女性初婚年龄多在17岁以后。尤其值得关注的是，北京、盛京皇族女性的平均结婚年龄分别为20.62岁、21.88岁，这比现行中国法律规定的婚龄还大，这是皇族女性初婚年龄的常态，还是皇族生活环境不断恶化所致，还需做进一步的探讨。总之，上述研究结果不禁使我们对中国传统社会盛行“早婚”的看法产生怀疑。

那么曾氏亲人初婚年龄又是多少呢？表1所列的是记载了准确的结婚时间进而可以推算出男女结婚年龄的例子，笔者根据表1进一步整理为表2至表5。

表2 男性初婚年龄一览表

初婚年龄/岁	13	14	15	16	17	18	20	22
人数/人	1	1	1	1	3	2	1	1
初婚年龄总岁数/岁	13	14	15	16	51	36	20	22

注：此表格男性既包括曾氏男子，也包括曾氏女儿的夫婿

表3 曾氏男子初婚年龄一览表

初婚年龄/岁	13	14	15	16	17	18	20	22
人数/人	1	1	1	1	2	1	1	1
初婚年龄总岁数/岁	13	14	15	16	34	18	20	22

① 以上内容参见郭松义：《伦理与生活——清代的婚姻关系》，第198页。

② 郭松义：《伦理与生活——清代的婚姻关系》，第202页。

③ 王跃生：《十八世纪中国婚姻家庭研究：建立在1781—1791年个案基础上的分析》，第29、36页。不过要说明的是，不太清楚统计表格中所依据的男女初婚年龄是指虚岁还是指人口学意义上的实足年龄。

表 4 女性初婚年龄一览表

初婚年龄/岁	12	15	16	17	18	19	20	21	22	23
人数/人	1	1	2	5	1	3	2	4	1	2
初婚年龄总岁数/岁	12	15	32	85	18	57	40	84	22	46

注：此表格女性既包括曾氏出嫁的女儿，也包括曾氏男性所娶的妻子

表 5 曾家女儿初婚年龄一览表

初婚年龄/岁	17	18	19	20	21	23
人数/人	3	1	2	2	3	2
初婚年龄总岁数/岁	51	18	38	40	63	46

由表 2 的统计可以得出，曾氏男性、曾家女婿初婚的平均年龄为 17 周岁，其中初婚最小者 13 周岁，初婚最大者已满 22 周岁，男性初婚年龄较为集中在 17、18 周岁。表 3 显示，曾氏男子初婚的平均年龄为 16.89 周岁。这一结果比上文提及的清代皇族男性、辽宁旗人男性以及全国男性初婚的平均年龄要小。

其实，曾国藩一直担心兄弟子侄过早结婚会影响读书。咸丰六年（1856）初，在家人张罗着为儿子曾纪泽操办喜事之际，身在前线的曾国藩致信诸弟说：“纪泽儿授室太早，经书尚未读毕。上溯江太夫人来嫔之年，吾父亦系十八岁，然常就外傅读书，未久耽阁。纪泽上绳祖武，亦宜速就外傅，慎无虚度光阴。”①可见，曾国藩希望弟弟督促儿子在结婚以后要外出读书，不要因过早完婚而耽误学业。咸丰十一年（1861）当弟弟曾国潢要为未满 13 周岁的儿子曾纪渠娶亲时，曾国藩在家书中建议他将婚期推迟两三年，并说自己三女儿的婚事要等女婿年满十八岁再说②；而他在同治二年（1863）九月初四日给曾国潢的另一封信中说：“弟好劝人早婚。好处固多，然亦微有差处。谚云‘床上添双足，诗书高挂搁’，亦至言也。”③可见，结婚与读书有时的确有冲突。事实上，曾国藩便践行了“晚婚”，他于道光十三年（1833）十二月与衡阳欧阳氏结婚时已年满 22 周岁，这或许与曾国藩常年读书、科考不无关系。④由此可

① 《曾国藩全集·家书·致澄弟温弟沅弟季弟》，第 317—318 页。

② 《曾国藩全集·家书·致澄弟》，第 714—715 页。

③ 《曾国藩全集·家书·致澄弟》，第 1034 页。

④ （清）李瀚章编撰，（清）李鸿章校刊：《曾文正公全集》第一册《曾文正公年谱》，第 41—44 页。

知，在曾氏这样的官宦家族，有的男子初婚年龄较大，可能与他们婚前集中精力勤奋读书、追求功名有关。

由表4统计得出，曾家媳妇、曾家女儿初婚的平均年龄为18.68周岁，其中初婚最小者为12周岁，初婚最大者已满23周岁，女性初婚较为集中在17、19、21周岁几个年龄段。表5的统计显示，曾家女儿初婚的平均年龄为19.69周岁。总体来看，这一结果小于清代皇族女性初婚的平均年龄，而大于利用档案、年谱资料统计得出的清代全国女性初婚的平均年龄，与刘素芬推算出的清代全国女性初婚的平均年龄大致相当。

通观表2至表5的统计结果可以看出，总体上女性初婚的平均年龄比男性大1.68周岁。这种初婚平均年龄“女大男小”的模式与上述学者根据族谱、档案、年谱统计得出的“男大女小”模式有所不同。之所以出现这种差异，与曾氏家族成员所缔结的婚姻中“妻大夫小”现象的大量存在不无关系。表1中双方出生时间都确知的夫妻有12对，其中有9对夫妻是“妻大夫小”，夫妇年龄差在4周岁以下。这种状况可能与“女大三，抱金砖”等中国传统婚姻观念有关[①]，在某种程度上也可能是外姓女子之家急于与曾家男子联姻的一种体现。在表1所列的夫妻中，曾家的地位及权势均高于外姓亲家。为了不错失高攀曾家的机会，那些已经生育女儿，并有意向与曾家联姻的外姓人家自然对曾家男孩的出生特别关注，一旦曾家有合适的男孩出生，便迫不及待地与之结亲，在这种情况下往往会出现女大男小的状况，这也是导致女性初婚的平均年龄大于男性的原因之一。

另外，需要说明的是，表5统计结果所揭示的曾家女儿较大的初婚年龄，可能并不代表曾氏宗族的整体状况。由表1所揭可知，表5中7个年满20周岁以上才结婚的女子分别为曾国藩的姊妹、女儿、孙女，她们之所以“高龄”结婚，多有其特殊原因。如曾国藩长女于道光二十一年（1841）十一月十五日出生[②]，道光二十七年（1847）八月初六日与袁秉桢定庚（时女5周岁）[③]；曾

① 在清代，北方“妻大男小”的比例高于南方。有关清代“幼男娶长妇的习俗”可参见郭松义：《伦理与生活——清代的婚姻关系》，第232—242页；另，李学成在《清初满族婚俗特征考》（《社会科学辑刊》2014年第4期）中也指出：（清代）满族家庭盛行给十三四岁的少年娶大媳妇，一般都是选择大他们三四岁的女子作媳妇；这一习俗一直延续到新中国成立。

② 《曾国藩全集·日记一》，第106页。

③ 《曾国藩全集·家书·致澄弟沅弟季弟》，第156页。

国藩原本打算于咸丰十年（1860）春为长女办婚事[①]，但因咸丰九年（1859）九月初三日亲家袁漱六去世[②]，所以只好等待其女婿为其父服斩衰丧服（27个月）期满之后的咸丰十一年（1861）十二月初三日才举行婚礼[③]，此时其长女已年满20周岁了。曾国藩第六女于同治九年（1870）五月与聂缉椝（聂仲芳）定庚时为18周岁[④]；同治十年（1871）曾聂两家本打算办喜事，但两家对于是在江南招赘还是送女至广东成婚问题上存在分歧，经协商最后定于同治十一年春间办喜事，由聂家送子至金陵成婚。[⑤]然而不幸的是，同治十一年（1872）二月初四日曾国藩于两江总督任内去世，曾聂两家的婚事只好搁浅。同治十三年（1874）八月十三日曾国藩夫人欧阳氏又弃养，所以曾国藩第六女的婚事直至光绪元年（1875）九月廿四日才举办[⑥]，此时曾国藩之女已满23周岁，属于初婚中的“大龄”女子了。至于曾国藩的妹妹曾国芝、孙女曾广珣在年满21周岁时才嫁人，这与妹妹残疾、孙女出洋有关。

由于本文的统计样本太少（男子11个，女子22个），即便是一两个因某种原因所导致的过大或过小的婚龄都会对统计结果产生很大影响。如上文提及的曾国藩的姊妹、女儿、孙女因特殊原因导致在20周岁以上（最大23周岁）才结婚，这会大大拔高女性初婚的平均年龄。当然，这样的年龄在一般平民百姓之家或许已是“剩女”，而对于追求门当户对、政治联姻的官宦绅士之家出现这样“大龄”初婚女子的现象也并非难堪之事。因为这些官宦之家，也以恪守礼法为荣，如遇亲人去世“守丧”等原因致使初婚年龄较大，也是情有可原的。

至于曾国藩兄弟、子侄大多在17或18周岁以下就完婚，如前所言，可能是外姓女子之家在婚姻上高攀曾家的结果。就曾国藩的本家近亲而言，初婚年龄上所呈现的“女大男小”的现象或许在达官显贵之家的婚姻中并不鲜见，这一点从曾国藩父子兄弟的书信、日记中对此现象的轻描淡写、坦然处之的态度

---

① 《曾国藩全集·家书·谕纪泽》，第503页。

② 《曾国藩全集·日记一》，第426页。

③ 王澧华等整理：《曾氏三代家书·禀父亲》，第530页。

④ （清）曾国荃：《曾国荃全集》第五册《家书·致伯兄》，第313页。

⑤ （清）曾国荃：《曾国荃全集》第五册《家书·谕纪泽侄》，第377—378页。

⑥ （清）曾纪泽：《曾纪泽日记》（上），第514页。按照古代的丧服制度，未出嫁女应为其母持丧三年，居丧期间是不能嫁娶的，因曾国藩的第六女已出继于曾国葆，所以为其生母持丧满一年就可出嫁了。

中可见一斑。也就是说，在他们看来，这一现象并非“不同寻常”，否则的话他们一定会在书信、日记中对此加以辩护和解释的。

综合以上因素，再参考其他学者的统计结果，笔者以为，清代男子初婚的平均年龄为20—23周岁，女子为17—20周岁。这样的初婚年龄，比礼法规定的婚龄要大很多，似乎不能将其视为“早婚”行为，这也说明我们对古人流行“早婚”的传统认知还有不少商榷的空间。

（三）没有自卑感的赘婿：曾氏亲人的入赘行为

有学者指出，赘婿婚是母权时代的产物，当时女性处于氏族的中心，在婚姻问题上男子出嫁到妻家。自周以后，以男性为中心、妻子出嫁的婚姻制度得以确立，但赘婿遗俗并未消除。秦汉时期，赘婿成为官府征发谪戍边疆的对象之一，并为世俗所贱视，且汉代规定赘婿不得为吏。南北朝以后，赘婿谪戍之法不再见，但仍为社会所轻视。至宋代，贫寒之家多以子入赘妇家，而富有之家则多招婿入赘，此风在四川、两湖地区尤为盛行。有女无男之家，亦多招赘婿，以接宗祀，故而又称赘婿为“补代”（后讹传为“布袋”）。元代的赘婿分为养老、年限、出舍、归宗四种，其中养老婿是指赘婿终身居于妻家，并对妻之父母负有养老责任，而后三种则是在议婚之初，双方约定一定年限居住妻家，期满之后则携妇归宗。明清时期，招赘之风依然颇盛。①

在清代的平民百姓之家，男子之所以选择入赘女方之家，最根本的原因是家境贫寒，无力支付高额的聘金及结婚费用，而通过入赘，男子既满足了结婚的愿望，又省去了不少费用。对于女方而言，之所以选择招赘多是因家中无子，缺乏劳动力，而通过招赘既解决了无子养老的问题，又缓解了劳动力不足的困境。由于入赘婚是男子“嫁”到女家，主动权在女方一边，男子在财产的处置、继承方面居于劣势；而且有的赘婿还要改从妻姓，赘婿的子女也多从妻姓。对于赘婿的权益，在清律中这样规定：“招婿须凭媒妁，明立婚书，开写养老或出舍年限，止有一子者不许出赘。其招婿养老者，仍立同宗应继者一人，承奉祭祀，家产均分。如未立继身死，从族长依例议立。”②从中可见，招婿也要凭媒、立婚书，并写明招赘的类型；即便养老婿，也没有完全的财产继

① 详见陈鹏：《中国婚姻史稿》，第743—751页。

② 马建石、杨育棠主编：《大清律例通考校注》，北京：中国政法大学出版社，1992年，第443页。

承权，更不能承继女家的宗祀。因此，相对于“男娶女嫁”的正常婚姻，赘婿的地位是低下的，也常常被人所轻视，以至于民间流传着“入赘女婿不是人，倒栽杨柳不生根”的谚语。当然，以上情况主要针对普通百姓之家，对于官宦之家的赘婿，赘婿本家也多为达官显贵，“入赘”更多的是一种形式，也无须签订入赘文书，赘婿在妻家如同正常婚姻中的姑爷一样受人尊重，更没有寄人篱下的自卑感。①下面，笔者将就曾国藩子女、孙辈之中几例入赘婚做一剖析。

据表 1 所示，曾纪泽与居住在长沙省城的贺长龄之女于咸丰二年（1852）二月定亲。咸丰五年（1855）曾国荃写信给在前线指挥湘军作战的哥哥曾国藩，谈及曾纪泽的婚姻，说贺家有招赘之意（贺家有女无儿），对此曾国藩在回信中表示“入赘之说，则断不可，我乡向无此例，恐习富贵习气”。②然而，半年之后曾国藩却又同意了贺家招赘，但他所认同的“招赘”仅限几日，“招赘之后，七日即回湘乡”。③可见这种“招赘”更多的是一种象征仪式，具有临时性的特点，即婚礼在女方家举行，婚礼举行不久新婚夫妻便回男方之家。

曾国藩的次女于道光年间与茶陵陈源兖之子陈远济定庚。陈源兖与曾国藩系同年进士、至交，曾国藩在京城为官期间经常与其交流学问。曾国藩组建湘军后，陈源兖加入湘军，咸丰三年（1853）太平军攻克庐州，当时任职庐州的陈源兖自缢而死。④及至咸丰十一年（1861）末，经曾、陈两家协商决定，陈远济入赘曾家，并于次年正月举办喜事。按照当地的乡俗，入赘是不吉利的，所以曾家人便想另备一宅成礼，对此身在前线作战的曾国藩不以为意，他在咸丰十一年（1861）十二月十四日的《谕纪泽》中说：“接沅叔信，知二女喜期，陈家择于正月二十八（按，“八”字似为衍文）日入赘，澄叔欲于乡间另备一屋。余意即在黄金堂成礼，或借曾家坳头行礼，三朝后仍接回黄金堂。想尔母子与诸叔已有定议矣。”⑤但家人囿于乡俗之见，最后还是决定不在本宅成

① 本段参考了郭松义对清代赘婿的研究，详见郭松义：《伦理与生活——清代的婚姻关系》，第 314—336 页；郭松义：《从赘婿地位看入赘婚的家庭关系——以清代为例》，《清史研究》2002 年第 4 期。

② 《曾国藩全集・家书・致澄弟温弟沅弟季弟》，第 304 页。

③ 《曾国藩全集・家书・致澄弟温弟沅弟季弟》，第 317 页。

④ （清）李瀚章编撰，（清）李鸿章校刊：《曾文正公全集》第五册《曾文正公书札》，第 2 页。

⑤ 《曾国藩全集・家书・谕纪泽》，第 802 页。

礼，曾纪泽在咸丰十一年（1861）十二月二十四日的《禀父亲》中说："二妹喜事，母亲以雷家湾业以收拾就绪，不欲更为本宅办理，实因乡人俗见，谓入赘不吉，故欲微示异尔。"[①]同治元年（1862）正月二十日陈远济夫妇在曾家举行婚礼之后，于三月十八日夫妻二人便回到了陈宅。陈氏夫妻在陈家居住多久，因缺乏资料不得而知，但从书信资料显示，似乎陈氏夫妻婚后更多居住在曾家。曾国藩在咸丰十一年（1861）十二月十四日的《谕纪泽》中说：如若明年春天战事不怎么吃紧，想让曾纪鸿带其母亲前来，届时让曾纪泽夫妇及陈婿在家照料[②]；《曾纪泽日记》光绪三年（1877）四月廿二日也记载，"以马石坝田业批归二妹管理"[③]，这些均说明陈氏夫妇长时间在曾家居住，并置办家业。光绪四年（1878）七月，曾纪泽奉旨充任驻英、驻法两国大使，陈远济因"德器学识，朋友中实罕其匹，同行必于使事有益"被曾纪泽选中[④]，以二等参赞官的身份随曾纪泽出洋，后来陈远济夫妇均因病客死欧洲。

同治九年（1870）五月，年满18周岁的曾国藩第六女与聂尔康之子聂缉槼（聂仲芳）定庚[⑤]，这次良缘是由曾国荃从中牵线的。曾国荃之所以选择聂家，一是因为聂家为衡山县人，离湘乡不远；二是因为聂家累世科第；三是因为聂缉槼的八字极为吉祥福寿，将来必会金榜题名。[⑥]聂尔康为进士出身，后由庶吉士调至广东为官[⑦]；而当时曾国藩为直隶总督，所以曾国藩六女儿的下定事宜是由曾国荃代办的[⑧]。曾、聂两家定庚之时并未谈及入赘问题，同治九年（1870）九月初二日曾国藩在给儿子曾纪泽的信中说六女儿不招赘，将来婚事要在湖南举办。[⑨]同治九年（1870）九、十月间，聂尔康致信请求曾国藩允准"今冬明春"让曾纪泽送六闺女到粤办喜事。[⑩]或许是聂家催婚太急，抑或

① 王澧华等整理：《曾氏三代家书·禀父亲》，第531页。
② 《曾国藩全集·家书·谕纪泽》，第803页。
③ （清）曾纪泽：《曾纪泽日记》（中），第657页。
④ （清）曾纪泽：《曾纪泽日记》（中），第790页。
⑤ （清）曾国荃：《曾国荃全集》第五册《家书·致伯兄》，第313页。
⑥ （清）曾国荃：《曾国荃全集》第五册《家书·致伯兄》，第297、301页。
⑦ （清）李瀚章等编纂：《光绪湖南通志》卷一八四《国朝人物志十·衡山》，长沙：岳麓书社，2009年，第3591页上。
⑧ （清）曾国荃：《曾国荃全集》第五册《家书·致伯兄》，第313页。
⑨ 《曾国藩全集·家书·谕纪泽》，第1390页。
⑩ （清）曾国荃：《曾国荃全集》第五册《家书·致伯兄》，第327页。

聂家意欲在广东成婚之举不合曾国藩心意，调任两江总督的曾国藩一改不招赘婿的初衷，坚持说如果聂家要想在同治十年（1871）春举办喜事，则必须送新郎到江南入赘；如果婚事可推延至同治十年（1871）秋冬或者同治十一年（1872），则婚事可在衡山举办，或者送女至广东均无不可。[①]同治十年（1871）初，曾国藩曾有意在湖南为其女完婚[②]，但之后又决定在金陵举办婚事[③]。及至同治十年（1871）六月二十七日，曾国藩在给弟弟的信中又说："聂宅姻事，余已两次回信。余于八九月出外府阅操，请渠冬二月选择吉期，在宁招赘。新郎或八九月到宁，或稍迟再到，听渠裁夺。"[④]后来，曾家选定在十一月举办婚事[⑤]；但随后聂家又致信曾国藩，一方面说聂家女婿要至同治十一年（1872）春才能来江南，另一方面又想与曾家商议送女至广东成婚。曾国藩回信仍坚持在江南招赘，但却同意将婚姻推迟在同治十一年（1872）春季。[⑥]对此，聂尔康复信说同意同治十一年（1872）春举办喜事，并言将于正月、二月间亲自送幼儿至金陵。[⑦]由上可知，曾聂两家的婚事一拖再拖，两家在婚事举办的时间、地点及是否招赘等问题上反复进行了多轮协商，这固然体现了曾聂两家对这次婚事的重视，但其背后似乎也存在着权势、地位及面子的博弈。不过，不论从协商的过程还是最终的结果而言，曾家一直居于主导地位。即便聂家对于入赘不甚情愿，但最终还是同意了曾家的招赘要求。究其原因，大概与曾国藩当时的位高权重不无关系。然而，人算不如天算，同治十一年（1872）二月初四日，曾国藩突然于两江总督任内去世，曾聂两家的婚事只好暂时搁浅。及至曾国藩三年丧期已满，曾国藩的夫人欧阳氏又于同治十三年（1874）八月十三日弃养，所以曾国藩六女儿的婚事直至光绪元年（1875）九月廿四日才在湖南省城长沙举办。[⑧]但此时的婚礼并非曾家招赘，而是曾家之女出嫁至聂家，这是因为当年聂家对于入赘之事并不情愿，现如今曾国藩已过世，曾家

---

① （清）曾国荃：《曾国荃全集》第五册《家书·致伯兄》，第334页。

② 《曾国藩全集·家书·致澄弟沅弟》，第1401页。

③ （清）曾国荃：《曾国荃全集》第五册《家书·复伯兄》，第351页。

④ 《曾国藩全集·家书·致澄弟沅弟》，第1409页。

⑤ （清）曾国荃：《曾国荃全集》第五册《家书·致伯兄》，第373页。

⑥ 《曾国藩全集·家书·致澄弟沅弟》，第1425页。

⑦ （清）曾国荃：《曾国荃全集》第五册《家书·谕纪泽侄》，第377页。

⑧ （清）曾纪泽：《曾纪泽日记》（上），第514页。

的威望不及当年，所以招赘之说也就作罢了。

光绪十四年（1888）三月廿六日曾纪泽次女曾广珣嫁给湖州归安吴永，吴家当时系在京城借宅行礼。[①]婚礼过后曾广珣及女婿便长期住在曾纪泽家，如光绪十四年（1888）八月十一日曾纪泽到贡院为女婿吴永送考[②]；光绪十五年（1889）正月十七日曾纪泽为女婿“改七绝诗八章”[③]；光绪十五年（1889）四月初五日曾广珣长女出生在曾纪泽之家[④]。可见，曾纪泽的女婿吴永虽无招赘之名却有招赘之实。

由上面的例子可以发现，曾纪泽的入赘是因为贺家无男且居住在省城，而当时纪泽却居乡下；曾国藩次女婿陈远济之所以同意入赘曾家，是因为陈父已死、家道中落；曾国藩六女婿聂家之所以答应到江南入赘，是因为曾国藩时任两江总督，不论官职还是当时的居住环境都好于聂家；曾纪泽的女婿吴永有招赘之实是因为曾纪泽当时居住在京师。由上可知，仕宦之家的男子之所以同意入赘，是因为岳父之家在官职、居住地或经济条件方面要优于男方，这种优势不论是为了照顾夫妻的婚后生活，还是为了女婿的前程都是有好处的。在一定意义上可以说，入赘之举非但对女婿的声誉无损，有时还会因入赘名门显宦或京师之家反而提高了社会影响力。当然，囿于乡俗之见，官宦之家对于入赘之举或多或少也有一些思想包袱，这从曾聂两家对于是否入赘问题上的讨价还价中可以管窥到。

从以上曾国藩近亲的婚姻行为来看，不论是在定亲对象、定亲时间、结婚时间、结婚地点还是在是否入赘等问题上，曾家人无疑都拥有更多的话语权。之所以如此，是因为曾国藩的官阶、曾家的地位及声望均高于结亲之家。也就是说，与曾家结亲，不论是嫁女给曾家还是娶妻于曾家，都属于高攀曾家的行为。由此可见，在官宦联姻的过程中，哪家的官阶大、地位高，哪家在婚姻缔结的过程中就拥有理所当然的话语权、决定权。

① （清）曾纪泽：《曾纪泽日记》（下），第1668、1684页。
② （清）曾纪泽：《曾纪泽日记》（下），第1721页。
③ （清）曾纪泽：《曾纪泽日记》（下），第1764页。
④ （清）曾纪泽：《曾纪泽日记》（下），第1786页。

三、"活"的人口史视域下曾氏亲人的生育行为

《礼记正义·昏义》中说："昏礼者，将合二姓之好，上以事宗庙而下以继后世也，故君子重之。"①《白虎通疏证》卷十《嫁娶》中也说："人道所以有嫁娶何？……重人伦，广继嗣也。"②可见，男女举行婚礼、结婚的目的除了履行祭祀祖先的责任外，还要生儿育女，因此从某种意义可以说中国的婚姻是一种生育型的婚姻。另外，民间也流行着"早种稻子早打谷，早生儿子早得福""多子多福"等说法。可见，对中国人而言，婚姻中一个重要目的就是生育，而且要争取早育、多育。那么在现实社会中是否真正实现了早育、多育呢？生育观念又是怎样的呢？在下文中，笔者将聚焦于19世纪曾氏亲人的生育实例，借此管窥清代官宦之家的生育行为。

（一）并不明显的婚内抑制：曾国藩直系三代的生育行为

不少族谱只记生育男孩的情况，而且对于夭折男孩（尤其是出生不久便死亡的男婴）遗漏颇多或者干脆不载；族谱中所记录的"长子"更准确来说是成活的最大男孩；对于女儿的情况，有的完全不载，即便有些记载女儿情况的族谱也多不记载女儿的生年。鉴于族谱的上述缺陷，我们无法确切地知道谱中所载夫妻生育的头胎是男孩还是女孩。笔者在"曾氏五修族谱"的基础上，结合曾氏的家书、日记、文集、年谱等资料，试图对曾国藩本房近支的生育情况进行修补。而对于曾国藩的旁系亲属，在上述文献中多语焉不详，无法补充完整，在此仅就曾国藩直系三代夫妻的生育情况做增补。表6完整地呈现了他们一生生育的所有男女（包括夭折者）及生育历程。

从表6所列曾国藩直系三代的生育情况来看，在4对夫妻当中，有3对夫妻在结婚后1年左右的时间里就生了头胎，只有曾国藩夫妻在婚后近4年才生育头胎。从曾国藩直系三代初育的年龄来看，曾国藩的父亲、曾国藩、两个儿

---

① （清）阮元校刻：《十三经注疏·礼记正义·昏义》，北京：中华书局，1980年，第1680页。

② （清）陈立撰，吴则虞点校：《白虎通疏证》卷十《嫁娶》，北京：中华书局，1994年，第451页。

表 6 曾国藩直系三代生育状况一览表

序号	夫妻	生年	卒年	结婚时间	结婚年龄/岁	生育头胎年龄/岁	生育末胎年龄/岁	所生子女情况																										
								第一胎			第二胎			第三胎			第四胎			第五胎			第六胎			第七胎			第八胎			第九胎		
								名字	性别	生年	名字	性别	生年	名字	性别	生年	名字	性别	生年	名字	性别	生年	名字	性别	生年	名字	性别	生年	名字	性别	生年	名字	性别	生年
1	曾麟书	1790年10月9日	1857年2月4日	1807年	17	18	39	国兰	女	1808年12月13日	国藩	男	1811年10月11日	国蕙	女	1814年6月	国芝	女	1818年8月	国潢	男	1820年5月13日	国华	男	1822年5月26日	国荃	男	1824年8月20日	国葆	男	1828年9月20日	满妹	女	1830年8月8日
	配江氏	1785年11月3日	1852年6月12日		22	23	44																											
2	曾国藩	1811年10月11日	1872年2月4日	1833年12月	22	25	40	纪第	男	1837年10月2日	纪泽	男	1839年11月2日	纪静	女	1841年11月15日	纪曜	女	1843年7月2日	纪琛	女	1844年8月28日	纪纯	女	1846年9月18日	纪鸿	男	1848年2月24日	五女	女	1850年5月2日	纪芬	女	1852年3月30日
	配欧阳氏	1816年2月30日	1874年8月13日		17	21	36																											
3	曾纪泽	1839年11月2日	1890年2月23日	1859年9月16日	19	20	39	广璇	女	1860年7月24日	广珣	女	1867年1月26日	乾秀	女	1868年10月19日	广铭	男	1871年1月18日	广銮	男	1873年9月15日	广钖	男	1879年8月12日									
	继配刘氏	1841年1月9日	1903年4月26日		18	19	38																											
4	曾纪鸿	1848年2月24日	1881年3月15日	1865年4月21日	17	18	26	广钧	男	1866年8月10日	广钊	男	1868年5月29日	广镕	男	1870年1月1日	广铨	男	1871年1月26日	广珊	女	1872年	广钟	男	1875年1月14日									
	配郭氏	1847年5月13日	1916年3月12日		17	19	27																											

资料来源：《曾国藩全集·家书》（一、二），长沙：岳麓书社，1985年；《曾国藩全集·日记一》，长沙：岳麓书社，1987年；《曾国藩全集·日记二》，长沙：岳麓书社，1988年；《曾国藩全集·日记三》，长沙：岳麓书社，1989年；（清）李瀚章编撰，（清）李鸿章校刊：《曾文正公全集》第一册《曾文正公年谱》，北京：中国书店，2010年；（清）曾国荃：《曾国荃全集》第五册《家书》，长沙：岳麓书社，2006年；王澧华等整理：《曾氏三代家书》，长沙：岳麓书社，2002年；（清）曾纪泽：《曾纪泽日记》（上、中、下），长沙：岳麓书社，1998年；《大界曾氏五修族谱》，北京：全国图书馆文献缩微复制中心，2002年

注：①曾国藩在50周岁时纳妾陈氏，但婚后不足两年陈氏去世且未生育，曾国藩所有子女均为其妻欧阳氏所生。②曾纪泽在16周岁时与15周岁的贺氏结婚，贺氏结婚仅一年便去世，没有生育；在贺氏去世两年后曾纪泽再娶刘氏，当时刘氏18周岁，曾纪泽19周岁，表中曾纪泽子女均为刘氏所生。③表中所有年龄均为实足年龄

子的初育年龄分别为18周岁、25周岁、20周岁、18周岁；曾国藩的母亲、夫人、两个儿媳初育年龄分别为23周岁（结婚年龄22周岁）、21周岁、19周岁、19周岁。从曾国藩的父母、儿子儿媳的生育情况来看，早点结婚的确可以早育。对于曾国藩而言，自虚岁五岁开始读书，先后在自己家塾、衡阳唐家家塾、涟滨书院读书；道光十三年（1833），曾国藩考中秀才，也是在这一年，年满22周岁的曾国藩与欧阳氏结婚；道光十四年（1834）肄业岳麓书院，同年考中举人；道光十五年（1835）进京参加会试不售，留京师读书；因在京经济窘迫，道光十六年（1836）回家；之后近一年时间在家安心读书，道光十七年（1837）十月，长子出生，此时距离曾国藩结婚已快4年了。[①]可见，曾国藩之所以结婚后没有早育，是因为他忙于外出读书、科考，难以与妻子长相厮守。从曾国藩个人的经历可以看出，清代读书人因求学、科考等原因推迟了初育时间。

对于明清时期初育年龄的考察，学界已取得了不少成果。如郭松义根据年谱资料所做的统计显示，清代男子、妇女初育的平均年龄分别为23.41岁、20.33岁。[②]需要说明的是，郭氏统计中所说的初育包括所有的男孩和女孩，且年谱主要反映了官员、绅士阶层的情况，为此郭氏将统计结果进行了调整，认为清代男子平均的初育年龄为23—25岁、女子平均的初育年龄为20—22岁。王跃生根据乾隆朝刑部档案中当事人的供词，对50岁以下已婚当事人生育最大成活子女时的年龄进行统计得出，18世纪后期男性当事人生育最大成活长子的平均年龄为27.07岁，生育最大成活长女的平均年龄为25.19岁，其平均值为26.44岁；女性当事人生育最大成活长子的平均年龄为23.78岁，生育最大成活长女的平均年龄为23岁，其平均值为23.39岁。不过，诚如作者业已指出的，由于当事人在供词中所描述的生育子女的数量并不包括死产和夭折的子女数，所以男女当事人实际的初育年龄应比26.44岁、23.39岁要小些。[③]

刘翠溶利用全国50个家族族谱资料对初育年龄进行了考察。由于族谱资料的局限，作者仅以长子生年不缺且第一次结婚的夫妻作为样本，统计得出，长子出生时父亲、母亲（原配）的平均年龄分别为27.59岁、24.73岁，其中间

① （清）李瀚章编撰，（清）李鸿章校刊：《曾文正公全集》第一册《曾文正公年谱》，第42—45页。

② 郭松义：《清代男女生育行为的考察》，《中国史研究》2006年第2期。

③ 王跃生：《十八世纪中国婚姻家庭研究：建立在1781—1791年个案基础上的分析》，第211、217—218页。

数分别为 27.36 岁、23.85 岁。[①]笔者根据湘乡曾氏、湘乡胡氏、长沙王氏三部族谱资料，对明清时期长子出生时父亲（第一次结婚者）、母亲（原配）的年龄进行了统计，得出长子出生时曾氏、胡氏、王氏三个家族父亲的实际平均年龄依次为 24.54 岁、24.91 岁、25.87 岁，三个家族总平均值为 25.39 岁；长子出生时曾氏、胡氏、王氏三个家族母亲（原配）的实际平均年龄依次为 22.25 岁、22.85 岁、23.46 岁，三个家族总平均值为 23.32 岁[②]，这一统计结果比刘氏的统计结果要小，因刘氏的结论是根据全国 50 部族谱统计所得，反映的是全国的情况，而笔者仅就湖南三部族谱进行了统计，或许是样本数量太少的缘故，也可能体现了湖南地区的某些特征。然而，必须指出的是，夫妻头胎生育的未必是男孩，在长子出生之前可能已生育过女儿（有时可能不止一个女儿），所以实际上夫妻的初育年龄肯定要比上述结果要小。此外，李中清、王丰等利用清代玉牒资料统计得出，在清代皇室贵族中，父亲生育第一胎的平均年龄在 18 世纪末为 23 岁，19 世纪初为 24 岁。[③]

综合考虑以上学者的统计结果，笔者认为清代男子初育的平均年龄为 23—26 周岁，女子初育的平均年龄为 20—23 周岁。如前文所揭，清代男子初婚的平均年龄为 20—23 周岁，女子为 17—20 周岁，这样看来，清代男女初婚到初育的时间间隔在 3 年左右，这与李中清对清代皇族的研究结论是一致的。[④]

笔者根据表 6 中的资料，将曾国藩直系三代的生育间隔列表如下（表 7）。

表 7　曾国藩直系三代的生育间隔

序号	夫妻	寿命/岁*	各胎之间生育间隔（月数/月**）								平均间隔月数/月
			头次	次三	三四	四五	五六	六七	七八	八九	
1	曾麟书	66	34	32	50	21	24	27	49	23	32.5
	配：江氏	66									

① 刘翠溶：《明清时期家族人口与社会经济变迁》，第 88 页。

② 郭玉峰：《明清以来湖南家族人口研究》，南开大学历史学院博士学位论文，2007 年。

③〔美〕李中清、王丰：《人类的四分之一：马尔萨斯的神话与中国的现实》，第 127、143 页。

④ 李中清、王丰等根据皇室玉牒资料统计得出，1800 年父亲的初婚年龄（21 岁）和初育年龄（24 岁）相差 3 岁。参见〔美〕李中清、王丰：《人类的四分之一：马尔萨斯的神话与中国的现实》，第 127 页。

续表

序号	夫妻	寿命/岁*	各胎之间生育间隔（月数/月**）								平均间隔月数/月
			头次	次三	三四	四五	五六	六七	七八	八九	
2	曾国藩	60	25	24	20	13	25	17	27	22	21.6
	配：欧阳氏	58									
3	曾纪泽	50	78	21	27	32	71				45.8
	继配：刘氏	62									
4	曾纪鸿	33	21	20	12	1年左右	2—3年				
	配：郭氏	68									

*此表中寿命为实足寿命：卒年减去生年，如去世时该年的生日尚未过，再减去1岁
**此表中的月数取近似值，推算方法：后一胎年、月减去前一胎年、月，一年按照12个月来计算

由于曾纪鸿在33周岁就去世了，所以他们夫妻并没有经历完整的生育周期，其他3对夫妻双方在50周岁以前都健在，所以仅对这3对度过完整生育周期的夫妇进行分析。

李中清等学者将中国社会的生育状况描述为：在清代皇室贵族中，父亲生育第一胎的平均年龄在18世纪末为23岁，19世纪初为24岁，初婚到初育的时间间隔在3年左右；在20世纪70年代前中国的平均生育间隔为3年或更长；母亲的平均生育期为11年①；在45岁时，有4/5以上的中国夫妇停止了生育；妇女一生很少有6个以上的孩子。而在历史上的欧洲，人口转变前初婚与初育的间隔只有15个月左右；欧洲人口的生育间隔基本上为20—30个月；欧洲母亲从生头胎到末胎的生育期平均长达14年；最后一胎的平均年龄普遍接近40岁，在45岁时，只有一半的欧洲夫妇停止了生育；妇女一生平均生育7.5—9个孩子。可见，同西方相比，中国的生育呈现开始晚、结束早、间隔长、生育率低的特征，李中清等由此提出中国存在着婚内抑制的生

① 不过，俞金尧在《西欧婚姻、家庭与人口史研究》（北京：现代出版社，2014年，第521页）中则对此结果加以质疑。俞氏指出，中国妇女生育最后一胎的平均年龄可能会在35岁以后，不过目前缺乏可具典型性的材料，但无论如何，李中清等认为的中国母亲生育间距（应为“生育期”）只有11年的说法似不可信。

育机制。①

结合表 6、表 7，首先来看曾麟书夫妻的生育情况。他们夫妻分别在 18 周岁、23 周岁生育头胎，在 39 周岁、44 周岁时生育最后一胎，实际生育期长达 21 年，共生育了 9 个孩子，各胎之间的生育间隔平均为 2.7 年（32.5 个月）。曾麟书夫妻实际寿命均为 66 周岁，且夫妻二人常年在乡下一起生活，所以受孕的概率高，生育的子女多，平均两年半生育一胎。②如果对照上文所揭的中国生育特征的话，曾麟书夫妻的生育属于生育开始较早（尤其对于曾麟书而言）、生育间隔适中、生育期长、结束生育不太晚、生育子女较多的一种类型。

曾国藩夫妻分别在 25 周岁、21 周岁开始生育，生育最后一胎时的年龄分别为 40 周岁、36 周岁，实际生育期为 15 年，共生育了 9 个孩子，各胎之间的生育间隔平均为 1.8 年（21.6 个月），他们的生育属于生育开始较晚、生育间隔较短、生育期较长、结束生育不太晚、生育子女较多的一种类型。

事实上，曾国藩夫妻的生育状况与曾国藩的仕宦经历不无关联。如前文所揭，曾国藩由于读书、科考的缘故在婚后第 4 个年头（道光十七年，即 1837）才生育了第一个孩子，道光十八年（1838）正月进京参加会试，中了进士，直至年底才由京城回家；道光十九年（1839）在家待了一年，该年十一月第二个孩子出生；道光二十年（1840）正月入京，该年十二月，其夫人、孩子也进京，自此之后曾国藩夫妇在京师的生活基本稳定下来。从道光二十一年（1841）到咸丰二年（1852）11 年左右的时间里，他们夫妻以隔年生一胎或者前后年连续生的频率，共生育了 7 个子女，迎来了一个生育高峰。③这种频繁的生育状况与这段时间曾国藩夫妻在京师朝夕相处的和谐生活是分不开的。这一点在其日记中有所体现，如道光二十二年（1842）十二月十九日，“房闼又

① 〔美〕李中清、王丰：《人类的四分之一：马尔萨斯的神话与中国的现实》，第 123、127—128、143 页；〔美〕李中清、王丰、〔美〕康文林：《中国历史人口及其在新世界史研究中的意义——兼评黄宗智等对彭慕兰〈大分流〉一书的批评》，《中国经济史研究》2004 年第 4 期。对于李中清等关于中国低生育率的观点，俞金尧质疑道：“如果中国历史上的已婚生育率真的那么低，而且还低于欧洲，那么，怎么解释中国人口增长快的事实？”见俞金尧：《西欧婚姻、家庭与人口史研究》，第 525 页。

② 在笔者与王贞合作的《中国传统社会妻妾之家艰嗣的医学史考察》（《天津师范大学学报（社会科学版）》2010 年第 6 期）一文中曾指出，中国传统社会存在着一夫一妻制夫妻多育的现象，认为一夫一妻制下的夫妇，丈夫性情专一，能与妻子长相厮守，这样提高了受孕的概率，也就容易产生多育情况。

③ （清）李瀚章编撰，（清）李鸿章校刊：《曾文正公全集》第一册《曾文正公年谱》，第 45—58 页。

不敬。前誓有三戒，今忘之耶？既写日课册，于此等大过，尚不改，其他更复何说？甘心为禽兽，尚敢厚颜与正人君子往还耶”[①]；道光二十三年（1843）三月初二日，“日中，闺房之内不敬。去岁誓戒此恶，今又犯之，可耻，可恨”[②]；道光二十三年（1843）三月十二日，“晏起。宴闲之私，几使婢妪皆知，何以克修齐乎”[③]；等等。尽管曾国藩是从自律的角度来写，但从中也可看出其乐融融的夫妇生活。然而，咸丰二年（1852）发生的事情却打断了曾国藩夫妇的美满生活。咸丰二年（1852）六月曾国藩钦命为江西主考官，后在途中得知母亲去世，丁忧回籍，不久便奉命组建湘军、成为湘军将领，直至同治三年（1864）攻下太平军占领的金陵，这期间夫妻聚少离多，再也没有生育过。也就是说，曾国藩夫妻的生育终结在了咸丰二年（1852），时年曾国藩夫妇分别为40周岁、36周岁。倘若曾国藩没有丁忧回籍，天下没有太平军起义，他们夫妇在京城仍过着安定生活的话，或许他们的生育还会继续下去。通过曾国藩夫妻的生育例子，可以得出这样一个结论：不断变动的仕宦生涯、长期的夫妻分居，也是影响官宦之家生育率的重要因素之一。

曾纪泽夫妻分别在20周岁、19周岁开始生育（曾纪泽与刘氏结婚时分别为19周岁、18周岁），生育最后一胎时的年龄分别为39周岁、38周岁，实际生育期长达19年，共生育6个孩子，各胎之间的生育间隔平均为3.8年（45.8个月）。曾纪泽夫妇婚后不及一年便生育一女，之后大部分时间夫妇两人在一起生活，但不知何故生育第二胎时却距头胎长达近7年之久，各胎之间的平均间隔也近4年，且他们在40周岁前便已结束了生育。可见，曾纪泽夫妇的生育属于生育较早、生育间隔较长、生育期长、结束生育相对较早、生育子女数量适中的一种类型。根据曾国藩父子的日记、书信可知，曾纪泽夫妇体弱多病，寻医吃药是常有之事。如同治七年（1868）十一月曾纪泽在给父亲的信中说，他的妻子刘氏因身体虚弱，时常发热、出汗，胸怀抑郁，所以常服滋补之剂[④]；曾国藩在同治九年（1870）二月二十一日的《复郭筠仙中丞》中也说：

---

① 《曾国藩全集·日记一》，第142页。
② 《曾国藩全集·日记一》，第162—163页。
③ 《曾国藩全集·日记一》，第165页。
④ 王澧华等整理：《曾氏三代家书·禀父亲》，第580页。

“纪泽夫妇亦常抱病，医药相寻。”①由此可以推断，曾纪泽夫妇较弱的体质可能对他们的生育产生了较大影响。

从曾国藩直系三代的生育情况来看，在曾国藩这样的仕宦之家并不存在显著的晚生、早停、生育间隔长（曾纪泽夫妇头次胎之间、最末两胎之间的间隔较长除外）、生育率低等现象。也就是说，像李中清等所说的中国式婚内抑制的生育机制在曾国藩直系三代的生育历程中并不明显。

李伯重曾发表《堕胎、避孕与绝育：宋元明清时期江浙地区的节育方法及其运用与传播》一文，从药物、非药物两个方面论述了宋元明清时期江浙地区的节育方法及传播途径。②不过，对于这些节育方法的实际效果如何，主要有哪些阶层、多少数量的夫妻会在婚姻生活中自觉地采用等问题都难以找到准确的答案。那么像曾国藩这样的仕宦家族成员是否会在婚内采用节育措施来控制生育数量呢？就笔者所知，曾氏文献中并没有任何的记载；而且从曾国藩直系三代生育6—9个子女的结果来看，似乎也不存在婚内节育的情况。至于有的学者谈到母乳对生育的影响，认为中国的母亲产后长期哺乳，延长了产后闭经期，从而有助于拉长生育间隔、降低生育率。③不过，笔者在此要说明的是，雇用乳母在曾国藩这样的官宦之家具有一定的普遍性④，既然官宦之家的产妇多不自乳婴儿，那么通过延长哺乳期以达到避孕效果也就无从谈起了。因此说，像曾国藩这样仕宦之家的生育应是一种自然状况之下的繁衍行为，生活中并没有采取人为的节育措施。

此外，在清代，全国不少地方盛行溺婴之风（主要是溺女婴）。至于溺婴的原因可归结为家贫、奁费高、重男轻女、子女多等几个方面，其实最根本的

① （清）李瀚章编撰，（清）李鸿章校刊：《曾文正公全集》第六册《曾文正公书札》，第463页。

② 李伯重：《堕胎、避孕与绝育：宋元明清时期江浙地区的节育方法及其运用与传播》，见〔美〕李中清等主编：《婚姻家庭与人口行为》，北京：北京大学出版社，1999年。

③ 〔美〕李中清、王丰：《人类的四分之一：马尔萨斯的神话与中国的现实》，第130页；另可参见王丰、〔美〕李中清：《两种不同的节制性限制机制：皇族人口对婚内生育率的控制》，见〔美〕李中清、郭松义主编：《清代皇族人口行为和社会环境》，第35页。此外，刘翠溶也对母亲自乳对生育的影响予以关注，请参见刘翠溶：《明清时期家族人口与社会经济变迁》，第89—90页。

④ 曾家雇佣乳母的例子可参见《曾国藩全集·家书·禀父母》，第165—166页；《曾国藩全集·家书·致沅弟》，第368页；王澧华等整理：《曾氏三代家书·致伯兄》，第54页；王澧华等整理：《曾氏三代家书·禀父亲》，第574、576页；（清）曾纪泽：《曾纪泽日记》（上），第393页。

原因就是家庭的贫困。[①]而曾家人的经济状况与同时代的人相比要富裕得多，如曾国藩在嘉庆十六年（1811）出生时，其家有田地百余亩，人均为12.5亩，是当时全国水平的7倍多。[②]曾国藩在京师为官期间，尽管不时陷于入不敷出的境地，但他仍经常往家里寄些钱物，以补贴家用。道光二十三年（1843），时任翰林院侍讲（正六品）的曾国藩发了一笔“横财”，该年他获得了四川乡试正考官的差使，此次主考官之行，其收入大概在6000两[③]；差竣之后他寄千金回家，“以六百为家中完债及零用之费，以四百为馈赠戚族之用”[④]，这是他自道光二十年（1840）入京以来寄家银两之中数目最大的一次。曾国藩任两江总督之时，除了每年俸禄180两及大米90担、养廉银18 000两、几百两银子的“公费”这些固定收入之外，还有数量大得多的额外收入，据张仲礼研究表明，总督平均每年的额外收入为180 000两。[⑤]虽说曾国藩是个清廉的官员，在获得额外收入方面较为收敛，但为了维持总督衙门、幕僚机构的正常运转，以及个人、家庭的日常开支，他取得的额外收入仍是一般官员难以望其项背的。以二等出使大臣的身份担任驻英、法公使的曾纪泽，按照总理衙门光绪二年（1876）所制定的标准，每年可领取14 400两的薪俸。[⑥]与此形成鲜明对照的是，当时一个普通雇工的年收入只有5—10两银子。[⑦]由此可见，曾国藩父子的年收入是一个普通雇工的几百倍、几千倍乃至上万倍。因此，在曾国藩这样的官宦之家，是无论如何也不会出于经济的考量而做出溺婴之举的。

事实上，在曾国藩的心目中，一个念念不忘的心愿就是人丁兴旺，这一愿望在其晚年表现得尤为强烈。同治五年（1866）八月，曾国潢连添广文、广敷

① 清代溺婴问题可参见冯尔康：《清代的婚姻制度与妇女的社会地位述论》，见中国人民大学清史研究所编：《清史研究集》第五辑，北京：光明日报出版社，1986年，此文又见冯尔康：《清史专题研究》，见南开大学历史学院编：《冯尔康文集》，天津：天津人民出版社，2019年，第375—379页；徐永志：《近代溺女之风盛行探析》，《近代史研究》1992年第5期；常建华：《清代溺婴问题新探》，见〔美〕李中清等主编：《婚姻家庭与人口行为》，北京：北京大学出版社，1999年。

② 张宏杰：《给曾国藩算算账：一个清代高官的收与支（京官时期）》，北京：中华书局，2015年，第8页。

③ 张宏杰：《给曾国藩算算账：一个清代高官的收与支（京官时期）》，第131页。

④ 《曾国藩全集·家书·禀父母》，第70页。

⑤ 张仲礼：《中国绅士的收入——〈中国绅士〉续篇》，费成康、王寅通译，上海：上海社会科学院出版社，2001年，第8、10、12、30页。

⑥ 〔美〕徐中约：《中国进入国际大家庭：1858—1880年间的外交》，第295—296页。

⑦ 张仲礼：《中国绅士的收入——〈中国绅士〉续篇》，第9页。

两孙，曾国藩也添一孙广铭，五十六岁的曾国藩得此喜讯后大喜过望，在九月初给弟弟的家书中表达了其兴奋之情，说这是“祖宗之泽，家庭之幸”，并说自己“年来衰态日增，他无所图，专盼家中添丁，闻此喜慰无量”①；同治六年（1867）四、五月间当得知曾国潢的三个儿媳皆有身孕后，曾国藩再次表达了希望人丁繁盛的意愿，“吾自五十以后百无所求，惟望星冈公之后丁口繁盛，此念刻刻不忘”②。而同治九年（1870）十一月，当得知曾国荃之孙曾广淮未满两月便夭折后，则说“家中丁口不旺，殊深焦虑”。③可见，在曾国藩的观念里，多生多育、人丁兴旺是福泽所在，更是家族保持繁盛不衰的重要前提。

由上可知，尽管清代存在诸如避孕、堕胎、绝育等节育方法及溺婴行为，但在19世纪的中国，像曾国藩这样的仕宦之家并没有采用上述控制人口的方法，相反人丁兴旺仍是官宦阶层的不懈追求。

（二）重男不轻女：曾国藩父子的生育观

一般观点认为，中国传统社会盛行着“重男轻女”的观念，那么在曾国藩这样的仕宦之家又具有怎样的生育观念呢？

由于受传宗接代观念的影响，中国人在生育问题上对于“生男”的偏好是根深蒂固的。如在古代，当人们尚不知晓是男是女的情况下一般将妇女怀孕统称为“梦熊之喜”，而按照传统风俗，人们一般认为梦见熊、罴之类是生男孩的征兆，梦见蛇是生女孩的预兆。时至今日，当儿女结婚之后做父母的期盼尽早抱上“大胖孙子”，尽管大家清楚地知道生男生女的概率大致相当，这些都是对男孩偏爱的一种自然流露。这一偏好，对曾氏父子而言也不例外，先看看曾纪泽对于男孩的钟爱。

曾纪泽于咸丰六年（1856）三月与贺长龄之女结婚，不幸的是次年贺氏因难产而死，并未留下一男半女。咸丰九年（1859）九月十六日曾纪泽续娶刘蓉之女，刘氏先后于咸丰十年（1860）七月二十四日、同治六年（1867）正月二十六日生育两女。当父亲曾国藩得知曾纪泽夫妇第二胎仍为女孩时对其进行劝慰：“儿女早迟有定，能常生女即是可生男之征，尔夫妇不必郁郁也”，并举例

① 《曾国藩全集·家书·致澄弟》，第1283页。
② 《曾国藩全集·家书·致澄弟》，第1337页。
③ 《曾国藩全集·家书·致澄弟沅弟》，第1396页。

说李鸿章得子之时已是虚岁 47 了，而此年曾纪泽年才 27 周岁。[①]直到同治十年（1871）正月十八日，曾纪泽始有弄璋之喜，得子广铭，满门欣喜，此年曾纪泽 31 周岁（虚岁 33）。年逾三十才得子的曾纪泽，对曾广铭关怀备至。据《曾纪泽日记》记载，在广铭出生后的同治十年（1871）四月至七月间，因其体弱多病，曾纪泽经常陪医诊治，并不时抚抱广铭。如同治十年（1871）七月二十二日在日记中写道：“卯初起，因广铭儿病势甚重，竟日未治一事，屡在上房抚抱，屡在书斋陪医。”[②]然而不幸的是，曾广铭于七月因受惊风而死亡。对于期盼得子的曾纪泽而言，长子之殇令其悲痛不已。此时，已生育四子的曾纪鸿情愿将第四子曾广铨过继给哥哥曾纪泽为嗣，该年十一月，在父亲曾国藩的主持下，“写约告祖”，完成过继之事；为了避免将来哥俩反悔，在协约中写有“不作活动之语”。[③]这对曾纪泽来说，无疑是一个极大的安慰。之后，“抱铨儿良久”“抱铨儿极久”“抱广铨甚久”“抱广铨游戏”等字眼在《曾纪泽日记》中屡屡出现，由此可见曾纪泽对于嗣子的疼爱。

同治十二年（1873）九月十五日，对曾纪泽来说是个大喜的日子，其夫人刘氏又生一子广銮。痛失长子的曾纪泽对广銮的照料更加悉心周到，他在同治十二年（1873）十一月十四日的日记中写道：“辰正起，在上房抚抱銮儿良久……入上房抚抱銮儿，以其食乳不合，腹泄数日，改用牛乳饲之”[④]；同治十三年（1874）正月初七日日记说：“辰初起。竟日在上房抚抱銮儿，照料医药。向夜，儿病增剧，焦灼之至，夜陪汪医久谈。子初睡。儿病啼哭，不能成寐。”[⑤]自曾广銮出生至光绪四年（1878）期间，在曾纪泽的日记中频繁出现“抚抱銮儿”“抚抱銮儿良久”“抚抱銮儿甚久”“抚抱銮儿极久”“抚视銮儿”“抚弄銮儿”等字眼。

光绪五年（1879）八月十二日，曾纪泽第三子广钖降生。不惑之年得子的曾纪泽，对于广钖的照料更加无微不至，当其得病之时更是牵肠挂肚、寝食难安。他在光绪五年（1879）八月十三日的日记中记载：“丑正起，因初生小儿

① 《曾国藩全集·家书·谕纪泽》，第 1326 页。
② （清）曾纪泽：《曾纪泽日记》（上），第 142 页。
③ 《曾国藩全集·家书·致澄弟沅弟》，第 1426 页。
④ （清）曾纪泽：《曾纪泽日记》（上），第 347 页。
⑤ （清）曾纪泽：《曾纪泽日记》（上），第 358 页。

啼饥，用牛乳膏调水哺之，照应良久”①；光绪七年（1881）十一月廿九日，“将钖儿近患之疾开写一单，以示医士。……抚抱钖儿良久，医士罗日意来诊钖儿，与之久谈”②。光绪十二年（1886）五月初一日，广钖得了肠痈，法国医生用针放脓，为了防止下针疼痛，医生使用麻药，曾纪泽夫妇不忍观看，只好另处一室，待广钖醒来，夫妻二人赶紧入室抚视，因担心广钖病情，饭不能下咽；次日，曾纪泽至上房抚视广钖，并读小说以令广钖开心。③光绪十二年（1886）八月，曾纪泽结束其驻外公使生涯启程回国。当八月十四日船抵达法国马赛时，陪船医生诊视广钖，说广钖病未痊愈，“不宜令受红海之热”，曾纪泽当即与随行人员商议，最后决定在马赛停留，暂缓回国行程。④直至九月十三日，广钖病无大碍，曾纪泽一行才重新启程。⑤另外，在《曾纪泽日记》当中，“抚抱钖儿”“抚抱钖儿良久”“抚抱钖儿甚久”“抚视钖儿极久”“抚视钖儿”等的记载屡现笔端。但令人心痛的是，当曾纪泽回国四个月之后，曾广钖夭折于上海，当痛失爱子的噩耗传来，远在京师的曾纪泽悲伤之余几乎不能握笔写字。⑥

由上可知，因男孩事关香火的延续、家运的传承，所以曾纪泽对于男儿疼爱有加。当然，曾纪泽的“重男”之举并不意味着“轻女”，事实上，他对女儿也很关心、呵护，在她们成长、教育的过程中，他也倾注了不少心血，可谓“重男”而“不轻女”。

曾纪泽夫妇在生育男孩之前，连生三女，对此夫妻二人并未灰心丧气，而是很达观。同治七年（1868）十一月曾国荃在给曾国藩的信中说：纪泽夫妇又添一女，其妻刘氏“得子较迟，并无自歉之意”；纪泽“所见甚宽，胸襟甚大”，对无男孩亦不太在意⑦，而是“心中照常快乐”⑧。

当女儿生病之时，曾纪泽陪医看脉、调理药物，有时还在半夜三更起来照

① （清）曾纪泽：《曾纪泽日记》（中），第915页。
② （清）曾纪泽：《曾纪泽日记》（中），第1133页。
③ （清）曾纪泽：《曾纪泽日记》（下），第1505页。
④ （清）曾纪泽：《曾纪泽日记》（下），第1530页。
⑤ （清）曾纪泽：《曾纪泽日记》（下），第1535页。
⑥ （清）曾纪泽：《曾纪泽日记》（下），第1577页。
⑦ （清）曾国荃：《曾国荃全集》第五册《家书·复伯兄》，第273页。
⑧ （清）曾国荃：《曾国荃全集》第五册《家书·谕纪泽侄》，第275页。

料女儿。如同治九年（1870）二月十三日的日记中写道：“陪徐医士看宝秀病……至上房抚视次女，夜饭后陪旭亭看次女。……三更末，因次女病剧，起，披衣抱持之”①；同治十二年（1873）十月廿三日“夜调药物，与次女宝秀服之”②。另外，“抚视次女良久”“抚视女儿”等字眼也频繁出现在日记之中。

曾纪泽对于女儿的教育也很用心。在同治九年（1870）三月廿二日，曾纪泽亲自送女儿福秀上学，之后还亲自为女儿写摹本200余字③；光绪元年（1875）正月廿四日“至上房一坐，定次女广珣课程单”④；光绪元年（1875）正月廿六日“至上房坐极久，教女儿算法”⑤；光绪二年（1876）四月初六日课“女儿诵读”；⑥光绪元年（1875）二月初七日“入上房坐极久，教女儿作诗”⑦；光绪二年（1876）十一月二十日“至上房久坐，为女儿广璇改七绝诗二章”⑧。可见，曾纪泽不仅亲自为女儿制定学习课程单、撰写摹本字，时常督促女儿诵读，还亲自教授女儿学算法、作诗，并帮女儿修改诗章。

即便女儿结婚之后，曾纪泽对女儿的牵挂也丝毫未减。曾纪泽的长女曾广璇，原本体弱多病，与合肥李经馥新婚不久，曾纪泽就了解到“女婿以娇养太过，年甫十七而吸食鸦片，又性情暴戾无常，凌折女儿万状，其母溺爱而助虐”⑨，但又不能带女儿去欧洲，对此状况，曾纪泽夫妇显得忧心忡忡。出洋之后，身处欧洲的曾纪泽夫妇对女儿更是牵肠挂肚，光绪五年（1879）六月十四日，曾纪泽拍电报至上海委托黄咏清寄函皖中，探问女儿病状。听闻广璇四月中旬、下旬病势沉笃之后，曾纪泽焦灼不已，不能治事⑩；六月廿五日接到电报，得知广璇病已大愈，立刻感到忻慰不已⑪。八月廿五日为解相思之苦，

① （清）曾纪泽：《曾纪泽日记》（上），第13页。
② （清）曾纪泽：《曾纪泽日记》（上），第342页。
③ （清）曾纪泽：《曾纪泽日记》（上），第23页。
④ （清）曾纪泽：《曾纪泽日记》（上），第449页。
⑤ （清）曾纪泽：《曾纪泽日记》（上），第450页。
⑥ （清）曾纪泽：《曾纪泽日记》（上），第560页。
⑦ （清）曾纪泽：《曾纪泽日记》（上），第453页。
⑧ （清）曾纪泽：《曾纪泽日记》（上），第619页。
⑨ （清）曾纪泽：《曾纪泽日记》（中），第810页。
⑩ （清）曾纪泽：《曾纪泽日记》（中），第900页。
⑪ （清）曾纪泽：《曾纪泽日记》（中），第902页。

曾纪泽特地请画师依照女儿相片绘制大幅画像。[①]九月廿三日，英国医生马克勒衣来诊儿子广锡之际，曾纪泽将长女广璇病状告诉马克勒衣，请其为女儿悬拟一方[②]；十月初，根据英医药方抓药，曾纪泽亲自将药物的内服、外敷之法详列于单，并“将寄女儿之药物逐瓶标记”，之后将药单一并寄往国内。[③]光绪七年（1881）四月，当得知广璇于二月末病势严重，曾纪泽焦闷不已[④]；该年末，便想接长女来欧洲[⑤]。光绪八年（1882）四月廿五日，当长女广璇即将到达欧洲前夕，曾纪泽“移居楼下，让室以俟女儿也，布置甚久”[⑥]。及广璇来欧洲之后，女儿痉挛多次复发[⑦]，曾纪泽不时在病榻旁亲自照料女儿[⑧]。光绪十年（1884）九月间，为了让长女广璇静心养病，他还单独为女儿租赁宅院。[⑨]透过这些生活的细节，一个对女儿体贴入微的慈父形象跃然纸上。

其实，曾纪泽的做法继承了乃父之风，曾国藩对女儿也很关心。同治三年（1864）三月以来，大女儿气痛不食，身体羸弱，及至五月病情加重，他在同治三年（1864）五月廿五日的日记中写道：“大小［女］儿病体殊重，为之照料一切。”次日他至上房看望大女儿，女儿病情反复，于是他又请徐朗仙、欧阳小岑、张锡范三人先后来看，同医生晤谈病情，当晚曾国藩移至外室，以便女儿在内室，“依其母以调养也”。[⑩]

从曾国藩父子对于子女的所作所为可以看出，作为父亲，重男不轻女，从平时抚抱幼孩、跟幼孩玩耍、亲自用牛乳喂养幼孩之举，到幼孩生病时的陪医问诊、照料医药，再到病势加重之时的焦灼万分、茶饭不思、睡不成寐，这些传统上属于家庭主妇的职责，作为父亲也主动承担，从中体验到了抚养孩童的酸甜苦辣，更为我们刻画出了一幅幅对儿女无微不至照料与关爱的“好父亲”画像。即便当儿女长大结婚，子女的生活起居、身体状况也时常牵动着父母的

① （清）曾纪泽：《曾纪泽日记》（中），第918页。
② （清）曾纪泽：《曾纪泽日记》（中），第925页。
③ （清）曾纪泽：《曾纪泽日记》（中），第928页。
④ （清）曾纪泽：《曾纪泽日记》（中），第1075页。
⑤ （清）曾纪泽：《曾纪泽日记》（中），第1137页。
⑥ （清）曾纪泽：《曾纪泽日记》（中），第1168页。
⑦ （清）曾纪泽：《曾纪泽日记》（中），第1179页。
⑧ （清）曾纪泽：《曾纪泽日记》（中），第1180页。
⑨ （清）曾纪泽：《曾纪泽日记》（下），第1367页。
⑩ 《曾国藩全集·日记二》，第1023页。

心。由此可见，即便在官宦之家，幼孩的抚育并非仅是母亲的天职，父亲也是抚育幼孩、关怀子女生活的积极参与者。

四、结　语

本文以“活”的人口史研究作为切入点，主要就曾国藩的近亲在婚姻、生育行为上的某些方面进行了个案考察。尽管文内不少结论可能无法体现曾氏家族的整体状况，但在一定程度上却向我们展现了19世纪中国仕宦之家在人口行为方面的不少细节与面相。

在曾国藩这样的仕宦之家，其子女、孙辈的婚事成为官宦家族之间通过联姻以达到在官场上互相扶植、互相提携的重要桥梁。为了不错失门当户对、攀龙附凤的机会，仕宦之家的联姻往往在其后辈年龄较为年幼之时便已定庚、继而结婚的，所以在仕宦之家普遍存在着早聘、早婚的现象。在缔结婚姻的亲家双方，其权利及话语是不对等的，一般而言，谁的官阶高、权势大，谁就在诸如定庚时间、结婚时间、结婚礼仪，以及新郎是否入赘等问题上具有更多的话语权和最终决定权。另外，官宦之家的联姻中也不乏“大龄”定庚、“大龄”结婚的现象。不过，这些“大龄”婚姻现象，大多事出有因。

官宦之家也存在新郎“入赘”的行为，但却与清代寻常百姓之家对赘婿轻视的态度不同，官宦之家的赘婿地位并不低下，更没有寄人篱下的自卑感。“入赘”更多的是一种形式，且具有临时性，其目的在于婚后更好的生活或者为了女婿的前程；赘婿的声誉不仅无损，有时还会因入赘名门显宦或京师之家反而提高了其社会影响力。

已有研究成果虽揭示了清代某些地方或阶层存在着婚内抑制的生育机制，但在曾国藩这样的仕宦之家，这一抑制机制并不明显，生育应是一种自然状况之下的繁衍行为，婚内生活中并没有采用人为的节育措施。相反，人丁兴旺仍是官宦之家念念不忘的生育追求。不过，在官宦之家，的确存在因求学、科考等原因而推迟初育时间的现象；而不断变动的仕宦生涯、长期的夫妻分居，也是影响官宦阶层生育率的重要因素之一。

基于香火延续和耕读传家的考量，仕宦之家对男孩的偏爱是理所当然的，但“重男”并不意味着“轻女”。事实上，仕宦之家在女儿成长、教育、生活的过程之中也倾注了不少心血，可谓“重男”而“不轻女”。另外，从曾氏父子对子女的所作所为可以看出，幼孩的抚育并非仅是母亲的天职，父亲也是抚育幼孩、关怀子女生活的积极参与者。

综上所述，在官宦之家，早聘与“大龄”定庚并存、早婚与“大龄婚”并行、“入赘婚”的存在及“重男不轻女”等观念，这些可能体现了19世纪中国官宦阶层在人口行为上的某些共同特征。

晚清教育改革与乡村塾师的家庭生活

——以祁门县胡廷卿为例*

董乾坤**

晚清教育改革作为政府寻求自强之道中的重要一环，不仅在当时就受人瞩目，更成为后来近代史研究者所重点关注的课题之一。经过几代学者的努力，诸如改革的起因、过程以及影响等各个环节都取得了丰硕的成果，相关史实已基本清楚。这场制度变革，对中国各个方面都产生了极为深远的影响①，作为数量众多乡村塾师及其教学形式——塾学，所受到的冲击最为直接也最为明显。迄今为止，对于塾师这一阶层在制度变革、社会变动面前所受到的冲击进行研究之作，十分瞩目。前辈学人的辛勤耕耘，为本文的写作提供了坚实的基础。②在既有研究成果中，大多集中于教育制度改革本身及其对地方社会影响

---

* 本文为中国博士后科学基金第 61 批面上资助项目“国计与民生：晚清徽州塾师的生活实态研究”的阶段性成果，项目编号 2017M612049。

** 董乾坤，安徽大学历史学院副教授。

① 有关晚清改革所带来的影响，代表性成果还包括王笛：《清末新政与近代学堂的兴起》，《近代史研究》1987 年第 3 期；夏俊霞：《论晚清书院改革》，《近代史研究》1993 年第 4 期；罗志田：《清季科举制改革的社会影响》，《中国社会科学》1998 年第 4 期；杨齐福：《科举制度的废除与近代社会的转型》，《中州学刊》2002 年第 4 期；霍红伟：《晚清教育转型与府州县学的变迁》，《学术月刊》2010 年第 2 期；关晓红：《清季科举改章与停废科举》，《近代史研究》2013 年第 1 期；韩策：《科举改制与诏开进士馆的缘起》，《近代史研究》2015 年第 1 期；韩策：《科举改制与最后的进士》，北京：社会科学文献出版社，2017 年。

② 相关研究代表性成果可参见田正平、杨云兰：《中国近代的私塾改良》，《浙江大学学报（人文社会科学版）》2005 年第 1 期；郝锦花、王先明：《论 20 世纪初叶中国乡间私塾的文化地位》，《浙江大学学报（人文社会科学版）》2005 年第 1 期；贾国静：《清末的私塾改良及其成效》，《安徽史学》2006 年第 4 期；左松涛：《近代中国的私塾与学堂之争》，北京：生活·读书·新知三联书店，2017 年。

等宏观层面。近年来，随着日常生活史的兴起，研究目光的“下移”①，有些学者开始关注这一制度变革对塾师个人生活之影响的问题，体现出生活与制度这一问题路径②。本文即以清末民初“胡廷卿账簿”为核心，重点探讨国家制度变革对乡村塾师及其家庭产生了哪些影响，为维持生计，他们又采取了哪些生存策略加以应对。限于学力，浅陋之处，敬请方家指正。

一、胡廷卿的教书生涯

胡廷卿，徽州府祁门县南乡贵溪村人，有关他的情况，民国《贵溪胡氏支谱》有对其较为详细的记载：

> 兆祥，名品福，字廷卿，号和轩，邑增生。曾修阖族宗谱，倡办本村养正国民小学校，精通医学。民国癸亥年（1923），寿登八秩暨泮水重游，县长徐公赠“泮水耆英”匾额。生道光廿五年（1845）十月十二申时，殁民国十三年（1924）二月三十申时。原娶郑氏，未婚而卒。继娶汪氏，生道光廿七年（1847）六月二十卯时，殁光绪廿九年（1903）十月十五卯时。③

此可表明胡廷卿生活于晚清民国之间，是一名生员，且在地方社会中是一位颇具影响力的人物。当太平军于同治二年（1863）最后一次被祁门军民驱逐出祁门时，胡廷卿刚满18岁。同治七年（1868），23岁的他参与了本门宗族出拼本都（即十二都）七保白石坑东培山山业分单④，这可以看作其介入家族事

---

① 有关日常生活史理论，可参阅常建华：《从社会生活到日常生活——中国社会史研究再出发》，《人民日报（理论版）》2011年3月31日，第7版；《历史人类学应从日常生活史出发》，《青海民族研究》2013年第4期。

② 如蒋纯焦：《晚清士子的生活与教育——以塾师王锡彤为例》，《华东师范大学学报（教育科学版）》2006年第2期；徐佳贵：《废科举、兴学堂与晚清地方士子——以林骏〈颇宜茨室日记〉为例的考察》，《近代史研究》2013年第4期；〔英〕沈艾娣：《梦醒子：一位华北乡居者的人生（1857—1942）》，赵妍杰译，北京：北京大学出版社，2013年；贾琳：《清末民初士人的一种生存模式——以〈癸卯汴试日记〉作者为个案的考察》，《北京师范大学学报（社会科学版）》2015年第3期。

③ 胡承祚编纂：《贵溪胡氏支谱·愿公派下图七时慎派下》，民国十三年刻本，第80a、80b页，现藏于贵溪胡恒乐先生家中，承蒙惠允使用，特此致谢。

④ 刘伯山编纂：《徽州文书》第二辑，第1册，桂林：广西师范大学出版社，2006年，第331页。

务的开始。光绪七年（1881）其父胡昌陞去世，作为长子，他正式接手家务，他于该年的六月份开始每天将自己及其家庭的日常收支详细地记录下来，同时，也将自己所发生的重要事件及其心情一并记载，为我们留下了丰富的家庭生活记录。本文所利用的核心资料即是他从此时至民国四年（1915）持续记载的系列账簿（中缺光绪二十三年）。这些账簿被《徽州千年契约文书》影印出版，使学界得以识见。①

光绪七年（1881），胡廷卿之父胡昌陞去世，胡廷卿时年 32 岁，长子云青（乳名阳开）已 16 岁，四子云鹄（乳名佛子）年仅 3 岁（中间两个儿子均不幸夭折），此时，他正于溶口坐馆授徒。这一点在光绪七、八、九三年中与溶口相关的记载中可以得到证明（表 1）。从表 1 中我们可以看出，光绪七年（1881），他从溶口馆中收到了俸金和节礼钱，而在光绪八年（1882）则有了往溶口馆的记录，且多次往返溶口与家中，这是因为他必须要返家处理家务。至光绪九年（1883）时，他于二月廿三日回家，笔者推测，这当是自溶口回家。此后，再未有类似记载，且有本年腊月十六派三喜前往溶口的记载，因此笔者认为，由于光绪八年（1882）胡廷卿往返于溶口与贵溪家中之间，颇感劳顿，因此决定在贵溪本村设馆，方便管理家事。至迟自光绪十年（1884）始，即设馆于村中，不再任职于溶口。

表 1　胡廷卿在溶口活动记录表

年	月	日	事情	页码	卷数
光绪七年	暑月	初二	收馆中俸洋八元	3	十四
	七月	初二	收溶口学中钱二百文	4	
		十二	收溶口学中来钱一百四十文	4	
	八月	十一	收馆中来俸洋七元	5	
			收馆中节钱七百文，义	5	
	十一月	初一	收学中换来钱 1000 文（洋价 1700 文），扣洋 1 元，仍存钱 300 在学	10	
光绪八年	杏月	初一	往溶口馆	22	
	三月	初十	来家	23	

① 有关胡廷卿账簿的详细情况，可参见董乾坤：《徽州民间账簿及其产生的社会机制——以“胡廷卿账簿”为例》，《安徽大学学报（哲学社会科学版）》2017 年第 6 期。

续表

年	月	日	事情	页码	卷数
光绪八年	五月	初三	学中回家	27	十四
	六月	十二	回家	32	
	巧月	十一	己回家，干廷叔岳到	33	
光绪九年	二月	廿三	回家	102	
	五月	初四	秀峰书舍去钱一百二十二，伙老过节	103	
	腊月	初八	秀峰书舍散学，各派钱九百三十七，作九人派，金福未派	114	
		初八	散学	115	
		十六	着三喜往溶口	116	

胡廷卿将塾馆移于贵溪村后，教学地点并不在其家中。胡廷卿所居房屋是由其祖父胡上机所建，由于胡上机的子孙众多，可供居住的空间日益狭小，其长孙胡兆瑞为此另择地点建房迁出，因此，在家中设馆是颇不现实。那么设馆于何处呢？在光绪十五年（1889）的《进出总登》有一则“（腊月）初六，白杨院散学”①的记载，而在光绪三十四年（1908）的《收支总登》中则载有“（暑月）廿一日，移学在家读书”②。从这两则记载来看，胡廷卿应该是在村中夫子山上的白杨院内开馆，20年后方将塾馆移于家中。

二、晚清教育改革与胡廷卿的家庭生活

自光绪二十四年（1898）清政府颁布《定国是诏》始，教育体制的改革之路由此发端，并对中国各个阶层产生了重要影响。③据王鹤鸣的研究，在这场

① 周绍泉等编：《徽州千年契约文书》第二辑第15卷《光绪十五年祁门胡廷卿立〈进出总登〉》，石家庄：花山文艺出版社，1993年，第125页。按，卷后标题为笔者根据原引文内容自行提炼所拟。

② 周绍泉等编：《徽州千年契约文书》第二辑第18卷《光绪三十四年祁门胡廷卿立〈收支总登〉》，第186页。

③ 有关晚清改革所带来的影响，学界研究成果颇丰，除前揭所举对塾师影响的文章外，代表性成果还包括王笛：《清末新政与近代学堂的兴起》，《近代史研究》1987年第3期；夏俊霞：《论晚清书院改革》，《近代史研究》1993年第4期；罗志田：《清季科举制改革的社会影响》，《中国社会科学》1998年第4期；杨齐福：《科举制度的废除与近代社会的转型》，《中州学刊》2002年第4期；霍红伟：《晚清教育转型与府州县学的变迁》，《学术月刊》2010年第2期；左松涛：《近代中国的私塾与学堂之争》，北京：生活·读书·新知三联书店，2017年；关晓红：《晚清议改科举新探》，《史学月刊》2007年第10期；关晓红：《清季科举改章与停废科举》，《近代史研究》2013年第1期；韩策：《科举改制与诏开进士馆的缘起》，《近代史研究》2015年第1期；韩策：《科举改制与最后的进士》，北京：社会科学文献出版社，2017年。

改革浪潮中，安徽在发轫期时走在了全国的前列。①光绪二十三年（1897）时任安徽巡抚的邓华熙即提出在省城设立二等高等学堂的要求②，“总理衙门奏准通行，因就敬敷书院屋宇开办，并将书院书籍、产业、经费归并，名曰求是学堂，于光绪二十四年闰三月开学，是为皖省兴学之始”③。光绪二十七年（1901）八月初二日，在众多大臣的强烈要求下，清政府再次颁布上谕，恢复了在维新变法中所制定的设立学堂的政策，指出：“除京师已设大学堂，应行切实整顿外，著各省所有书院，于省城均改设大学堂，各府及直隶州均改设中学堂，各州县均改设小学堂，并多设蒙养学堂”④，晚清教育改革由此实质性展开。光绪二十八年（1902），安徽巡抚聂缉椝请求对求是学堂加以改革，将其二等学堂改为高等学堂，并更名为安徽大学堂。同年，桐城县创办桐城中学，由当地著名学者吴汝纶负责。⑤显然，此时安徽省对北京的政策响应较为积极。那么，这一过程中对胡廷卿的生活会带来哪些影响呢？

（一）长子的职业

光绪二十七年（1901），清政府下令将书院改为学堂之后，徽州也遵照政策纷纷设立各类学堂，其中包括高等小学堂、初等小学堂及师范学堂和各种实业学堂。⑥

① 王鹤鸣：《安徽近代教育发展概述》，《安徽史学》1986 年第 3 期。

② 《邓华熙奏设二等学堂折（附章程）》，见陈学恂主编：《中国近代教育史教学参考资料》（上册），北京：人民教育出版社，1986 年，第 303 页。

③ （清）冯煦主修，（清）陈师礼纂：《皖政辑要》卷 51《专门・高等学堂》，合肥：黄山书社，2005 年，第 488 页。

④ 朱有瓛主编：《中国近代学制史料》第一辑下册《光绪二十七年八月初二日（1901.9.14）上谕》，上海：华东师范大学出版社，1983 年，第 776 页。

⑤ 朱有瓛主编：《中国近代学制史料》第一辑下册《光绪二十八年（1902）安徽巡抚聂缉椝奏设学堂折》，第 463 页；朱有瓛主编：《中国近代学制史料》第一辑下册《安徽省城大学堂（1902 年由敬敷书院改设）》，第 827 页。

⑥ 有关清末徽州教育的研究，学界成果不多，具体可参见周文甫：《浅谈清末民国时期的徽州教育》，《社会科学战线》2007 年第 6 期；张小坡：《清末徽州新式教育经费的筹措与配置研究》，《安徽史学》2008 年第 5 期；张小坡：《发展与困局：清末徽州新式教育运作实态论述》，见卞利主编：《徽学》第五卷，合肥：安徽大学出版社，2008 年；马桂菊、黄忠鑫：《徽州文书所见清末地方师范教育及其困境》，《华中师范大学研究生学报》2009 年第 1 期；张小坡、张爱萍：《承继与过渡：清末徽州族学转型探析》，《合肥学院学报（社会科学版）》2010 年第 1 期；胡晓飞：《论近代徽州教育》，《江苏教育学院学报（社会科学）》2012 年第 4 期；丁佳丽：《20 世纪初至抗战前徽州近代教育的发展》，安徽大学硕士学位论文，2013 年；徐和阳：《晚清民国徽州新式学堂研究》，安徽师范大学硕士学位论文，2014 年；方光禄等：《徽州近代师范教育史（1905—1949）》，芜湖：安徽师范大学出版社，2013 年。

有关小学的情况，据不完全统计，清末徽州兴办的高等、两等与初等小学堂约有128所，就学堂性质而论，官立者13所、公立者46所、私立者69所。[①]其中祁门县两所，一所为“高等小学堂。公立，在东门外，就东山书院改设，光绪三十一年由知县胡德修开办”。另一所为“两等小学堂。公立，在西乡十八都，光绪三十三年二月由绅士汪肇镕开办”。[②]

《皖政辑要》中有关东山书院位置的记载并不准确，它实际上位于阊江东岸的眉山，与县城东门隔江而望，“与课生童，旧常数百数十人”[③]。有关其建立发展过程，《祁门县志》有详细记载。东山书院所在之地，原为一处民间祭祀之所，自明代正德末年开始，士大夫在县政府的倡导下，开始逐渐变为理学之区，从祭祀朱子的朱子祠，到主祀祁门理学家汪克宽（号环谷先生）的环谷书院，最后定名为东山书院。明清以来，一直是祁门士大夫、当地士子的聚集场所。入清以后，先后集资修建。由于该书院是民间筹款，民间管理，因此，留下了诸多地方士人捐资修建的记载。[④]然而，由于每年费用不菲，在运作中容易产生贪污情形，如在光绪十九年（1893）时，就经费管理、无力延请山长问题，曾发生过纠纷。[⑤]因此，东山书院对于祁门士子来说，应该有着重要的作用，这一点在胡廷卿及其长子胡云青的身上即有体现。

胡廷卿在生活中亦教亦读，持续参加科举考试，希冀借此获取功名。在其努力下，终于在光绪十三年（1887）通过府试，考中了秀才，时年43岁。他于次年赴南京参加乡试，在临行前的七月初一，收到“东山书院乡试费洋四元”[⑥]的资助。三年后，胡廷卿连续两年被东山书院请来开过讲座之类的课程，并从中收到微薄的报酬，如：

（光绪十七年）十月廿八，收东山书院赏资二百四十文，日前收过一

① 张小坡、张爱萍：《承继与过渡：清末徽州族学转型探析》，《合肥学院学报（社会科学版）》2010年第1期。

② （清）冯煦主修，（清）陈师礼纂：《皖政辑要》卷52《普通・小学堂》，第515页。

③ （清）唐治编：《东山书院志・序》，清咸丰二年刻本，现藏于上海图书馆。

④ （清）周溶修，（清）汪韵珊纂：《祁门县志》卷18《学校志二・书院》，清同治十二年刊本。

⑤ 周绍泉等编：《徽州千年契约文书》第二辑第3卷《光绪十九年祁门县捐赀延订山长谕文》，第186页。需要说明的是，从该谕文内容看，并非捐资，而是为解决院款纠纷一事，故命名非妥。

⑥ 周绍泉等编：《徽州千年契约文书》第二辑第15卷《光绪十四年祁门胡廷卿立〈进出总登〉》，第28页。

百六十。①

（光绪十八年）四月廿二日，入，东山书院，三月初三、四，分小课钱三百二十。四月十八、九，课赏资钱四百八十，计钱八百。②

此后，光绪十九年（1893）即发生了前面所提及的经费管理纠纷事件，这一事件是否影响到胡廷卿，不得而知，但之后与东山书院的联系则不见记载。不过，光绪二十七年（1901）的《壬寅学制》则对其长子胡云青的职业产生了影响。

胡廷卿育有两子，长子胡云青，小名阳开；次子胡云鹄，小名佛子。胡廷卿对二子的职业其实早作了安排，长子专注于科举，次子求职于商业。“（胡）云青，名阳开，字达程。生同治丙寅十一月十六子时，殁光绪甲辰六月廿四戌时，墓六保西边庄坞。娶郑氏，生同治四年十月初八酉时，生子承启，幼殇。继云鹄五子承铎为嗣。”③同治丙寅年，即同治五年（1866）；光绪甲辰，即光绪三十年（1904），由此可知，胡云青去世时年方38岁。尽管英年早逝，但作为长子，在胡廷卿的账簿中则多次提及。从记载来看，他在读书、科考之余，会协助乃父处理一些日常事务，如去县城购买年货、代表本村赴县缴税等。其中，提供资金，帮助他参加县试、府试的记载经常出现，似乎是逢试必考，表明他秉持父志、矢志科举的决心。除此之外，为了维持生活，增加家庭收入，胡云青在光绪十四至十七年（1888—1891），亦曾开馆授徒，如在其账簿中有载：

（光绪十四年）正月廿五日，阳开发市开学。④

（光绪十四年）五月初四日，阳开学：收澍廷兄子十三元，收升廷子八元，收用夫子六元，收信夫果子一封、子六元，收新根子六元、糕一斤，收秋福面姜一包、子八元，收中林糕一斤。⑤

（光绪十五年）五月初三日，阳开学内，收和开节礼：子八元，油条

① 周绍泉等编：《徽州千年契约文书》第二辑第15卷《光绪十七年祁门胡廷卿立〈收支总登〉》，第296页。
② 周绍泉等编：《徽州千年契约文书》第二辑第15卷《光绪十八年祁门胡廷卿立〈收支续登〉》，第327页。
③ 胡承祚编纂：《贵溪胡氏支谱·愿公派下图七时慎派下》，第80页。
④ 周绍泉等编：《徽州千年契约文书》第二辑第14卷《光绪十四年祁门胡廷卿立〈进出总登〉》，第498页。
⑤ 周绍泉等编：《徽州千年契约文书》第二辑第15卷《光绪十四年祁门胡廷卿立〈进出总登〉》，第14页。

二十支；收善、悦开节礼：子八元；九节礼：子八元；收用夫节礼：子八元。①

（光绪十五年）十一月廿九（冬至），收阳开学中俸米二百十四升。②

（光绪十六年）廿七日，阳开开学。③

（光绪十七年）杏月初二日，九甲和开来学，从阳开。④

上面的记载可以表明这段时间内，胡云青有意继承其父亦读亦教生活模式。但是，这一模式并未持续很久，在光绪十七年（1891），他即入东山书院求学，据本年账簿记载：

光绪十七年：

蒲月初一日，支本洋一元，付阳开在书院用，欢发手。

又六月十二，支英洋一元，付阳开书院用。

十一月初七，支洋二元，付阳开用。十八，邑交，寄上。

初十日，支本洋一元，付杰手带上邑买货。……除支，仍存钱二百七十，付阳开收用。⑤

此年也正是胡廷卿在东山书院开展讲座的一年，胡云青也求学于此，两者之间是否有关系，我们不得而知。此后，胡云青不再开馆，而是在协助父亲处理一些日常事务外，专注于科举。

这一生活状态，至光绪二十五年（1899）发生改变，且这一改变当与上一年的维新变法有关。光绪二十四年（1898），光绪帝实行维新变法，对科举一门，颁布了多项措施。光绪二十四年五月五日（1898 年 6 月 23 日），首先颁布上谕，自下科为始，乡会试及生童岁科各试，向用四书文者，一律改试策论。随后又于五月二十二日（1898 年 7 月 10 日），再次上谕，“著各该督抚督饬地方官各将所属书院处所经费数目，限两个月详覆具奏，即将各省府厅州县现有

① 周绍泉等编：《徽州千年契约文书》第二辑第 15 卷《光绪十五年祁门胡廷卿立〈进出总登〉》，第 96 页。
② 周绍泉等编：《徽州千年契约文书》第二辑第 15 卷《光绪十五年祁门胡廷卿立〈进出总登〉》，第 124 页。
③ 周绍泉等编：《徽州千年契约文书》第二辑第 15 卷《光绪十六年祁门胡廷卿立〈进出总登〉》，第 158 页。
④ 周绍泉等编：《徽州千年契约文书》第二辑第 15 卷《光绪十七年祁门胡廷卿立〈进出总登〉》，第 258 页。
⑤ 周绍泉等编：《徽州千年契约文书》第二辑第 15 卷《光绪十七年祁门胡廷卿立〈进出总登〉》，第 330、340、354—355 页。

之大小书院，一律改为兼习中学西学之学校。至于学校等级，自应以省会之大书院为高等学，郡城之书院为中等学，州县之书院为小学”。六月十一日（1898 年 7 月 29 日），光绪帝再次督促各省设立学堂，“现在京师大学堂业经专派管学大臣克日兴办，各省中学堂小学堂亦当一律设立，以为培养人才之本”。[①]如此密集的上谕，显示了光绪帝以及维新派改革科举制度的决心和急迫性。变法虽因慈禧的阻挠旋即失败，但对于那些汲求于功名的士子来说，不能不有所影响。胡云青即是如此，直接的表现就是对职业的重新选择。

光绪二十五年（1899），胡云青开始参与当地一所名为瑞芳祥茶号的管理经营，并收到英洋二元的薪俸：“三月望日，收瑞芳祥号英洋二元，阳开俸，仰儒过。”本月十一日，他又收到该茶号的另一笔薪资：“收阳开帮瑞芳祥俸英洋十元，并前共十二元。”[②]本年之前，这种现象在胡廷卿的账簿中从未有记载，表明胡云青从本年开始，进入茶号，给别人帮忙，学习茶叶生意的相关知识。虽然笔者未能找到维新与胡云青这一行为的直接联系，但结合此前他的生活状态，这一突然的变化，不能不说与此相关。

光绪二十六年（1900），胡云青在三月初十参加了徽州府举行的府试后，又来到另一家名为福和祥的茶号帮忙，并获得英洋十元的薪资。[③]光绪二十七年（1901）的正月十二日，胡云青带上父亲交给他的三元英洋和二角龙洋再次参加了本年的府考后，于该年的三月和六月，继续在茶号帮工并获得薪资。[④]这一生活模式的变化，似乎表明他已经预感到即将到来的大变动。果然，自本年的八月初二，清政府重启新政，谕令全国将书院改为学堂。并于光绪二十八年（1902）命管学大臣张百熙拟订学堂章程，二十九年（1903）七月再命张百熙、荣庆、张之洞等重新拟订学堂章程，并于年底颁布。这一举措，虽尚未将科举制度正式废除，但改试策论、废除八股的做法，让胡云青的功名理想变得更加

---

① 详见汤志钧、陈祖恩编：《中国近代教育史资料汇编·戊戌时期教育》，上海：上海教育出版社，1993 年，第 47、55—56 页。

② 周绍泉等编：《徽州千年契约文书》第二辑第 16 卷《光绪二十五年祁门胡廷卿立〈进出总登〉〈收支洋蚨总〉》，第 382 页。

③ 周绍泉等编：《徽州千年契约文书》第二辑第 16 卷《光绪二十六年祁门胡廷卿立〈进出总登〉〈收支洋蚨总〉》，第 392、395 页。

④ 周绍泉等编：《徽州千年契约文书》第二辑第 16 卷《光绪二十七年祁门胡廷卿立〈进出总登〉〈收支洋蚨总〉》，第 408、411 页。

渺茫。光绪二十八年（1902）正月，胡云青参加了人生中的最后一次府考后①，便代替本村的胡俊明远赴广东销售茶叶，且开设了自己的店铺②，从此走上了人生的另一条道路。然而，不幸的是，刚刚由科举走上经商之路的胡云青，因旧病复发，第二年便撇下弱妻幼子，撒手人寰，令人唏嘘。

（二）胡廷卿的塾馆

相较于长子胡云青，胡廷卿的科举之路似乎自考中秀才以后便逐渐放弃了。光绪十四年（1888）乡试失败后，他仅于光绪十五（1889）和二十一年（1895）参加过府试，这在其账簿中有所记载："（光绪十五年）杏月十九，往郡岁考"③，"（光绪二十一年）杏月廿二，起程往郡岁考"④。此后，该类记载便消失不见了，表明他将求取功名的责任交给了儿子，自己集中精力专注于家庭管理与开馆授徒。那么，晚清的教育改革是否对胡廷卿的塾馆事业产生了影响呢？查阅胡廷卿账簿的全部记载，笔者发现，直至记录账簿最后日期的民国四年（1915），他收入中作为塾师一项依然存在，且在最后几年呈上升趋势。揆诸史料，笔者认为，这既是国家改革过程中传统与创新交汇下的普遍现象，也是他自身为适应新的变革而做出应对策略的结果。

1. 改革与变通

前已述及，改革之初，安徽地方政府对中央的谕令反应较为迅速，光绪二十四年（1898）、光绪二十七年（1901）安徽两任巡抚对安徽大学堂的积极创建即是表现，但是具体到各府州县，行动则相对迟缓。就徽州府而言，最早创办的小学堂为婺源县的高等小学堂，创办于光绪二十九年（1903），据《皖政辑要》载，该学堂为官立，在县城东门内，因崇报书院而改设，由绅士胡宗成创办。⑤而祁门县的东山书院，虽自光绪二十七年（1901）即停止运作，但直到光绪三十一年（1905）方正式改建为高等小学堂。

新式学堂在创办之初，举步维艰，面临着经费困难、管理混乱、缺乏生源

---

① 周绍泉等编：《徽州千年契约文书》第二辑第17卷《光绪二十八年祁门胡廷卿立〈各项誊清〉》，第294页。

② 周绍泉等编：《徽州千年契约文书》第二辑第17卷《光绪二十九年祁门胡廷卿立〈各项誊清〉》，第383页。

③ 周绍泉等编：《徽州千年契约文书》第二辑第15卷《光绪十五年祁门胡廷卿立〈进出总登〉》，第80页。

④ 周绍泉等编：《徽州千年契约文书》第二辑第16卷《光绪二十一年祁门胡廷卿立〈进出总登〉》，第103页。

⑤ （清）冯煦主修，（清）陈师礼纂：《皖政辑要》卷52《普通·小学堂》，第514页。

以及地方士绅阻挠等诸多问题[①]，这一点在时任徽州知府刘汝骥的记载中得到印证。他在批歙县知县蔡世信的禀文中说：

学堂之难办由于经费之难筹，经费之难筹由于开支縻（靡）费之太多。据禀各节自系实在情形。本府察阅各属报告，休宁海阳学堂每岁进款八千余元，学生则仅十六人；祁门东山学堂岁入不下四千余金，学生不过二十余人，其尤可骇者，历年堂长接替并未有决算报销，或至宵遁而去；黟县岁入尤丰，婺源称是，绩溪次之，然均以经济困难为辞。该县小学堂岁支二千余千（应为“元”——笔者注），比较观之，犹（尤）为彼善于此者也。所有开支该县拟作十个月计算，此原从核实撙节起见。惟近日学界潮流日益膨涨（胀），其降志以从者往往窃美名以去，稍为认真整顿，不目为反对，即抵为阻挠，其不遭唾骂者有几？[②]

刘汝骥在另一篇写给祁门知县赵元熙的批文中亦指出：

查阅上年下学期收支清册，诚如所禀，殊欠撙节。其伙食、杂支等项有无浮冒，尚难悬揣。县礼房一项按节既支办公，开办劝学所又支英洋四元，甚至礼差、茶房亦且索取规费，任意侵蚀，实属浮滥。应即认真整顿，核实厘剔。并将礼房津贴改为每年六元，按上下学期分给。此外无论何项，不准巧立名目于学款内滥行开支，毋违！切切！[③]

刘汝骥于光绪三十三年（1907）正月出任徽州知府，于宣统年间离任。在此期间，他致力于地方教化，实行了诸多政策[④]，他的这两篇批文显示出当时官立学堂在经费和管理上的困难。不唯如此，即便同是新式学堂，相较于私

① 可参见张小坡：《清末徽州新式教育经费的筹措与配置研究》，《安徽史学》2008 年第 5 期；张小坡：《发展与困局：清末徽州新式教育运作实态论述》，见卞利主编：《徽学》第五卷，合肥：安徽大学出版社，2008 年；马桂菊、黄忠鑫：《徽州文书所见清末地方师范教育及其困境》，《华中师范大学研究生学报》2009 年第 1 期。

② （清）刘汝骥编撰，梁仁志校注：《陶甓公牍》卷 5《批判 · 学科 · 歙县蔡令世信禀批》，芜湖：安徽师范大学出版社，2018 年，第 78 页。

③ （清）刘汝骥编撰，梁仁志校注：《陶甓公牍》卷 5《批判 · 学科 · 祁门县赵令元熙禀批》，第 79 页。

④ 有关刘汝骥及其著作《陶甓公牍》的介绍，可参见王振忠：《晚清徽州民众生活及社会变迁——〈陶甓公牍〉之民俗文化解读》，见安徽大学徽学研究中心编：《徽学（2000 年卷）》，合肥：安徽大学出版社，2001 年。

立，官立学堂在招生上也相形见绌。对此，刘汝骥也多有抱怨：“又据称，西乡历口学堂本年开校，骤添数十余人，何以官立学堂招之不来，从无额满之日？甚至各都私贴钱文，始勉强来学，尤属无从索解！比较观之，其原因亦可不言而喻，岂得尽诿诸风气之闭塞耶！”可见刘汝骥对此现象十分气愤，因此他下令赵元熙“仰即传谕该董切实劝导，随时报告为要。”①

针对上述困难，刘汝骥除利用各县学董所极力劝学外，还根据徽州遍地存在的塾学状况，大力提倡族学。事实上，清末新政以来，关于族学的倡议，有人在 1903 年就在报刊上发文呼吁：“（中国教育）要在相夫民情以利导之而已。在中国利导教育之具维何为？就国民重视家族之情，力劝其兴学以振家族，乃为不易之良策也。”②面对这种呼吁，根据中国实际情形，清政府于光绪三十二年（1906）在全国议办族学：

> 闻学部会议，以各省官立、私立学堂，虽已不少，究难普及。亟宜振兴族学，以宏造就。拟即通咨各省，劝谕绅富，自设宗族学堂。其族单人少者，亦可合数族共建一堂，辅官力之不逮云。③

这一消息表明在官立、私立学堂无法顾及众多乡村学童的现实下，清政府回到传统的族学上，企图借助这一传统的教育形式实现普及教育之目的。此后，各省纷纷响应，安徽提学司在光绪三十三年（1907）二月便饬令全省，提倡族学：“日前提学司以安省多未设立族学，因特札饬各州县会同学董，各就村乡市镇殷实富户，劝其兴办族学，以期教育普及。”④刘汝骥对此项政策亦十分赞成，他在详阅祁门县学董提出的劝学章程后，在知县赵元熙批文中不无兴奋地指出：

> 《详》及《章程》均悉，该董所陈各节甚有见地，第四条尤为当务之急，惟必沿袭义塾名目，其义犹狭而不广。徽州聚族而居，祠堂、文会，此自然适用之校舍。一族之中得贤且达者主持其事，就原有祀产而推广

① （清）刘汝骥编撰，梁仁志校注：《陶甓公牍》卷 5《批判·学科·祁门县赵令元熙详劝学章程批》，第 79 页。

② 《教育部甲二：教育之机括：兴族学议》，《经世文潮》1903 年第 4 期。

③ 《学界：学部议兴族学》，《祖国文明报》1906 年第 1 期。

④ 《劝办族学（安庆）》，《申报》1907 年 3 月 28 日，第 10 版。

之。除岁时祭扫外，尽数移作培植子弟之用，族学之兴当翘足可待。①

同一时期，黟县附生汪烒桥在其家乡创办崇实小学，并拟定了堂规章程。该县令将此事并章程向刘汝骥作了汇报，他对汪烒桥的行为十分赞赏，但对小学的名称提出了自己的看法：

惟查阅《学生姓名表》，越国子姓十居八九，此纯乎族学性质，原定私立名称似不若名为“碧山汪氏公立族学”较为翔实。本府于族学一事极力提倡，我徽聚族而居，就祠堂、文会而扩充之，尤属轻而易举，其以此校为椎轮大路可也。②

于此可见刘汝骥兴复徽州族学的迫切心情。他根据省司的要求，结合徽州实际情况，大力发展徽州族学，这一点为胡廷卿在晚清教育改革浪潮中继续从事塾学教育以维持生计提供了机会。

以往对塾学的研究，多把塾学分为三种，即明代朱元璋开始设立的官办社学、民众自行创办的义学或者族学、富有家庭礼聘的家庭塾馆或者塾师自己设馆的塾馆，其主要的划分标准是依据出资的形式。前两种资金来源为官府或公众，塾师面对的是国家和宗族等公共组织，而后两种其实就是一类，即来源于私人的投资，其所面对的是私人。③但是这一划分并不完全适用胡廷卿所开设的塾馆。

光绪十五年（1889）以前，将塾馆移于贵溪村内之后，胡廷卿的塾馆运营模式大致遵循了传统的惯例，自己设馆收取学生家庭的私人酬劳，但此后却发生了变化。自光绪十五年（1889）始，在其账簿中出现了由村内公共组织发放的俸米记载：“（十一月）廿九，收阳开学中俸米二百十四升。发学俸六名（九、善开、新根、茂、林、和开）。”④其后他又更明确地记载：“（十一月）初

① （清）刘汝骥编撰，梁仁志校注：《陶甓公牍》卷5《批判·学科·祁门县赵令元熙详劝学章程批》，第79页。

② （清）刘汝骥编撰，梁仁志校注：《陶甓公牍》卷5《批判·学科·黟县罗令贺瀛详送附生汪烒桥〈私立崇实小学堂规章〉批》，第79—80页。

③ 可参见韩凝春：《明清塾师初探》，《中国社会经济史研究》1997年第3期；刘晓东：《明代的“私塾”与“塾师”》，《东北师大学报（哲学社会科学版）》2010年第2期。

④ 周绍泉等编：《徽州千年契约文书》第二辑第15卷《光绪十五年祁门胡廷卿立〈收支总登〉》，第125页。

十，收粮局列全首人学俸米二名，计六斗八升二仝，二九扣钱。”[①]上述记载表明，胡廷卿的俸金部分来自宗族组织，具有族学的性质，但他也招收外村的学童。即便是村内学童，其宗族组织所发俸米中亦不全部包含，如光绪二十五年（1899）所发的学俸中即是如此，“收庆余粮局发学俸英洋九元，计九名：神开、元海、云胜、金海、荣海、义开、壬开、禾上、开炜。存。众共发十三名：夏开、莲、新喜、厚根”[②]。但本年的招生人数为 15 名，除此 13 名外，还有本村的开域。

由此看来，胡廷卿所创设的塾馆亦不属于传统所划分的任何种类，而是一种混合体，这实际上跟他所处的地域社会有关，他一方面要满足本族的教育需求，并且借此可以获得稳定的收入；另一方面，通过姻亲和商业活动建立起来的经济关系，扩大了收徒的范围，其收入亦随之增加。特别是由于他在光绪十三年（1887）考取了秀才，为其带来了声誉，由此增加了乡民对他的信任，也成为其在收徒方面获得更多机会的重要因素。正是这种具有族学的性质而又不限于族学的特殊形式，让其能在社会变革中获得生存的机会。那么，除此之外，胡廷卿自身又做了哪些应对策略呢？

2. 胡廷卿的策略

光绪十年（1884）以前，胡廷卿的教书活动似乎与秀峰书舍这样的教育机构有关系，移居贵溪村后，在其塾馆内除了光绪十五至十七年（1889—1891）其长子阳开的参与外，似乎一直都由其一人承担（后来发生了变化，详见下文）。但晚清政府所掀起的改革浪潮不能不对胡廷卿产生影响，这在他的账簿中亦有反映。但从胡廷卿作为塾师的收入来看，晚清教育改革和民国建立，似乎都未受到影响，见表 2。

表 2　胡廷卿塾师收入洋、钱折米数量表

年份	俸金		节礼钱	洋钱比率（平均）		总	米价（1升/文）	俸米（升）	总米数（升）
	洋（元）		钱（文）	本洋	英洋	钱（文）			
光绪七年	本洋	37	1 700	1 202	—	46 174	36	—	1 282.6
光绪八年	本洋	47	2 300	1 263	—	61 661	28	—	2 202.2
光绪九年	本洋	60	3 460	1 274	—	79 900	33	—	2 421.2

① 周绍泉等编：《徽州千年契约文书》第二辑第 15 卷《光绪十七年祁门胡廷卿立〈收支总登〉》，第 355 页。

② 周绍泉等编：《徽州千年契约文书》第二辑第 17 卷《光绪二十五年祁门胡廷卿立〈收支总登〉》，第 9 页。

续表

年份	俸金		节礼钱	洋钱比率（平均）		总	米价（1升/文）	俸米（升）	总米数（升）
	洋（元）		钱（文）	本洋	英洋	钱（文）			
光绪十年	本洋	25	6 800	1 290	—	39 050	30	—	1 301.7
光绪十一年	本洋	18	3 200	1 254	—	25 772	30	3.1	862.2
光绪十二年	本洋	17.3	1 400	1 238	—	22 817.4	30	8.1	768.7
光绪十三年	本洋	40	1 200	1 244	—	50 960	33	214	1 758.2
光绪十四年	本洋	48	4 751	1 244	—	64 463	33	—	2 976.9
光绪十五年	本洋	21	2 112	1 264	—	28 656	28	—	1 023.4
光绪十六年	本洋	19+1	4 320	1 302	1 020	30 078	28	186	1 260.2
光绪十七年	本洋	28.5	5 965	1 287	—	42 644.5	26	8	1 648.2
光绪十八年	本洋	27	2 141	1 288	1 023	36 917	28	68.2	1 386.7
光绪十九年	本洋	29+1	2 612	1 275	940	40 527	35	196	1 353.9
光绪二十年	本洋	16.35+5	6 603	1 274	1 086	32 862.9	30	217.4	1 312.8
光绪二十一年	本洋	37+4	6 499	1 272	1 046	57 747	30	171.2	2 096.1
光绪二十二年	本洋	3+26	4 600	1 259	989	34 091	32	66.2	1 131.5
光绪二十四年	英洋	23	2 600	—	945	24 335	38	—	640.4
光绪二十五年	英洋	23	1 330	—	976	23 778	34	—	699.4
光绪二十六年	英洋	37	—	—	995	36 815	38	—	968.8
光绪二十七年	英洋	38	—	—	1 027	39 026	48	—	813
光绪二十八年	英洋	24	—	—	979	23 496	50	—	469.9
光绪二十九年	英洋	48	—	—	932	44 736	50	—	894.7
光绪三十年	英洋	33	—	—	882	29 106	30	—	970.2
光绪三十一年	英洋	42	—	—	937	39 354	30	—	1 311.8
光绪三十二年	英洋	52	—	—	1 119	58 188	45	—	1 293.1
光绪三十三年	英洋	50	—	—	1 092	54 600	54	—	1 011.1
光绪三十四年	英洋	64	—	—	1 172	75 008	50	—	1 500.2
宣统元年	英洋	61.5	—	—	1 315	80 872.5	52	—	1 555.2
宣统二年	英洋	68	—	—	1 315	89 420	68	—	1 315
宣统三年	英洋	60	—	—	1 281	76 860	72	—	1 067.5
民国元年	英洋	62.5	—	—	1 302	81 375	70	—	1 162.5
民国二年	英洋	46.5							
民国三年	英洋	45				—			
民国四年	英洋	24							

注：①表中洋的表格中“+”后的数字表示英洋数目；②由于米价在一年中有变化，表中数字为其平均数；③光绪二十三年数据缺

由表 2 可知，胡廷卿的塾师收入，自光绪十三年（1887）以后明显增加，这体现出了其声望的上升与生源之间的关系。对于某个年份的下降，或与学生退学有关（这极有可能是后面关书出现的主要原因），或因家长拖欠俸金而致。但是连续几年的持续减少，则当与当时的社会状况相关，如自光绪二十四至三十年（1898—1904）的变化，这恰好与清政府从光绪二十四年（1898）开始对教育改革的时间相一致。前已提及，清政府自光绪二十四年（1898）颁布《定国是诏》开始，将全国范围内各级辖区内的书院改为小学、中学与大学，正是这一政策的变化引起了民众对塾学的不信任。这一时期可视作乡村民众对这一局面的适应观望期。而光绪二十九年（1903）以后，他的塾师收入却出现了增长的现象，这又为何呢？结合其他文献，笔者发现这一现象与胡廷卿在收徒过程中新增的关书一项密切相关。

自光绪二十六年（1900），胡廷卿在正月十八日有了“建名、景和送关书来”[①]的记载，这在此前从未出现过。那么，这种关书载有何种内容呢？对此，他并未记载，但他在光绪二十九年（1903）、三十年（1904）连续两年提到了关书，如在光绪二十九年（1903）的“关书”的下面列出了所收学生各人的交款数额，具体如下：

> 承谟修金洋六；承宠三；开礼四；开铭三；开泰三；开文三；开钧二四，吉；云玩二四；中和云登二八；曰广三；曰禄三；翠棋二，吉；顺昌三，吉；振兴五六；义安二四，旧收英洋五角；宗本二；并茂五元；荼茂二元；开记二五。[②]

这是一份收学费的记录单，但关书的内容绝非如此简单，胡延卿在宣统元年（1909）年的修金记录中，有如下记载：

> 两纸关书共计洋一百零三元，廷记六十二，苤记四十一。扒洋五角归苤，各六十一元五角、四十一元五角。
>
> 己酉（宣统元年）四月十三日面算，分拨各收。

① 周绍泉等编：《徽州千年契约文书》第二辑第 17 卷《光绪二十六年祁门胡廷卿立〈收支总登〉》，第 40 页。

② 周绍泉等编：《徽州千年契约文书》第二辑第 17 卷《光绪二十八年胡廷卿立〈各项膳清〉》，第 349 页。

关书各收一纸。①

由此可知，在宣统元年（1909），担任塾师的并非他一人，而是他和同村的胡荩臣两人共同教学，并且关书一式两份，各收一纸。由此笔者推测，这种关书应该是每年之初胡廷卿与学生家长签订的入学合同，上面注明了相应的条款，而酬金仅仅是其中的一项。这一行为的背后，实际上是在国家对塾学改良的背景下，胡廷卿为了保证自己利益的一种应对措施。为了不让学生流失，他于年初即以契约的形式将学生与老师的关系固定下来，避免学生中途退学。当然，就整个徽州社会而言，这种关书在此之前可能已经产生，但就胡廷卿而言，它出现的时间则恰好位于这一时期内，不能不说是其采取的一种新措施，或可视作胡廷卿对晚清教育改革最直接的应对。

不仅如此，进入民国以后，将自己的塾馆从私塾变为小学，在前引族谱中有关他“倡办本村养正国民小学校”的记载即是明证。正是由于他的这种对教育的贡献，在民国十二年即他 80 岁那年，得到了县长徐公颁赠的“泮水耆英”匾额，同时也赢得了本村民众的怀念。在他去世后，同村人胡云隆在报刊上为其撰写了挽联，以表哀思②：

挽胡廷卿先生联

（祁南贵溪）胡云隆

具一片热忱，为地方效劳；种种良规，足资后生矜式。

值二月下浣，弃天伦至乐；绵绵长恨，徒令弟子怀斯。

三、余　论

常建华曾对徽州文书的日常生活史价值作了全面深入的分析、总结，并指

① 周绍泉等编：《徽州千年契约文书》第二辑第 17 卷《光绪三十年祁门胡廷卿立〈收支账薄〉》，第 479 页。

② 胡云隆：《挽胡廷卿先生联》，见张廷华编：《学生文艺丛刊》第 2 卷第 8 集，上海：大东书局，1925 年，第 2 页。

出："徽州文书最大的学术价值是提供了民间社会日常生活史研究的资料。"① 本文的探讨，即是受此理论启发，利用徽州账簿对乡村塾师在晚清科举变革背景下进行生活实态研究的一次尝试。就乡村塾师而言，面对晚清改革，他们应对方式不一，对家庭生活带来的影响也各异。河南的王锡彤较为幸运，他利用义和拳运动的机会得到地方官员的邀请，成为幕僚，从而成功步入仕途，而其两个儿子也都成为新式知识分子。②山西的刘大鹏则放弃了坐馆的职业，开始开矿山，与人合伙办企业，以这种方式来养家糊口。③浙江温州府的林骏，在社会变革之际，虽然依然保持塾师身份，但因其身处江浙，渐染新思潮之影响，因此鼓励其儿子步入新式学堂，接受新教育。④同属徽州府的婺源人詹鸣铎在自己的纪实性自传体小说中写道："时国家诏停科举，起学堂，我以蒙馆一事，不合时宜，因谢散学生，将拟往外谋事。村内丙生唤人来请我上去，他想我以私塾改良，充作学堂，尽先任我开办，我亦辞之。"⑤这虽是小说家言，但由于这部小说强烈的纪实性，笔者以为这段叙述亦是事实。⑥而本文所讨论的胡廷卿及其长子在国家废私塾、兴学堂的措施时，虽没有完全消极对待，他们或是顺应时代潮流，及时转变生存策略，利用传统的社会资源，转而经营茶业；或是采用立关书、办学校的方式，保证自己的收入来源，继续着自己的教书事业。然而，胡氏父子因功名低下甚至没有功名，没有机会如王锡彤那样接触高官从而改变自己的命运。亦因生活于内陆，无法及时获取新的思潮，因此也无法在思想观念中蜕变为新式士子。他们只能跟同处徽州的詹鸣铎一样，或是稍加转变，操持就业；或是经营当地的土特产茶叶，转而走上经商的道路。但这种转变并非出于主动求新，仅是对时代变革的被动反应。这种现象，无疑是清中叶以来徽州本土社会的部分写照。

---

① 常建华：《徽州文书的日常生活史价值》，《安徽史学》2015 年第 6 期。

② 详见蒋纯焦：《晚清士子的生活与教育——以塾师王锡彤为例》，《华东师范大学学报（教育科学版）》2006 年第 2 期。

③ 〔英〕沈艾娣：《梦醒子：一位华北乡居者的人生（1857—1942）》，赵妍杰译，北京：北京大学出版社，2013 年，第 94—113 页。

④ 详见徐佳贵：《废科举、兴学堂与晚清地方士子——以林骏〈颇宜茨室日记〉为例的考察》，《近代史研究》2013 年第 4 期。

⑤（清）詹鸣铎著，王振忠整理：《我之小史》第九回《迎新学五门道贺，探爹娘七夕到杭》，合肥：安徽教育出版社，2008 年，第 174 页。

⑥ 王振忠：《徽商章回体自传〈我之小史〉的发现及其学术意义》，《史林》2006 年第 5 期。

由此观之，不同身份、不同区域的科举士子与塾师，面对晚清这场声势浩大的教育改革，他们采取不同的生存策略，以适应变革。当然，因身份、性格以及所处环境的不同，社会带给他们的机遇与道路也各异。但无论如何，都给他们自己的生活带来了或大或小的影响。当然，如何进一步分析这些差异背后的原因，需要更进一步地深入社会，作更为细致的讨论。

饮食政治：抗战胜利后的上海酒菜业治理

邓丽兰*

在开埠后的上海，社会运动有着丰富的表现形式，而社会运动中的日常生活与制度运作，则是研究者较少关注的视角。① 本文以抗战胜利后上海酒菜业为个案，考察社会运动过程中酒菜业职工与馆商各自的运动方式、利益诉求，以及上海市政府在劳资调解、征税管理、经济管制过程中的作用，从侧面揭示上海经济领域之多元利益博弈下运动式治理、制度化治理两种方式之间的纠缠。当时的酒菜业主要指中餐业，不包括被称为"西菜咖啡业"的西餐经营。

一、"上海建筑在筵席上"

抗战时期，上海成为避风港，酒菜业一度繁荣。十余种菜系，近千家中西餐馆充分满足了人们的味蕾享受。与其他行业比，餐饮业的技术含量与职业门槛相对较低，是容纳底层民众就业的蓄水库。而中国菜系的特色，使行业单位内部成为小共同体：员工与老板之间多有亲友、同乡、熟人之谊，从业与日常

* 邓丽兰，南开大学历史学院副教授。

① 上海工人运动研究成果累累，但现有研究鲜有涉及酒菜业职工运动，中共上海市委党史资料征集委员会主编的《上海酒菜业职工运动史料》（1988 年）和樊卫国著的《民国上海同业公会与企业外部环境研究》（上海：上海人民出版社，2014年）探讨了民国时期上海市同业公会兴起及其行业治理、社会治理与政治治理功能，认为抗战胜利后各同业公会绵里藏针地对抗南京政府的不法侵害，表现出依附国家与自主化两种相背离的功能，形成了对公权行使的外在制约。

生活交集，一般情形下不易产生强烈的利益冲突。员工收入除约定的工资外，餐饮业的传统做法是：顾客按照餐费的20%支付小账，作为员工补贴。另有“小小账”，是服务人员的赏金。因此，出外就餐是上海市民较为奢侈的一种消费形式。

随着西式行业组织引入到中国，从业者分别被组织在代表劳方的职业工会、代表资方的同业公会里。上海中西餐饮业员工隶属酒菜业、西菜咖啡业职工会；资方则有酒菜业、西菜咖啡业商业同业公会。1946年4月3日，上海市酒菜业职业工会成立大会召开，选举出理监事8人。大会发表宣言说：“今天是我们酒菜业职工的七个兄弟——粤帮、锡帮、西菜帮、川扬帮、苏帮、膳帮、本帮等正式团结合作的日子，我们的心里觉得非常的光荣！非常的快乐！”① 酒菜业职业工会聚集了中菜馆商170余家，职工6000余人。酒菜业同业公会则是资方的行业组织，“以维持增进同业之公共利益及矫正弊害为宗旨”，致力于会员营业之指导、调查研究统计及改进、同业教育及慈善事业，同业纠纷之调解，会员营业弊害之矫正，会员因公被累之公证及维护，主管官署及商会委办事宜，分为广帮、京杭帮、苏帮、宁帮等15组，理监事联席会下设福利委员会、设计委员会、调解委员会3个。② 显然，传统的信任网络如同乡、熟人、师徒关系等，开始弱化。现代信任关系网络，即劳资双方各自建立的内部信任已茁壮成长，这使利益博弈规模放大，且极易传递到整个行业。

财政为一切庶政之母。战前战后，上海市财政收入结构有较大变动，生产性税收萎缩，消费性税收增长。1945年9月开征筵席税，虽明定20%，但采用评议方式，故实际征收为10%。自1946年1月，照上年12月总额对折后，税率照20%征收。随后调整为取消评议方式，一律征20%。1946年上半年财政收入比，娱乐捐第一，为40.27%；筵席税第二，为33.44%。③ 到1946年7月，筵席税一度跃居上海财政收入之首位。上海市税收之日益依靠筵席税，甚至让人产生“上海建筑在筵席上”的感慨，“吃啊！吃啊！上海建筑在筵席

① 《上海市酒菜业职业工会成立大会宣言》，《上海市酒菜业职业工会关于南国等酒家职工要求改善待遇的申请书》，1946年1—4月，上海市档案馆藏，档案号：Q7-1-305。

② 《上海市酒菜商业同业公会章程》，1946年2月，上海市档案馆藏，档案号：S323-1-8-1。

③ 《施政报告》，《上海市首届参议会第一次大会会刊》，1946年9月，上海市档案馆藏，档案号：Q215-1-872。

上。如果没有了鸡鸭鱼肉，如果没有了鱼翅海参，上海的市政将闹饥荒！”①总之，上海市财政局征收筵席税的力度日益强化。

而为履行戡乱建国之职责，刷新行政面貌，南京国民政府推行厉行节约运动，1947年8月15日，颁布《厉行节约消费办法纲要》，明文规定公务机构及国营事业机构限制不必要之宴会及招待；对于普通民众，规定各大都市政府酌据当地情形，制定筵席节约标准与价格，并令原有餐馆改设或附设经济食堂。②《筵席消费节约实施办法》具体规定：中餐每席不超过六菜一汤，西餐每客两菜一汤，由当地政府根据物价制定每席、每客最高价格。政府禁止出售之饮食品不得售卖，违反规定且情节重大者给予停业处分，此外，除经济食堂，不得新设餐馆。筵席节约由社会局主管实施，警察机构取缔检查，饮食同业公会应约束会员遵循，“主管官署得发动社会力量倡为运动，藉收社会协力及舆论制裁之效”。③

总之，战后上海酒菜业中，酝酿着三股冲突：一是传统意义上的劳资矛盾；二是资方针对政府的抗税诉求；三是国民政府展开的全方位的节约运动冲击着酒菜业经营。

二、政治动员与工潮

抗战胜利后，与国民党集中于经济与政权“接收”不同，共产党人较早注意到接收汪伪工会，利用国民党之合法手续组织群众。1945年8、9月间，中共地下党甘田、朱刚、罗添等召集工人填写会员表格，并向上海市总工会中区办事处“工运督导员”接洽，以“先斩后奏”的方式，于9月8日、12日接收原“上海特别市粤菜茶店业职业工会”“上海特别市酒菜馆业职业工会”。

依上海市总工会规定，同一区域内之同种产业工人，不得设立两个工会。然酒菜业按菜系分帮，粤菜帮尤其强大。粤帮有中共地下党员活动，为进退可居，进步分子主张设立财政权独立的分会，反对者则认为“成立分会就是封

① 柯九思：《上海建筑在筵席上》，《上海警察》1946年第3期。
② 《九一起实施节约》，《申报》1947年8月16日，第1版。
③ 《筵席消费节约实施办法》，《上海市政府公报》1947年第7卷第13期。

建，是违反三民主义的”[①]。统一内部意见后，粤帮代表在致总工会的呈文中表示，上海市粤菜馆林立，新型设备之大酒家如国际饭店、金门饭店等不下数十余家，“规程之大堪称本市酒菜业之冠”，取消原有组织“必因情形隔阂而无从着手”，且上海市酒菜业职工会之会员不及粤菜茶点业职工会现有会员之半数，“更无以大并小之理”。[②] 在给总工会的意见书中，他们强调：“为适应各帮酒菜业职工特殊之要求起见，各处原有之工会组织可以独立存在，定名为上海特别市酒菜业职工会某帮分会。”[③] 在粤菜业及其他分帮的协同呼吁下，上海当局接受了酒菜业职工分帮设立分会的要求。

接收委员会正着手工作时，1946 年 1 月 8 日，上海市社会局按照社会部《收复地区人民团体调整办法》规定，指派朱朝锡等 15 人参与整理酒菜业职业工会。对职工会而言，“委派不相认识与非职工”为整委，且朝令夕改，“无异晴天霹雳”。该会指出，整理委员未依法产生，且人数前后变动，多为资方之走狗，尚有业外编辑记者，“无异视我职工会为同业公会矣”。该会呼吁：“钧局为我工人团体之主管官署，负有监督及维护我工人之责要，不能任非同业非职工及不忠实非我职工所认可之徒而潜占委员地位遂其摧残职工之目的。”[④] 为防止军警以武力接收或社会局下令停止活动，酒菜业工会领导人决定召开新闻发布会，揭露社会局派出非同业人员与资方代表整理接收的做法。1946 年 1 月 25 日，新闻发布会在南京路冠生园酒楼召开，13 家报纸与 2 个通信社记者参加，并有工友自动参加。与会者强调，如无合理解决，将发动全市酒菜业职工怠工一天。

迫于劳方压力，社会局调整了不适合担任整理委员的人选，穆一农、朱朝锡、徐世扬、萧雨春、余天佑、徐锡章“均非酒菜业工人，于法不合，已令敕

---

① 中共上海市委党史资料征集委员会主编：《上海酒菜业职工运动史料》，第45页。

② 《呈总工会呈文一件》，《上海市酒菜业职业工会为工人福利事给上海市总工会的信稿集》，1945年9月，上海市档案馆藏，档案号：Q7-1-306。

③ 《上海市酒菜业职业工会组织问题意见书》，《上海市酒菜业职业工会为工人福利事给上海市总工会的信稿集》，1945年9月，上海市档案馆藏，档案号：Q7-1-306。

④ 《为奉令整理我酒菜业职业工会并委派不相认识与非职工为整委更朝令夕改深感奇突群情惶骇呈请收回成命以重法令而利团结由》，1946年1月16日，《关于处理酒菜业职业工委整理委员会与工人纠纷问题与社会局的来往文书》，1946 年 1— 5 月，上海市档案馆藏，档案号：Q1-6-519。

辞去酒菜业职业工会整委职务”[①]。事实上承认了原接收者的身份。

身份认同是阶级意识的核心，分帮设会与整理风波则是酒菜业职工阶级意识、身份认同强化的体现。职业工会的强势与组织化程度，也搭建了制度化博弈的平台。1946 年 1 月 27 日至 2 月 11 日年关的工潮，3000 多名粤帮职工举行 16 天大罢工，酒菜业粤帮分会起了重要的领导作用。

南国酒家是一家拥有职工 280 多人的粤菜馆。沦陷时期，受进步思想影响的青年员工设立南国图书馆，举办现代知识讲座，在 1944 年有过争取待遇的斗争。抗战胜利后，南国酒家职工要求资方发给胜利奖金 1500 元，主张小账应属职工所有，引发连锁效应，由此成为工潮的带头羊。1946 年 1 月 30 日上午，32 家粤菜馆职工因要求改善待遇未遂而举行大罢工。罢工者提出由资方发给职工每人 35 000 元年赏、花红依照公司法分派、职工最低薪金每月规定为 5000 元、一切小账外赏职工提取 95%分派等七项要求。[②]

工潮迅速席卷 52 家粤菜馆。在其他各帮声援将采取一致行动、媒体批评资方无视员工利益的压力下，资方决定部分接受劳方要求：小账三七分拆，赏金八成半归劳方，不分上下堂混合分拆；薪金分 1000 元、2000 元、3000 元，由经理核定；肥皂毛巾服装在七成小账内支付，学徒因公致残或伤亡由资方酌情支付；分红按各店契约办理，年赏无法负担，职工进出由经协理调遣；自复工起按级分拆小账。[③] 罢工取得阶段性胜利。1946 年 2 月，南国酒家建立中共党支部，共产党对工潮的引导进一步加强。

部分酒家停业，导致员工生活无着。职工会工作的重点一度转向要求资方开业，“查荣心酒家无故擅行停业一案一再拖延，虽经本会数度调解亦无切实答复，于理殊属不合。兹为保障职工福利起见，限期一天内作一切实答复或则宣告复业或则履行解雇手续”[④]。南京西路新沙华饭店于元旦无故停业，“职工

① 《市社 35 组二字第 2015 号》，1946 年 3 月 8 日，《关于处理酒菜业职业工委整理委员会与工人纠纷问题与社会局的来往文书》，1946 年 1—5 月，上海市档案馆藏，档案号：Q1-6-519。

② 《上海警察局新成分局三股关于经办上海市粤菜业三十二酒家为要求改善待遇未遂而怠工/上海市酒菜业职业工会酒菜咖啡分会为七重天职工复工及要改善待遇未遂罢工事》，1946 年 1—2 月，上海市档案馆藏，档案号：Q142-3-101。

③ 《资方公决答复劳方最低条例》，《上海酒菜业与上海市社会局关于改善待遇、调整工资等纠纷之往来文件》，1946 年 2 月—1949 年 1 月，上海市档案馆藏，档案号：Q6-8-262。

④ 《通知荣心酒家资方代表苏柴林书一件》，1946 年 4 月 17 日，《上海市酒菜业职业工会粤帮分会文稿簿》，1946—1947 年，上海市档案馆藏，档案号：Q7-1-304。

伫立街头饱受风寒饥饿”[①]。资方只解决职工临时膳食而不愿复业，该会也呼吁社会局下令复业。

斗争中，职工组织化、制度化的建设也同步发展，职业工会有了自我教育、救济、福利功能。1946年4、5月间，职工会着手考虑自身经费筹集、财务制度问题。4月24日，酒菜业职工联合代表会议，朱刚主持，讨论“本会经常费应如何筹备案”。初步决定“由各店小账外赏内提取，详细办法留待下周再行决定”。[②] 职业工会甚至着手收集福利金，对“味心酒家”等失业职工代发职工解雇金。职工会还致力于举办足球赛、春节联欢会、提供医药救助、提供贫困救助等职工福利。而职工会横向的政治活动则更活跃，1946年4、5月间，决议参加上海各界人民团体联合会，聘请沙千里为该会常年法律顾问，还参与声援永安公司工潮、小学教师要求待遇的斗争等。

在1946—1947年、1947—1948年的两度年关当中，酒菜业职工争取经济待遇的斗争则更加灵活，既有一致提出要求的行动，也采取分别谈判的方式与资方协商。显然，随着经营状况的恶化，行业内部冲突减弱，劳资冲突从激烈转而趋于缓和，劳工团体代替资方承担一定的福利职能，职工会由激进趋向温和，有从“反抗的工会”发展成“福利工会”的趋向。资方对待员工之诉求，从态度傲慢冷漠，转变为一定之协商、妥协。

通常，劳方在劳资对抗中处于相对弱势地位，资方往往认为职工无理取闹而置之不理。酒菜行业的特殊性，决定了劳资问题的特殊性。对烹饪技术与服务水准的依赖，使职工有讨价还价之本钱，尤其是对厨师的依赖，有时甚至导致厨房与外堂的矛盾。此外，餐馆经营规模各异，利润千差万别且随时变动，决定了职工待遇高下差别，资方对于职工改善待遇诉求的满足能力自然也有高低之别，店员也较了解餐馆的经营状况，客观上使双方均有意愿避免鱼死网破的结果。应该说，猛烈的工潮趋向和缓，与这种行业特殊性相关。在处理劳资矛盾时，为维持社会稳定，上海市社会局多向劳工团体作一定妥协，并在调解劳资纠纷时以维持行业稳定为宗旨，调解结果至少在形式上为

① 《为呈请予以转呈社会局令饬该店主复业而保职工福利以维社会之安宁由》，1947年1月4日，《上海市酒菜业职业工会粤帮分会文稿簿》，1946—1947年，上海市档案馆藏，档案号：Q7-1-304。

② 《酒菜业职工代表联合会议》，1946年4月24日，《上海市酒菜业职业工会粤帮分会会议记录》，1946年，上海市档案馆藏，档案号：Q7-1-303。

双方所接受。

三、筵席税与减税运动

面对工潮，资方前期之敷衍或无视，并非一定因傲慢所致。酒菜业馆商陷于比劳方更加漫长而无望的减税斗争中。税收是政府工具箱里最重要的管理工具，“税负作为一种政治函数”，是工商集团与地方政府之间的税赋-盈利博弈游戏之利益所在。①

如前所述，筵席税为上海最重要的财源之一。为更严密地稽征筵席税，上海市财政局采取了多项措施，如抽查账簿、印制餐馆统一账单、顾客取得账单后无须加贴邮票信封直接寄交财局查核等。上海市财政局还印标语交各稽征处分发张贴，如“请你索取账单，投入路旁邮政信筒中，谢谢你”；“你在此用餐，已付筵席税，务请索取账单，帮助市政建设，谢谢你”。② 上海市财政局虽曾于 1946 年 3 月 19 日公布了《日常饮食店免征筵席税标准及稽核办法》，但全市同业请发免税布告而颁给者寥寥无几，以致食用“咸菜豆腐血汤”的贩夫走卒也不在免征之列。总之，酒菜业要承担营业税、所得税、利得税、印花税、牌照税、筵席税，负担沉重。

上海市酒菜业同业公会成立后，捐税问题就成了关注重点。1946 年 5 月 3 日第二次常务理事会议认为，会员应纳捐税种款繁多，拟聘请会计顾问指导，并组织捐税研究委员会加以研究。③ 在公会看来，政府征税应以培养税源为第一，其他各税多未实征，而筵席税却顶格征收，如不减轻，无异于杀鸡求蛋，竭泽而渔。第九次理监事会议讨论筵席税与查账问题。与会者认为，筵席税税率过高，当局违反税法，日常饮食一律征税，甚至征及客饭，且局方派员分赴各店查账态度不良。除向上海市参议会呼吁外，并去呈上海市财政局请求：

① 樊卫国指出，抗战胜利后各同业公会绵里藏针地对抗南京政府的不法侵害，但“反复的博弈没有演化为制度化的协商机制”。参见樊卫国：《民国上海同业公会与企业外部环境研究》，第664页。

② 《顾客吃完酒菜，账单寄交财局，毋需封袋邮票即投入信筒》，《大公报》（上海）1946年12月25日，第5版。

③ 《第二次常务理事会议记录》，1946年5月3日，《上海市酒菜商业同业公会常务理监事会会议记录》，1946年4—12月，上海市档案馆藏，档案号：S323-1-5。

“一、减低税率。二、迅定起征点。三、改善调查方式。”上海市财政局谷春帆局长的表态是，市库异常竭蹶，筵席税税率暂难减低，客饭菜免征标准可执行，会督促改善查账册态度。①

1946年8月24日，第十三次理监事会议再度讨论降低筵席税率。与会者有建议向各机构递交呈文，除上海市财政局外，还有市政府、商会、党部、社会局、参议会；有建议常务理事到上海市财政局试探消息；有建议向中央各部会请愿，再开大会解决；有建议各店放置舆论簿一本，征求吃家之支持。会议议决：“一、先向财政局以外有关各机关具呈报告经过请求援助；二、电常务理事向财政局先行交涉；三、电理事会及各帮代表分向各机关请愿。”②

1946年9月16日，同业公会理事长刘松涛向上海市参议会递交请愿书，要求明确征税标准，反对馆商代征与统一发票。请愿书指出，首先，筵席税的本意是限制人民蓄意铺张靡费。应恢复抗战以前除筵席以外不征筵席税之办法，或者按照目前物价明定起征点。一旦“一经动嘴，税已在侧”，则显系“置筵席税法第三条日常饮食不征税之规定于不顾”。其次，要求上海市财政局派员坐征，不能苛求馆商代征，上海市财政局及其稽征处搜查漏税以发票推算处罚，系违反证据法则，妨害经商自由，导致商誉破产，“按馆商代征筵席税，纯系义务性质，容有漏税之处，大都手续错误，衡情不无可原”，何况“属会所属各会员馆商，大小不一，所雇职员其智识程度之高下，不可以道里计，而以使用中式薄据者占十分之九，亦有不用帐席者，或因手续上之关系或因上市忙碌之遗漏，难免稍有错误，设不问证据，遽科重罚，法理人情两欠允洽”。③最后，使用统一发票也有事实上的困难，多数小型菜馆门市计数收款多由家属妇女兼理，无力雇用账席。请愿书还批评政府之规定未经立法程序为违法行为，上海市财政局各稽征处罔顾馆商经营困境展开征税比赛。

① 《第九次理监事会议记录》，1946年7月17日，《上海市酒菜商业同业公会常务理监事会会议记录》，1946年4—12月，上海市档案馆藏，档案号：S323-1-5。

② 《第十三次理监事会议记录》，1946年8月24日，《上海市酒菜商业同业公会常务理监事会会议记录》，1946年4—12月，上海市档案馆藏，档案号：S323-1-5。

③ 《为本市筵席税税率过高日常饮食未定免税标准并任意推算处罚限令使用发票吁请列入议程准予转咨市政府市财政局减低税率并依法稽征由》，《上海市酒菜业公会、西菜咖啡业公会等为历次修正筵席娱乐等税率起征标准一事给市参议会的来去函件（财政局、市政府）》，1946年9月，上海市档案馆藏，档案号：Q109-1-897-1。

多次请愿后，上海市财政局终于修改日常饮食店免征筵席税标准，并提高经济客饭价格。“日常饮食店免税标准”规定，不另点菜肴，售价每客不超过3000元的经济客饭，以及出售汤团、酒酿、元宵、糕饼、锅贴之点心店、冷饮店等，可免税。① 显然，上海市财政局的减税主要针对平民饮食，并无实质性让步。

而南京政府拟议中的新筵席税法将减税，馆商如获至宝。第十八、第十九次理监事会议上，馆商幸灾乐祸议论，“前天新闻报上所登新税法实施本市一切建设将濒停顿，这是财政当局的反宣传，好使国防最高委员会见后置之高阁。我们也要发表文章，对新税法仍不满意，针孔相对，使国防最高委员会明了馆商痛苦”②，在修正筵席税法一事上要跟上海市财政局对着干，“昨阅申报登载上海财政局谷局长已启程晋京请求国防最高委员会缓议，本会似应设法促使早日公布施行以轻负担”③。

1946年12月4日，国民政府公布《修正筵席及娱乐税法》13条，其中第三条规定：“凡菜肴每席价格达一定金额者为筵席，征收筵席税，其税率如左㈠筵席价格在起税点以上不满五倍者，不得超过百分之十。㈡筵席价格在起税点五倍以上者，不得超过百分之廿。前项起税点由市县政府按当地物价情形，自行拟订，提经县市参议会议决，层转财政部备查，并准予每三个月调整一次。”④

按理，南京政府降低税率之新筵席税法，上海市财政局应遵照实行。但上海市财政局认为，税收不敷建设经费之需，设想的补充办法是：“筵席税起税点，仍拟以三千元为起税点。不论中西菜肴，超过三千元者，一律征税。”至税法规定五倍计算，上海市财政局为防化整为零逃税，拟改为视营业设备及是否承办整桌菜肴分为甲、乙两等，甲等按20%、乙等按10%征税。有音乐跳舞设备者，按娱乐税25%。售平民饭食之饭店、点心店，仍予免税。⑤

---

① 《减轻平民负担，客饭冷饮免捐，每客不超过三千元》，《大公报》（上海）1946年10月6日，第6版。

② 《第十八次理监事会议记录》，1946年11月16日，《上海市酒菜商业同业公会常务理监事会会议记录》，1946年4月—1946年12月，上海市档案馆藏，档案号：S323-1-5。

③ 《第十九次理监事会议记录》，1946年11月28日，《上海市酒菜商业同业公会常务理监事会会议记录》，1946年4月—1946年12月，上海市档案馆藏，档案号：S323-1-5。

④ 《修正筵席娱乐税法 国府明令公布施行》，《大公报》（天津）1946年12月7日，第3版。

⑤ 《修正税法本市难行筵席税已订变通办法，饭馆分甲乙两等征收》，《大公报》（上海）1946年12月28日，第5版。

南京政府之新筵席税法，使上海市酒菜业有了与上海市政府抗衡的武器。1947 年 1 月 4 日，上海市同业公会第二十三次理监事会议决定，乘上海市参议会召开第二届大会之机，会同西菜咖啡业前去请愿，以拥护新筵席税法，反对分等级征税为口号，办法为“一、每组推派代表十至二十人。二、六日上午八时在本会集中。三、至光明西菜社会同西菜业代表同往”①。

参议会大会上，当吴国桢作施政报告时，二楼旁听席上出现了请愿者，“共三百人左右，手执巨幅白布大旗及红绿小纸旗，并携有传单，其口号为拥护新筵席税法，反对分等级征收筵席税，请参议员决定公正起税点，有音乐设备之馆商不能征收娱乐税”②。筵席税起征点、是否分等级等问题引发议员热烈争论。吴国桢认为，如按照中央规定，筵席税将从 240 亿元中减少 60 亿元，全年各税共减少 254 亿元，“吴市长说，参议会不能把中央法令看得太死板，参议会有权决定新议，而向中央建议；如中央坚持不从，可再加以变更”。他赞同姜屏藩的修正案，即不分等级，在 5000 元以上者一律收 15%，“结果以六十四票通过姜屏藩修正案”。③上海市同业公会希望起征点上调，为参议会所拒。

不过，直到 1949 年 4 月，上海解放前夕，馆商仍在开会，讨论如何应对上海市财政局使用统一账单、预先缴税的种种要求，决定“因记账及以票据付账之营业太多，每致收款延时，遵行困难，请求维持原状”“营业收入，旺淡不一，预计预缴，事实上颇多困难”“于理不合，于法无据，万难接受”。④此时上海市财政局仍在严查漏税，强调酒菜业馆商应使用统一账单，不得自备账单，或账单并不填给顾客，如再故违，显有逃税之嫌，即“坐查营业，审核账册，从重处罚”。⑤

① 《第二十三次理监事会议记录》，1947 年 1 月 4 日，《上海市酒菜商业同业公会常务理事会及理监事会等会议记录》，1947 年 1 月—1948 年 5 月，上海市档案馆藏，档案号：S323-1-6。

② 《四团体请愿，新成区场外菜贩二千人摇旗呐喊，裁撤艺师学生吁请大会复议，酒菜业大喊口号拥护新税法》，《申报》1947 年 1 月 7 日，第 5 版。

③ 《筵席捐以五千元为起税点，均征收百分之十五》，《大公报》（上海）1947 年 1 月 14 日，第 4 版。

④ 《第十九次理监事会议记录》，1949 年 4 月 8 日，《上海市酒菜商业同业公会第二届理监事会及常务理事会等会议记录》，1948 年 6 月—1949 年 5 月，上海市档案馆藏，档案号：S323-1-7。

⑤ 《上海市财政局训令》第 34105 号，1949 年 4 月 16 日，《上海市酒菜业公会、西菜咖啡业公会等为历次修正筵席娱乐等税率起征标准一事给市参议会的来去函件（财政局、市政府）》，1946 年 9 月，上海市档案馆藏，档案号：Q109-1-897-1。档案馆整理所标日期似乎有误。

资方的减税运动，是一种被动回应型的抗议运动，没有上海市政府严征筵席税，也就没有减税运动。他们频繁地召集理监事会议、常务理事会议、各组代表会、临时紧急会议，频繁地奔走、请愿，要求合理税率，调整起征点、调整限价，反苛刻查账、反代征税款，奔波于财政局、参议会、商会，甚至直接找市长。而常常因参议会闭会，要求得不到圆满答复，又暂时服从规定，继续漫长的马拉松式长跑。在与地方政府的韧性对抗中，资方有时的气馁与绝望程度不亚于工人，反有由温和转趋激进的趋势，不得不举起旗帜走向街头，甚至多次不惜以停业相威胁。减税运动中，职工则是不参与的旁观者甚或不知情。

对上海市财政局而言，酒菜业是纳税大户，防止酒菜业主偷漏税是其头号目标。在减税问题上，上海市政府仅在平民饮食方面有所松动，馆商的减税希望落空。相对于劳方，馆商是剥削者，被抗争的对象；相对于权力而言，馆商又是弱势群体。这里，政治权威的力量甚于资本之权威。研究城市政治学的学者指出，代议制政府机构与商业团体是城市政治的两大表面分离但内部紧密联系的权威系统，与其他公民团体相比，商业团体具有结构性或工具性力量，因为它关联着政府收入与社会福利，承担着不可缺少的执行性功能。① 从上海的状况来看，商业团体与公权的博弈依然是不对等的，哪怕是上海税收颇为依赖的酒菜业。

四、饮食节约运动与行业衰落

如果说工潮、严征筵席税是冲击酒菜业的第一、第二波，那么，国民党推行的厉行饮食节约运动，则是冲击酒菜业的第三波。

1947年10月20日起，上海实行筵席节约。由社会局召集警察局、宪兵队、新生活运动委员会、酒菜业、西菜咖啡业、厨房业、旅馆业、海味业等推派代表，随时分组巡查各酒菜馆的用菜情形，经常检查工作由警察局担任。规定中西菜节约标准，禁用鱼翅、海参、洋酒等奢侈物品。如各酒菜馆查获违反

① 〔英〕戴维斯、〔美〕英布罗肖主编：《城市政治学理论前沿》（第2版），上海：格致出版社、上海人民出版社，2013年，第38页。

节约办法，处以警告、罚款、短期停业甚至吊销营业执照。①

为配合节约运动，上海市警察局于 1947 年 11 月成立了少年警察队与女子警察队，到 1948 年 1 月，“分赴各酒菜馆及公共场所严格执行筵席节约消费事项，颇收宏效。先后检查违反节约消费规定之酒菜馆共 86 次，计 57 家，其中除情节较轻者予以劝导外，余均先后传局申诉，或罚锾示儆”②。1948 年 2—5 月，“共计检查餐馆达 2455 次，其中查有违反限价经申诫者，计 37 家，罚锾者计 12 家”③。

1947 年 12 月末，酒菜业同业公会理监会议上，馆商讨论节约运动中的困境，强调饮食节约运动必须辅以降低税率。有提议“快邮代电”请人民向政府说公道话，有表示应仿照镇江无锡，使税率与员工数照节约比例递减，甚至“我们酒菜业要组织一个通讯社把我们的困难常常对外界发布消息”，有要求上海市财政局在饮食节约期间将税率减少为 10%，还有馆商称不如请求无条件解雇职工以省开销。④

而筵席节约运动中，员工与资方结成统一战线，消极应对节约检查。少年警察之检查，往往直接与餐馆下层员工发生冲突。在南京路新雅酒楼，少年警察在厨房冰箱里查到鱼翅、海参类违禁品，“有几个厨子和侍者，竟拦住他们，不放他们出门”⑤。该店一侍者因妨碍公务嫌疑被带到老闸分局司法股讯问。

在小账问题上，酒菜业职工致函《大公报》抗议说，数万酒菜业职工因家境贫寒才侍候那些阔佬，“现在小账禁收了，我们怎么办呢？苦了我们，乐了阔佬们”⑥。社会局应酒菜业职工会代表之请求，与少年警察负责人商定，“嗣

① 《酒菜节约即将实行，社局议定检查办法，中餐六菜一汤西餐两菜一汤，禁用鱼翅海参洋酒等奢侈品，定廿日起实施，警局负责检查》，《大公报》（上海）1947年10月16日，第5版。

② 《施政报告》，《上海市第一届参议会第五次大会会刊》，1948年3月，上海市档案馆藏，档案号：Q215-1-876。

③ 《施政报告》，《上海市第一届参议会第六次大会会刊》，1948年7月，上海市档案馆藏，档案号：Y2-1-607。

④ 《第四十五次理监事会议记录》，1947年12月29日，《上海市酒菜商业同业公会常务理事会及理监事会等会议记录》，1947年1月—1948年5月，上海市档案馆藏，档案号：S323-1-6。

⑤ 《节约菜解释不一致，少年警表示执行难，他们希望和有关机关能够统一》，《大公报》（上海）1947年11月22日，第5版。

⑥ 《节约应该从大处着想，治标办法不能收实效，一个酒菜业职工的呼声》，《大公报》（上海）1947年12月2日，第5版。

后少年警察在各餐馆执行节约检查职务时，对于食客之小账，不再予干涉，但侍应生不得强索”[①]。台湾高雄商会、厦门渔会则呼吁解除禁售鲍鱼、鱼翅禁令，以免摧残渔民生计。

而在猛烈的通货膨胀中，因物价上涨，商家忍痛按限价出售，天天希望政府提高限价。限价反复被突破，甚至最低档次筵席也超过最高限价。节约菜之菜品定价成为双方博弈的关键。1948 年 6 月 26 日，上海市同业公会第二届理监事会第三次理监事会议通报，参议会审查通过以经济客饭为免税标准，仍由同业公会比照米价报社会局后施行。讨论后的集体意见是，按月调整价格无法生存。与会者强调，卖客饭一定下月照上月米价出售，事实上办不到。甚至一度决议“请愿不达目的，馆商不能生存。只有被迫停业，不要公会负责”。[②]

而物价飞涨经营难以为继时，国民党更加高调地发起“勤俭建国运动”。1948 年 8 月 19 日南京政府宣告币制改革，同时实行限价。蒋介石旋即亲自发动“勤俭建国运动”。1948 年 10 月，行政院节约指导委员会通过《饮食消费节约办法》14 条，细节具体到“中餐每席不得超过六菜一汤；如兼用小盘碟素菜时，至多以四小盘碟为限。西餐每客不得超过二菜一汤。由当地政府依当地物价限制每客之最高价格，其筵席税并得在法定最高税率范围内使用累进税率，于该税实施细则内分别规定之”。在处罚方面，“餐馆及顾客违反本办法之规定，由警察官署予以检查取缔。如系公务人员并得通知其直属长官处理”。[③]

勤俭建国运动与经济管制同步推行。蒋经国坐镇上海期间，亲自去菜市场查看菜价，饮食管制也管到了“鸡”身上。1948 年 10 月 5 日，上海市同业公会第九次理监事会议传达当局指令，停止用鸡：“为消灭黑市自本月一日起，暂停用鸡。二日又经会同西菜厨房等三业联席会议决定去函冷藏公司予以协助，并登新申大公商报四种紧急启事公告周知。”公会要求“全体会员一律出具不抬价不买黑市原料切结，以表拥护政府决心”。[④]

到 10 月中旬，各餐馆面临米、油、肉蔬菜购买困难，40 余家宣告歇业，

---

① 《食客小账随意赏，少年警不加干涉》，《申报》1947 年 11 月 30 日，第 4 版。

② 《第三次理监事会议记录》，1948 年 6 月 26 日，《上海市酒菜商业同业公会第二届理监事会及常务理事会等会议记录》，1948 年 6 月—1949 年 5 月，上海市档案馆藏，档案号：S323-1-7。

③ 《水电饮食节约办法，政院节约指委会通过》，《大公报》（天津）1948 年 10 月 22 日，第 3 版。

④ 《第九次理监事会议记录》，1948 年 10 月 5 日，《上海市酒菜商业同业公会第二届理监事会及常务理事会等会议记录》，1948 年 6 月—1949 年 5 月，上海市档案馆藏，档案号：S323-1-7。

“故每日午晚餐时间内，较大之酒菜馆均拥挤不堪”。7/10以上为经济客饭，客饭分量减少1/3，营业时间缩短。午餐13点、晚餐20点左右，饭菜即告售罄，“食客均以不能果腹为苦”。① 到10月28日，酒菜业公会第十三次理监事会议通报：“本会会员因原料售完购买困难被迫停业已报来会共计一百三十六家。”② 猪肉实行配售，由每日5000头下降至每日1000头，将每日宰杀总数提售15%给酒菜业馆商，配给面粉而不复业者取消配给。此时，减税运动中酒菜业馆商的停业威胁，终于成为无可避免的事实。

南京政府推行的筵席节约无疑是将经营活动政治化、道德化的治理方式。强制出售经济客饭或设置小吃部，有违市场原则，良好的初衷与实效背道而驰。限价变成催涨，经济管制变成连餐饮业之原材料也需政府特批供应。在严苛的经济管制中，馆商对政府的依靠，发展到面粉、猪肉也需依赖的程度。餐饮营业一落千丈，酒菜业由政府税收所指望的待宰肥羊，几成无米之炊。

正是在筵席节约运动引发的严峻行业危机中，劳资双方均受节约限价与检查之冲击，劳资结成了利益联盟，共同应对、抗议节约检查。不过，因南京政府的道德高压与强势，无论劳方还是资方的抵制都是零星的、不规则的，或者说是软弱的，且陷于对政府的日益依赖当中，抵抗的独立性消失。

五、结　论

抗战胜利后上海酒菜业之状况是上海社会的缩影，酒菜业内部形成了目标不一的政治运动。而无论工潮、减税运动还是节约运动，皆是抗战胜利后经济危机深化的反映。

酒菜业工潮是较典型的政治动员型运动，由中共地下党发动，从南国酒家开始，卷入更多粤菜馆，粤帮又在整个行业中起带头作用，形成滚雪球效应。而馆商的减税运动是典型的被动回应型运动，受上海市强化税收政策刺激，没有税收政策变化，也就没有减税运动。同业公会聚合馆商的利益诉求，形成马

① 《饭菜供应份量减少，食客大都不能果腹，菜馆业请疏导来源》，《申报》1948年10月19日，第4版。

② 《第十三次理监事会议记录》，1948年10月28日，《上海市酒菜商业同业公会第二届理监事会及常务理事会等会议记录》，1948年6月—1949年5月，上海市档案馆藏，档案号：S323-1-7。

拉松式的长期请愿运动。南京政府发动的节约运动也是一种政治动员，无论针对浪费现象还是豪门资本，皆不以餐饮行业作为直接目标。最初酒菜同业公会甚至参与节约检查，自动订立行业节约规约。但具体的节约措施导致行业危机时，引发餐饮业的不规则抵抗，劳资双方结成同盟关系，共同抵制节约。此时，行业利益覆盖了阶级利益的冲突。而在南京政府的道德高压与严厉经济管制之下，整个行业呈现一种温水煮青蛙的状态，大量餐馆倒闭歇业。

行业组织是经济问题政治化的关键。抗战后的劳资运动多经历了身份认同组织化、权利诉求理性化、利益博弈制度化的过程。共产党人的政治动员显著增强了酒菜业职工的身份认同与用制度化的工具捍卫自身权益的能力。工潮与减税运动无疑又使劳资双方的组织化、制度化都有所推进。工潮中职工会也增强了凝聚力、决策力，并获得资金来源，健全内部财务机制。资方在减税运动中重视增加研究部门来研讨税政，并加强了内部组织的横向联系。上海市经济市场化、行业组织历史悠久的独特“市情”，使社会问题的解决带着相当的理性协商、彼此调和、相互妥协之色彩。当代从事城市政治学研究的学者将问题议程、政府与非政府成员的治理联盟、资源、参与者的合作看成是“地方政府的核心元素”，公民能力则体现为“修改和运用正式和非正式的机制去集中地解决问题”之能力。[①]显然，战后酒菜业的治理问题上，行业治理的水平与能力较强。

站在行业经营的角度，工潮、开征筵席税、饮食节约运动，皆酝酿着行业危机。工潮是最表面化的，但却相对容易解决。减税运动的斗争目标是地方政府，针对的是具体税收政策，具有可调整的弹性与谈判空间。节约运动中的抗争，针对的是南京中央政府，且直接与国民党整肃政治的道德诉求、经济管制的具体措施、征集军费的事实目标相左，因此完全成为一场不对称的博弈，导致酒菜业经营越来越丧失活力与自主性，最后连面粉等原材料皆依赖政府提供。显然，节约运动出乎意料地成为最后一根稻草或最后那朵雪花，社会治理非但没有实现协作共赢，反而走向全盘皆输。

上海市政府与南京政府、地方商业利益集团之间，有利益共同点也有利益冲突。对于上海市政府而言，维护社会秩序，提供公共服务是其基本的职责。

---

① 〔英〕戴维斯、〔美〕英布罗肖主编：《城市政治学理论前沿》（第2版），第59页。

面对资方的减税要求，当局一方面小幅调整，另一方面拒作实质性让步。吴国桢利用参议会，以民意来对付南京政府的减税政策，资方则运用中央政策，通过参议会的立法权，抵制上海市政府对酒菜业的重税策略。然上海市政府在酒菜业管理的缺陷也很明显，尤其表现为缺乏通盘考量而陷于碎片化治理。社会局、总工会在整理职工会问题上政出多门，上海市财政局多次采取竭泽而渔的短期手段，警察局过多地介入餐饮经营。更重要的是，上海市政府处于权力结构的中层，上要受制于南京中央政府的宏观决策与法规，下要对治理实效承担责任，但它所拥有的资源与财力却十分有限，无疑导致治理空间之狭窄。

南京中央政府在财政问题上，一方面有减轻税率促进经济发展的考量，另一方面在中央地方的财权划分问题上，仍沿袭战时的中央集权政策，这势必使地方政府所承担的责任与财力不对等。以政治道德运动的方式解决经济危机，也成为一种药不对症的治理手段。如果说工潮中国民党处于相对超然的仲裁者、调解者地位，减税运动与节约运动中的抗争，则使国民党越来越成为被抗争的对象。

在同样的组织水平与制度化平台上进行博弈，但结果却有显著的差异，很可能与问题的性质与处置方式相关：工资待遇在行业内部，双输的结果可预期，也就可避免；税收调整主要针对地方政府，谈判的目标可调可控，停业只是一种威胁自杀的口头姿态；而节约运动面临的是南京政府整个的经济管控政策，停业成了事实上难以避免的结果。事实上，无论工潮还是减税运动，皆是带有强烈政治色彩的经济运动，通过政治问题行政化的途径，能够结束运动或使运动衰减。节约运动将经济问题作政治化的处理，行政处置往往上升到政治运动的高度，由此引发的行业危机往往造成不可控制的、出乎意料的结果。

这正是一种筵席中的政治经济学：现代社会已然成长为一种相互依赖与连带的社会共同体。社会治理中的多方博弈，需要的是精细化治理与各方利益协调，否则行业危机难免演化成一种经济的结构性垮塌。

附录　开幕词

尊敬的各位学者、来宾，女士们、先生们：

大家早上好！

经过半年多的筹备工作，“生活与制度：中国社会史的新探索”国际研讨会今天在南开大学召开了，首先对于来自海内外的各位学者、专家表示热烈的欢迎和衷心的感谢！

正值大学开学之际，事情繁多，大家能够出席这次研讨会，作为主办单位我们深感荣幸。

出席本次研讨会的共计43位学者，其中中国大陆（内地）以外的学者9位，他们分别来自日本庆应大学、韩国延世大学、澳大利亚昆士兰大学，以及中国台湾的台湾大学、台湾交通大学、台湾暨南国际大学、台湾阳明交通大学与中国香港的香港浸会大学、香港树仁大学；中国大陆（内地）的34位学者分别来自北京大学、北京服装学院、复旦大学、上海大学、西南大学、武汉大学、浙江大学、厦门大学、安徽大学、苏州大学、山东大学、山东师范大学、曲阜师范大学、西北大学、河北大学、山西师范大学、天津师范大学、南开大学，以及中国社会科学院、北京市海淀区圆明园管理处、上海社会科学院、天津社会科学院等22所大学与科研机构，五湖四海的学者汇聚一堂，将进行学术交流。

会议收到41篇论文，我们分为9个主题，即礼法、士人与生活，医疗卫生与生活，性别与生活，移民与地方社会生活，乡村生活，多元视野，城市生活，水的生活与制度，制度与生活的多样性开展学术交流。本次会共设两场大会讨论，八场分组讨论。此外，还设有特别报告、圆桌会议，以加强对会议主题的专门学术探讨。学术进步，受惠于争鸣，我们希望会上听到最多的是不同看法与补充建议。

下面我想就会议主题略陈浅见，以抛砖引玉。中国史学传统重视涉及军国大政的典章制度，其中包含关乎礼仪的社会生活制度，研究历史从制度史入手，或者以制度史为背景，几乎是学界共识。将制度与生活关联起来的研究，近十几年越来越多，如定宜庄《满族的妇女生活与婚姻制度研究》就是这样的著作，王钟翰为该书作《序》说："这一制度对有清一代满族妇女的生活具有决定性的影响，并构成八旗妇女与汉、蒙等其他妇女的诸多区别，不了解八旗制度，就无法掌握满族妇女的真实生活情况。"①强调八旗制度对研究满族妇女生活的重要性。社会经济史与历史人类学研究的学者刘志伟很重视对制度的研究，他认为制度的推行与变化是理解社会变化的重要途径。②历史学者已经认识到制度与生活联系起来考虑问题的重要性，如当代社会史研究学者宋学勤的《制度变迁与社会生活新范式的生成——以1949—1956年婚姻与家庭变化为视点的考察》③、《制度与生活之间的张力：1956至1966年间人民物质生活状况述论》④等论文。古代社会史研究学者刘永华的《明代匠籍制度下匠户的户籍与应役实态——兼论王朝制度与民众生活的关系》指出，明代实行的匠户世袭制度对民众社会生活产生了深刻的影响。其一，这一制度为民众社会关系的建构提供了动力和契机；其二，这一制度拓宽了民众的空间活动范围。⑤研究近代社会史的学者杜丽红的《制度与日常生活：近代北京的公共卫生》一书从制度的角度研究近代北京的公共卫生，该书不仅描述了制度在组织和规则层面的变迁过程，更试图阐释制度如何影响日常生活的过程，旨在探讨20世纪初北京公共卫生制度演变及社会化过程的基本脉络与问题，即公共卫生制度如何诞

---

① 定宜庄：《满族的妇女生活与婚姻制度研究》，北京：北京大学出版社，1999年，第2页。

② 罗艳春、周鑫：《走进乡村的制度史研究——刘志伟教授访谈录》，见常建华主编：《中国社会历史评论》第14卷，天津：天津古籍出版社，2013年。

③ 宋学勤：《制度变迁与社会生活新范式的生成——以1949—1956年婚姻与家庭变化为视点的考察》，《江海学刊》2009年第6期。

④ 宋学勤：《制度与生活之间的张力：1956至1966年间人民物质生活状况述论》，《社会科学战线》2011年第4期。

⑤ 刘永华：《明代匠籍制度下匠户的户籍与应役实态——兼论王朝制度与民众生活的关系》，《厦门大学学报（哲学社会科学版）》2014年第2期。

生、如何变迁、如何在国家与社会互动中成为日常生活规则。[①]

不过对于“制度与生活”进行理论分析的来自社会学界。例如，上海大学的社会学家李友梅发表《制度与生活视野下的中国社会变迁》[②]一文，又同黄晓春、张虎祥等合著《从弥散到秩序：“制度与生活”视野下的中国社会变迁（1921—2011）》[③]一书。社会学者肖瑛的《从“国家与社会”到“制度与生活”：中国社会变迁研究的视角转换》一文进一步论证了“制度与生活”的理论。他认为对1978年以来中国社会变迁的考察，“国家-社会”视角受到了较多青睐，但“国家与社会”的分析框架与社会生活实践始终存在无法摆脱的张力，因此他建议构建“制度-生活”的分析框架，以“自主性”为观察对象，这样才能更有效地呈现和解读1978年以来中国社会生活的变迁过程。[④]

然而，也有“日常生活”的理论家强调把“日常生活”界定为那些同时使社会再生产成为可能的个体再生产要素的集合。[⑤]把个体再生产和社会再生产当作区分日常生活领域与非日常生活领域的基点。[⑥]“环绕着个体生存和再生产的日常消费活动、日常交往活动和日常观念活动，构成了日常生活世界的基本框架。”[⑦]非日常世界则主要由非日常的社会活动领域及非日常的精神生产领域组成，前者即“制度化领域”，“这是社会-经济-政治诸制度的领域”。[⑧]后者基本等同于人们习惯称谓的意识形态领域。[⑨]对于我们历史学者而言，研究日常生活如果抛开社会经济的“制度化领域”、意识形态领域，恐怕就是脱离大历史而钻进小历史。传统中国是专制主义中央集权国家，皇权支配社会，人们的日常生活受到国家制度的制约，不应当将“日常生活”与“非日常生活”割

① 杜丽红：《制度与日常生活：近代北京的公共卫生》，北京：中国社会科学出版社，2015年。

② 李友梅：《制度与生活视野下的中国社会变迁》，《解放日报》2008年12月18日。

③ 李友梅、黄晓春、张虎祥，等：《从弥散到秩序：“制度与生活”视野下的中国社会变迁（1921—2011）》，北京：中国大百科全书出版社，2011年。

④ 肖瑛：《从“国家与社会”到“制度与生活”：中国社会变迁研究的视角转换》，《中国社会科学》2014年第9期。

⑤ 〔匈〕阿格妮丝·赫勒：《日常生活》，衣俊卿译，重庆：重庆出版社，1990年，第3页。

⑥ 衣俊卿：《现代化与日常生活批判——人自身现代化的文化透视》，哈尔滨：黑龙江教育出版社，1994年，第16页。

⑦ 衣俊卿：《现代化与日常生活批判——人自身现代化的文化透视》，第18页。

⑧ 〔美〕A. 赫勒：《日常生活是否会受到危害？》，魏建平译，《国外社会科学》1990年第2期。

⑨ 衣俊卿：《现代化与日常生活批判——人自身现代化的文化透视》，第18—19页。

裂开来，而应当将二者联系起来思考，这也就是我们开展“制度与生活”研究的出发点。

一般而言，“制度与生活”的概念会给人重视制度实践以及自上而下的感觉，作为以“日常生活”探讨为主追寻自下而上看历史的生活史，我们主张将生活置于制度之前，提出“生活与制度”的概念，希望研究更具挑战性，建立起小历史与大历史更加紧密的关联，为中国社会史的研究提供新的探索角度。①

上述粗浅的看法未必恰当，希望大家批评指正。

衷心感谢出席会议的各位学者，在本次研讨会上就“生活与制度”问题各抒己见，共襄盛举！

最后，预祝大家会议期间在津生活愉快！祝会议圆满成功！

谢谢大家！

常建华

2018年9月11日

① 按，以上所陈浅见，后增补铺陈为《生活与制度：中国社会史的新探索》一文，刊于《历史教学》（下半月刊）2021年第1期。